高等學校創新能力提升計劃（2011計劃）
出土文獻與中國古代文明研究協同創新中心

出土文獻的世界

第六届出土文獻青年學者論壇論文集

出土文獻與中國古代文明研究協同創新中心中國人民大學分中心　編

中西書局

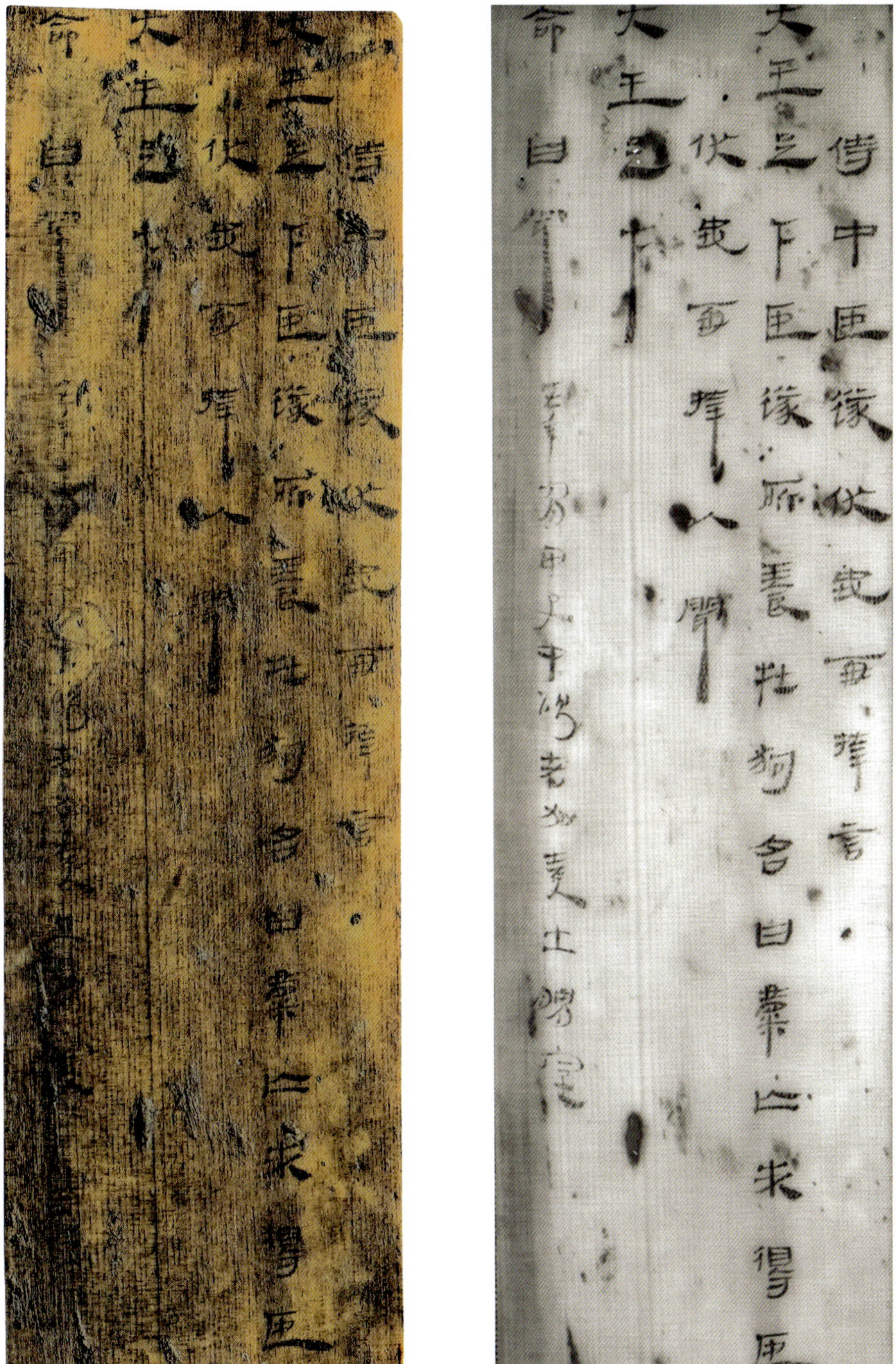

漢廣陵王豢狗木牘一

漢廣陵王豢狗木牘二（正面）

漢廣陵王豢狗木牘二（背面）

漢廣陵王豢狗木牘三

成書緣起

本論文集付梓在即,聊贅數語,略述成書緣起如下。

2016年7月,在第五届出土文獻青年學者論壇閉幕之際(浸會大學主辦),聞博兄代表敝中心陳述擬承辦下届論壇的意願,獲得與會學者的一致同意。經過一年多的籌備,2017年8月8日至9日,論壇如期在中國人民大學舉行。論壇在形式上儘可能簡化,在内容上儘可能充實。爲此,除特意邀約幾位學者介紹各類新資料外,還儘量保證每篇論文的發表、討論時間,並爲彼此間的深入交流創造條件。與會學者發言的基本情況,參見本書收録的綜述文章,不贅。雖如此,會議進行中仍有不少意外發生,於此再次向各位同仁表示歉意!

因爲種種原因,約半數論文無法收録其中,難免遺憾;對於慨允下賜大作的同仁,我們也心有愧疚——在現有考核體制下,收入論文集的作品,多被歸入低層次的成果,儘管論文極可能是優秀的。因故無法與會的學者,如張翀、閆璘先生,不僅下賜特意撰寫的新作,並無私提供珍貴的圖版,爲論文集增色不少。此外,爲進一步拓展研究的視野,選擇翻譯了幾篇外文論著,感謝原作者的授權,也感謝譯者的辛勞;兩篇譯文因故不得不撤下,石洋、吴戈兩位同仁的付出,終無從體現,除去歉意外,不知道還能説些什麽。

會議籌備、進行中,得到王子今教授、孫家洲教授的全力支持,聞博兄亦多方協助;劉自穩、汪蓉蓉、吴宜宣、董家寧、尚宇昌等學生,承擔會務事宜,費心費力;論文集編輯過程中,自穩、蓉蓉、宜宣、殷博出力最多。於此,一併衷心致謝!

距離參加第一届論壇,將近六年,是道别的時刻了,並就此擱筆。

張忠煒

5月16日寫就

5月28日修訂

目　録

金文整飭的動力與方法*

——以早期銅鼎銘文爲例

張　翀

（中國社會科學院歷史研究所、中央美術學院人文學院）

金文，是銅器上鑄造或鏨刻的文字，它是中國古代青銅器顯著的特點之一，也是與世界古代文明中的青銅器物的重大區别。很多情况下，金文屬於古文字材料之外，也被視作商周時期的書法材料，甚至在討論先秦或上古書法史時，都直接使用若干青銅器銘加以論述。

無論是古文字學還是書法史，都在不同程度上使用過"風格"一詞，説明也多少注意到金文的風格變化問題，或者更爲通俗地稱之爲"書風"。容庚先生在《商周彝器通考》中對金文的書體書風作了不同於考古學的分析，如對金文書風的分析，雖然側重風格，但仍關注筆畫本身，"至於字體，商周兩代亦有差異。商代可分雄壯秀麗兩派。雄壯派如乃孫作祖已鼎、車作父丁尊是也。秀麗派如乙亥父丁鼎、畬卣是也。介乎兩間者無論焉。然而首尾皆略纖鋭。西周初期尚承其體。如盂鼎、麥鼎則屬於前者，沈子簋蓋、遹簋則屬於後者，猶未大變。西周後期則筆畫停勻，不露鋒鋩，如毛公鼎之長方，散盤之鏞扁，此一變也"。[①] 容庚先生已開始以銅器銘文的痕迹爲綫索對書寫本身進行討論，"銘文間有方格，殆爲書寫之便。如師趛鼎、克鼎、廣簋、番匊生壺、大鬲皆有陽文方格。然銘文往往跨於方格上。大克鼎前半有格而後半無之。頌壺器有格而蓋無之。鄀嬰鼎及壺則有陰文方格，字皆書於格内"。[②] 這些都是對金文書寫及其風格問題有益的探討。

* 本文受國家社科基金項目"夏商周青銅禮器的興衰及其原因"（15BKG007）資助。

① 容庚：《商周彝器通考》，上海人民出版社，2008年，第65頁。

② 容庚：《商周彝器通考》，第69頁。

我們認爲，容庚對書體雖具有技術性的分析，但繼續研究中若過度使用“風格”的方法，不加以其他維度的控制，將無法深入到書體及書寫内部，進行更爲細緻的觀察討論。這種討論不同於古文字的字體研究，更趨向於一種中程討論。其實從以下這段論述，我們大概也能有所感受。

> 晚商周初青銅器銘文有不少仿形成分，單字大小不一，筆畫粗細差别較大，構形不統一。西周早中期，人們致力於綫條化、符號化、書寫性等方面的改造和探索，同時，調鋒藏鋒用筆也漸漸成爲周人書刻中有意識的追求，這是古文字改造的第一階段。做法主要有：弱化仿形因素，簡化字形，匀一字徑，匀整點綫，規範筆畫，使筆畫結構趨於對稱、均衡。因裹毫筆法漸成時尚，不少題銘有厚重、渾樸、含蓄之感。即便在西周初期，周人就有著不同於商人的書刻觀念，拿晚商刻辭與時期相近的周人刻辭作對比，即顯出許多差異：殷刻辭筆畫直平、方轉直折，周人甲骨文筆畫轉折處則多圓曲之勢，筆勢較商刻辭圓轉和潤。到西周中期，金銘文已大異於商末周初的樣子了。[①]

我們會發現，除了字體結構討論外，就陡然躍進到“厚重”、“渾樸”、“含蓄”等帶有極爲强烈的主觀化描述語句上，缺少中間層次的描述與討論。無可否認，商周金文是從大小不一向工整文書化發展，整飭是一個大方向。李卓陽雖然也注意到金文越來越工整，逐漸有一定的秩序，[②]但過於用後世的書學知識推演前代，譬如使用中鋒、側鋒或藏鋒、露鋒的概念，進展不大。這種情況在對西周早期金文專門性的論述中也没有太多改善。[③] 郭晶提出西周金文去筆墨化的觀點，[④]對利用書法研究商周金文的誤區有一定的糾正，但對西周金文流於泛論，畢竟僅僅去筆墨化不能成爲“吉金質感的端莊與質樸”、“規範典雅”的具體方法。

我們提出整飭這個概念，雖然也是一個帶有風格性質的詞彙，但書體在視覺化的層面上既包括字體結構，也包括行間排布。我們討論的重點也在於如何進行整飭，以及動力，包括一些具體的方法。同時我們也發現，西周前期是金文一個相對關鍵的轉捩時期，當與銅器風格趨近，“青銅器的發展由華麗走向規整，銘文的發展顯然也是如此”，[⑤]其時代風貌爲承襲與拓展並重。有學者也注意到這一點，“西周金文字體初期承

① 王曉光：《陝西眉縣楊家村西周窖藏青銅器銘文書法淺析》，《書法叢刊》2010 年第 2 期。

② 李卓陽：《甲骨文與金文的書法風格差異》，《忻州師範學院學報》2013 年第 5 期。

③ 司燕飛：《商及西周早期金文的形式分析》，中國美術學院碩士學位論文，2011 年。

④ 郭晶：《西周金文風格探析》，《美的時代 · 美術學刊》2017 年第 3 期。

⑤ 夏含夷著，陳雙新譯：《西周青銅器銘文》，收録於夏含夷主編：《中國古文字學導論》，中西書局，2013 年，第 57—88 頁。

商代遺風，多波磔，利簋、作册令方彝就是典型的代表，其風格偉岸，筆畫粗重。西周中期以後，金文筆畫粗細若一，排列整齊，布局合理，字之大小隨意，風格漸趨多元”。[①] 在這裏面，字體爲何就能變爲“粗細若一，排列整齊”，即“整飭”的風格，是筆者最爲關心的問題。

金文自商代中期出現，且具有記號的性質，或是作器者之名，或是紀念先人的稱號。[②] 無論是使用族名，還是以天干稱呼先人，其文字形態都大多具有符號（sign）的意味，且在這種使用心理作用之下，族徽文字應運而生。[③] 但反映到字迹上，很多都不是一次書寫，甚至也包括所謂波磔體的肥筆。[④] 而帶有書寫性質的文字，則需要具有兩個條件：1. 從字體上説，偏旁成字。2. 以“篆引”爲代表的書寫技法的形成，使得字體綫條承擔一些功能，視覺上變得整飭美觀。王帥在整理西周早期金文字體的時候，也注意到偏旁字增多的現象。[⑤] 對此，筆者從書寫或書風的角度加以補充。偏旁成字，使得筆順的問題開始重要起來，單獨的圖畫文字對用筆的先後順序要求並不强烈，而偏旁字的結體就對筆順有較高的要求。偏旁引發了符件的構成及作用，單一筆畫和整體單字都不能促進書手提高書寫水準，只有符件才能够有效刺激書手儘快熟悉字形。字體與書體是兩個不同的概念，有同有異；亦需將文字創立的動機與在銅器上鑄刻文字的原因分開。

在大多數青銅器金文以及書法史中有關西周早期金文的論述中，我們發現敘述的方式無外乎是對重點幾件代表作品加以論述。利用“精品”進行討論的方法當然十分重要，它可以快速地展現西周早期金文最根本的特點，但也存在深入不到細節等弊端。我們則改變方法，利用西周早期銅鼎上的銘文進行研究。采取銅鼎作爲樣本，有兩個理由：一、鼎作爲較高品級的器物，具有一定的標杆示範作用。二、西周早期的銅鼎銘文較少，不會刻意求工，更具有自然狀態。

通過切片式的方式進入到銘文或文本之中，我們發現，較早的銅鼎銘文多爲雙行，在較小的排布空間内，需要解決幾個難點，日名、族徽以及“彝”等字形複雜的字。我們

---

① 王輝：《商周金文》，文物出版社，2006 年，第 9 頁。

② 裘錫圭：《文字學概要》，商務印書館，1988 年，第 42 頁。

③ 張懋鎔：《早期金文和遠古陶器刻繪符號》，氏著《古文字與青銅器論集（一）》，科學出版社，2002 年，第 20—23 頁。

④ 叢文俊：《中國書法史·先秦、秦代卷》第二章第二節“象形裝飾文字”，江蘇教育出版社，2009 年，第 133—134 頁。

⑤ 王帥：《金文字形書體演變研究與銅器斷代》，陝西師範大學博士學位論文，2015 年。

認爲，類似疑鼎（圖一）、[1]作父辛鼎（圖二）、[2]應公鼎（圖三）、[3]曾侯鼎、[4]滕侯鼎、[5]匽伯鼎[6]銘文是標準形態。疑鼎銘文爲族徽、私名，"寶"、"尊"、"彝"三個筆畫繁難的字俱全。作父辛鼎銘（圖二）爲"作父辛寶尊彝"，雙行排布，"寶"、"尊"、"彝"三字俱全。這六個字看似簡單，但要做到工整穩妥，並不容易。

圖一　疑鼎銘文

圖二　作父辛鼎銘文

圖三　應公鼎銘文

日名問題，利用合文較好解决，特别是父某形式出現較多，利用"父"左下空間，更容易將二字合體（圖四）。[7]"彝"字字形複雜，常會因字形問題將本字寫大，其解决方法就是將"彝"字放在辭末，爲"寶尊彝"或"寶鼎彝"，這樣"彝"字略大些也不傷大雅。出土於葉家山 27 號墓的曾侯方鼎（圖五），器銘爲"曾医乍寶尊彝鼎"，在"寶尊彝"後綴"鼎"，利用"曾"、"乍"兩個字形易於縮小的字加以調整。這件銅器的時代較早，[8]而後銘辭則有調整，如 65 號與 2 號墓出土的曾侯諫鼎（圖六），[9]銘文則簡省爲"寶彝"，其中一個原因是"諫"作爲曾侯私名，字形較大，故有所簡省。比曾侯犺晚一代的曾侯諫，[10]銘文雖然簡

① 吴鎮烽編著：《商周青銅器銘文暨圖像集成》（以下簡稱"《銘圖》"）1540、1541，上海古籍出版社，2012 年，第三册第 219—220 頁。

② 《銘圖》1510、1511，第三册第 192—193 頁。

③ 《銘圖》1552、1553，第三册第 227—228 頁。

④ 《銘圖》1572，第三册第 246 頁。

⑤ 《銘圖》1576，第三册第 251 頁。

⑥ 《銘圖》1592，第三册第 266 頁。

⑦ 戈父甲鼎銘，《銘圖》755，第二册第 71 頁。

⑧ 任雪莉：《葉家山曾國墓地"分器"現象與墓葬年代另探》，《陝西師範大學學報（哲學社會科學版）》2015 年第 6 期。

⑨ 《銘圖》1568，第三册第 242 頁。

⑩ 參見張天恩：《試論隨州葉家山墓地曾侯墓的年代和序列》，《文物》2016 年第 10 期。

省繁字,但行間解決不好,將"医"字方向調整,豎撇朝向左方,與"寶"字框形豎綫並立,不够舒展。反倒不如同地區的鄂侯鼎(圖七),①末行僅排"尊彝"兩字,即便是"医"字如曾侯諫鼎中的形狀,也較爲舒朗整飭。

圖四　戈父甲鼎銘文

圖五　葉家山27號墓曾侯鼎銘文

圖六　葉家山65號墓曾侯諫鼎銘文

圖七　鄂侯鼎銘文

與此同時,族徽卻開始有消失趨勢,一個現象就是,鼎銘中族徽較少,簋等器上銘文中卻有不少族徽存留,也多以"插入"的形式置於銘辭末。西周早期更爲常見的形式是,在鼎銘中省略寶字及族徽,用"尊"或"寶"字與"彝"構成器之自名,只出現兩個複雜的單字,且獨爲一行,另外一行則爲"作"字加日名,如作父甲鼎、作父乙鼎、竟鼎②等。當然,也有其他的解決方法,多是在遵循删繁就簡的原則,並起到有所規整的效果。西周中期鑄造字形的技術熟練之後,即便是三個複雜的字同時出現,也能很好地安排進不超過3.6釐米的内壁中,見立鼎(圖八)。③ 此種形式的還有伯旂鼎(圖九)、④庸伯鼎蓋、中皐父鼎、⑤仲州鼎、⑥叔伐父鼎⑦等器銘。

① 《銘圖》1565、1566,第三册第239—240頁。
② 《銘圖》1406,第三册第102頁。
③ 《銘圖》1409,第三册第105頁。
④ 《銘圖》1444,第三册第131頁。
⑤ 《銘圖》1455,第三册第139頁。
⑥ 《銘圖》1456,第三册第140頁。
⑦ 《銘圖》1463,第三册第145頁。

圖八　立鼎銘文

圖九　伯旂鼎銘文

在更早的商代晚期銅鼎銘文中，也有試圖解決族徽或複雜私名的迹象。關於族徽的構成方法，張懋鎔師曾有所總結，[①]但主要集中在族徽單體上，較少涉及族徽在行間的問題。我們發現婦好銅器中，幾件鼎的銘文“婦好”，雖然是一種近乎合文的狀態，但“婦”字的“帚”符嘗試多種位置，或在上，或在雙女形所形成的空間之內。“婦好”兩字中各帶有女旁（圖十），形成一個對稱格局，使得變化時更容易有一種“安全”的心態。當然也有例外，其中一件婦好鼎的“婦”銘是單女旁（圖十一），[②]可以看作是簡省狀態。對稱形態多有位置嘗試的情形也見於冊冊鼎（圖十二）。[③]

圖十　婦好鼎銘文

圖十一　婦好鼎銘文

圖十二　冊冊鼎銘文

---

① 張懋鎔：《試論商周青銅器族徽文字的結構特點》，《古文字研究》第二十五輯，中華書局，2004 年，第 225—235 頁，後收入氏著《古文字與青銅器論集（二）》，科學出版社，2006 年，第 7—18 頁。

② 《銘圖》508，第一册第 399 頁。

③ 《銘圖》603～606，第一册第 474—476 頁。

而“亞”字的外框也似乎起到了一定“定位”作用(圖十三)。所謂亞框,劉釗認爲多爲一種裝飾性圖案,①但從裏面看所形成的界框是一種封閉狀態,很難延伸,遇到字多或字形較大的字,輒移出框外(圖十四)。②

圖十三 亞疑鼎銘文

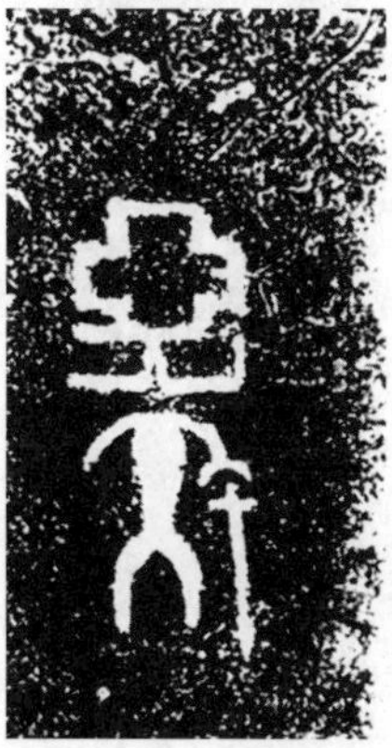

圖十四 亞疑鼎銘文

圖十五 象祖辛卣銘文

此外,還可以從另外一種形式看出端倪,即單行三字,上面爲族徽,下爲父名。三字爲一行,族徽幾乎占據兩個字的空間,如象祖辛鼎(圖十五)、③戈祖癸鼎、④戈父甲鼎⑤等等。當然,也不排除例外情況,如族徽較窄長的舉字,在㠱父乙鼎銘中,族徽就單作一行,父名則在另一行(圖十六),⑥這就引發另外一個問題,即行款。㠱父乙鼎的銘文也有單行的情況(圖十七),⑦其解決方案就是將族徽再拉長,“非”及“子”形占一字空間,“人”形占一字空間,“父乙”以合文的形式占一字空間。族徽加日名,雖然是商代晚期金文常見的形式,但置於一行就意味著將圖像化的文字文本化,而西周早期的向鼎(圖十八),⑧也帶有㠱族徽,則將其置於雙行之外,且三部分分離,各占一字的空間,是徹底的文本化。

① 劉釗:《古文字構形學(修訂本)》,福建人民出版社,2011年,第77頁。

② 如亞疑鼎,見《銘圖》562～570,第一册第445—451頁。

③ 《銘圖》748,第二册第66頁。

④ 《銘圖》750,第二册第67頁。

⑤ 《銘圖》756,第二册第72頁。

⑥ 《銘圖》760～763,第二册第76—79頁。

⑦ 《銘圖》764,第二册第79頁。

⑧ 《銘圖》1524,第三册第204頁。

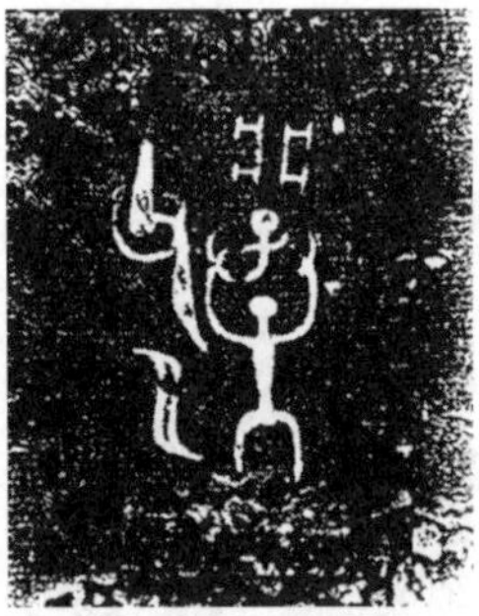

圖十六 㠱父乙鼎銘文

圖十七 㠱父乙鼎銘文

圖十八 向鼎銘文

可見，對於族徽的解決之道是占用兩個或兩個以上字符空間，而族徽銘趨近文字形態的，則能較好解決，如"乙"，則僅占一字空間（圖十九），[①]更接近於文本的意味。族徽作爲一種表意的象形符號，基本没有被筆畫符號化，但需要"寫"出，所以在書寫、排布乃至製作中，是一塊强有力的試驗田。單字如果寫（畫）大了，另行排布"字"外，也無傷大雅。此外，還能作出布局上的一些實驗。這些，我們大可以舉上更多例子，但不是我們討論的重點。我們關心的是，抽象過的字是如何安排字距行間的。寧母父丁鼎（圖二十）[②]的銘文是比較具有代表性的一例。"寧"字的寶蓋頭控制失當，占用兩行，其下就按兩行排布。"母"字居右邊一行，"父丁"則於左側一行。"父丁"以合文的形式，幾乎與"母"字等大，唯"父"字的中豎有所變化，筆勢也欲借用"寧"字左下的空隙處。這樣一來，在四個字的銘文中，處理了字距、行間的雙重關係。更有甚者，如宀鼎（圖二十一），[③]寶蓋的字形直接將下面的族徽與"乍"字框住。但這件圓鼎三柱足略内收、腹壁較直，時代較晚，爲西周中期偏早，[④]多半是因爲地理關係，鑄銘技術發展較慢所致，從"乍"字出現 90°順轉的反常現象，也可見一斑。而在西周早期的寧母鼎（圖二十二）[⑤]的銘文中，"寧"的書寫得到很好的控制，很大程度上縮進單行之中。亳鼎[⑥]的銘文也出現類似寧母父丁鼎的情況。

---

① 子父乙鼎，《銘圖》776，第二册第 88 頁。

② 《銘圖》1163，第二册第 293 頁。

③ 《銘圖》1537，第三册第 217 頁。

④ 任喜來、呼林貴：《韓城市博物館收藏的幾件青銅器》，《文博》1991 年第 2 期。當年因爲銅銹尚未清理乾淨，字口不清，將宀認爲外框，且族徽也有誤釋。

⑤ 《銘圖》1391，第三册第 87 頁。

⑥ 《銘圖》1811，第三册第 473 頁。

圖十九　子父乙鼎銘文

圖二十　寧母父丁鼎銘文

圖二十一　宀鼎銘文

圖二十二　寧母鼎銘文

圖二十三　盞祖庚父辛鼎銘文

圖二十四　羙兄戊父癸鼎銘文

圖二十五　陵鼎銘文

此種排布，很有可能源自商代晚期銅器中的雙日名的銘文。這種形式一般上端居中爲族徽，下爲兩行，日名左右各一，如盞祖庚父辛鼎（圖二十三）、[1]木祖辛父丙鼎、[2]般鼎。[3] 豎向而非横向的族徽，如羙，儘管也有雙日名的形式，甚至有排入豎向的可能，像羙兄戊父癸鼎（圖二十四），[4]“父癸”占一行，“羙”、“兄”、“戊”三字幾乎爲一行。其解決方法爲，“父”拉長豎向的筆道，基本與羙字等長，“癸”字略大，且與父字有所分離，與此同時，“兄戊”則爲合文。而在日名系統邊緣的銅器上，則出現了將日名斷行的現象，殺鼎銘中的“父戊”各爲一行，呈現文本化的一面。陵鼎（圖二十五）[5]的銘文也是如此。

① 《殷周金文集成》1996；《銘圖》1354，第三册第 56 頁。

② 《殷周金文集成》1997；《銘圖》1355，第三册第 57 頁。《銘圖》將盞祖庚父辛鼎誤植此鼎銘。

③ 《銘圖》1517，第三册第 197 頁。

④ 《銘圖》1375，第三册第 73 頁。

⑤ 《銘圖》1526，第三册第 206 頁。

必須説明的是，金文的發展有著一定的不均衡性，不能完全以時代先後爲準，受到等級、地域以及寫手工匠的影響很大，周王作器的銘文就顯得更爲整飭有力一些，如王作仲姜鼎(圖二十六)，①而攸鼎(圖二十七)②是一件中期的鼎，銘文鬆散許多，整飭的力度較差，“攸”字左右分開程度較甚，幾成兩字，最爲醒目的是有“車”符的“旅”字，字形變長，使得後面的“鼎”字没有空間，只能擠著寫到旁邊。這件鼎的銘文字長度爲 7.2 釐米，③基本能在銅鼎内壁非常恰當地安排下來。若將“鼎”字排成單行，依照現有各字的高度大致估算一下爲 9.6 釐米，從現有字的高度來看，則無法在腹深 10 釐米的内壁排下。員鼎(圖二十八)④也應該是這種情況。更爲甚者，斿鼎、⑤伯雍倗鼎⑥的銘文出現了三行，多爲器體矮胖的原因。斿鼎通高 20.1 釐米，伯雍倗鼎則更矮些，爲 14.6 釐米。伯雍倗鼎銘(圖二十九)，前面兩行均各有一個筆畫少的字“伯”、“小”，使得該行其他的繁字借用了它的一些空間，而多出一行安排了“鼎”的衍乳字與一個族徽。所以，整篇看似較爲合理，但深入觀察到行間，則又顯得不够整飭。

圖二十六　王作仲姜寶鼎銘文

圖二十七　攸鼎銘文

圖二十八　員鼎銘文

當族徽、日名現象在西周中期逐漸消亡之後，文字的整飭也消除許多障礙，從另一方面來説，在西周早期，也因爲這些圖像性質的銘文存在使銘文製作有所强化訓練，形

① 《殷周金文集成》2191。

② 《銘圖》1287，第三册第 3 頁。

③ 參見河北省文物管理處：《河北省元氏縣西張村的西周遺址和墓葬》，《考古》1979 年第 1 期。

④ 中國社會科學院考古研究所、北京市文物工作隊、琉璃河考古隊：《1981—1983 年琉璃河西周燕國墓地發掘簡報》，《考古》1984 年第 5 期；《銘圖》1309，第三册第 21 頁。

⑤ 《銘圖》1809，第三册第 472 頁。

⑥ 《銘圖》1782，第三册第 447 頁。

圖二十九 伯雍倗鼎銘文

圖三十 楷仲鼎銘文

成許多的解決方法，並影響到以後的銘文中，如西周早期晚段至中期早段常見“某公作旅鼎”的辭例中，因爲“旅”字的初形有車符，故“旅鼎”多爲一行，如楷仲鼎（圖三十）。[①] 後期“旅”字簡省車符，“旅鼎”仍爲一行，但兩字之間空隙增大，更多是照顧行間的整飭。有應公鼎、許季鼎、考𠃌鼎、[②]亶姜鼎、[③]鬩伯鼎、[④]敔伯鼎[⑤]等。甚至爲了美觀，在單字書寫能力較差的情況下，不惜簡省器名，孔鼎[⑥]銘文中的“旅”字比較繁複，“車”符更爲象形的初文，有車輪的表示，且間隙較大，於是就乾脆將器銘“鼎”或“彝”簡省。值得注意的是，此銘也是將日名“父癸”分行處理。

西周中期之後，書寫性有所減弱，這也就是有些學者看到的去筆墨化，製作性變强。對文字來説，出現了“打磨”或“塊狀”[⑦]的形式，可視作爲製作發展趨勢的迹象。[⑧] 書寫性的降低，使得銘文之間的差異性變大，不僅有地區差異，在同人同銘中也具有相當的書體差異。[⑨] 從社會需要來説，銅器銘文字數越來越多，越來越需要文本化，其中可能存在譜牒性質的敘事，[⑩]但字數越來越多，使得人們無暇顧及書寫的藝術，轉而將注意力放

① 《銘圖》1450、1451，第三册第135—136頁。

② 《銘圖》1438，第三册第128頁。

③ 《銘圖》1439，第三册第128頁。

④ 《銘圖》1446、1447，第三册第133—134頁。

⑤ 《銘圖》1448，第三册第134頁。

⑥ 《銘圖》1417，第三册第112頁。

⑦ 參見萬瑞傑：《殷周金文書法的修飾美——兼論殷周金文書法的研究方法》，《大連大學學報》2011年第1期。

⑧ 關於銘文製作，參見陳初生：《殷周青銅器銘文製作方法評議》，《暨南學報（哲學社會科學版）》1998年第1期。

⑨ 張懋鎔：《同人同銘金文字形書體的差異性研究》，《古文字研究》第三十一輯，中華書局，2016年，後收入氏著《古文字與青銅器論集（五）》，科學出版社，2016年，第3—14頁。

⑩ 俞林波：《上古金文譜牒及其敘事藝術》，《中南民族大學學報（人文社會科學版）》2016年第6期。

在如何將其排布得更爲整齊、耐看上。耐看是能够閲讀的先決條件。[1] 當掌握一些整飭的方法並有初步實踐之後，多字數的金文越來越普遍，也越來越呈現出整齊的文本化，並開始出現不以書寫能力爲基礎的轉向，這也是當初將金文"寫"整齊的人們所始料未及的。

① 關於銘文閲讀的討論參見巫鴻著，李清泉、鄭岩等譯：《中國古代藝術與建築的"紀念碑"性》，上海人民出版社，2017年，第119頁。

漢淮地區唐國銅器及其歷史地理考論*

——由清華簡《繫年》所載陽(唐)國談起

田成方

(鄭州大學歷史文化遺産保護研究中心)

周代以唐爲國名，較著者有三：一是周成王時，周公誅滅之唐。這個唐，殷商既存，在周代享祚較短。二是在古唐國舊地，成王封其弟叔虞於此，爲晋國的前身。此姬姓之唐，到唐叔虞之子燮父時，因“侯于晋”(語出堯公簋①)，後改稱晋。三是“漢陽諸姬”之一的南土之唐。本文所要討論的，即位於周代南土的漢淮之唐。

清華簡《繫年》第十九章(簡105)載：“秦異公命子甫(蒲)、子虎率師救楚，與楚師會伐陽，縣之。”所記爲吴師入郢之後，申包胥赴秦乞師，前505年秦哀公派兵敗吴、滅唐一事。整理者據《左傳》定公五年、《史記》卷四十《楚世家》，已指出《繫年》所載之“陽”，即參與吴師入郢的姬姓唐國。② 漢淮之唐，戰國中期的文字材料明確寫作“陽”，尚屬首次，這對於辨析、檢討與漢淮之唐國、唐族相關的文字材料，揭示其歷史地理的謎團，提供了較爲明確、可靠的支撑。下文將首先梳理銅器和簡牘等所見唐國、唐氏的材料，然後就其歷史、地理中的相關問題試作探討，以就教於方家。

---

* 本文係國家社科基金重大項目“周代漢淮地區列國青銅器和歷史、地理綜合整理與研究”(15ZDB032)的階段性成果，並得到鄭州大學中原歷史文化特色學科資助。

① 朱鳳瀚：《覭公簋與唐伯侯於晋》，《考古》2007年第3期。

② 清華大學出土文獻研究與保護中心編，李學勤主編：《清華大學藏戰國竹簡(貳)》，中西書局，2011年，下册第185頁注[4]。

一、漢淮之唐銅器考述

對於漢淮地區唐國的銅器及其文化面貌，過去知之甚少。由於《繫年》的明確證據，區分唐國銅器有了相對可靠的標準。總體來看，漢淮之唐的銅器，應至少具備以下某個特徵：一是國族之名的寫法，與《繫年》中的"陽"接近或相同；二是作爲漢陽諸姬之一，其成套的銅器應該出土於漢水以北、以東，以隨棗走廊爲核心的區域。準此來看，以下幾件(組)銅器很可能與漢淮之唐有關。

(一) 陽飤生諸器

1977年，湖北棗陽縣資山公社王城管理區(今屬王城鎮)廢舊物資收購站收購到一批銅器，後入藏於襄陽市博物館。據《襄樊市、穀城縣館藏青銅器》最初報道，這批銅器計有孟姬冶簋2(僅存器身)、陽飤生簋蓋1、盤1、陽飤生匜1。[①] 之後，襄樊市博物館對這批銅器的出土情況作了補充説明，[②]可知銅器是造田時挖出的，出土地點爲王城西南一公里的杜家莊(今稱杜灣村)崗地，可能出自墓葬。[③] 這批銅器共8件，其中2件鼎、1件陽飤生簋蓋未見於最初報道。補充説明説"其中六件有銘文"，經核實，銘文銅器有孟姬冶簋2(僅器身)、陽飤生簋蓋2、陽飤生匜1，實則5件。其中，孟姬冶簋器身2、陽飤生簋蓋2應是兩兩成套，可組成一對完整的銅簋。補充説明説："據當事人講，出土時兩蓋均蓋在上述簋上。但蓋嫌小，易落入簋内，且銘文截然不同，明顯的蓋與簋不是原套。"[④]最初報道和補充説明將孟姬冶簋器身和陽飤生簋蓋作爲兩套器物介紹，主要出於蓋、器不同銘的考慮。然綜合分析蓋、器的形制、紋飾等特徵，可知蓋、器成套，簋蓋是後來加配的。

兩件陽飤生簋蓋形制、紋飾、大小、銘文皆同，均呈喇叭狀，上有環狀捉手，蓋沿有三獸首形卡扣(圖一)。蓋面飾瓦紋，蓋内有銘文4行21字(含重文2，《集成》03984、03985，[⑤]圖三、圖四)：

陽飤生自乍(作)隮段，用易(賜)眉壽萬年，子子孫孫永寶用享。

---

① 襄樊市博物館、穀城縣文化館：《襄樊市、穀城縣館藏青銅器》，《文物》1986年第4期。

② 襄樊市博物館：《湖北穀城、棗陽出土周代青銅器》，《考古》1987年第5期。

③ 或云出自窖藏，參國家文物局主編：《中國文物地圖集·湖北分册》，西安地圖出版社，2002年，第126—127頁。

④ 襄樊市博物館：《湖北穀城、棗陽出土周代青銅器》，《考古》1987年第5期。

⑤ 中國社會科學院考古研究所編：《殷周金文集成(修訂增補本)》，中華書局，2007年。按：下引銘文出自此書者，僅注明器號，除非特別需要，不再一一出注。

與之相配的兩件孟姬湝簋身，形制均爲斂口鼓腹，圈足下立三獸首形扁足，獸首環耳銜環（圖二）。銘文 4 行 24 字（圖六）：

孟姬湝自乍（作）𩞁𣪕，其用追考（孝）于其辟君武公，孟姬其子孫永寶。

兩件簋蓋雖爲後配，但與器身在器形搭配、紋飾設計上都保持高度一致，應視爲一對完整的銅簋。這種形制和紋飾的銅簋，彭裕商先生歸納爲 Ec 甲Ⅲ式，近似者有河北唐縣南伏城簋、散伯簋、井南伯簋、兑簋等，主要流行於西周晚期。[①] 井南伯簋、兑簋均失蓋，南伏城簋、散伯簋蓋器並存，尤其後者的簋蓋和簋身之形制、紋飾，與陽飤生簋如出一範。

圖一　陽飤生簋蓋

圖二　孟姬湝簋身

圖三　陽飤生簋蓋銘文 A

圖四　陽飤生簋蓋銘文 B

① 彭裕商：《西周銅簋年代研究》，《考古學報》2001 年第 1 期。

圖五　陽飤生匜銘文

圖六　孟姬㴔簋銘文

同時徵集到的兩件銅鼎、一套盤匜，也是西周晚期流行的式樣。其中銅匜内底鑄有3行13字銘文（圖五）：

陽飤生自作寶匜，用易（賜）眉壽用享。

首字，从土，而簋蓋首字、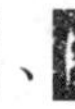，从阜，報道和補充説明通讀作“陽”，可從。李學勤先生認爲“陽，疑即唐國之唐”。[①] 黄錫全先生亦持此論，並説：“陽飤生、埸食生當讀唐食生，以國爲氏。古唐國在今湖北隨州西北唐縣鎮一帶。資山與之鄰近，古當屬唐。”[②]將“陽”讀作“唐”，確爲卓識：(1)《繫年》將漢淮唐國寫作“陽”，與陽飤生諸器銘國族名稱的寫法相近，構字核心都是聲符“昜”。(2) 陽飤生諸器出土地在今棗陽市王城鎮。王城鎮以南的環潭、湨陽一帶，漢代置上唐鄉。其東北不遠爲唐縣鎮（今屬隨州市），是唐代以後地理志記載的古唐國之所在（詳後）。陽飤生諸器在古唐國地域發現，絶非偶然。

簋銘中的孟姬㴔爲姬姓，其母國應是漢陽諸姬之一的唐國，即漢淮之唐。此簋是她爲先人所作祭器，後轉入陽飤生之手。簋銘中的“辟君武公”，黄錫全先生依據《禮記·

---

① 參前揭《湖北穀城、棗陽出土周代青銅器》一文注②。

② 黄錫全：《湖北出土商周文字輯證》，武漢大學出版社，1992年，第118頁。

曲禮下》“夫曰皇辟”及鄭玄注“皇”爲“君”，認爲“辟君武公”當是孟姬對其已亡丈夫的稱呼，武公是陽飤生的謚稱，[①]吴鎮烽先生也認爲“這件簋是姬姓婦女爲丈夫鑄造的祭器”，[②]值得商榷。首先，簋身的作器者孟姬㴋，與簋蓋的主人陽飤生，均爲姬姓，不太可能爲夫婦關係。其次，器銘措辭是“追考于辟君武公”，“追考”讀作“追孝”，顯係晚輩對長輩的口吻。如上所云，孟姬㴋、陽飤生都屬唐國公族。若將“辟君武公”理解爲孟姬㴋的亡夫，則很難解釋孟姬㴋爲亡夫所作祭器，爲何在她娘家附近出現。“辟君武公”，當是已出嫁的孟姬㴋的亡父。此處的“辟君”指君主、國君，例同齊侯鎛“朕辟皇君”(《集成》0273、0285)，大克鼎“厥辟恭王”(《集成》02836)、厲氏鐘“厥辟韓宗”(《集成》0160)。“辟”作“君”講，又見於《詩經·大雅·韩奕》“以佐戎辟”，《周頌·烈文》“烈文辟公”，《周頌·載見》“載見辟王”，《尚書·洪範》“惟辟作福，惟辟作威，惟辟玉食”等。簋銘“辟君”猶“辟王”、“辟公”，“辟”與“君”義同，並非指夫君之君。孟姬㴋追孝的對象，很可能是謚爲武公的唐國國君。孟姬㴋當是唐武公已出嫁的長女，此簋則是她爲亡父所作祭器。孟姬㴋簋之所以在唐國附近出土，並與陽飤生簋蓋成套，也就容易理解了。

(二) 鴋子斨戈和鴋子仲瀕諸器

鴋子斨戈和鴋子仲瀕諸器，均出於湖北郧縣肖家河村喬家院墓地，故一並討論。喬家院墓地共進行過三次發掘。1990年、2001年，肖家河村喬家院一帶各清理了一座遭破壞的墓葬，[③]依其發掘年代先後，我們暫且編爲喬家院M1(原編號爲XM)和喬家院M2(原編號爲YXM1)。2006年，喬家院墓地又發掘了四座春秋殉人墓，編號爲M3、M4、M5、M6。[④] 除M5盜擾嚴重外，其餘五座墓都出土了一定數量的青銅器。比照鄰近的淅川蒍氏墓地銅器序列，馮峰先生作了很好的分期斷代，指出喬家院M4的年代最早，絶對年代在前580年至前560年左右，M2的年代爲前540年至前520年左右，M1年代約前520年至前500年，M5、M6的年代當在前490年至前470年。[⑤] 鴋子斨戈出土於喬家院M4。這座墓葬頭向東，有殉人。隨葬銅禮器有鼎2、簠2、盥缶2、盞1、盤1、

---

① 黄錫全：《湖北出土商周文字輯證》，第118頁。

② 吴鎮烽：《也談周代女性稱名的方式》，復旦大學出土文獻與古文字研究中心網站，2016年6月7日。

③ 郧陽地區博物館：《湖北郧縣肖家河春秋楚墓》，《考古》1998年第4期；郧縣博物館：《湖北郧縣肖家河出土春秋唐國銅器》，《江漢考古》2003年第1期。

④ 湖北省文物考古研究所、湖北省文物局南水北調辦公室：《湖北郧縣喬家院春秋殉人墓》，《考古》2008年第4期。

⑤ 馮峰：《郧縣喬家院春秋墓初識》，《南方文物》2009年第4期。

匜 1、勺 1，兵器有銅劍 1、戈 2、戟 1、矛 2 及箭鏃若干。其中兩件銅戈均有銘文，其一戈(M4：14)的胡部有 5 字銘文“鍚子斨之用”(圖七)。另一件戈(M4：13)的胡部兩面皆刻有銘文，一面爲“子□”，另一面 6 字“□公□金用禽”。這兩件銘文戈在形制上存在差别，鍚子斨戈胡與内垂直，闌側三穿，而□公戈胡與内呈鋭角，闌側四穿，上穿爲半圓形，内上鑲嵌緑松石。兩件戈形制差别較大，可能不是同期鑄造，器主是否爲同一人，亦令人質疑。據目前的材料，鍚子斨與喬家院 M4 墓主的關係，還難以斷定。

圖七　鍚子斨戈器形及銘文拓片

鍚子仲瀕諸器出土於喬家院 M2(原編號爲 YXM1)。該墓隨葬銅禮器有鼎、盞、鈚、盤、匜各一，其中盤、匜、鈚皆鑄有銘文，器主均爲鍚子仲瀕，説明鍚子仲瀕是這座墓的墓主。盤銘 4 行 27 字(含重文 2)：

隹正月咸辛亥，鍚子仲瀕兒擇其吉金，鑄其御盤，子子孫孫永寶用之。

匜銘、鈚銘行文略異(圖八)。黄旭初、黄鳳春兩先生在討論 M2(原編號爲 YXM1)銅器銘文時，將表示國族之名的“鍚”讀成“唐”，認爲是隨棗走廊的姬姓唐國銅器。[①] 其依據是，在《説文》《汗簡》等字書中，“唐”字古文多从“昜”，“所从形符有从口、从矢和从土之别，

① 鄖縣博物館：《湖北鄖縣肖家河出土春秋唐國銅器》，《江漢考古》2003 年第 1 期；黄旭初、黄鳳春：《湖北鄖縣新出唐國銅器銘文考釋》，《江漢考古》2003 年第 1 期。

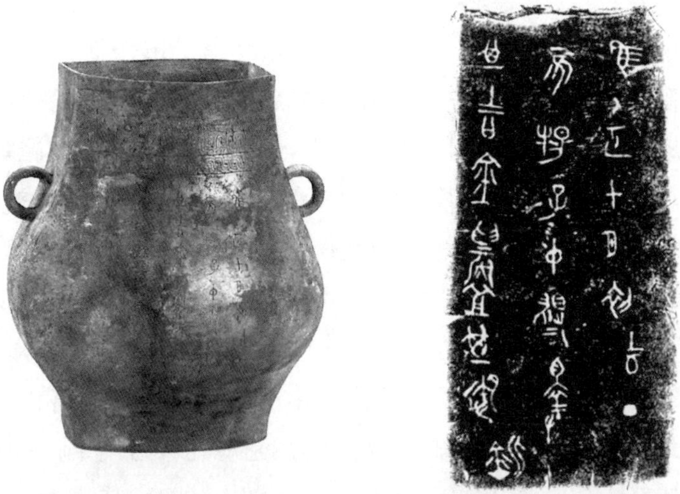

圖八　鴋子仲瀕鈚及其銘文拓片

但都讀爲'唐'"。[①] 驗之文字材料,漢淮之唐的古文寫法,核心構件都是聲符"昜",形符或从阜、从土,並不固定。作爲國族之稱的"鴋",讀作"唐"是合適的。但也有學者指出,"唐在春秋中、晚期之際到晚期偏早尚存在,其地望雖無定論,但其勢力範圍卻不太可能到如此偏西的地方",認爲"或許'鴋'跟楚陽氏有一定關係",[②]似有道理。不過從銅銘稱謂分析,"鴋"讀爲"唐"或許更合適。現已發現的楚系銅器中,楚國公族所作器銘,經常在具體族氏或身份前面加上"楚"字,如楚季鐘、[③]楚季咩盤(《集成》10125)、楚屈叔佗戈(《集成》11198、11393)、楚屈子赤目簠(《集成》04612、《新收》1230)、[④]楚屈喜戈、[⑤]楚王孫漁戈(《集成》11152、11153)、楚子棄疾簠(《新收》0314)[⑥]等。形成鮮明對比的是,楚系附庸的國君或貴族,銅銘常以"國名+子某"自稱,我們曾對此現象有過總結和分析,[⑦]茲不贅引。在楚系附庸體系下,爲了區别國内貴族和附庸國貴族,銘文稱謂中是否冠以"楚"字,是比較關鍵的標誌。鴋子斨、鴋子仲瀕的稱謂形式,與附庸於楚的小國貴族較爲相類,因而"鴋"還似應讀作"唐",可能與楚陽氏無關,下文論及銅器和楚簡中楚陽氏的寫

---

① 黄旭初、黄鳳春:《湖北鄖縣新出唐國銅器銘文考釋》,《江漢考古》2003 年第 1 期。

② 馮峰:《鄖縣喬家院春秋墓初識》,《南方文物》2009 年第 4 期。

③ 湖北省文物考古研究所等:《湖北宜昌萬福垴遺址發掘簡報》,《江漢考古》2016 年第 4 期。

④ 程欣人:《隨縣溳陽出土楚、曾、息青銅器》,《江漢考古》1980 年第 1 期。目字原釋爲角,從施謝捷先生改釋,參施謝捷:《釋楚器中的人名"赤目"、"墨胥"》,《江漢考古》1995 年第 4 期。

⑤ 林麗霞、王鳳劍:《南陽市近年出土的四件春秋有銘銅器》,《中原文物》2006 年第 5 期。

⑥ 徐俊英:《南陽徵集一"楚子棄疾"銅簠》,《中國文物報》1989 年 5 月 26 日第二版;尹俊敏、劉富亭:《南陽市博物館藏兩周銘文銅器介紹》,《中原文物》1992 年第 2 期。

⑦ 田成方:《東周時期楚國宗族研究》,科學出版社,2016 年,第 202—203 頁。

法，亦可佐證。

鴋子仲瀕墓規模不大，墓坑爲 2.5×1.5 米，葬具爲一棺一槨。結合隨葬銅禮器看，器主應是唐國的普通貴族。鴋子仲瀕墓出土銅器，與喬家院其他墓葬出土銅器一樣，都是典型的楚系作風。鴋子仲瀕墓銅器製作粗劣，器表均可見明顯的範縫，説明澆鑄後未經後期打磨處理。紋飾亦不精細，其中銅鈚頸部紋飾和銅盤紋飾尤差。銅銘中存在不少譌字和反書。[①] 這批銅器的規制等級和製作情況，直接反映了墓主相對較低的政治身份。這一情形，與當時陽氏在楚國的地位頗不相符。楚陽氏是楚穆王之子王子揚的後代，其子孫以王子揚之名爲氏。[②]《左傳》昭公十七年（前 525 年）載："陽匄爲令尹，卜戰，不吉。"杜注："陽匄，穆王曾孫令尹子瑕。"孔穎達正義進一步補充道："依《世本》，穆王生王子揚，揚生尹，尹生令尹匄。"[③]可知楚陽氏世系是穆王→王子揚→（王孫）尹→陽匄。陽匄於楚平王元年至十年（前 528 年—前 519 年）擔任令尹，其活動時間大概與喬家院 M1（原編號爲 XM）墓主相近，而晚於 M2（原編號爲 YXM1）墓主鴋子仲瀕。鴋子仲瀕大約與王孫尹同時或稍晚，而鴋子斨與王子揚同時或稍晚。鴋子斨生活的年代，楚陽氏尚不存在。直到陽匄時，始以祖父字爲氏，誕生了陽氏之族。墓葬規制和隨葬品等級，比之陽氏的族史，説明鴋子仲瀕不可能出自楚陽氏。

鴋子斨戈和鴋子仲瀕諸器出於典型楚系墓葬，鴋子仲瀕更是喬家院 M2（原編號爲 YXM1）的墓主。墓葬所在地在春秋中期以後，已爲楚人所控制。這些銅器的主人既然不是楚陽氏貴族，那麽他們屬於附楚的唐國貴族的可能性最大。或認爲"概稱'唐子'，一反《左傳》'唐侯'之説"，[④]將他們名字中的"子"視爲爵稱，恐不合適。因爲無論從墓葬規模、禮器等級還是銘文稱謂，鴋子斨、鴋子仲瀕都不會是唐國國君。周代五等爵中的"子"爵，使用對象僅限於諸侯國君。此二人名字中的"子"，應理解爲父子之子，"鴋子"即"唐侯之子"的簡省。鴋子仲瀕較鴋子斨晚約一代，大概是某位唐侯的次子。

（三）幾件傳世唐器

有一件昜叔盨（《銘圖》05575、《集成》04390），爲傳世器，原由劉喜海舊藏（《攈古録》2.2.12.1），後歸潘祖蔭、李蔭軒，現藏上海博物館。該器爲方唇直腹微鼓，兩長方形附

---

① 詳參黄旭初、黄鳳春：《湖北鄖縣新出唐國銅器銘文考釋》，《江漢考古》2003 年第 1 期。

② 晋、魯亦有陽氏之族，與楚陽氏並非同姓，如晋陽處父（《左傳》成公十一年），魯陽虎、陽越（《左傳》定公八年）。

③ 《春秋左傳正義》卷四十八，李學勤主編：《十三經注疏》，北京大學出版社，1999 年，第 1369 頁。

④ 黄旭初、黄鳳春：《湖北鄖縣新出唐國銅器銘文考釋》，《江漢考古》2003 年第 1 期。

耳，圈足有四桃形缺口。腹上部飾簡化顧首龍紋，下部飾横棱紋，圈足一周垂鱗紋。① 銘文2行14字（含重文2，圖九）：

昜弔（叔）乍旅須（盨），其子₌孫₌永寶用享。

"其子子孫孫永寶用享"的嘏詞，及"其"字下缺"八"的寫法，與前引孟姬冶簋相類。關於銅盨年代，《銘文選》定爲西周中期，②《集成》《銘圖》都定在西周晚期，③結合銅器形制、紋飾及文字風格，後者當可信。《集成》將首字"昜"讀作"陽"，未詳其據。證之上述陽飤生簋、鴋子斨戈和鴋子仲瀕器等，作爲國族之稱的"昜"，此處很可能也讀作"唐"。

上海博物館還藏有一件陽尹簋（《集成》03578），銘文2行6字（圖十）：

陽尹乍厥旅簋。

首字从阜从昜，同於叔姬鼎、陽飤生簋，當亦屬姬姓唐國之器。《集成》定其年代爲西周，《銘圖》04343定爲西周早期。2017年8月在中國人民大學召開的"第六屆出土文獻青年學者論壇"上，田煒、馬楠等先生指出簋銘"厥"字具有西周早期的作風。然據筆者核驗原器，該簋爲橢圓立耳，淺腹，有圈足，通體素面，形制上當爲西周晚期。銘文中的簋字从"食"，亦是西周晚期以後逐漸流行的寫法。④ 該器的年代，還應定爲西周晚期較妥。簋銘中的"尹"當讀爲君，⑤陽尹即唐君，與孟姬冶簋銘的"辟君"都指唐國國君。除姬姓唐國外，漢淮地區其他諸侯亦多以"君"自稱，如黄君孟、⑥樊君夔、⑦番君（《集成》0732～0734、02617～02618等）、邛君婦龢（《集成》09639）等。

還有一件叔姬鼎（《集成》02392），原爲費念慈舊藏，也藏於上海博物館。銘文3行9字（圖十一）：

---

① 昜叔盨及下文陽尹簋和叔姬鼎，過去未見公開器形照片。2017年10月19日，筆者與史語所陳昭容先生、復旦大學郭永秉教授同赴上海博物館提請參覽，得到該館青銅部周亞、馬今洪、胡嘉麟等先生熱情接待和細心介紹，通過目驗原器，使我們對這幾件銅器有了更直觀的印象和更全面的認識，在茲深表感謝。關於這三件銅器的器形描述，即源自這次參覽的筆記。

② 馬承源主編：《商周青銅器銘文選》（簡稱"《銘文選》"），文物出版社，1990年，第257頁器370。

③ 吴鎮烽主編：《商周青銅器銘文暨圖像集成》（簡稱"《銘圖》"），上海古籍出版社，2012年，第十二册第298頁；中國社會科學院考古研究所編：《殷周金文集成》，第四册第2781、3428頁。

④ 董蓮池：《新金文編》，作家出版社，2011年，第507—514頁。

⑤ 尹與君相通，早期文獻不乏其例，參高亨纂著，董治安整理：《古字通假會典》，齊魯書社，1989年，第76頁。又馬王堆帛書《九主》篇伊尹作"伊君"，亦可證。

⑥ 河南信陽地區文管會、光山縣文管會：《春秋早期黄君孟夫婦墓發掘報告》，《考古》1984年第4期。

⑦ 河南省博物館等：《河南信陽市平橋春秋墓發掘簡報》，《文物》1981年第1期。

圖九　昜叔盨銘文

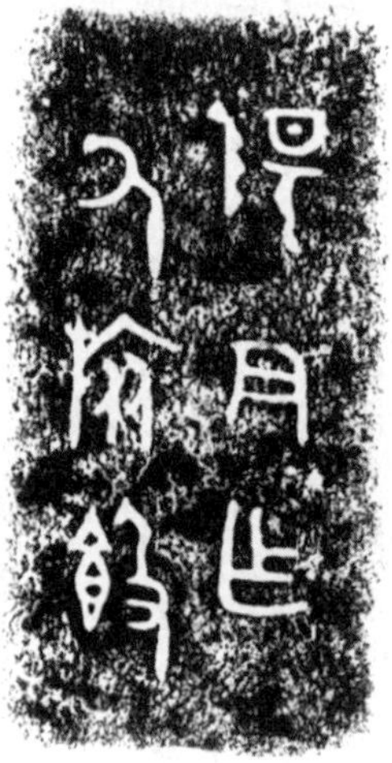

圖十　陽尹簋

圖十一　叔姬鼎

叔姬作陽白(伯)旅鼎，永用。

陽字从阜从昜，其中“昜”的寫法與昜叔盨首字基本一致，當是同一國族之器。該器爲立耳，方唇折沿，束頸淺腹，平底，蹄足較矮。器腹上部飾一周竊曲紋，下一道粗弦紋，足根爲獸面紋。該鼎是叔姬爲陽(唐)伯所作行器，由於漢淮之唐爲姬姓，所以作器者叔姬很可能是出嫁後的唐國女子，唐伯大概是其父輩或昆弟。這件銅鼎的年代，《集成》定爲春秋早期，可從。

通過對以上幾組銅器的分析，可得出以下幾點認識：

(1) 目前所見唐國銅器，集中於西周晚期至春秋晚期，更早者尚未得見。西周晚期至春秋早期的唐國銅器，其風格與典型的周式銅器無異。春秋中期以後，無論器類、組合、形制還是紋飾，唐國銅器都顯示了濃郁的楚地風格。

(2) 漢淮之“唐”的寫法，雖無定形，但造字都以“昜”爲聲符。西周晚期，漢淮之“唐”僅以聲符表示，略晚則增加“阜”或“土”旁，春期中晚期或从“牛”。聲符“昜”的寫法，諸器也存在一定差異(參表一)。相比之下，晋南之“唐”，堯公簋作，與甲骨文“昜”字寫法更接近，[1]而春秋中期的晋公盆銘有“我皇祖唐公”(《集成》10342)，“唐”字作，郭老隸作鄌，[2]朱鳳瀚先生隸作鸓，[3]較漢淮之“唐”構架複雜。商周時期另有一支㚸姓陽族，

① 黄德寬主編：《古文字譜系疏證》，商務印書館，2007 年，第 1823—1826 頁。

② 郭沫若：《兩周金文辭大系圖録考釋》，《郭沫若全集·考古編》第八卷，科學出版社，2002 年，第 486 頁。

③ 朱鳳瀚：《䚄公簋與唐伯侯於晋》，《考古》2007 年第 3 期。

其古文寫法與漢淮之唐也有差别。[1] 周代國族之名的古文寫法,聲符是最爲重要的要素,其附加偏旁往往隨時代演進有所不同,唐國近鄰鄧國(氏)之鄧的古文字寫法演變,可資比照。[2]

(3) 唐國國君在陽尹簋、孟姬脂簋銘文中稱"君(尹)",孟姬脂簋又稱"辟君武公",結合《左傳》定公元年關於唐成公的記載,説明"公"當是國君死後的尊稱,"武"、"成"是其謚號。

表一 漢淮之唐的國名寫法演變表

時代	西周晚期	西周晚期	西周晚期	春秋早期	春秋中晚期	戰國中期
字形			 (簋蓋 1)  (簋蓋 2)  (匜)		 (戈)  (鈚) 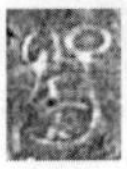 (盤)  (匜)	
出處	昜叔盨	陽尹簋	陽飤生簋蓋、匜	叔姬鼎	惕子斨戈, 惕子仲瀕鈚、盤、匜	《繫年》 第十九章
器號	《集成》 04390	《集成》 03578	《集成》03984、 03985、10227	《集成》 02392	《新收》1210、 1211、1209	簡 105

二、簡文所見鄝氏與漢淮之唐

出土戰國文字資料中有兩個書寫相近的氏稱:(隸作鄝)、(隸作壂)。在包山簡中,鄝、壂作爲氏稱並存且不混用。一般認爲,包山簡中的鄝、壂應是兩個不同的族氏,但具體的讀法,尚存爭議。巫雪如先生認爲鄝氏或即楚陽氏,壂氏爲姬姓陽國之後,[3]許全勝先生懷疑鄝爲齊之陽國,壂爲楚之陽氏。[4] 我們曾據《中日歐美澳紐所見所拓所摹金文彙編》229 收録的一件壂孋子□鼎,指出古文字材料中"壂"用作氏稱時,應讀作楚陽氏之"陽",釋作"埸"或讀作"唐"都是不對的,竹簡璽印文字資料中大量出現的壂

① 胡嘉麟:《丏史簋與西周陽國考》,載鄒芙都主編:《商周青銅器與先秦史研究論叢》,科學出版社,2017 年,第 404—428 頁。

② 徐少華:《鄧國銅器綜考》,《考古》2013 年第 5 期。

③ 巫雪如:《包山楚簡姓氏研究》,臺灣大學碩士學位論文,1996 年,第 134—136 頁。

④ 許全勝:《包山楚簡姓氏譜》,北京大學碩士學位論文,1997 年,第 14—15 頁。

氏，與陽氏的楚公族身份有關。[①] 包山簡所見鄗氏，與墬氏區分明显，顯然是兩個族氏，讀作“唐”氏較爲合適。包山簡有士師鄗慶吉（簡 13）、隉邑人鄗陇（簡 174），地位都不高，或許與他們出身唐國有一定關係。

包山簡另有場氏、腸氏。場氏僅有場賈，見於簡 121、122、123，是一宗兇殺案的嫌疑人。證之以陽飤生匜銘的陽字寫法，李零先生將此“場”讀爲“唐”，[②]當可信。《古璽彙編》0099 號有“上場行宫大夫鉨”（圖十二），李學勤先生將“上場”讀作“上唐”。[③] 腸氏有鄭陵命腸佢（簡 166），許全勝先生亦將“腸”讀作“唐”，[④]不知確否。

圖十二　上場行宫大夫鉨

三、關於漢淮之唐歷史和地理研究中的幾個問題

（一）漢淮之唐的族出和始封

關於漢淮地區唐國的始封時間和族源所出，過去主要有兩種説法：

1. 認爲是堯之後祁姓，成王所滅之唐的分支，出自《史記·晋世家》司馬貞《索隱》。[⑤] 後來的《新唐書·宰相世系表》《通志·氏族略二》等，進一步申説是“劉累裔孫在魯縣者（按：唐州方城）爲唐侯”。[⑥] 關於該説，徐少華先生通過辨析《左傳》《史記》等文獻記載，指出“成王滅唐後，唐人舊族並未南遷，而是被周人遷到杜地安置、重新立國，至春秋時期一直存在，司馬貞之説並與史實不符”。[⑦]

---

① 田成方：《東周時期楚國宗族研究》，第 101 頁。

② 李零：《包山楚簡研究（文書類）》，載《李零自選集》，廣西師範大學出版社，1998 年，第 141 頁。

③ 李學勤：《楚國夫人璽與戰國時的江陵》，《江漢論壇》1982 年第 7 期。

④ 許全勝：《包山楚簡姓氏譜》，第 1—2 頁。

⑤ 《史記》，中華書局，1959 年，第 1635 頁。

⑥ 《新唐書》，中華書局，1975 年，第 3201 頁；鄭樵撰，王樹民點校：《通志二十略》，中華書局，1995 年，第 37 頁。

⑦ 徐少華：《周代南土歷史地理與文化》，武漢大學出版社，1994 年，第 58 頁。

2. 認爲是晋君燮父之後南遷者,出自《通志·氏族略二》所引《公子譜》。于薇先生贊同此説,她從晋南之唐與漢淮之唐的國名、族姓相同的角度,提出湖北隨縣的唐國"應該就是山西姬姓唐國的一支",並且認爲"姬姓唐國徙封的時間最早也要在康王以後","應該與昭王時期對漢水流域的經營有關"。① 徐少華先生則認爲"江漢之唐爲北方唐叔虞支族的南遷未必可信"。②

上舉唐國銅器中,孟姬湝簋、叔姬作陽伯鼎分别是姬姓女子爲亡父、同宗近親所作禮器,可證漢淮之唐確爲姬姓,"堯之後祁姓"的説法有誤。也就是説,漢淮地區的唐國,與成王所滅之唐,並不存在血親關係。安州六器中的中觶(《集成》06514),銘文云"王大省公族于庚,弄(振)旅",李學勤先生將"庚"讀作"唐",認爲即江漢之唐國。③ 此説得到不少學者支持,並由此認爲西周前期唐國已立足南土了。然據上文對漢淮之唐銅器和簡牘所見唐氏的梳理,唐國、唐氏的古文寫法雖未定一,但構字核心均出自聲符"昜",從西周晚期到戰國時代,概莫能外。由此溯推,中觶之"庚"似未必指漢淮之"唐"。

目前見到的漢淮之唐的銅器,年代最早者在西周晚期。關於其始封時間和族系所出,尚缺乏直接的證據。據《國語·鄭語》記載,西周晚期史伯應對鄭桓公關於逃難之所的提問時,説道"南有荆蠻、申、吕、應、鄧、陳、蔡、隨、唐",指出當時位於成周以南的九個有影響的封國。其中的申、吕,於宣王時期改遷至南土,④而荆蠻(即楚)、應、鄧、陳、蔡、隨(即曾),都是西周早期以來就開始了南土的經營。韋昭注曰:"應、蔡、隨、唐,皆姬姓也。"⑤説明唐的分封,很可能與應、蔡、隨(曾)一樣,始於西周早期姬周政權建立後不久。這些同姓封國均受賜侯爵,被周王委以屏藩邊地的重任。隨、唐封在南陽盆地和漢東嶺丘之間,顯然是爲了鎮守隨棗走廊,扼控輸送銅緑山銅料資源的交通孔道。

(二) 從出土資料看江漢之唐的史事

據史書記載,漢淮之唐爲侯爵。《左传》宣公十二年云"楚子使唐狡、蔡鳩居告唐惠侯",可爲證。而在銅器銘文中,其國君生稱"君",死後又尊稱"公"。上文指出,孟姬湝簋銘所載"武公",當即謚號爲"武"的唐國國君,其年代在西周晚期偏晚。春秋早期之前,作爲漢陽諸姬之一的唐國,是成周以南具有一定影響的區域性諸侯。《左傳》哀公十七年楚

① 于薇:《西周徙封與宗盟研究》,北京師範大學博士學位論文,2008年,第132頁。

② 徐少華:《周代南土歷史地理與文化》,第57頁。

③ 江鴻(李學勤):《盤龍城和商朝的南土》,《文物》1976年第2期,第42—46頁。

④ 徐少華:《周代南土歷史地理與文化》,第28—47頁;《"平王走(奔)西申"及相關史地考論》,《歷史研究》2015年第2期,第143—155頁。

⑤ 徐元誥撰,王樹民、沈長雲點校:《國語集解》,中華書局,2002年,第461頁。

太師子穀追敘國史時，説楚武王（前 740 年—前 690 年）任用鄀俘觀丁父爲軍率，“克州、蓼，服隨、唐，大啓群蠻”，表明在武王以前，唐國確實具備一定實力，能够與正在崛起的楚國抗衡。

被楚武王降服後，唐國與隨（曾）等國一道，成爲楚人較早的附屬。《左傳》宣公十二年（前 597 年）記晋、楚邲之戰時，唐惠侯率唐師參加楚軍的“左拒”，杜預注：“唐，屬楚之小國。”孔穎達正義説：“《經》不書唐侯者，爲楚私屬。”都明確指出了唐、楚之間的臣屬關係。參與邲之戰的唐惠侯，大略與楚莊王（前 613 年—前 591 年）同時，是春秋早期晚段的一代唐君。

春秋中期以後，隨著附庸程度加深，唐國更缺乏自主，只能任由楚人擺布。郧縣肖家河發現的唐子仲瀕墓，其隨葬銅器的風格、鑄造水平和銘文特徵等，既有濃郁楚文化特徵的一面，又呈現出粗劣的技術工藝和較低的文化水平，正是這一歷史背景的反映。《左傳》昭公十三年（前 529 年）載：“楚之滅蔡也，靈王遷許、胡、沈、道、房、申于荆焉。平王即位，既封陳、蔡，而皆復之，禮也。”滅蔡在魯昭公十一年，遷諸小國於“荆”大概在前 531 年或稍後。唐子仲瀕墓隨葬銅器的年代屬春秋晚期早段，與楚靈王（前 540 年—前 529 年）遷諸小國於荆的時間大體同時。我們推測，唐很可能也是被遷到“荆”的諸侯之一，只是史書失載了。一兩年以後，篡得大位的楚平王（前 529 年—前 516 年）將被遷之國“皆復之”，唐國當然亦得以回歸。除唐子仲瀕墓外，郧縣肖家河發現的其他幾座墓葬，或許也與楚靈王遷國移民的政策安排有關。

回遷不久，約魯定公元年（前 509 年），唐成公朝楚，由於得罪令尹子常，被扣留三年不得返國，後其下屬行賄子常，成公才得以歸國。這直接導致唐國叛楚，與吴、蔡一道，攻破楚郢都，幾亡强楚。前 505 年，楚國在秦兵的援助下，打敗吴師，於七月乘勢滅唐，並在唐國故址設置唐縣。所以，唐成公很可能是漢淮之唐的最後一位國君。

（三）唐國地望再議

關於唐國地望，傳統觀點認爲在南陽盆地東南、漢水東北的隨棗走廊。《漢書・地理志》南陽郡“舂陵”縣原注：“侯國，故蔡陽白水鄉。上唐鄉，故唐國。”①《左傳》宣公十二年杜預注：“義陽安昌縣東南有上唐鄉。”②晋安昌縣即漢之舂陵縣，班、杜説法基本一致。據此，則唐國位於漢舂陵縣東南。蔡陽上唐鄉，位處溳水流域的上游。《水經注・溳水》：

> [經]溳水出蔡陽縣。
>
> [注]溳水出縣東南大洪山。……東北流合石水。石水出大洪山，東北流注

---

① 《漢書》，中華書局，1962 年，第 1564 頁。

② 《春秋左傳正義》卷二十三，李學勤主編《十三經注疏》，第 649 頁。

于溳，謂之小溳水，而亂流東北，逕上唐縣故城南，本蔡陽之上唐鄉，舊唐侯國。[①]

蔡陽之上唐鄉，及後來的上唐縣，均處溳水上游，大致在今隨州市以西的環潭鎮西、溳陽鎮北。[②] 唐代以後的地理學名著，如《括地志》《大清一統志》《讀史方輿紀要》等，都將上唐鄉定在今棗陽縣東南、隨州市西北的唐縣鎮一帶，[③]與《漢志》《水經注》記載的位置略有出入，但大致不出隨棗走廊的中段、今隨州唐縣鎮與棗陽王城鎮之間的區域。

清人江永《春秋地理考實》在司馬貞《史記索隱》的基礎上，明確提出"今河南府唐縣，本唐之唐州，蓋亦古之唐國"。[④] 此後，石泉先生通過細緻辨析關於唐國地望的一系列説法，結合相關實物資料和考古發現，考證唐國應在南陽盆地東南部的今河南唐河縣一帶，認爲不當在隨棗走廊。[⑤]

爲了調和隨棗走廊説和唐河説之間的矛盾，清人劉文淇曾提出折中意見，認爲"蓋今湖北之隨、棗，河南之新、鄧，皆古唐國也"。[⑥] 劉氏所述唐國地域，範圍過大，不足以信。不過他認爲兩地都與唐國有關，卻很有見地。

從現有材料看，隨棗走廊的唐縣鎮一帶，大概是唐國的始封地和早期居處，文獻稱之"上唐"。而唐河縣之唐，當是春秋晚期唐國和後來楚唐縣之所在。下試申述之。

上文提到《古璽彙編》收録的一方"上場行宮大夫鉩"(圖十二)，李學勤先生將"上場"讀作"上唐"，指出"上唐這個地名戰國時已經存在了"。[⑦] 從上引《漢志》等文獻可知，戰國楚地之"上唐行宮"，漢代設上唐鄉。一般而言，地名前綴上、下或方位詞，多與國族遷徙或析分有關，如西申與南申，上鄀與下鄀，上蔡與下蔡等。楚地既然有"上唐"，則必然存在對應的"下唐"。上唐，當即唐國早期國邑所在，故稱"上"。出土西周晚期唐國銅器的王城鎮，南距楚"上唐行宮"、漢上唐鄉約二十公里，説明唐國都邑應在附近。[⑧] "上

① 酈道元注，楊守敬、熊會貞疏：《水經注疏》卷三十一，江蘇古籍出版社，1989 年，第 2637—2638 頁。

② 石泉：《從春秋吴師入郢之役看古代荆楚地理》，載氏著《古代荆楚地理新探》，武漢大學出版社，1988 年，第 363 頁。

③ 李泰等著，賀次君輯校：《括地志輯校》卷四，隨州棗陽縣，中華書局，1980 年，第 190 頁；顧祖禹撰，賀次君、施和金點校：《讀史方輿紀要》卷七十七，德安府隨州"唐城"條，中華書局，2005 年，第 3618 頁；穆彰阿、潘錫恩纂修：《大清一統志》卷三百四十三，德安府古迹"古唐城"條，上海古籍出版社，2008 年，第八册第 209 頁。

④ 江永：《春秋地理考實》，《四庫全書》第 181 册，臺灣商務印書館影印文淵閣本，1983 年，第 284 頁。

⑤ 石泉：《從春秋吴師入郢之役看古代荆楚地理》，載《古代荆楚地理新探》，第 360—376 頁。

⑥ 劉文淇：《春秋左氏傳舊注疏證》，科學出版社，1959 年，第 708 頁。

⑦ 李學勤：《楚國夫人璽與戰國時的江陵》，《江漢論壇》1982 年第 7 期。

⑧ 據《中國文物地圖集 · 湖北分册》公布的早期調查資料，棗陽市與隨州市之間的王城、唐縣、環潭、溳陽一帶，分布著一定密度的周代聚落遺址，但規模一般在 2 萬平方米以下。關於唐國都邑的具體定位，尚未看到更多可資參考的考古材料。

唐”稱謂的形成，可能與楚靈王遷諸小國於“荆”有關。後來楚平王所復之唐，當非唐國故地，很可能安置在今唐河縣一帶。唐河縣境唐子山、唐子亭、唐子鄉、唐子陂，漢魏六朝文獻已有記載，[①]當與古唐國、唐族的遷徙有關。由於這次位置變動，唐國故址，便被稱作“上唐”，以與唐河之“唐”加以區分。《繫年》云“伐唐，縣之”，時在前 505 年，楚人在滅唐之後旋即設置了唐縣。唐縣地望，應在唐河縣一帶。戰國晚期的包山簡載有昜君（簡 163），又寫作𨛬君（簡 176），是同一封君的異寫，均當讀爲“唐君”。陳偉等先生認爲“𨛬君封邑，也許在唐國故地”，[②]吴良寶先生也有類似意見，[③]當可信。所云“唐國故地”，應指遷徙到今唐河縣的“唐”。關於簡文所見唐縣與唐君的關係，徐少華先生認爲存在發展演變和並存兩種可能，又據包山簡有“唐君”而無“唐公（尹）”的情況，指出“楚人改唐縣而置唐君的可能性較大”。[④] 此外，包山簡又有“𨛬路”的記載，簡 88 云：

八月壬午之日，楚斯司敗攸須訟𨛬路斯邑𨟻軍、𨟻□，以反其官。

簡文中多次出現的“某路”，鄭威先生通讀爲“落”，認爲“是爲了安置滅於楚的列國遺族而設”。[⑤] 若此，𨛬路地望，很可能在同時期的唐君封地附近。

與唐縣、唐君、唐路相對應的是，隨棗走廊的唐國故地，戰國時期設置有“上場（唐）行宫”。關於楚文字材料中“宫”的性質，過去有較多討論，[⑥]尚無定讞。“上場（唐）”作爲地名使用，很可能與“唐縣”或“唐君”、“唐路”有某段時間的交集。標示“上”者，因爲它是唐國、唐族在漢淮地區的最早居地，這與《繫年》（簡 107）强調蔡昭侯“居于州來是下蔡”頗有類似。

綜上所述，通過梳理漢淮之唐的銅器及其他文字資料，加上對其歷史、地理的分析，大致形成以下認識：

（1）漢淮之唐國銅器主要有昜叔盨、陽尹簋、陽飤生諸器、叔姬鼎、鍚子斨戈、鍚子仲瀕諸器等，其年代從西周晚期到春秋晚期早段。銘文所見唐國國君生稱“君”，死稱“公”，尚未見唐侯器。所見唐國國君有陽尹簋的器主（西周晚期）、唐武公（西周晚期）、唐惠侯（春秋中期偏晚）、唐成公（春秋晚期偏晚），世系存在較大缺環。

---

① 石泉先生已有很好的梳理，參《從春秋吴師入郢之役看古代荆楚地理》，載《古代荆楚地理新探》，第 364—365 頁。

② 陳偉主編：《楚地出土戰國簡册（十四種）》，經濟科學出版社，2009 年，第 82 頁注 7。

③ 吴良寶：《戰國楚簡地名輯證》，武漢大學出版社，2010 年，第 311—316 頁。

④ 徐少華：《清華簡〈繫年〉第十九章補説——兼論楚縣唐、縣蔡的有關問題》，載氏著《簡帛文獻與早期儒家學説探論》，商務印書館，2015 年，第 206 頁。

⑤ 鄭威：《“夏州”小考——兼談包山楚簡“路”的性質》，《江漢考古》2014 年第 4 期。

⑥ 諸家意見，參朱曉雪：《包山楚簡綜述》，福建人民出版社，2013 年，第 762—763 頁。

（2）漢淮之唐的始封，很可能與應、蔡、隨（曾）一樣，在姬周政權建立後不久。隨、唐受封於南陽盆地和漢東山陵之間，顯然是爲了鎮守隨棗走廊，扼控輸送銅緑山銅料資源的交通孔道。

（3）春秋早期之前，唐國尚能與鄰近的楚國抗衡。被楚武王降服後，唐與隨（曾）等國一道，成爲楚國較早的附庸。春秋中期以後，唐國更加缺乏自主，且可能一度被靈王遷往"荆"地。前506年，唐與吴、蔡一道，攻破楚郢都。次年，楚人在秦兵援助之下，打敗吴師、乘勢滅唐，並在唐國故址設置唐縣。

（4）西周和春秋早中期，唐國地望當在隨棗走廊中段，約今棗陽縣東南、隨州市西北的唐縣鎮及其以西。楚平王復唐之後，將其安置在今唐河縣境，其故地稱爲"上唐"。之後設置的唐縣、唐君、唐路，均應在唐河縣一帶，與隨棗走廊唐國故地設置的"上埸（唐）行宫"相呼應。

補記：近日黄鳳春先生發表《談"唐侯制隨夫人"壺的國别、年代及相關問題》一文（復旦大學出土文獻與古文字研究中心網站，2018年7月19日），披露了湖北隨州公安局2012年追繳回的三件"𨹟（唐）侯制隓（隨）夫人"鼎和三件"加孎"簋，指出其年代爲春秋中期早段，認爲與吴鎮烽先生《銘圖續》著録的"唐侯制隨夫人"壺（0829）、"加孎"簋（0375）存在關係。"唐侯制隨夫人"諸器的發現，是唐侯銅器的首次發現，意義重大，爲研究唐國史地提供了新材料。唐寫作𨹟，是唐國之唐的又一寫法，可與本文的相關梳理相比照。

近年出土戰國文獻給古史傳説研究帶來的若干新知與反思

郭永秉

（復旦大學出土文獻與古文字研究中心、
出土文獻與中國古代文明研究協同創新中心）

古史傳説的研究，因爲方法、材料、立場等各種原因，可以説是先秦史研究中頭緒最爲紛繁、意見最難得到統一的一個領域，不説清代以前學者的研究，就是近代自“古史辨”運動勃興以來從事於此的學者便不知凡幾，然而古史傳説研究裏許多重大問題仍没有取得合理的、一致的看法，甚至對一些基本材料的解讀、分析都還存在嚴重分歧——這裏面既有文獻不足徵的困難，也存在純學術方面的歧見，更不可諱言地被學術以外的因素影響甚至左右。整整八十年前，顧頡剛先生曾將古史傳説中重大問題的最後解決，寄望於新出材料。1936 年，他在爲《三皇考》所作“自序”裏説：

> 將來如果能有大批的新材料出現，……解決了五帝的問題，那才是史學界的大快事呢！[①]

他所謂“新材料”，無疑包括類似甲骨文、金文之類的出土文字資料（在當時，甲骨金文證史、補史的功用已經極爲明顯地凸顯出來，顧説無疑與此背景有關）。因此，顧先生可以説很早就已經意識到出土文獻對於古史傳説研究的重要性。當時的顧先生恐怕無論如何不會逆料到，戰國簡帛材料，尤其是古書類簡册會在八十多年後的今日蔚爲大觀，並足以爲古史傳説的研究提供重要的新資料，啓示我們對過去的一些判斷重新進行思考。

本文的目的，就是以問題爲綱，把近年出土戰國文獻中有關古史傳説的新資料及其

① 顧頡剛：《三皇考》自序，《古史辨》第七册（中），上海古籍出版社，1982 年，第 49 頁。

引致的新思考加以簡要綜述，必要時還將對一些相關的討論加以評述。必須説明的是，本文所舉的有些例子，以前曾在我的一些會議論文或學術演講中提及，但遲遲没有正式公表，寫作此文也是意在把近年來的相關思考作一總結、梳理。古史傳説問題複雜，思考未能深入，闕漏錯誤難免，敬希識者賜教。

一、顧頡剛先生及"古史辨"派古史傳説研究的主要結論簡介

根據楊向奎先生的歸納，以顧頡剛先生爲首的古史辨派的古史學説，前後主要有兩個課題：一是"層累地造成的古史説"，是前期古史説的重點；一是"五德終始説下的政治和歷史"，是後期古史説的重點。①

前一個課題的結論，講得簡單一些，就是時代越往後，古史就拉得越長（對古史的敘述越往前延伸）；中國歷史只有西周以後才可信，西周以前的一切古史或者是僞造，或者是出於神話的演變；以《大戴禮記·帝繫》《五帝德》以及司馬遷以它們爲本撰作的《五帝本紀》中的大一統帝王世系爲戰國以後各族融合、併合的背景下的産物，是僞古史，不反映中國上古的歷史實際。

關於第二個課題，顧頡剛先生繼承今文經學家康有爲、崔適等人觀點，認爲中國造作僞古史運動，到劉歆王莽集大成，劉歆爲了幫助王莽篡位，不惜僞造古史以證"天命所歸"。

根據戰國晚期鄒衍的五德終始理論，漢以前歷史以"黄帝（土）—夏（木）—商（金）—周（火）—秦（水）—漢（土）"五德相勝之序排列；而劉歆《世經》以木、火（漢）、土（新）、金、水五德相生的次序排列，且古帝世代伸長（太皞、炎帝、黄帝、少皞、顓頊），與鄒衍説大不相同。顧頡剛先生認爲這代表了政治上的陰謀，是劉歆爲援堯舜禪讓來闡明漢新禪讓而假造古書内容和古帝世系的結果——最重要的是在黄帝、顓頊二人間插入少皞，才能輪到王莽爲帝，否則便缺了一德，古書中涉此者皆爲劉歆僞造或羼入。

顧先生爲首的"古史辨"派在這兩個問題上的討論，力圖從戰國秦漢以來的政治、歷史、社會背景去考察帝系、德運説的形成和改造過程，揭示歷史敘述背後的人爲書寫意圖。儘管這兩方面的研究，或多或少地都受到後來學者的商榷、質疑甚至從根本上被否定，但它們事實上建立了一種史料批判的範式，有力地打破了歷來對帝系大一統、民族出於一源的頑固觀念，系統地揭示了古史傳説中可能存在的出於特殊目的的寫作與改

① 楊向奎：《論"古史辨"派》，《中國古代史論》，齊魯書社，1983年，第92、97頁。

造，因此這些嘗試無疑仍具有劃時代的意義，並深深地影響到中國史其他領域的研究工作。

本文的討論，與這兩方面的論題都有一些關聯。

二、"默證"的使用限度及方法問題

衆所周知，"古史辨"派學者討論古史傳説的過程中最大的問題是不恰當地使用"默證"。在顧頡剛先生辨古史之僞的初期，已有張蔭麟先生對顧氏使用"默證"(argument from silence)提出了嚴厲批評。① 張蔭麟先生説：

> 凡欲證明某時代無某某歷史觀念，貴能指出其時代中有與此歷史觀念相反之證據。若因某書或今存某時代之書無某史事之稱述，遂斷定某時代無此觀念，此種方法，謂之"默證"。默證之應用，及其適用之限度，西方史家早有定論，吾觀顧氏（引者按，指顧頡剛先生）之論證法幾盡用默證而十九皆違反其適用之限度。

張蔭麟先生引色諾波《史學原論》提出的默證適用之兩條限度：

1. 未稱述某事之載籍，其作者立意將此類之事實爲有統系之記述，而於所有此類事皆習知之（比如詳盡列舉某國民族、行省等）；
2. 某事迹足以影響作者之想像甚力，而必當入於作者之觀念中。

張先生批評顧説的實例之一：

> 顧氏説：《詩經》中有若干禹，但堯舜不曾一見。《尚書》中（除了《堯典》《皋陶謨》）有若干禹，但堯舜也不曾一見。故堯舜禹的傳説，禹先起，堯舜後起，是無疑義的。

張先生批評道：

> 試問《詩》《書》（除《堯典》《皋陶謨》）是否當時歷史觀念之總記録，是否其中有無涉及堯舜事迹之需要？此稍有常識之人不難決也。

後來對於顧先生及古史辨派學者過度地不恰當地使用默證，亦多有批評，作爲顧先生的學生，童書業先生在1955年這個非常特殊的歷史時間點，發表了《批判胡適的實驗

① 張蔭麟：《評近人對於中國古史之討論（古史決疑録之一）》，《學衡》第四十期，1925年。

主義"考據學"》一文,即與張氏同調,[①]無論其作文意圖如何,事實上的確指出了"古史辨"派的這一弱點。對於"默證"問題,近年來也有不同看法,例如彭國良先生認爲"默證"是僞命題,並結合西方史學理論關於默證問題的看法加以述論;[②]而寧鎮疆先生則對彭文的"默證"僞命題説進行了批評。[③] 因爲這些討論與本文關係不是很大,我們就不作具體評論了。

然而,在具體問題上,如何處理默證使用的限度,確是一個很費斟酌的事情,有時涉及重大問題的判斷立場。

裘錫圭先生也明確批評過顧頡剛先生不恰當使用"默證"證明禹的傳説起自西周中期,他説:"内容不多的《周頌》没有提到禹,怎麼能證明當時人就不知道禹呢?"[④]從西周中期的豳公盨銘已經將禹治水傳説作爲德教的資源來看,禹的傳説起源自然更早於此,這的確是顧先生過分使用"默證"出現問題的例子,我們贊同裘先生的批評;但關於前文已經提到的、同樣被張蔭麟先生批評爲不當使用"默證"的禹與堯舜之關係(包括傳説起源時間上的先後關係,或許還包括人物之間的臣屬關係)問題,裘先生根據豳公盨銘的内容則有如下評價:

> 在較早的傳説中,禹確是受天,即上帝之命來平治下界的水土的。……在這樣的傳説裏,根本不可能有作爲禹之君的人間帝王堯、舜的地位。顧氏認爲堯、舜傳説較禹的傳説後起,禹跟堯、舜本來並無關係的説法,當然也是正確的。[⑤]

意見可以説與張氏截然對立。張蔭麟先生認爲《詩》《書》並非當時歷史觀念的總記録,不一定必須涉及堯舜;而裘錫圭先生則從傳説形態、禹的神性等角度,贊成當時不存在"堯—舜—禹"的人間帝王君位授受模式,堯舜傳説比禹的傳説晚起。這其實是中國上古傳説研究的最重大問題之一,迄今尚未形成統一看法,關鍵之關鍵即在於此處能否使用"默證",對於這一點,我們下文還有評述,暫不贅。但這個例子説明,對"默證"使用限度的判斷,每個研究者的尺度確實是不同的,每一個"默證"的使用背後,都還有支撑它的"經驗性"的東西存在(比如對於傳説演變規律的認識);對於同樣的材料能否用"默證"推導,往往也會有不同的立場。

---

① 童書業:《胡適思想批判(第三輯)》,生活·讀書·新知三聯書店,1955 年,第 250—251 頁。

② 彭國良:《一個流行了八十餘年的僞命題——對張蔭麟"默證"説的重新審視》,《文史哲》2007 年第 1 期。

③ 寧鎮疆:《"層累説"之"默證"問題再討論》,《學術月刊》2010 年第 7 期。

④ 裘錫圭:《新出土先秦文獻與古史傳説》,《裘錫圭學術文集》第五卷,復旦大學出版社,2012 年,第 258 頁。

⑤ 裘錫圭:《新出土先秦文獻與古史傳説》,《裘錫圭學術文集》第五卷,第 257 頁。

前已引及裘錫圭先生對顧頡剛先生所發“内容不多的《周頌》没有提到禹，怎麽能證明當時人就不知道禹呢?”的批評，可見文獻内容的“足够多”，是使用“默證”的一個限度，但究竟要“多”到何種程度才能用呢？比如前面提到的堯舜傳説，顧先生説《詩經》《尚書》(除去《堯典》《皋陶謨》)不見記載，在張蔭麟先生看來還是遠遠不够達到使用“默證”推導的標準的，而在顧先生看來已經足够。因此數量的“多”，僅是一個相對性的判别標準，在不同人心目中，資料怎樣才算足够多，判斷會很不相同。研究先秦時代的古史傳説，除了對相對豐富的材料作窮盡性考察之外，最好還須在邏輯上説明爲何某現象、事實、觀念該時如有，必當見於相關文獻記載。我們下面舉正、反兩例來看看“默證”使用的限度。

顧頡剛先生曾説：

> 陰陽五行説始於何時，尚難斷定。看《論語》記孔子的話這等多，而始終不曾提起過這個問題，可知在孔子時還没有這一説；就算已有，那麽至少在孔子時大家還看得不重要。①

我認爲這就是一個不當使用“默證”推導的例子，是缺乏説服力的。因爲《論語》是一部由孔子後學編定的書，並不是孔子的全集或春秋晚期思想的彙總，孔子本人對弟子的講話有其背景和意圖(有些東西即使其觀念中有也不一定有機會涉及)，弟子編書時又有其目的和選擇，所以《論語》不講陰陽五行，不能就此斷定當時無此思想或者大家對它看得不重要(其實往往重要到日用不自知的東西反而不會拿出來特别講，比如現在所有人都知道萬有引力的物理知識，但是遍查全年某種生活類報紙，如果不能發現這一知識的明確表述也是極爲正常的，這不代表這種物理知識在當下就不重要、不爲人所知)。因爲不可能設想會有色諾波所謂的“立意將此類之事實爲有統系之記述”的春秋晚期思想彙總類文獻的出現，故只有找出一個必當以陰陽五行觀念解釋的問題，而孔子卻未提及、未以此觀念來解釋，則方可對當時無此觀念的可能性加以比較肯定的判斷(但這也不是必然的，因爲還必須考慮到偶然性因素的存在)。事實上，新出文獻在此問題上給了我們一些新啓示。李守奎先生説清華簡裏有一部分文獻：

> 古帝王傳説與陰陽五行及諸神密切結合，系統而豐富，長篇中大都是這類内容，其中有的把五紀、五算、五時、五度、五正、五章等内容組織成一個縝密的系統，其豐富程度令人驚歎，完全超出了我們的想像。這部分内容對於我們了解戰國人的古史觀念和陰陽五行框架的重要性自不待言。這些内容全部是佚

---

① 顧頡剛：《中國辨僞史略・陰陽五行説所編排的古史系統》，《秦漢的方士與儒生》，上海古籍出版社，1999年。

書，其命運很像漢代的緯書。到目前爲止，一篇也没有公布。[①]

裘錫圭先生已經根據此前透露的清華簡信息指出，“看來我們對五行説發展過程所經歷的具體年代，應該有新的認識，《月令》的撰成年代不見得一定很晚”。[②] 清華簡下葬的時代（也就是抄寫的時代下限）雖然一般判斷爲公元前 300 年左右，但有些文獻抄成較早（如《繫年》明顯抄成於戰國早中期，遠遠早於我們一般所見的戰國簡），[③]或者其依據的古書或底本有較早來源，李先生文章披露的這些文獻，其所反映的内容如有著春秋晚期思想及文本的淵源，是否至少能透露出春秋時代陰陽五行思想廣泛存在的些許消息呢？這恐怕都不是不容考慮的問題。

從正面角度而言，裘錫圭先生據《子羔》篇内容，證明該篇古書寫作時不存在《五帝德》《帝繫》之系統，我認爲是合理使用默證的一個例子。裘先生根據新編連釋讀的《子羔》簡文指出：

> 從《子羔》篇可以看出，在此篇寫作的時代，作爲大一統帝王世系重要組成部分的契和后稷皆爲帝嚳之子以及禹爲顓頊之孫鯀之子等説法尚未興起。在此篇中，孔子完全是從禹、契、后稷都是天帝之子的角度，來敘述他們的降生神話的。從中一點也看不到上舉那些説法的影響。子羔提問時，對禹、契、后稷的出身只説了其父爲天帝或爲“賤不足稱”的凡人這兩種可能，從中也看不到那些説法的痕迹。[④]

《子羔》篇所記子羔的疑問，已是在懷疑古代流傳的三王無父而生的神話，他好像寧願相信三王本爲人子但其父賤不足稱的説法。如果當時存在大一統帝王世系中的元素，爲什麼子羔不在發問時提及呢？《子羔》篇作者没有注意或者故意忽略、回避大一統帝王世系傳説的可能性，也幾乎不存在。[⑤] 林澐先生對裘説評價道：“可見即使是‘以書論書’，畢竟是可以判定是非的。”[⑥]這就説明根據《子羔》篇敘述的内容和内在邏輯，用

① 李守奎：《楚文獻中的教育與清華簡〈繫年〉性質初探》，《出土文獻與古文字研究》第六輯，上海古籍出版社，2015 年，第 297—298 頁。

② 裘錫圭：《出土文獻與古典學重建》，《出土文獻》第四輯，中西書局，2013 年，第 11—12 頁。

③ 郭永秉：《清華簡〈繫年〉抄寫時代之估測——兼從文字形體角度看戰國楚文字區域性特徵形成的複雜過程》，《文史》2016 年第 3 期。

④ 裘錫圭：《新出土先秦文獻與古史傳説》，《裘錫圭學術文集》第五卷，第 263 頁。

⑤ 郭永秉：《帝系新研》，北京大學出版社，2008 年，第 120—121 頁。

⑥ 林澐：《真該走出疑古時代嗎？——對當前中國古典學取向的看法》，《林澐學術文集（二）》，科學出版社，2008 年，第 284 頁。

"默證"推導當時不存在大一統帝王世系的嘗試是可以成立的。

這裏還想就新出清華簡的資料，再舉一個使用"默證"的例子，不知是否有當。

三代先祖禹、契、后稷在較古的傳説中都應是天帝之子，互相之間並沒有關係，被派到堯舜朝廷上爲臣，顯然是比較後起的傳説。《論語・憲問》"禹稷躬稼而有天下"、《國語・魯語上》"杼能帥禹者也……上甲微能帥契者也"，從這些比較早的文獻記載的傳説中看，禹、稷、契三代先祖的地位基本上是相埒的，[①]互無關聯，更没有他們同在虞廷爲官的説法。上博簡《子羔》記孔子語"舜，人子也，而三天子（指禹、契、后稷）事之"，以此來突出有賢德的平民也能得到高貴人物的事奉，成爲傑出的人王。這是現在能看到的比較早的禹、契、后稷爲堯舜臣的記載（其著作時代可能比《尚書・舜典》《孟子・滕文公上》等要早一些）。我很懷疑，這類傳説的定型大概也有一個比較長的過程，並不是禹、契、后稷同時一下子被安排到了堯舜帝廷爲臣的。這一點，過去也曾有學者討論。[②] 禹因爲有被由"神""人化"構建帝王系譜的需求，而且又有著名的受天命平治水土的故事；作爲人化後的夏代始祖，時代又確與虞直接相承，所以他先被安排到堯舜駕下爲臣治水就十分必要而且自然，這是神話理性化的自然規律使然，形成的時代應該會比較早。《論語・堯曰》裏已經有"舜亦以命禹"的説法。《上海博物館藏戰國楚竹書（九）・舉治王天下》"堯王天下"小篇記堯訪禹問政，"禹王天下"小篇記堯命禹治水，禹奉舜重德等内容，説明在此篇的著作時代，禹爲堯舜帝廷之臣的傳説已經十分完備，此篇抄寫年代應與上博簡的不少儒家著作一樣，大概至晚是戰國早期的作品。

然而作爲商的先祖契，尤其是作爲當時還是名義上天下共主的周王的先祖稷，他們成爲舜臣的説法，演變爲影響力很大的傳説則應稍晚，疑應與周天子影響力衰微，禪讓學説風起，有意識地突出堯舜尤其是舜的地位，以表達對代周一統天下人物出現的期待有關。除了前舉《子羔》篇外，上博簡《容成氏》記后稷和契在舜廷爲緹（田?）和樂正，也同樣是配合宣揚禪讓學説的較晚説法。

著成時代較早的《尚書・吕刑》有"皇帝清問下民……乃命三后，恤功于民：伯夷降典，折民惟刑；禹平水土，主名山川；稷降播種，農殖嘉穀"。其中與禹一起受皇帝（上帝）之命的"三后"之一"稷"確實應是周人始祖后稷，但這跟后稷成爲服事舜的臣佐還不是性質相同的一回事情，其性質當與《周頌・思文》"思文后稷，克配彼天"、《魯頌・閟宫》

---

① 參看楊寬：《中國上古史導論》，《古史辨》第七册（上），第366、368頁。

② 例如楊寬認爲"虞廷九官，契爲司徒之説最先出，其餘則漸次推演而出者"（《中國上古史導論》，《古史辨》第七册〔上〕，第369頁）。此説著眼於作者提出的契本爲后土社神説，故爲司土之官較自然，但此説大概並不合於事實。

“皇皇后帝,皇祖后稷”、《大雅·雲漢》“后稷不克,上帝不臨”相同,正如顧頡剛先生所説,他“在周人的想像中,爲農神的分數多,爲人王的分數少”,“后稷只是后稷,他没有做帝嚳的兒子,没有做禹的輔佐,没有做舜的臣子,也没有做契的同官”;[①]當然,不排除《吕刑》的“三后”説是後來把后稷等人派爲舜臣所從依據、仿效的較早傳説模型的可能性。

清華簡《良臣》篇是記自黄帝以來至春秋晚期的著名君王的賢臣、師輔,其中所記舜臣有禹(這與《論語·堯曰》合拍),卻並没有出現契與后稷;禹的臣佐中,也没有見到契與后稷。[②]《良臣》篇的整理者指出,此篇所記最晚的是春秋時著名君臣,文字有三晋風格(這一點後來又有多位學者討論),且“特别突出子產”,“作者可能與鄭國有密切關係”,可見這篇竹書很可能有比較早的來源,且很可能與姬姓國有關;其内容並不突出宣傳古帝王禪讓之德,故其所記古史傳説中,舜臣禹佐並無契與后稷的特徵便值得注意了。儘管我們很難肯定,舜禹之臣中未見契、后稷,就一定是《良臣》篇著作時不存在此類説法而非偶然的忽略,但結合上面所述情況以及推論看,這種“缺席”並非出於偶然的可能性,似乎是存在的,也就是説,在《良臣》篇的著作時代,契、后稷這兩位商周始祖,很可能尚未及受到禪讓等流行的政治學説的影響而被編派爲舜之臣佐。

總之,古史傳説研究完全不使用“默證”在我看來是不可能的,因爲一般來説人們不能滿足於從文獻裏反映出來的當時“有”什麽,而更期待讀出文獻背後的當時“没有”什麽。[③] 但如何在合理範圍内使用“默證”推導結論,是需要反覆斟酌的,而且下判斷時必須掌握好分寸,不作任何過頭之論——因爲“言有易、言無難”。

三、“黄帝”傳説演化問題的新資料

在《大戴禮記·帝繫》《五帝德》所記“五帝”中,黄帝、顓頊、帝嚳與堯舜二帝的情況很不同,問題錯綜複雜,有價值的材料卻又很少,研究起來特别困難。

作爲《帝繫》等文獻記載的大一統帝王世系的首一帝也是各族源出的一帝,黄帝的

① 顧頡剛:《討論古史答劉胡二先生》,《古史辨》第一册,第141、136頁。李鋭先生承認《吕刑》中的“皇帝”是“上帝”,但認爲這是因爲“當時人行事皆假天帝、上帝之命”(《上古史新研——試論兩周古史系統的四階段變化》,《清華大學學報》2016年第4期),亦即認爲《吕刑》中三后所從受命的實際上也是人王,這種解釋恐怕並没有説服力,有關問題我們在下面還會討論。

② 清華大學出土文獻研究與保護中心編,李學勤主編:《清華大學藏戰國竹簡(叁)》,中西書局,2012年,第157頁。

③ 郭沫若先生《金文叢考》有著名的《金文所無考》一篇(《郭沫若全集·考古編》第五卷,科學出版社,2002年),就是在疑古思潮背景下探求“無”的典型嘗試。

地位尤其引人注目，他本爲人還是本爲神，早就有爭議。我認爲最重要的研究，似乎仍推顧頡剛先生的《黃帝》一文。[①] 目前在銅器銘文中所見的最早的黃帝資料，是戰國中期陳侯因資（即齊威王因齊）敦（《集成》4649）所記"高祖黃帝"。丁山等先生認爲敦銘的黃帝是人，是古帝王；楊寬等先生則主張是天帝、天神。顧頡剛先生認爲，從文獻的記載看，黃帝本爲秦之上帝，發源於西北，以崇拜者濅多，所以能傳播到東方，使齊威王確認西方上帝爲高祖。

《史記·封禪書》記載：

> 秦襄公既侯，居西垂，自以爲主少皞之神，作西畤，祠白帝。……文公夢黃蛇自天下屬地，其口止於鄜衍，……作鄜畤，用三牲郊祭白帝焉。……秦宣公作密畤於渭南，祭青帝。……秦靈公作吴陽上畤，祭黃帝；作下畤，祭炎帝。……櫟陽雨金，秦獻公自以爲得金瑞，故作畦畤櫟陽而祀白帝。

顧先生據此認爲：秦君四百年中陸續設置七畤，白帝三，青、黃、炎各一，諸帝皆秦之上帝；祭黃、炎的秦靈公在位當三家分晋之際，《六國表》列於靈公三年，即公元前 422 年。襄、文之世尚無白帝之説，所祀是秦之唯一上帝（後因立青、炎、黃三帝，乃有白帝之分），當時應亦無以五行説分配上帝者。直至戰國中葉的秦獻公才受五行説的影響。

現在看起來，顧頡剛先生的意見，可以説有得有失。其得在於指出了作爲人帝的黃帝，本是類似秦所祭的上帝之一的黃帝，後來因爲泯除舊日種姓成見，"假黃帝之大神爲人間之共祖"。其失主要在於，對五方、五方帝、五色帝與五行相配思想的起源看得太晚。[②]

---

① 顧頡剛：《史林雜識初編》，中華書局，1963 年，第 176—184 頁。

② 顧先生《中國上古史研究講義》（中華書局，2009 年）將《月令》排在《世經》之後（第 217 頁）。五方與五色相配的思想起源相當早，學者早已指出過即使不是西周作品（唐大沛等即認爲是西周史官的作品），但著成時代也一定早於戰國的《逸周書·作雒》云"諸受命於周，乃建大社於國中（"國"原作"周"，從盧校改）。其壝東青土（"青"原作"責"，從盧校改）、南赤土、西白土、北驪土，中央舋以黃土（"舋"原作"疊"，從盧校改），將建諸侯，鑿取其方一面之土，燾以黃土（"燾"原作"苞"，從盧校改），苴以白茅，以爲土封，故曰受列土於周土（"列"原作"則"，從盧校改）"（黃懷信等：《逸周書集訓校釋（修訂本）》，上海古籍出版社，2007 年，第 534—535 頁），與《白虎通·五祀》引《春秋傳》"天子有太社焉，東方青色，南方赤色，西方白色，北方黑色，上冒以黃土。故將封東方諸侯，青土，苴以白茅。謹敬潔清也"表述相同，這就是《禹貢》"厥貢惟土五色"僞孔《傳》"王者封五色土爲社，建諸侯，則各割其方色土與之"的來源，應當是比較原始的觀念，當亦即後來五方帝與五色相配乃至與五行相配的基礎。根據李福清的研究，中國神話中五帝觀念的形成，與上帝與天這兩個非常抽象的概念被一些具體神話人物形象所代替有關，與中國的五宫觀念有關，氏族與氏族集團的神話形象起初是零散的，後來在自然哲學觀和五行觀念的影響下，逐漸形成了一個統一的五元模式體系（參看張曉霞：《論李福清的中國神話與古典小説研究》，華東師範大學碩士學位論文，2006 年），可見五方帝信仰絶非漢人杜撰的一套學説。

今文學派以及早期受今文經學家影響的顧頡剛先生等人，以《月令》《吕覽》等記載的太皞(東)、炎帝(南)、黄帝(中)、少皞(西)、顓頊(北)五帝説爲晚出，甚至是劉歆輩爲了布置五德終始的歷史，遷就王莽以土德受漢火德之禪(與土德之舜受火德之堯禪同)的説法而在黄帝、顓頊之間插入少皞的結果，[①]前人早已指出，此説穿鑿附會，引導古史傳説討論進入歧途。[②] 顧先生晚年已基本放棄今文經學家的託古改制説，《史林雜識初編》一書已經不見類似内容，但是《黄帝》一篇不引《封禪書》關於少皞之神一句，仍然是顧先生保守觀點的反映，蓋非偶然。劉起釪先生《古史續辨》以此類五帝説是戰國末奠定、至漢代形成和確立的陰陽五行説所創，這也仍是受"古史辨"派傳統看法的影響。

裘錫圭先生指出，"從秦獻公已將金瑞與白帝聯繫起來看，以五色配五行的思想應該出現得相當早"，商得金德説在鄒衍創立系統的五德終始説之前就已經存在，"黄是土色，《應同》以黄帝爲土德，與《月令》同。此説也應出現得比較早"。[③] 楊寬先生肯定顧頡剛先生謂五帝之説由五色天帝之神話而來的看法(童書業先生亦主此説，童先生指出《墨子·貴義》所記"帝"殺青赤白黑四龍於東南西北的傳説與《孫子》"黄帝勝四帝"説相當，指出五行説最晚戰國初年已有，最早的五帝説就是黄帝與四帝的五方帝説)，[④]並明確指出，"五帝之説當起於五方帝五色帝之祠"，"最遲春秋時已有"，"五帝之傳説初不與鄒衍相涉"；"五方天帝之説，本爲一横剖面之神話，言天上東南西北中並立有青炎白黑黄五帝，各主一隅也。影響所及，於是演於天上之故事，……由横的排列變而爲縱的系統矣"。[⑤] 楊寬先生認爲五帝説與終始五德説本來没有關係，是有道理的，但嚴格來説應該表達爲，與五行相配的五方帝之傳説，起源當遠早於鄒衍五德終始説。鄒衍系統創立五德終始説，事實上無疑也若明若暗地沿襲了傳統的五方帝傳説的許多重要因素，如黄帝爲土德，商湯得金德(與《子羔》等書的契得金德説接近，契與少皞摯爲一人分化，前人言之已詳)，不能與五帝説完全脱開聯繫。

裘錫圭先生認爲黄帝爲土德説出現得也應該比較早，但究竟能早到什麽時候，他並没有下肯定性判斷。秦靈公祭黄帝，但也並未明説黄帝的瑞應。前面提及的陳侯因資

---

① 顧頡剛：《五德終始説下的政治和歷史》，《清華學報(文哲學版)》1930 年第 1 期；後收入《古史辨》第五册、《漢代學術史略》(上海亞細亞書局，1935 年)。

② 參看錢穆：《評顧頡剛〈五德終始説下的政治和歷史〉》，《古史辨》第五册，第 630 頁；楊向奎：《西漢經學與政治》，1945 年，獨立出版社 2000 年重印。

③ 裘錫圭：《釋〈子羔〉篇"鉋"字並論商得金德之説》，《裘錫圭學術文集》第二卷，第 503 頁。

④ 楊寬：《中國上古史導論》，《古史辨》第七册(上)，第 251—253 頁。

⑤ 楊寬：《中國上古史導論》，《古史辨》第七册(上)；參看李零：《考古發現與神話傳説》，《李零自選集》，廣西師範大學出版社，1998 年，第 71—72 頁。

敦，陳侯自稱出自“高祖黄帝”，似乎尚有可說。熟悉古文字的人都知道，“據金文，陳完之後以義符‘土’易‘攴’，構‘墜’字以别於嬀陳”。[①] “土”旁是古文字中經常出現的無義加繁偏旁，但是“陳”字之所以要加“土”旁區别，應當不僅止於文字上的無義繁化，似可從歷史角度尋求原因（陳之先祖“舜”，在戰國文字中亦从“土”。齊系文字特徵的簡册抄本中“堯”字也有下部疊加“土”的寫法，[②]皆可注意）。據《左傳》記載，春秋時人認爲陳本出自顓頊，爲水屬（參看下文），戰國時陳（田）齊或欲改德運别於嬀陳，故追尊黄帝爲高祖（見前引陳侯因齊敦銘），[③]並於“陳”字上加“土”（或者簡化已經存在的从土的“陳”字異體）以區别之，若果事實確如設想的這樣，那就説明至少在戰國前期田氏代齊以前，黄帝配土或黄帝爲土德的思想大概也已經成熟了。

秦襄公“居西垂，自以爲主少皞之神，作西畤，祠白帝”，顧頡剛先生《黄帝》一文略去“自以爲主少皞之神”這句話没有引用，就是因爲似乎根本不信秦主西方白帝少皞之神説。少皞號金天氏，是《禮記・月令》《吕氏春秋・十二紀》所記的西方之帝。裘錫圭先生討論《子羔》篇所記商得金德説時，曾引及這條記載，指出“如此處所記無誤，則早在東西周之交，以少皞爲白帝的説法即已存在”，並據“櫟陽雨金，秦獻公自以爲得金瑞，故作畦畤櫟陽而祀白帝”説“至晚在戰國前期，五行之金已經跟白帝聯繫在一起了”。[④]

如果再仔細分析一下，我們似乎可以作更進一步的推論。關於秦主少皞之神，前人早已指出《左傳》記武王因商奄之民封伯禽於少皞之虚，據《逸周書・作雒》“周公立，相天子，三叔及殷東夷徐奄及熊盈以畔，……凡所征熊盈族十有七國”，指出熊爲楚氏，盈即嬴，爲秦姓氏，又據《左傳》記郯子稱高祖少皞等説法，指出“蓋秦楚與郯，無非東夷之族”。[⑤] 馬王堆帛書《戰國縱横家書・蘇秦謂燕王章》以及清華簡《繫年》關於秦人起源的傳説爲此説補充了秦先世爲商奄之民的細節。[⑥] 因此秦（即商奄）主少皞之神的説法，恐非但是兩周之交已有，極可能存在更早的淵源，這是“秦襄公没有忘記國族的來源”的表現。[⑦] 至於少皞爲西方白帝説，則可能稍晚一些成熟（保留不少較古傳説面貌的《山海

---

① 張世超等：《金文形義通解》，日本中文出版社，1996 年，第 3358 頁。

② 郭永秉：《帝系新研》，第 109—110 頁。

③ 似尚不足以據此推測當時已出現黄帝與顓頊的祖孫關係，但這種關係的建立以及大一統帝王世系的最後構建成功與此追尊始祖、區别德運的舉措是否相關，則可研究。

④ 裘錫圭：《釋〈子羔〉篇“鈍”字並論商得金德之説》，《裘錫圭學術文集》第二卷，第 501 頁。

⑤ 參看楊寬：《中國上古史導論》《劉歆冤詞》，皆收入《古史辨》第七册（上）。

⑥ 李學勤：《清華簡關於秦人始源的重要發現》，《光明日報》2011 年 9 月 8 日。自傅斯年《夷夏東西説》後，主秦人東來的學者極多，這個問題本來就已比較清楚。

⑦ 參上引李文，顧頡剛先生《尚書大誥譯證》（《顧頡剛全集・顧頡剛古史論文集》卷十下，中華書局，2011 年，第 960 頁）已有類似看法。

經》已有此説①),估計兩周之際是其下限(如考慮殷人尚白的觀念,這種説法也可能有較早淵源);白帝少皞與金相配的時代下限則或許又再晚一些。②

類似的表述還有“炎帝爲火師,姜姓其後也”(《左傳》哀公九年晋國史墨語);“陳,水屬也,火,水妃也,而楚所相也”(《左傳》昭公九年鄭國裨竈語);“陳,顓頊之族也”(《左傳》昭公八年晋國史趙語)。這些經通曉古今的史官、天象家之口説出的,應當也都是很古的傳説,而不似經過戰國後期乃至漢代人的增添、改寫。姜姓諸國出於炎帝、陳國出自顓頊的觀念,與秦爲少皞之後的表述極爲接近,可以互證;炎帝與火相配、顓頊與水相配(古書還多言顓頊居處“玄宫”——據《莊子·大宗師》陸德明《釋文》即北方宫——建日月星辰之位於北維③)的説法也跟少皞與金相配的説法相對應。從文獻記載看,秦似獨不祀黑帝(即北方帝,《月令》等以爲即顓頊),五方帝信仰在秦似未能完全建立。《史記·封禪書》記載:

> (劉邦)東擊項籍而還入關,問:“故秦時上帝祠何帝也?”對曰:“四帝,有白、青、黄、赤帝之祠。”高祖曰:“吾聞天有五帝,而有四,何也?”莫知其説。於是高祖曰:“吾知之矣,乃待我而具五也。”乃立黑帝祠,命曰北畤。

---

① 見該書《西山經》(參看裘錫圭:《釋〈子羔〉篇“銫”字並論商得金德之説》,《裘錫圭學術文集》第二卷,第501頁)。裘錫圭先生已指出,“《山海經》雖然成書較晚,卻保留了不少較原始的神話傳説”(《𤔲公盨銘文考釋》,《裘錫圭學術文集》第三卷,第147頁)。被王逸認定爲屈原所作的《遠遊》中,有“軒轅”、“太皓(配句芒)”、“西皇(配蓐收)”、“炎神(配祝融)”、“顓頊(配玄冥)”五方帝,西皇没有問題指少皞,但此篇作者及著作時代久有爭議(金開誠、高路明、董洪利:《屈原集校注》,中華書局,1996年,第666—667頁),裘錫圭先生認爲該篇獨西方帝不稱“少皞”而稱“西皇”是刻意模仿《離騷》的緣故,《離騷》的“西皇”本非如一般所説是少皞,而應是女媧(《“東皇太一”與“大龕伏羲”》,陳致主編:《簡帛·經典·古史》,上海古籍出版社,2013年,第4—6頁)。但是《離騷》的“西皇”指女媧似並無確據,即使《遠遊》晚出,非屈原手筆,也很難確證該篇作者對“西皇”的理解與屈原完全有異,即使是漢代人仿作的楚辭體作品,“西皇”的理解仍然可能有先秦舊説的根據;《遠遊》該處不稱“少皞”而稱“西皇”可能只是出於與上下文趁韻的目的(“騎膠葛以雜亂兮,斑漫衍而方行陽部。撰余轡而正策兮,吾將過乎句芒陽部。歷太皓以右轉兮,前飛廉以啓路鐸部。陽杲杲其未光兮,淩天地以徑度鐸部。風伯爲余先驅兮,氛埃辟而清涼陽部。鳳皇翼其承旂兮,遇蓐收乎西皇陽部。”一大段爲陽、鐸合韻),也很難説是刻意模仿《離騷》而采取“西皇”之稱,實是上下文的内在需要所致。“西皇”疑仍當從舊説定爲少皞復有一證,《山海經·西山經》“又西三百五十里,曰西皇之山,其陽多金,其陰多鐵”,山之多出金、鐵,當與西帝少皞在五行中屬金有關(前已提及《西山經》有“白帝少昊”所居的長留之山,這並不就反證“西皇之山”的“西皇”非少昊,此猶黄帝居崑崙之丘〔或虚,見《西山經》《穆天子傳》《莊子·至樂》等〕,而《西山經》又有“軒轅之丘”,神話傳説來源複雜,多不能以死理拘泥)。至於《九歌》的“東皇太一”是否像聞一多先生所説是指太皞,則還可以研究。

② 裘錫圭先生據《左傳正義》指出由《左傳》已能够明確少皞與金天氏的關係(《釋〈子羔〉篇“銫”字並論商得金德之説》,《裘錫圭學術文集》第二卷,第501—502頁),《左傳》的史料來源估計也不會晚於戰國前期。

③ 楊寬:《中國上古史導論》,《古史辨》第七册(上),第253頁。

這一故事大家都很熟悉，似乎也可以拿來説明秦没有祭祀黑帝的習俗。但據新出資料似乎還不能看得太過機械。陝西鳳翔南指揮1號秦公大墓所出秦景公殘石磬有"天子匽(燕)喜，共桓是嗣。高陽有靈，四方以鼏"，其中的"高陽"，公認應爲顓頊。① 秦景公是春秋中晚期秦國國君。由此看來，至遲在戰國早中期，五方帝信仰已在秦普遍化、系統化(黑帝顓頊可能只是没有被秦人立畤崇祀而已)；只不過從受祭的角度看，其中最被秦人重視的仍是白帝少皞(秦公石磬銘文並不證明後來的秦出顓頊説，過去包括我在内似多誤解，詳下文)。

結合上文所述，似乎暗示出，至晚在戰國前期，炎帝配火爲南方帝、顓頊配水爲北方帝、少皞配金爲西方帝等五帝與五方、五行相配思想可能已經基本形成系統。《晏子春秋·内篇諫上》："楚巫微導裔款以見景公……楚巫曰：'公，明神之主，帝王之君也。公即位有七年矣，事未大濟者，明神未至也。請致五帝，以明君德。'"孫星衍云："五帝，五方之帝。"《晏子春秋》著作時代不甚晚，據出土資料可判定肯定是先秦著作，從中也可見五方帝這類傳説在東周時代各國中的巨大影響。② 前引李守奎先生文章中，曾經透露清華簡未發表的内容中，就有"古帝王傳説與陰陽五行及諸神密切結合"的情況，雖然具體内容完全不明，但"古帝王"與"五行"相結合已足够引起重視，清華簡的這些"系統而豐富"的"長篇"，足可説明這類思想至少在戰國中期已臻於完整化、精密化，甚至形成了相當重要的經典性著作，其源頭自然可以往更早的春秋時代追溯，我想這一點應當是没有太大問題的。

古人的世系觀念，在敘述祭祀始祖、先祖的文字中往往得以顯露，上引陳侯因資敦銘即是，又如《國語·魯語上》《禮記·祭法》等關於禘、郊、祖、宗、報等典祀的一段内容涉及四代世系，也是大家熟知的。《繫年》1～2號簡有整理者作如下釋讀的一段話：

> 昔周武王監觀商王之不龏(恭)帝(上帝)，禋祀不寅(寅)，乃乍(作)帝钕(籍)，以禜(登)祀帝(上帝)天神，名之曰千畮(畝)。

按，兩處"上帝"合文，一作 ，一作 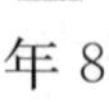，寫法不同。關於前者，艾蘭教授在達慕思—清華"清華簡"國際學術研討會(2013年8月30日—9月1日，美國達慕思)曾提出懷疑，她問爲什麽一定要釋爲"上帝"合文而不能釋爲"帝帝"重文？我在會上發言，贊成艾蘭教授的意見，指出此形只能釋爲"帝(禘)帝"重文；並且指出後一處"上帝"合文，實

① 王輝、焦南鋒、馬振智：《秦公大墓石磬殘銘考釋》，《"中研院"史語所集刊》第六十七本第二分，1996年。

② 楊寬：《中國上古史導論》，《古史辨》第七册(上)，第252—253頁。繆鳳林已經指出，"設景公致五帝事非虚，則在秦祀炎帝黄帝之先，神之'五帝'已完成矣"(《古史辨》第七册〔中〕，第324頁)。

際上是“土帝”合文，“土帝”與“天神”相對，似指五方帝的中央黄帝。[①] 今將此意見正式提出並作一論證，以重新引起學者對這條材料的重視。

商代甲骨文、西周金文、春秋文字中的“上帝”合文，分别作如下寫法：

(《合集》10166) (《合集》24979) (《合集》30388)

(牆盤) (㾓鐘) (㝬鐘) (逑盤)

(秦公大墓石磬)

這些早期古文字中的“上帝”合文，都是在“帝”上有一個獨立的“二(上)”字，並非兼借“帝”上兩横爲之。也就是説，我們從來没有在古文字中看到過以“帝₌”表示“上帝”的例子。何況，戰國文字中的“上”已不寫作“二”形，而是寫作“上”形，即便“帝₌”本來確實可以表示“上帝”，在戰國時代文字書寫習慣的背景下，也是決無可能理解爲“上帝”的。當時的“上帝”合文，實際上寫作如下之形：

(《上博(四)·柬大王泊旱》簡 6) (《清華(壹)·程寤》簡 4)

“上”字並不作“二”。

《繫年》的後一個“上帝”合文，整理者蓋因偶然疏忽而没有注意到，其上部並非“上”而是“土”，請看《清華貳》書後所附文字編的黑白翻轉字形與同書中从“土”之字的比較：

“土”之上横都寫成由左上向右下傾垂的特殊形態，這説明與簡文“帝”字合書者，決不可能是因上横筆道衝出中豎偶然寫譌的“上”字。

“不恭帝帝”疑應讀爲“不恭禘帝”，就是不重視、不奉行“禘帝”這件事情。《韓詩外傳》卷五：“禘祭不敬，山川失時，則民無畏矣。”鄭太子與兵方壺銘文“不懈春秋歲嘗”，[②] 與其結構相類，意思正相反。《魏書·律曆志上》：“今(公孫)崇徒教樂童書學而已，不恭

---

① 參看邢文：《達慕思—清華“清華簡”國際學術研討會綜述》，《文物》2013 年第 12 期，第 88 頁。我的意見曾經跟臺灣彰化師範大學蘇建洲先生説起，承他以“看校補記”的形式引入由他和吴雯雯、賴怡璇合著的《清華二〈繫年〉集解》，萬卷樓圖書股份有限公司，2013 年，第 6 頁。

② 魏宜輝：《利用戰國竹簡文字釋讀春秋金文一例》，《史林》2009 年第 4 期。

樂事，臣恐音律一曠，精賞實難，習業差怠，轉乖本意。”文例雖晚，亦可參考。問題是，“禘”字古書既可指祭天也可指祭祖，這個被“禘”的“帝”是什麽性質，是上帝還是始祖、先祖？

整理者指出這句話應參看《書·牧誓》“今商王受……昏棄厥肆祀弗荅”（鄭玄注以爲指祭宗廟），那麽容易想到，所謂“帝”即《禮記·曲禮下》“天王登假，措之廟，立之主，曰帝”、《大戴禮記·誥志》“天子崩，步于四川，代于四山，卒葬曰帝”的“帝”，即對已故先王的稱呼。與這種“帝”相關，島邦男指出殷卜辭有“附帝號於父名而稱之”的現象，如“父乙帝”、“帝丁”，裘錫圭先生進一步指出“帝”即“適（嫡）”，與區分嫡庶觀念有關（旁系不稱帝）。古代有籍田是爲宗廟祭祀而設的説法。《禮記·祭義》：“是故昔者天子爲藉千畝，冕而朱紘，躬秉耒，諸侯爲藉百畝，冕而青紘，躬秉耒，以事天地山川社稷先古，以爲醴酪齊盛。”《漢書·文帝紀》：“春正月丁亥，詔曰：‘夫農，天下之本也。其開藉田，朕親率耕，以給宗廟粢盛。’”張衡《東京賦》：“躬三推於天田，修帝籍之千畝，供禘郊之粢盛。”都是把籍田的功能（或其中一部分功能）與祭祀先祖聯繫的。

但是，我們當然也應該注意到，“帝籍”、“籍田”的作用一般是説祭祀上帝的。與《繫年》簡文密切相關的《國語·周語上》説：“宣王即位，不籍千畝。虢文公諫曰：‘不可。夫民之大事在農，上帝之粢盛於是乎出。’”武王吸取商的教訓，作帝籍，自然也宜推論，“不恭禘帝”仍不能排除是指祭上帝的可能性。這個問題怎麽統一起來解釋呢？

帝本來既指上帝（至上神），也指宗主神，王是上帝的直系後代因而有權統治天下。①《説文》“姓”字下説“古之神聖母感天而生子，故稱天子”。儘管周武王所作名爲“帝籍”，卻並不專指祭祀上帝，籍田是爲了供給祭祀上帝、先祖之田，古書中帝籍不專爲祭上帝，是“舉尊言之”（見《周禮》賈疏）。因此《繫年》的“不恭禘帝”，當是指祭祀上帝和先王（尤其是直系先王）不恭敬，是一種籠統的講法。②《禮記·喪服小記》“王者禘其祖之所自出，以其祖配之”，《祭法》“有虞氏禘黄帝而郊嚳”鄭注：“禘郊祖宗，謂祭祀以配食也。此禘謂祭昊天於圜丘也。”（又見《禮記·大傳》鄭注）可見禘上帝，要以祖配享（《逸周書·作雒》“乃設丘兆于南郊，以祀上帝，配以后稷”即此義，孫詒讓認爲《作雒》之上帝與《周禮》一樣，並非昊天而是受命帝——有的學者稱感生帝）。“不恭禘帝”包含祭上帝和祭先祖，可以此爲參考。

---

① 參看郭沫若：《青銅時代·先秦天道觀之進展》，《郭沫若全集·歷史編》第一卷，人民出版社，1982年，第320—321頁；裘錫圭：《關於商代的宗族組織與貴族和平民兩個階級的初步研究》，《裘錫圭學術文集》第五卷，第124—125頁。

② 中山王方壺銘敘述中山王命相邦賈擇吉金“鑄爲彝壺，節于醺（禋）醊，可灋可尚，以卿（饗）上帝，以祀先王，穆穆濟濟，嚴敬不敢怠荒”（《集成》9735.1A），這正可看出古人祭祀上帝、先王是一體的。

據鄭玄説，禮書所謂"上帝"有多種含義，可以指昊天上帝（玄天），也可以指五帝（二皞、黄、炎、顓頊），也可以專指周所郊祀之帝（據鄭注爲蒼帝。此説晚出，《春秋元命苞》説周爲蒼帝之子①）。《周禮》多見"兆五帝於四郊"、"祀五帝"等，鄭注、賈疏皆謂即蒼、赤、黄、白、黑五帝。《禮記・郊特牲》孔疏指出，祭五天帝也是祭上帝的一種，清人有爲之作補充論證的，應可信從。②

有了這些認識，就可以對簡文的"以登祀土帝天神"作解釋了。

《禮記・月令》："中央土，其日戊己，其帝黄帝，其神后土。"隋代蕭吉《五行大義・論五帝》引《河圖》："東方青帝，靈威仰，木帝也；南方赤帝，赤熛怒，火帝也；中央黄帝，含樞紐，土帝也；西方白帝，白招拒，金帝也；北方黑帝，叶光紀，水帝也。"據《隋書・經籍志》説，《河圖》本文九篇，"其書出於前漢"。上引這條記載，五方色帝與五行相配的講法，顯然要早於西漢，只是在現存的先秦古書中，我們没有看到過完整的"五行＋帝"的名稱。但是這樣的名稱出現是很自然的，據前舉《月令》"中央土……其帝黄帝"、《白虎通・封公侯》"土爲中宫，……其帝黄帝"，可知中央（中宫）之帝就是土之帝，兩者是二而一的關係。黄是土色，顧頡剛先生説過，"黄帝的土德是表現在他的名號上的，永遠不變的"，③這正是"黄帝"也可以稱"土帝"的最重要的原因。

《魏書・劉芳傳》記賈逵云："東郊，木帝太昊，八里。""南郊，火帝炎帝，七里。""中兆，黄帝之位，并南郊之季，故云兆五帝於四郊也。""西郊，金帝少皞，九里。""北郊，水帝顓頊，六里。"據《隋志》，賈逵是最反對圖讖妖妄的古文學家，④但此處他的講法卻與《河圖》相合，恰説明此説是久有傳承的古説，而非漢代經師隨意編造的講法。陳槃、徐興無

---

① 《孝經援神契》説"郊祀后稷以配天，配靈威仰也"，靈威仰即東方青帝，與此説相合，也應是五行相生支配的感生説背景下的晚起説法（參看顧頡剛：《中國上古史研究講義》，第263頁）。

② 參看汪榮寶《法言義疏》（中華書局，1987年）卷十四對此問題的綜述（第349—351頁）。田天《秦漢國家祭祀史稿》（生活・讀書・新知三聯書店，2015年）從栗原朋信等學者的意見，認爲先秦文獻中"五帝"與"上帝"概念不相混（以"上帝非一帝"、"祭上帝則兼存五帝"的認識始於東漢時代的鄭玄），否定秦人諸畤祭祀的是五色帝（第22—33頁）。這一看法疑古過甚（裘錫圭先生在《釋〈子羔〉篇"銫"字並論商得金德之説》一文中已經指出，"《封禪書》記秦人祀神之事頗詳，當有秦人記載爲據"，顯然不可能出於漢代人的改造性追述），且忽略了鄭玄看法具有更早的經學來源，忽略了文帝十六年在渭陽五帝廟祭泰一（當時把泰一視爲最高天神）的事實（參看牛敬飛：《被誇大的前郊祀時代——從〈秦漢國家祭祀史稿〉對史料的誤用説起》，《清華大學學報〔哲學社會科學版〕》2017年第1期），故不取。

③ 顧頡剛：《五德終始説下的政治和歷史》，《古史辨》第五册，第560頁。

④ 《隋書・經籍志》："漢時，又詔東平王蒼，正五經章句，皆命從讖。俗儒趨時，益爲其學，篇卷第目，轉加增廣。言五經者，皆憑讖爲説。唯孔安國、毛公、王璜、賈逵之徒獨非之，相承以爲妖妄，亂中庸之典。"

等先生指出《河圖》《洛書》出現在其他緯書之前，是秦漢之間的早期讖緯文獻形式。[①] 顧頡剛先生也曾說，“緯書中的記載，固不能説是西漢後發生的思想，但其用了五行相生的系統來支配感生説，則確是西漢末年學説所造成的歷史”，[②]其説雖仍然是主張劉歆託古僞造歷史（顧氏仍以前引《河圖》説爲接受王莽時歷史和天文家學説的“可喜的天帝人帝説”），但以緯書中的一些記載有較早來源是可取的意見。

“土帝”即黄帝，首先大概是因爲與主其他四行的四方帝有所不同，有比較重要的地位，所以單獨拿出來講。[③] 童書業先生早已指出“五方帝中蓋唯黄帝有最上天帝之資格，故其傳説亦最風行（逐漸人化）”，[④]“天神”很可能就是指不包括黄帝的其他四帝（當然也不排除包含其他天神的可能）。《漢書・地理志下》上郡“膚施”下注：“五龍山、帝、原水、黄帝祠四所”（按，此爲漢宣帝時事），《郊祀志下》作“又立五龍山仙人祠及黄帝、天神帝、原水凡四祠於膚施”。[⑤] 可見天神帝和帝相當，[⑥]就是指除去黄帝的其他上帝天神，與簡文似可以比較（當然，西漢時的黄帝與簡文土帝的性質可能已經不完全一樣）。

《上博（九）・舉治王天下》“文王訪之於尚父”篇，鄔可晶先生拼合了如下兩支簡：

---

① 參看徐興無：《讖緯文獻與漢代文化構建》，中華書局，2003年，第13—17頁。

② 顧頡剛：《中國上古史研究講義》，第260頁。

③ 從古文獻中可以找到很多“土”重於其他四行的表述，例如《國語・鄭語》：“故先王以土與金木水火雜，以成百物。”《春秋繁露・五行相生》：“土者，五行最貴者也。”而四方帝中的中央黄帝，也比起其他四帝來得地位獨尊。丁山先生指出，《月令》裏“中央土，其神黄帝”，“黄帝反而高拱在四方天神之上”，這種安排和前舉《遠遊》的內容合拍（《中國古代宗教與神話考》，上海書店出版社，2011年，第470—471頁。按《遠遊》説“軒轅（即黄帝）不可攀援兮，吾將從王喬而娛戲”，下面便分别四方遊歷，遇到東西南北四方帝及其輔佐，適可見出中央黄帝與其他四方帝地位的差别）。裘錫圭先生認爲，我提出簡文應釋“土帝”合文而非“上帝”合文可取，但結合商周時代並無五方帝思想，且當時突出的是天地四方的“六合”觀念（地與四方跟天的地位並不平等，天帝是一切的主宰），所以主張此處簡文應當讀爲“帝、土、天神”，帝是上帝，土是指后土（2016年5月9日在裘先生家的談話録音）。我經過反覆思考没有采納這種看法。首先是《繫年》此章所據的材料來源恐怕到不了商和西周，此章反映的思想恐怕不能跟商周出土文字資料所反映的情況直接相類比；第二，將“土帝”合文語序改讀爲“帝土”，似乎没有其他出土文字資料的佐證；第三，按照裘先生的理解，“土”和“天神”其實是並列的，“帝”與“土”之間則並非直接相對而言，爲何要把它們寫作合文形式，没有合理解釋，而且把地位明顯低於“帝”的“土”寫在“帝”之上方，也是難於理解的事情。所以本文仍堅持將“土帝”合文徑讀爲“土帝”，恐不能因爲在周代文獻中没有見過把“黄帝”稱爲“土帝”、没有見過祭祀五方帝的記録就否定其存在的合理性，如果放在東周時代思想的背景下，周人祭祀“土帝”的説法似並非特異之事。

④ 童書業：《春秋左傳研究・三皇五帝》，《童書業著作集》第一卷，中華書局，2008年，第317頁。

⑤ 此句原一般標作“天神、帝原水”，誤。《郊祀志下》“乃命越巫立粤祝祠，安臺無壇，亦祠天神帝百鬼”顔注：“天帝之神及百鬼。”

⑥ 《漢書補注》引錢大昕説已指出天神與帝相當。

> ☐之，至于周之東，乃命之曰："昔者又(有)神《上博(八)·成王既邦》簡16顧監于下，乃語周之先祖，曰：'天之所向，若或與之；天之所伓(背)，若佢(拒)之。'……9

鄔先生認爲，"顧監于下"的主語是"有神"(可能就是指上帝)。① 今按，語周先祖的上帝可以"神"稱之，應即天神之義(他可能不與"天"或"上帝"完全等同，因下文稱"天如何如何"，但他某種程度上又代表天的職能和意願)，這個神大概就是周人祭祀的土帝天神中的某一位(很可能就是指周先祖崇祀的五方天神中的一位)。

周武王以帝籍祭祀的土帝天神，其情況大約相當於秦國從春秋早期到戰國中葉陸續祭祀白、青、黄、炎四帝。② 白帝少皞是秦人自認其所出之先祖，其餘三帝及秦公石磬殘銘的"高陽"(顓頊)也是秦人信仰、崇祀的對象。所以，我們有理由説，《繫年》1號簡説周武王祭祀"土帝天神"，這對於研究至晚戰國時人心中西周王室是否祭祀五方帝，黄帝在五方帝中的特殊地位，以及他成爲多國祭祀的天帝、先祖並最終成爲各族共祖的過程提供了非常重要而難得的綫索；從周人世系的角度看《繫年》的這條記載，在戰國或者更早一些的人心目中，黄帝已被明確爲姬姓周人所從出之天帝的可能性確實是相當大的(《國語·晋語四》記司空季子即胥臣之語謂黄帝子得姓者十四人十二姓，第一姓爲姬)。③ 這些推論當然首先牽涉到《繫年》此章史料的來源問題，能反映何種時代的思想。我的初步看法是，本簡所據之内容肯定早不到西周，④但不會晚於戰國前期，似有可能反映春秋時代的觀念。⑤ 我們初步認爲，五方帝與五色、五行的整齊化匹配完成，並與各國

① 鄔可晶：《〈上博(九)·舉治王天下〉"文王訪之於尚父舉治"篇編連小議》，簡帛網2013年1月11日。

② 古代對"帝"的祭祀有郊祀和禘祭，李零先生指出"《封禪書》講秦漢設時祠祭五色帝，也是屬於這種祭祀"(《考古發現與神話傳説》，《李零自選集》，第72—73頁)，這是正確的。《繫年》記武王以帝籍祭土帝天神，自然也是郊禘，亦即《繫年》上文提到的"禘帝"。

③ 有學者據《魯語》認爲周人上帝是帝嚳，帝嚳的來源及與黄帝的關係不明，有待研究。

④ 説商王"帝(禘)帝"，從歷史而言是不合商代人本身的宗教觀念和祭祀制度的，没有證據顯示商人對上帝行祭。朱鳳瀚先生説，"克商後的周人未必完全不了解這一點，其所以要將不敬上帝提出來作爲商所以亡之重要緣由，一方面是以自己的上帝觀與宗教思想來作是非之判斷，以將周人的宗教觀作爲統治觀念，消除商人宗教觀的影響，另一方面，也可能是更重要的，則是由商王不敬上帝角度申述商亡而周代之的合理性，這實際是周人所推行的天命觀之宗教政治化的體現"(朱鳳瀚：《清華簡〈繫年〉所記西周史事考》，達慕思—清華"清華簡"國際學術研討會)，這似乎坐實了本簡就是西周時代的實録，反映的是西周早期的思想。其實此簡内容不宜結合商周宗教祭祀的實際情況去理解，而要放在稍晚一些的背景中去考察。

⑤ 李鋭先生認爲《晋語四》司空季子之語把姬周與黄帝聯繫、把姜姓與炎帝聯繫，是春秋時代以後對古史系統改造的結果，"是對周(及其同盟姜)之權力的服從或認同"(《上古史新研——試論兩周古史系統的四階段變化》，《清華大學學報》2016年第4期)，但正如李文已經指出的，從《左傳》《國語》看，姜姓爲炎帝四岳之後之説是當時的普遍看法，大概並不是出於政治需要的一種構建，而是有舊有傳説和祭祀習慣爲根據的；姬周出自黄帝的講法，也當有周人祭祀天帝的根據，也不一定是政治權力的影響。

族源出始祖建立比較明確的聯繫，可能最晚也應在春秋戰國之際。

《墨子·非攻下》《吕氏春秋·應同》等書都有"赤烏銜圭(丹書)"降集周社之瑞應的記載，《應同》並稱"文王曰'火氣勝'，火氣勝，故其色尚赤"，《史記·秦始皇本紀》説"始皇推終始五德之傳，以爲周得火德"，因此周德爲"火"好像没有什麽問題，這看起來似乎與周人崇祀"土帝"、以姬周出自黄帝的表述形成矛盾。其實，周得火德的説法，很有可能是戰國後期終始五德説興起之後附會的，《墨子》雖稱"赤烏銜圭"，但也同時説"河出緑圖"、"地出乘黄"，並不把"赤"作爲唯一的瑞應，並未明確周得火德；[①]到了《應同》則獨獨突出"赤"、"火"，則已明顯是鄒衍終始五德支配下被改造的産物了。秦始皇以秦代周德，附會所謂"秦文公出獵獲黑龍，此其水德之瑞"的説法，這也與較早的反映秦人國族來源的"主少皞之神，……祠白帝"的講法是兩個不同目的、不同性質的産物，二者本身並不直接構成矛盾。秦得水德，與所謂"秦之先，帝顓頊之苗裔"(《史記·秦本紀》)是否爲存在先後相關性的表述，以及其對大一統帝王世系形成所起的直接或間接推動作用，皆值得探究。總之，《繫年》敘述武王祭祀"土帝"恐怕是有較早來源的、與周人出身有關的傳統説法(但很可能並非西周時代最原始的表述)，不能與五德終始説之下的周得火德的講法混而爲一。

前文曾對楊寬先生關於傳統五帝説與五德終始説指導下的帝系之間没有直接聯繫的觀點加以肯定，不過，鄒衍之終始五德説，的確反映出把傳統的五帝説從横剖面的五天帝拉到歷史的縱的系統(在他的理論中，黄帝、堯、舜算一代，皆土德)，這既是兩者的明顯不同，也是兩者之間的某種特殊聯繫。當然，後面這個歷史系統模型，也顯然不是從鄒衍才開始的。《左傳》昭公十七年：

> 秋，郯子來朝，公與之宴，昭子問焉曰："少皞氏鳥名官，何故也？"郯子曰："吾祖也，我知之。昔者黄帝氏以雲紀，故爲雲師而雲名。炎帝氏以火紀，故爲火師而火名。共工氏以水紀，故爲水師而水名。大皞氏以龍紀，故爲龍師而龍名。我高祖少皞摯之立也，鳳鳥適至，故紀於鳥，爲鳥師而鳥名。……自顓頊以來，不能紀遠，乃紀於近，爲民師而命以民事，則不能故也。"仲尼聞之，見於郯子而學之，既而告人曰："吾聞之，天子失官，學在四夷，猶信。"

劉歆《世經》：

> 言郯子據少昊受黄帝，黄帝受炎帝，炎帝受共工，共工受太昊，故先言黄

---

① 裘錫圭先生《釋〈子羔〉篇"鈍"字並論商得金德之説》一文據《墨子·非攻下》的記載推測周得火德説可能在鄒衍之前已經存在，似根據不足。

帝,上及太昊。稽之於《易》,炮犧、神農、黄帝相繼之世可知。

這是歷史上先後出現的兩種將五方帝排列爲歷史上五帝的説法(次序不同),非常重要。《左傳》之説遠較《五帝德》帝王系統古老。① "五帝"加上"共工",也許就是《唐虞之道》"六帝興於古"的"六帝"。② 清華簡《良臣》篇雖不言五德終始,但其歷史系統觀念也是鄒衍歷史系統的先聲。

顧頡剛先生説:"到緯書出現,感生説復活了,《帝繫姓》中的世系又被打倒了。"③緯書中的五帝感生説,雖然不盡可信,但是某種程度上反映了較早的古帝王系統的原始形態(不一定有緯書那麽系統、完整),④所以這種感生説不是"復活",而是被有目的地改造成爲龐大的系統了。《帝繫》《五帝德》是從理性化的角度重構以血緣爲紐帶的、源出一系的古史帝系(其中或許也受到類似五德終始説的理論的影響),最後整合出一個大一統世系。緯書則是在各族世系較早傳説的基礎上,進行改造、齊整,將古帝系統進一步推向神秘主義。兩者都不完全反映真實的歷史實際,但各有其值得注意的地方。

附帶提一下,關於黄帝究竟是人還是神的問題,恐怕不宜死看。根據李福清的研究,"文化英雄的形象比神的形象形成得早,後來文化英雄可以神化",⑤因此在黄帝成爲神帝之前,可能經歷過一個文化英雄的階段,這一階段我懷疑就相當於《尚書·吕刑》《逸周書·嘗麥》《山海經·大荒北經》《左傳》僖公二十五年等時代較早的文獻所記載的與蚩尤、赤(炎)帝戰的黄帝(《吕刑》作"皇帝"),楊寬先生認爲這種傳説出於上帝伐惡神的神話,⑥顧頡剛先生認爲黄帝這種"戰神"的身份,是從天帝身份轉化而來的,這類傳説

① 王樹民:《"少皞氏鳥名官"試解》,《曙庵文史續録》,中華書局,2004年,第37—39頁。

② 王樹民先生認爲"五帝"的本義是遠古時代的一種通稱(《"五帝"釋義》,《曙庵文史續録》,第27—30頁),未必正確,但古書中的"五帝"有時確爲泛稱。

③ 顧頡剛:《中國上古史研究講義》,第266頁。

④ 應當指出,從各種資料看,各國、族認定的所從出的五方五色帝,並不一定能與該國族源出或所處地域對應,例如東夷多國與本出商奄的秦,自認出自西方帝少皞,姜姓自認出自南方帝炎帝,陳自認出自北方帝顓頊,姬姓出自黄帝等等,這種現象丁山先生已經注意到並因此對五帝爲五方神帝的説法提出懷疑,楊寬先生以民族遷徙的結果來釋疑(《中國上古史導論》,第261、263頁),楊説可能有一定道理,比如"少皞"之成爲西方帝,就很有可能與秦西遷而特尊之有關;同時也須考慮這樣的一種可能,即各國族所從出的神帝在最初並没有與五方五色五行相配,在受五行思想支配整齊化、系統化的需求下,才出現了上述不合。但看起來先秦時各國族對這一種不合並不太在意。

⑤ 李福清:《從比較神話學角度再論伏羲等幾位神話人物》,《古典小説與傳説(李福清漢學論集)》,中華書局,2003年,第170頁。

⑥ 楊寬:《中國上古史導論》,第200頁。

是配合田齊與姜齊嬗代的政治需要而産生的。[①] 從著作時代和傳説的廣泛性上看，這絶不是配合政治附會出來的傳説，而是一種形態非常古老的傳説，顧先生以“戰神”概括這種黄帝的身份，似也不够全面，而且從上帝降格爲“戰神”亦稍不近情理，其實這種“黄帝”更接近於“文化英雄”。這種黄帝傳説，比起作爲五方帝中央帝天帝身份的黄帝可能出現得早，當然也比歷史坐標上的第一位帝王、各族所攀附、共宗的始祖黄帝出現得更早。文化英雄固然不能完全等同於神，但也不是普通的人（李福清認爲這種文化英雄往往是動物或半人半獸的先祖變來的），因此這種黄帝在《吕刑》等書中就作“皇帝”，顯示出仍具有神性，這也是後來這種身份的黄帝徹底神化變爲天帝身份的一個重要基礎。

四、禹的神性問題及其與夏代的關係

按照李福清先生的看法，中國的洪水神話雖然在典籍上記載較早，然而在中國並不是最古老的神話發展階段（晚於女媧創世等混沌神話）。[②] 但這種神話又格外重要，因爲其最主要的主人公禹與中國的歷史時段、歷史朝代明確發生了聯繫。

禹之爲人，抑或爲神，是歷來被喋喋不休爭論的一個老問題。從現存較早古書洪水神話的内容看，其主人公鯀、禹無疑都曾具有神性，禹後來是在理性化的思潮下，才逐漸成爲人王，成爲堯舜朝廷上的大臣，至於“原始的鯀、禹究竟是人還是神，我們現在已經不得而知——這不是我們不想知道，實在是現存的材料太少，没法知道了”。[③] 我們現在總體上仍然支持“古史辨”派學者的看法。以顧頡剛先生爲代表的“古史辨”派學者，把禹當成截斷衆流的一個關鍵點，認爲是西周以至春秋人眼中以禹爲最早的古史傳説人物，這一點已不爲大多數學者所贊成。現在看來，我們的確不應否認古代口口相傳的某些傳説，如堯舜傳説很可能有古老的來源（詳下節），顧先生“截斷衆流”的做法的確可能太過激進。但是迄今爲止，卻仍然還没有任何可靠資料可以證實堯舜傳説的出現先於禹的傳説；堯舜同禹發生聯繫、禹成爲堯舜帝廷之臣，跟古老的天帝命禹平治水土的傳説不相容，故當爲晚起之説的看法，大概並無可疑之處。可惜的是，據豳公盨等材料反對顧頡剛先生觀點的學者，對這個從古文獻當中被揭示得非常清楚的“人化”過程卻都没有能够作出有力的反駁。[④]

---

① 顧頡剛：《史林雜識初編》，第 180—181 頁。

② 參看張曉霞：《論李福清的中國神話與古典小説研究》，華東師範大學碩士學位論文，2006 年。

③ 顧頡剛、童書業：《童書業史籍考證論集・鯀禹的傳説》，《童書業著作集》第三卷，第 127 頁。

④ 例如謝維揚：《從豳公盨、〈子羔〉篇和〈容成氏〉看古史記述資料生成的真實過程》，《上海文博論叢》2009 年第 3 期，第 56—59 頁。

李鋭先生舉《孔子詩論》所記孔子對“帝謂文王,予懷爾明德”句的解釋“蓋誠謂之也”等,認爲豳公盨的“天命禹”並不是“禹是神而文王等不是神的充要條件”,還認爲所謂禹的天神性“是在成見引導下做循環論證”,其“神迹”是在傳説流傳過程中“被逐漸放大”的,[①]“因此所謂天命,至少對西周人而言,只是一種思想觀念,不能説得天命行事者都是神”。[②] 謝維揚先生也舉《書・大誥》“天休于寧(文)王,興我小邦周”的講法證明“並不意味著周文王本人就真的是神性的,而他的權力也真的不具有人世的來歷”。[③]

我很同意謝、李兩位先生關於得天命行事者不都是神的觀點,但他們其他的看法恐怕都是有問題的。他們没有正面解釋爲何在較早的傳世和出土文獻中禹的傳説没有類似文王爲紂臣這類完全屬於人事的記載,只有天、帝、皇帝等命禹的記載,反而到了大家都公認的戰國時代形成的古書才有禹爲堯舜臣的記載。這種情況跟李鋭先生所謂“神迹”是“逐漸放大”的講法恰好是背反不容的。[④]

帝命文王的傳説跟帝命禹的傳説本質顯然不同,似不可比附。文王伐商爲取得合法性,自然要附會或編造出一套受上帝(或天)之命的説法來,這與人所共知的具有悠遠歷史的禹受天帝之命平治水土神話傳説發生原理完全不同,所以禹的治水傳説後來在理性化思潮下被“人化”改造爲受堯舜之命説,文王因爲人所共知是一位人王而非神,他受帝命的傳説就没有這種演變過程的可能和必要,這是兩者本質的區别。李鋭先生《由新出文獻重評顧頡剛先生的“層累説”》一文所舉《孟子・萬章上》記孟子所謂“天”與“舜”天下而否定“堯”與“舜”天下的講法,是否可藉以説明天命禹和堯舜命禹傳説可以同時存在呢? 我認爲也不行。因爲萬章意在請教孟子關於堯舜禪讓的態度,孟子本來對於禪讓的態度比較消極,所以給出一個“天”予舜天下的回答,即意在强調舜承受天命而不是堯出於己意授天下予舜的。這個“天”在孟子那裏是很虚的(所以他説“天不言”),跟原始傳説中命禹平治水土的人格化的上帝顯然不同。因此在孟子那裏,天與舜天下和堯實際上禪天下給舜是一個事實的兩面,只是出於不同需要的解釋而已,而在早期的禹的傳説裏是不可能作出類似解釋的。另外有些學者更直接將豳公盨銘文的“天”

---

① 李鋭:《由新出文獻重評顧頡剛先生的“層累説”》,《人文雜志》2008年第6期,第141頁。

② 李鋭:《“二重證據法”的界定及規則探析》,《歷史研究》2012年第4期,第132頁。

③ 謝維揚:《古書成書和流傳情況研究的進展與古史史料學概念——爲紀念〈古史辨〉第一册出版80周年而作》,《文史哲》2007年第2期,第52頁。

④ 禹很有可能還經歷了最早的動物形象的階段,後來成爲人格化的英雄(參看李福清:《古典小説與傳説〔李福清漢學論集〕》,第200頁)。神話英雄的人化,則是中國神話特有的現象,神話的歷史化加速了這一過程,這一點經過李福清先生等的論證(參看張曉霞:《論李福清的中國神話與古典小説研究》),應當是具有相當共識的了。

指實爲"舜"，認爲銘文突出的以"德"治民思想體現了所謂舜的政治思想云云，則更是毫無根據的臆説。[①]

關於禹和夏代的關係，顧頡剛先生認爲也是晚起的，禹是先在春秋時代的魯國（見《魯頌・閟宫》）被確定爲人王身份，直至戰國中期與夏代的關係才大盛。[②] 這一看法究竟是否正確，除了前些年面世的豳公盨之外，近年又有了可以用來進行檢驗和反思的新材料。

《清華大學藏戰國竹簡（伍）・厚父》一篇，據我的意見，應是西周人根據當時流傳的夏代傳説編寫的一篇《尚書》類文獻，屬於所謂"《夏書》"的一種，全篇内容是記録夏代孔甲之後的某王與其大臣厚父的對話。[③] 該篇開首説：

> □□□□王監嘉績，問前文人之恭明德。王若曰："厚父！□（按，此字不識，可能是王自稱其名）聞禹……川，乃降之民，建夏邦。啓惟后，帝亦弗恐啓之經德少，命皋繇下爲之卿事……"

我主要根據《厚父》的這段話下了一個判斷：

> 此篇之重要只舉一點即可略見，即它是一篇明確點出禹和夏代存在關係的時代較早的古書，雖然禹在此篇中治水所從受命的是天帝而非堯舜（仍是半神半人的禹），但《厚父》已明白地説他同時也是奉天命降民建夏邦的，顧頡剛先生等過去懷疑禹與夏代關係晚起，現在看來應該修正。

這段話仔細推敲是有問題的，最主要的錯誤承鄔可晶先生看過文章後向我指出，《厚父》篇"禹……川，乃降之民，建夏邦"句中，"降民"、"建夏邦"的主語並非禹，而應是天，這從後面厚父答語中的"古天降下民，設萬邦，作之君，作之師"一句可以更明顯地看出來，所以"他（禹）同時也是奉天命降民建夏邦的"的表述是不準確的。按鄔説甚是，應糾正我前文表述的不嚴謹處。其實裘錫圭先生早已指出過豳公盨銘文中"乃疇方，設正，降民，監德；乃自作配，嚮民"的主語都是"天"，"降民"的意思就是古書中常見的"生民"，[④]得《厚父》之文，益知裘説確不可易，過去有些學者把"降民"理解爲禹把逃避水患的人民從山上降至平地的意見顯然是不可信的。

---

① 参看郭永秉：《帝系新研》，第 40 頁。

② 顧頡剛：《討論古史答劉胡二先生》，《古史辨》第一册，第 115—118 頁。

③ 郭永秉：《論清華簡〈厚父〉應爲〈夏書〉之一篇》，《出土文獻》第七輯，中西書局，2015 年。

④ 裘錫圭：《𧸘公盨銘文考釋》，《裘錫圭學術文集》第三卷，第 150、153—154 頁。裘文反覆徵引來説明"降民"、"自作配"等語的《孟子》所引佚《書》，現在知道也就是清華簡的《厚父》篇文字，當時寫作未能仔細體會裘文，以致出現不應有的疏誤。

我們知道，從豳公盨銘文當中是看不出禹同夏代之間的聯繫的，即使銘文所説“自作配”、“生我王”的“配”和“王”真就是指夏代君主（這種可能性並不能説完全不存在，因爲《詩》《書》等撰成較早的典籍已經有“夏”和“有夏”，西周人知道“夏”是不存在問題的），我們現在也還是没有確切證據來坐實這一點，也可以説，豳公盨銘文並未將禹的治水傳説明確跟夏的建立聯繫起來。[①] 但是《厚父》的情況就不一樣了，雖然前面糾正了我當時的表述，即並不是禹奉天命降民建夏邦，但此篇降民、建夏邦的事情與禹治洪水有直接聯繫，這一點還是應當予以承認的。

我們緊接著應該問一個問題，在《厚父》篇的傳説中，禹本身跟夏的關係如何，到底是不是夏代首王？十分可惜的是，該篇第一支簡“禹”字下殘缺，我們已不能够完全知曉《厚父》所可能提及的禹治水與夏朝建立的細節，所以只能根據現存内容作一些討論。

顧頡剛先生説《詩》《書》談及禹的九條，完全没有連及“夏”字；講到“夏”的全没有提起夏與禹的關係，《多士》《多方》並言夏殷，言殷則必舉成湯，言夏則從不舉禹，《立政》夏商對舉的兩段話（按：引文及標點從顧先生原文）：

> 古之人迪惟有夏，乃有室大競，籲俊尊上帝，迪知忱恂于九德之行。……桀德，惟乃弗作往任，是惟暴德，罔後。
>
> 亦越成湯，陟丕釐上帝之耿命，……克用三宅三俊。……嗚呼，其惟受德暋，惟羞刑暴德之人同于厥邦！

顧先生説：“在商則舉出創業的成湯與亡國的受，而在夏則但舉出亡國的桀而不舉出創業的禹”，而且“做《立政》的人並不是不知道禹的（篇末即言“其克詰爾戎兵以陟禹之迹”）”。[②]

我認爲顧先生的這段論述現在看起來仍然非常重要，值得深思。[③] 我過去對《厚父》文字的理解，似乎是與“乃降之民，建夏邦”一句的理解密切有關，當時我心中是把“降之民”的“之”理解成禹的，意思是上天把民降予禹，讓他去下土建立夏邦。仔細體會上下文，前一句末字爲“川”，也就暗示出前文都應是在敘述禹受天命平治水土的事情，那麽

---

① 有學者認爲豳公盨的發現“再次證明，以‘夏’爲起點的‘三代’概念在古代是何等深入人心”（李零：《論豳公盨發現的意義》，《中國歷史文物》2002年第6期），這是根據不够充分的。

② 顧頡剛：《古史辨》第一册，第115—117頁。

③ 《清華大學藏戰國竹簡（柒）·子犯子餘》記重耳問蹇叔如何“起邦”如何“亡邦”，蹇叔回答：“如欲起邦，則大甲與盤庚、文王、武王，如欲亡邦，則桀及受、厲王、幽王。”（簡14～15）。按此處起邦之君獨獨不舉夏代開國君主，或許也是實在並無可以與商周賢君相擬的人物，而禹大概又並未被視作夏代首王的緣故，不知是否可作爲顧先生上述觀點的一個旁證。

緊接著交代上天降民給在下土治水的禹，建立夏邦，似乎也是順理成章的。但事實上或許還可有另外一種理解，也就是"降之民"的"之"並非禹，而是指禹所平治的水土，也就是古人常說的"禹迹"，"降之民"即把民降到禹迹之上。這樣一來，降民、建夏邦的事情，也就跟禹這一神話人物本身没有直接關聯了（禹治水土只是給上天建立夏邦提供了一個舞臺，做了必要的前期準備而已），進而也就可以説，禹和夏之間的關係仍然是很弱的，更没有根據説禹就是夏代的首王了。

爲什麼後面這種理解的可能性更大？從下文看，"啓惟后"一句似乎是交代建立了夏邦之後，真正作爲夏朝君主的是啓，簡文根本没有交代他是代禹爲王，也没有交代他是禹之子，好像夏朝就根本不存在"禹"這個人王似的（在禹治完水之後的部分，《厚父》對他根本未著一字）。大家熟悉叔弓鐘銘説成湯是受了天命"處禹之堵"、秦公簋銘説秦先公"受天命，鼏宅禹迹"、《魯頌・閟宫》説后稷"奄有下土，纘禹之緒"，各國各代的建立都可以被安到禹治水的背景底下，《厚父》説"天降下民，設萬邦"，與此類認識是相合拍的，也就是説在洪水被平治之後，天在下土建立的邦國不是一個，而是許許多多林立的萬邦，①它們很可能就是後來追溯"宅禹迹"觀念的源頭（各朝各國都認爲自己源出的先公先王在那時已經建立邦國）。② 前面我們曾提到，豳公盨銘文"生我王"的"王"乃指夏王的可能性雖不能説完全不存在，但實際上並没有確鑿的證據證明這一點，且通篇銘文是豳公用禹治水傳説爲教材，導民用德，並不能看出與夏王有任何的關聯，我很懷疑所謂的"生我王"的"王"實即豳公對其立國之初的"豳王"（青銅器銘文中三見"豳王"之稱③）的指稱，在"豳"這個異姓小國的歷史觀念中，④估計也同樣把自己建立國家的歷史上溯到禹治水之時的，與秦、齊、魯這些大國並無不同。⑤

如上述分析是有道理的，那麼似乎可以更加明顯地發現，從比較早的傳説看，夏

---

① 王樹民先生已經指出，"上古時期，原爲萬邦林立的狀態，未有中央統一政權"（《曙庵文史續録》，第 28 頁），與此類認識相合。

② 有學者認爲，"夏"不僅是一種地域狹小、爲時短暫的國族之名，還成爲後繼類似地域集團在文化上加以認同的典範（李零：《中國古代地理的大視野》，《中國方術續考》，東方出版社，2001 年，第 255—269 頁），這是有道理的。但是這種觀念到底是什麼時候興起的尚值得研究，例如在《厚父》的時代，似乎還只把"夏邦"作爲天所建設的"萬邦"之一而已，各邦各族在早期的觀念中也許是比較平等的，他們都是在"禹迹"上活動的主人公。

③ 豳王盉，《集成》09411，豳字从攴；豳王鬲，《考古與文物》1990 年第 5 期，第 42 頁，即《新收》742、743。

④ 關於青銅器銘文所見稱王的西周異姓國族之君主，參看張政烺：《夨王簋蓋跋——評王國維〈古諸侯稱王説〉》，《張政烺文史論集》，中華書局，2004 年，第 706—713 頁。

⑤ 稱王的異族承認並接受禹平治水土傳説，甚至把禹的事迹當作德教資料，自認也是水土平治之後與夏、周王朝一起産生的國家，這説明禹作爲當時各國族公認的標誌性英雄，影響極其廣遠，甚至還帶有某種創世者的意味在内。

代之建立與禹本人没有直接關係，禹、啓似乎也没有直接關係，啓才是夏朝的真正開國君主，他才是上天爲夏邦作的“君”、“師”，①所以才會派皋繇(陶)下爲啓的卿事爲其輔佐。趙平安先生曾經指出，《厚父》所記皋陶的活動時代在啓之時，與一般古書所記皋陶活動於舜禹時代、卒於禹時不合，②這當然是對的，但究其實質，這種差異的根源或許正在於皋陶輔佐的第一位夏代君主是誰的不同——對於《厚父》篇而言，既然禹只是奉天命治水的，那麽作爲卿事負責制刑司法的、有德的皋陶自然不會與之發生什麽聯繫了。

《墨子·非樂上》引《武觀》曰：“啓乃淫溢康樂，野于飲食，將將銘，莧磬以力，湛濁于酒，渝食于野，萬舞翼翼，章聞于大(惠棟説“大”當作“天”)，天用弗式。”③惠棟以爲這是敘武觀之事的佚《書》，與《夏書·五子之歌》有關；惠氏並指出“《周書·嘗麥》曰：‘其在夏之五子，忘伯禹之命，假國無正，用胥興作亂，遂凶厥國，皇天哀禹，賜以彭壽，思正夏略。’五子者，武觀也(秉按：武觀，據《國語·楚語》韋昭注是啓之子，太康昆弟)。彭壽者，彭伯也。《五子之歌》，墨子述其遺文，《周書》載其逸事”，這是很有道理的。可以注意的是，《嘗麥》“夏之五子，忘伯禹之命，假國無正，用胥興作亂，遂凶厥國，皇天哀禹，賜以彭壽，思正夏略”的表述，與《厚父》“啓惟后，帝亦弗恐啓之經德少，命皋繇下爲之卿事”表述極爲相似，我以前指出可能是夏代傳説傳流衍變分化之異，④這當然也並不錯，然而現在進一步分析，這種傳説的演變極可能與夏代早期傳説模式發生了根本性變化有密切關係，因爲啓後來變成了禹之子、繼禹即位的第二代夏王，所以其“經德少”的形象就逐漸被淡化了，繼之而起的是把啓子武觀塑造成無德昏王的形象，上天派來輔佐武觀的也變成了彭壽(皋陶此時應當已經從啓的輔佐變成了禹的輔佐，不再適合下降成爲武觀的卿事之類，所以另外附會了一個“彭壽”出來)，如果這種推測合理，那麽《嘗麥》篇的著作時代恐顯然應該晚於《厚父》，不會像過去一般認爲的那麽早(比如作於西周早期之類)。

---

① 《山海經·大荒西經》《楚辭·天問》有啓賓天帝得《九辯》《九歌》的説法，《山海經》郭璞注引《歸藏鄭母經》有“夏后啓筮御飛龍登于天，吉”的説法，童書業先生《夏史三論》據此指出啓是一個具有神性的人物(《童書業史籍考證論集》，第216頁)，這是很有道理的，其神性應當來自他本就是上帝之子，是被天帝派到下土作爲夏代君后的，在這類傳説裏，應該也不存在禹、啓的父子關係。

② 趙平安：《〈厚父〉的性質及其蘊含的夏代歷史文化》，《文物》2014年第12期。清華簡《良臣》篇説，“堯之相舜，舜有禹，禹有伯夷，有益，有史皇，有咎囡(囚)”，整理者指出“咎囚”應讀爲“咎繇”，亦即古書的皋陶。這也應當是稍晚才起的説法了。

③ 孫詒讓：《墨子閒詁》，中華書局，2001年，第261頁。

④ 郭永秉：《論清華簡〈厚父〉應爲〈夏書〉之一篇》，《出土文獻》第七輯，第130頁。

總之，雖然《厚父》篇簡文有缺，但從相關内容來看，似乎是有利於顧頡剛先生的判斷的。不過，或許有人會提出這樣的疑問，引用過《厚父》的孟子，在回答萬章關於禹不傳賢而傳子的質疑時，不是説過這樣的話嗎：

> 舜之相堯，禹之相舜也，歷年多，施澤於民久。啓賢，能敬承繼禹之道。益之相禹也，歷年少，施澤於民未久。

可見孟子還是把啓當作繼禹爲夏代君主的禹之子看待的，這似乎又是一個矛盾。今按，在孟子時代，禹爲夏代首王的説法已經完全占據壓倒性優勢，禹啓的父子關係也已經深入人心，①所以孟子這裏只是就當時流行的傳説答疑，他雖然讀過《厚父》，但是在彼時流行史觀影響底下，大概對比較原始的傳説也已經並不在意甚至淡忘了，這種時代思潮對原始神話傳説的壓迫，在古史傳説演變過程中並不罕見，所以恐怕不能簡單地以此否定上面對《厚父》文義及其所藴含的古史觀念信息的分析。

五、虞代問題與堯舜的歷史性

在“古史辨”派之後，從 20 世紀 50 年代到本世紀，關於虞代（有虞氏）問題的研究，有了相當重要的進展。楊向奎先生較早指出，有虞氏有其相傳的世系，有其事迹，與三皇五帝情況不同，後來也有不少與他同調的古史學家，我近年曾據新出材料在這些學者研究的基礎上有過補正和推進。②

有虞氏和舜在出土文獻和古書當中，可以看出比較清楚的世系（雖然有些已經不

① 禹取塗山女生啓的故事，從目前所見文獻來看，大概應該是東周以後興起的。《逸周書·世俘》有“籥人奏《崇禹生開》，三終，王定”，開即啓。《世俘》一般認爲是較爲可靠的西周文獻，如果此處所記樂名非後來竄入，則是禹、啓關係的較早記載了。顧頡剛、童書業先生指出，與“禹生於石”相類，古代也有所謂“啓生於石”的記載（見於《隨巢子》，顧頡剛、童書業：《鯀禹的傳説》，第 174 頁），這種記載有“禹曰‘歸我子’，石破北方而生啓”的説法，神話性相當明顯，與後來所記取塗山女、女憍生啓的記載迥然不同，可能是比較早的一種關於禹、啓關係的神話地方性傳説，不知《崇禹生開（啓）》是不是就是以這類故事爲背景的，這類傳説跟《厚父》所記的説法也許是可以並行不悖的（類似於鯀腹生禹的故事與禹本爲天帝之子的傳説可以並行，前者也並未得到廣泛承認，參看裘錫圭：《新出土先秦文獻與古史傳説》，《裘錫圭學術文集》第五卷，第 264 頁）。

② 參看楊向奎：《應當給“有虞氏”一個應有的歷史地位》，《文史哲》1956 年第 7 期，第 2567—2569 頁；徐鴻修：《“虞”爲獨立朝代説——兼論中國階級社會的開端》，《寶雞師院學報（哲學社會科學版）》1990 年第 2 期，第 63—64 頁；王樹民：《夏、商、周之前還有個虞朝》，《河北學刊》2002 年第 1 期；吴榮曾：《從古文獻中去尋找虞舜歷史》，《炎黄文化研究》第五輯，大象出版社，2007 年，收入《讀史叢考》，中華書局，2014 年，第 1—7 頁；郭永秉：《上博簡〈容成氏〉的“有虞迥”和虞代傳説的研究》，《古文字與古文獻論集》，上海古籍出版社，2011 年，第 106—143 頁。

够完整),如上博簡《容成氏》記載,有虞迵受某某氏(遠古帝王,迵稱其德衰)禪讓匡天下之政,堯由地方首領興起,自迵没後爲天子,在位期間考察舜,最終禪位給舜;又如多篇竹書記載瞽叟爲舜父(《唐虞之道》《子羔》等),與較早的古書相合。從現有的材料和研究看,中國在夏之前,應有一個部落聯盟時代,古人統以"虞"來稱呼之,堯舜就是有虞一代最有影響力的兩位部落聯盟首領。很多學者認識到,相傳甚廣的堯舜禪讓説,很可能曲折地反映了原始社會君長推選制度的一些史影,①我們同意這種意見。

清華簡《保訓》篇記載文王病重時,用以訓教武王的前人所傳的"保(寶)訓"中的典實之一便是堯舜傳説:

> 惟王五十年,不豫。王念日之多歷,恐墜寶訓。戊子,自頮水。己丑,昧爽(中缺)王若曰:"發,朕疾漸(?)甚,恐不汝及訓。昔前人傳寶,必受之以詷。今朕疾允病,恐弗念終,汝以書受之。欽哉!勿淫!昔舜久作小人,親耕于鬲茅,恐救中,自詣厥志,不違于庶萬姓之多欲,厥有施于上下遠邇。乃易位設詣,測陰陽之物,咸順不逆。舜既得中,言不易實變名,身兹服惟允。翼翼不懈,用作三降之德。帝堯嘉之,用授厥緒。……"

這篇竹書從竹簡形制、文字抄寫和用語等各方面看,與清華簡《尚書》《逸周書》篇目或其他相關内容有頗大差别,不可能是西周史事的實録,而應當是後人的一種擬作。② 即使我們最保守地把它看作戰國時代擬仿的篇目,也可以知道,戰國時人認爲西周文武二王甚至更早的"前人"就應該是熟知堯舜傳説的;這也就是説,在他們的頭腦裏,這種傳説的淵源極古,否則《保訓》篇不可能跟古老的上甲微與河伯、有易氏傳説一起引述此事並將之視爲"傳寶"的。過去只在《吕氏春秋·慎大》《史記·周本紀》等文獻看到周武王封帝尧之後於祝(薊),封舜後嬀滿於陳等似有若無而且或有矛盾的講法(薊,有的文獻説是武王封黄帝之後的,見《史記·樂書》),時代較晚,即使從傳説的豐富性和價值而言,

---

① 關於這一點,應該補充指出嚴耕望先生的觀點。嚴先生曾自述:"我在高中讀書時代寫了一篇《堯舜禪讓問題研究》,我認爲堯舜禪讓只是部落酋長的選舉制,這就是從人類學家莫爾甘(L. H. Morgan, 1818—1881)所寫的《古代社會》(*Ancient Society*)悟出來的。儒家不了解當時實情,比照後代傳子制看來,堯舜之事自是公天下的禪讓,這是美化了堯舜故事。"(《治史經驗談》,收入《治史三書》,遼寧教育出版社,1998年,第9頁)嚴文雖未正式發表,但顯然早在20世紀的30年代前期就看出了這個問題,鋭識可佩。按:嚴先生的這一觀點,又可參看嚴耕望撰《中國政治制度史綱》(上海古籍出版社,2013年,第6—8頁),此書主張"堯舜禪讓可認爲是一種原始民主制度",並舉出中國邊疆民族烏丸、契丹、蒙古的實例為證。(嚴書近承孫聞博先生提示,書此致謝。)

② 如李零、黄懷信等先生皆傾向於或贊同《保訓》所記"惟王五十年"並非文王稱王説的直接證據、此篇當出後人的追記的觀點。另外此篇諸如"言不易實變名"句"名實"的概念及其與"言"之關係的看法,整理者和研究者皆引春秋戰國以後的文獻内容作解,可能也是此篇較晚出的迹象。

也與此不可等同，因此《保訓》提示的這一信息，仍然極爲重要。

戰國時人(約前300年，這是下限)著文敘述西周早期人(約前1000年)口中稱述堯舜(約前2100年)之事，就好比我們現在文學史著作敘述元朝有主要來源於民間傳説的《三國志平話》一般。儘管不能以此比方就切實證明我們今天了解的堯舜傳説於西周即已存在，但這類傳説的較早形態、作爲原始部落聯盟傑出君長的堯舜(特别是舜)在西周人口中已經出現並流傳，實亦非情理上不可能之事。雖然元朝普通人口中所傳的三國故事不盡合於歷史實際，但是東漢三國這個歷史時段，曹操、劉備、孫權、諸葛亮這些人則不出於虛構。如果這種類比不算太不恰當，那麽從《保訓》的記載推斷，孔子屢屢稱述的堯舜故事，就決非顧頡剛先生等主張的，在春秋晚期還"是'若存若亡'的"，更不能進而懷疑《論語·堯曰》等篇的真實性，而應該對包括有虞氏在内的堯舜傳説的發生過程有一個客觀的估計。堯舜傳説，與禹的傳説不同，從一開始便是完全立足於人事的，無論是古書和出土材料所記的堯舜事迹、君位授受過程、舜及有虞氏的世系，還是堯舜在孔子心目中的賢君形象，都可以清楚地看出這一點，幾乎不見有任何"神迹"成分。這跟堯舜傳説本來就屬於有虞氏傳説的一部分有密切關係，它顯然並不是什麽家派的僞造、發明、託古改制或神話的人化，而是口耳相傳的古説。《保訓》篇所提供的信息，應當説還是相當重要的。

六、其他

出土文獻給予我們有關古史傳説的新知，還有待深入挖掘，其中有些雖然無關重大的古史傳説問題，但也足以修改、豐富我們過去的某些認知，對古史傳説的複雜性保持充分的估計。下面舉兩個有關上古傳説人物的例子説明。

(一) 史皇其人與文字創製時代問題

清華簡《良臣》所記禹臣中有"史皇"，"史皇"到底是什麽人，與"倉頡"有何種關係，與其相關的是何種發明事迹，古來即有異説。在先秦秦漢古書中，關於史皇分别有"史皇作圖"(《吕氏春秋·勿躬》)、"史皇產而能書"(《淮南子·脩務》)這兩種表述，即其職能有作圖與長於文字之不同。高誘注《淮南子》稱："史皇，蒼頡。生而見鳥迹，知著書，故曰史皇，或曰頡皇。"然而《世本·作》和《吕氏春秋·君守》分别還有一般人都很熟悉的"沮誦、倉頡作書"、"蒼頡作書"的講法，[①]準此，史皇與倉頡當爲二人，且分工不同，"史

① 參看拱玉書、顔海英、葛英會：《蘇美爾、埃及及中國古文字比較研究》，科學出版社，2009年，第28頁。

皇作圖”是與此類講法配合起來的表述。《世本》是先秦古書,則似乎看起來史皇與文字製作有關、史皇即倉頡的説法是漢代才晚起的異説,但其實事實並不一定是這樣。《淮南子・脩務》“史皇産而能書”句又爲《隨巢子》佚文(《北堂書鈔》卷七引),孫詒讓疑此句與《脩務》“禹生於石”一樣都是用《隨巢子》文,[1]《漢書・藝文志》墨家下著録“《隨巢子》六篇”,自注云“墨翟弟子”,可見史皇與文字之間的密切關聯,應當是先秦遺説。[2] 史皇作圖與産而能書之關係,學者也已經以“書(或文)”、“畫”本出同源,後來方界限分明作解,其説當是,[3]因此作圖與作書,實際上關係極其密切,不宜拘泥,强作區分。《荀子・解蔽》説“好書者衆矣,而倉頡獨傳者,壹也”,除史皇、倉頡之外,我們至少還知道“沮誦”也跟文字創製有關,所以即便史皇、倉頡爲一人的講法是漢代晚出之説,史皇與文字的密切關聯也是無法輕易否認的。

禹臣有史皇,爲我們研究中國文字的創製起源時代,提供了一條東周人觀念中的可貴史料。在舊有先秦文獻的傳説中,倉(蒼)頡是黄帝之臣,《世本》宋衷注也説,“史皇,黄帝臣也”,《容成氏》則以“倉頡氏”爲遠古帝王。按照齊思和先生的意見,蒼頡是從蒼帝(青帝)變爲文字發明者,“遂不能不爲黄帝之臣”,[4]似從來没有見到將“倉頡”或“史皇”置於夏代始祖禹麾下爲臣的説法,《良臣》此條材料的重要性、特異性可見。

我們知道,關於漢字形成完整文字體系的時代,大致有兩種意見,一種認爲形成於夏初,一種認爲是在夏商之際。這兩種看法還都没有十分確鑿的根據。[5] 從《良臣》將史皇安排在夏禹之下爲臣看,至少反映出春秋戰國時代一部分人心目中,文字的創製時代大概是在夏初,這在某種程度上與前一種關於漢字形成完整文字體系的時代的意見暗合。當然,這也只是東周人心目中的古史觀,這種史觀是否有較早的事實、史影爲來源,究竟是否符合漢字發展的歷史實際,則又是另外一回事情了。

(二) 孔甲身份、事迹的變異分化

清華簡《厚父》篇所記夏代賢臣厚父的話中,提到了夏的先哲王孔甲:

---

① 參看孫詒讓:《墨子閒詁》附録。

② 先秦以至秦代表示生養生育往往用“産”,西漢以後則逐漸過渡到用“生”爲主,“産”用得漸少(參看田煒:《論出土秦和西漢早期文獻中的“生”和“産”》,《中國語文》2016 年第 2 期),《淮南子》“産而能書”的“産”似很有可能是從先秦古書中沿襲下來的。

③ 拱玉書、顔海英、葛英會:《蘇美爾、埃及及中國古文字比較研究》,第 29 頁。

④ 齊思和:《黄帝的製器故事》,收入《中國史探研》,河北教育出版社,2000 年,第 400—401 頁。

⑤ 參看裘錫圭:《文字學概要(修訂本)》,商務印書館,2012 年,第 34 頁。

王廼遏佚其命，弗用先哲王孔甲之典刑，顛覆厥德，淫湎于非彝，天廼弗若，廼墜厥命，亡厥邦。①

趙平安先生指出："孔甲被稱作'先哲王'，他的故法、常規被視爲後王應該效法的準則。從《厚父》看，孔甲明君的形象是很清晰的。這在很大程度上支持了梁玉繩、楊伯峻等人的説法，改變了我們對孔甲的看法。"②《厚父》中的孔甲形象，與《國語》《史記》中的亂夏形象截然不同，對此還有可以補充談一下的問題。

在傳説人物中，實際上還有一個作爲黄帝史官身份的"孔甲"：

《文選·陸佐公新刻漏銘》注引《七略》："《盤盂書》者，其傳言孔甲爲之。孔甲，黄帝之史也，書盤盂中，爲誡法，或於鼎，名曰銘。"

《漢書·藝文志》雜家類："孔甲《盤盂》二十六篇。（自注：黄帝之史，或曰夏帝孔甲，似皆非。）"

《史記·魏其武安侯列傳》"蚡辯有口，學《槃盂》諸書"《集解》引應劭曰："黄帝史孔甲所作銘也。凡二十六篇，書槃盂中，所爲法戒。諸書，諸子文書也。"引孟康曰："孔甲《槃盂》二十六篇，雜家，書兼儒、墨、名、法。"《正義》引晋灼曰："按《藝文志》，孟説是也。"（引者按：此據《史記會注考證》卷一百七引録，通行本《史記》的《集解》文字略有出入，並無《正義》引晋灼語。）

蔡邕《銘論》："黄帝有巾几之法，孔甲有槃杅之誡，殷湯有《甘誓》之勒，毚鼎有丕顯之銘。"

在《漢書·古今人表》中"孔甲"有兩個，一個是一般熟知的夏王不降之子、列於"下上"的夏王孔甲，另一個則是與黄帝師封鉅、大填、大山稽以及黄帝臣力牧、風后、鬼臾區、封胡、岐伯、泠淪氏等同列於"上中"（仁人）的孔甲。③ 班固注"孔甲《盤盂》二十六篇"依違於"黄帝之史"與"夏帝孔甲"之間疑莫能定，看來是有其背景的。

推測大概在戰國以至漢代，關於《盤盂》二十六篇的"作者"孔甲（這所謂的"作者"當然應該只是《盤盂》之"傳"託名而已，詳下），已經産生異説，《七略》的"黄帝之史"説，爲班《志》所承襲，但是班固本人好像還從某種渠道了解到夏王孔甲的異説，所以

① 釋讀據郭永秉：《論清華簡〈厚父〉應爲〈夏書〉之一篇》，《出土文獻》第七輯。

② 趙平安：《〈厚父〉的性質及其蕴含的夏代歷史文化》，《文物》2014年第12期，第84頁。

③ 《後漢書·張衡傳》"孔甲且不足慕，焉稱殷彭及周聃"李賢注引《帝王紀》曰："黄帝以風后配上台，天老配中台，五聖配下台，謂之三公。其餘知天、規紀、地典、力牧、常先、封胡、孔甲等，或以爲師，或以爲將。"

也在注文中予以交代。因爲夏代孔甲其人在漢代早已變成荒淫亂夏的反面形象，所以這樣一種把《盤盂》著作權歸在夏王孔甲頭上的説法，一定是從比較早的著作當中或者傳習古文經典的學者那裏保留、流傳下來的舊説，而絶非漢代晚起的講法，所以班固不得不加以重視，故在劉歆意見之外存一異説待考；然而他本人卻已被漢代流行的夏代傳説深刻影響，所以他還是不太願意相信這樣一種舊説，因而才下了"似皆非"的案斷。

清華簡記載夏臣厚父所稱引的"孔甲之典刑"，看似也是前所不知的説法，實際上流傳到漢代的"孔甲《盤盂》二十六篇"就應該與此有關，這從《七略》"書盤盂中，爲誡法，或於鼎，名曰銘"及上引東漢人蔡邕、應劭對《盤盂》性質的描述中已經透露得很是清楚。《厚父》是一篇西周時代的人根據夏代傳説編寫的《尚書》類文獻，其關於孔甲典刑的記載，無疑是有相當早的傳説根據的，但孔甲的"典刑"，有無夏代的史實根據、有無更加詳細的内容從前代流傳到西周，現在都已毫無可據以坐實的資料，只是知道西周存在這樣一種傳説而已。從班固對《盤盂》著作時代和作者的猶疑、孟康對《盤盂》"雜家，書兼儒、墨、名、法"等書籍性質和學派歸屬方面的判斷來看，這二十六篇流傳到漢代的著作，恐怕不會是真據西周時寫定的"孔甲之典刑"編定而成的，而很可能是東周時代的人根據《厚父》等這類成書較早的著作中流傳的關於孔甲事迹，發揮造作自家學説以應付時弊的東西①——當然，其著作時代應該也不至於太晚，至少應當是在孔甲還没有徹底演變成負面形象之前已經寫成一部分(後來有所附益亦未可知)，從漢代人已經説不清楚《盤盂》"作者"孔甲究爲何人來看，這二十六篇内容的時代背景大概是頗爲模糊的，體裁也應屬於比較空泛的論説性、教誡性内容。

所以孔甲之成爲黄帝史官，現在也就知道是怎麽回事了。這應該是在夏代孔甲被樹作荒淫形象之後，後人附會在其身上的《盤盂》一書的著作權就不再適合安在他的頭上了，所以一個人就分化成善、惡兩種形象，與《盤盂》有關的"孔甲"當然不適合在夏代爲王，便不得不被前置到黄帝麾下作史官，這跟先秦時代古史傳説當中的不少遠古帝王，在黄帝成爲各族源出的最早一帝之後被安排到黄帝駕下爲臣的情況相比，是稍有些特殊的，值得加以特别注意。

---

① 所謂孔甲"書盤盂中，爲誡法，或於鼎，名曰銘"，似乎頗有可能是受到了春秋以後例如晉國鑄刑鼎的事迹影響而産生的。又，金德建《司馬遷所見書考·論〈槃盂〉書纂於田蚡賓客》對《盤盂》的形成過程有所推測，他認爲："這一類的《槃盂》書在戰國初年的時候，必定是也零零碎碎的纂集起來過，已經有些材料了。"(上海人民出版社，1963年，第411頁)可參考。

最後提一句，有些秦和西漢早期的簡帛文獻，實際上是從戰國古書轉寫、傳抄而成的，其中的古史傳説資料，也可以基本等同於戰國文獻中相關内容的性質和價值，所以同樣需要重視。①

2017 年 2 月 20 日寫完初稿
2017 年 2 月 23 日修改
2017 年 5 月 11 日再改

按：本文曾在“出土資料を通した中国文献の再評価”國際學術會議（2017 年 3 月 18 日，日本女子大學）上宣讀，文章撰寫過程中曾多次蒙裘錫圭先生、鄔可晶兄指教，謹此致謝。

① 例如北大秦簡《魯久次問數于陳起》(韓巍：《北大藏秦簡〈魯久次問數于陳起〉初讀》,《北京大學學報》2015 年第 2 期；韓巍、鄒大海：《北大秦簡〈魯久次問數于陳起〉今譯、圖版和專家筆談》,《自然科學史研究》2015 年第 2 期)一篇，據田煒先生研究，從其用字情況看是戰國晚期秦國抄本，從某些字的字形特點看，其所據底本是用戰國楚文字抄寫的(《談談北京大學藏秦簡〈魯久次問數于陳起〉的一些抄寫特點》,《中山大學學報》2016 年第 5 期)，因此該篇可以等同於戰國文獻看待。此篇中【04-138】簡有如下幾句話：“耑(顓) 玉(頊) 、堯、舜之智，循鯀、禹、睪(皋) 匋(陶)、羿、簪之巧，以作命天下之瀍”，其中的“簪”字，整理者懷疑“番”是“垂”的譌寫，《世本》有“倕作規矩準繩”、“垂作耒耨”、“垂作耜”、“垂作鐘”、“垂作銚”等語(韓巍、鄒大海：《北大秦簡〈魯久次問數于陳起〉今譯、圖版和專家筆談》,《自然科學史研究》2015 年第 2 期，第 234 頁)，然“垂”、“番”二字秦漢文字從上到下相去遠甚，觀本篇【04-128】號簡寫得標標準準的“䍃(垂)”字自明，因此整理者此說當非是(此字所从之“番”下部的田形多一豎，可參看陳松長等：《馬王堆簡帛文字編》，文物出版社，2001 年，第 27 頁引《周易》017 行例)。“簪”字即“籓”(《說文》訓“大箕”)的異體(參看《玉篇》《集韻》《類篇》)，字在簡文中當讀爲“般”(二字皆唇音元部字，古音甚近，參看高亨纂著，董治安整理《古字通假會典》，齊魯書社，1989 年，第 219 頁【般與番】、【般與播】、【槃與播】條)。《山海經 · 海内經》“少皞生般，般是始爲弓矢”，郭璞注：“《世本》云：‘牟夷作矢，揮作弓。’弓矢一器，作者兩人，於義有疑，此言般之作是。”古代製器傳説中，關於弓的發明者，多有異説，大致有羿(夷羿)、倕、般、黄帝堯舜諸説(參看齊思和：《黄帝之製器故事》,《古史辨》第七册〔中〕，第 403 頁)，《世本》的“揮”似應即“羿”字譌寫作“翬”的誤讀，疑非二人。少昊之子般爲弓矢發明者之説，僅見於《山海經》，據郭璞注當非無據之説，《魯久次問數于陳起》篇以“羿”、“簪(般)”並爲古之工巧者，蓋皆就弓矢製作而言，適能印證其説，同時也可説明弓矢發明者，在古人看來也並非只能是單獨的一個人。

商鞅縣制的推行與秦縣、鄉關係的確立

——以稱謂、禄秩與吏員規模爲中心

孫聞博

(中國人民大學國學院、
出土文獻與中國古代文明研究協同創新中心)

中國古代的城市與鄉村是以往中國古代史研究領域的重要議題。秦漢是中國大一統中央集權帝國首次建立的歷史時期,相關制度設計與社會管理對後代影響深遠。在這一早期帝國時代,政府在管理上所面臨的基礎問題是地域統治與人口掌控,對應到當時實際的空間中去,即爲城鄉管理。

探討秦漢城鄉關係,首先應立足秦是如何實行縣制與確立縣、鄉關係的。這是相關探討的基礎與起點。以往研究呈現兩個特點。一是在綜論東周諸國郡縣制出現時,對秦有所涉及。[①] 二是探討秦漢縣行政組織特徵與吏員設置時,上溯而對秦縣、鄉

---

① 代表性成果如顧頡剛:《春秋時代的縣》(原刊《禹貢半月刊》第 7 卷第 6、7 合刊,1937 年),收入《顧頡剛全集·顧頡剛古史論文集》卷五,中華書局,2010 年,第 231—274 頁;H. G. Greel, The Beginnings of Bureaucracy in China: The Origin of the Hsien, *Journal of Asian Studies*, Volume 23, Issue 2, 1964, pp. 155 - 184;西嶋定生著,武尚清譯:《中國古代帝國的形成與結構——二十等爵制研究》第五章第三節,中華書局,2004 年,第 481—549 頁;池田雄一:《商鞅の県制—商鞅の變法(一)—》(原刊《中央大学文学部紀要》史学科 22,1977 年),收入所著《中國古代的聚落與地方行政》,鄭威譯,復旦大學出版社,2017 年,第 401—422 頁;楊寬:《戰國史》第六章,上海人民出版社,2003 年,第 226—228、230—231 頁;臧知非:《論縣制的發展與古代國家結構的演變——兼談郡制的起源》,《中國史研究》1993 年第 1 期,收入所著《戰國秦漢行政、兵制與邊防》,蘇州大學出版社,2017 年,第 1—12 頁;周振鶴:《縣制起源三階段説》,《中國歷史地理論叢》1997 年第 3 期,收入《周振鶴自選集》,廣西師範大學出版社,1999 年,第 1—14 頁。

組織展開分析。[①] 前者偏重官僚制度與歷史地理的層面，後者則側重地方行政制度及行政運作的層面。特別是後一類探討，在近年里耶秦簡部分材料公布後，有進一步推進。[②]

縣制推行與縣、鄉行政關係的確立實際密切相連，應當結合在一起進行思考。以往分析雖然已較全面細緻，但一些較爲關鍵而基礎性的問題，仍有待將出土文獻與傳世史料相結合後重新加以審視。其中包括商鞅推行縣制的史料解析，相關措施的步驟及意義；"鄉部"、"鄉官"稱謂背後的縣、鄉行政關係；秦縣、鄉主官禄秩等級及其演進特徵；里耶秦簡《遷陵吏志》對思考秦縣吏員規模的啓示。

一、商鞅推行縣制的步驟與意義——兼談"鄉官"稱謂背後的縣鄉關係

秦代縣行政主官除使用"嗇夫"一語外，正式稱謂爲"令"。這不僅在傳世文獻中記載清楚，包括里耶秦簡在内的出土文獻也支持這一認識。[③] 以往多作爲權威而被稱引的《漢書》卷十九上《百官公卿表上》"縣令、長，皆秦官，掌治其縣。萬户以上爲令，秩千石至六百石。減萬户爲長，秩五百石至三百石"中，[④]"皆秦官"的表述並不準確，所記也不

① 代表性成果如嚴耕望：《中國地方行政制度史——秦漢地方行政制度史》第一、五、六章，上海古籍出版社，2007 年，第 43—47、216—251 頁；張金光：《秦制研究》第九章，上海古籍出版社，2004 年，第 568—708 頁；鄒水傑：《兩漢縣行政研究》第一章，湖南人民出版社，2008 年，第 25—111 頁。相關學術史梳理參見《兩漢縣行政研究》緒論，第 2—22 頁；李迎春：《20 世紀以來秦漢郡縣屬吏研究綜述》，《石家莊學院學報》2009 年第 1 期。上述國内外學術梳理，又可參看周振鶴、李曉傑：《中國行政區劃通史·總論、先秦卷》之《先秦卷》第一章，李曉傑撰，復旦大學出版社，2009 年，第 227—229 頁。

② 相關學術梳理及探討參見郭洪伯：《稗官與諸曹——秦漢基層機構的部門設置》，《簡帛研究二〇一三》，廣西師範大學出版社，2014 年，第 101—127 頁；拙文《秦縣的列曹與諸官——從〈洪範五行傳〉一則佚文説起》，《簡帛》第十一輯，上海古籍出版社，2015 年，第 75—87 頁，增訂稿收入里耶秦簡博物館、出土文獻與中國古代文明研究協同創新中心中國人民大學中心編著：《里耶秦簡博物館藏秦簡》，中西書局，2016 年，第 244—262 頁。新近研究又有土口史記：《里耶秦簡にみる秦代縣下の官制構造》，《東洋史研究》73-4，2015 年，第 507—544 頁；鄒水傑：《簡牘所見秦代縣廷令史與諸曹關係考》，《簡帛研究二〇一六（春夏卷）》，廣西師範大學出版社，2016 年，第 132—146 頁；黎明釗、唐俊峰：《里耶秦簡所見秦代縣官、曹組織的職能分野與行政互動——以計、課爲中心》，《簡帛》第十三輯，上海古籍出版社，2016 年，第 131—158 頁。

③ 于振波：《説"縣令"確爲秦制——讀里耶秦簡札記》，《中國歷史文物》2006 年第 3 期；拙文《里耶秦簡"守"、"守丞"新考——兼談秦漢的守官制度》，《簡帛研究二〇一〇》，廣西師範大學出版社，2012 年，第 66—75 頁。

④ 《漢書》卷十九《百官公卿表上》，中華書局，1962 年，第 742 頁。

能用以説明秦代情形。[1] 孤證不爲定説,此恰爲一例。

秦郡縣制是一個逐步推展的過程。商鞅變法乃於此前基础上,主要在當時全國境内亦即後來的關中内史地區,全面實行縣制。所涉史料有以下三則:

> 十二年,作爲咸陽,築冀闕,秦徙都之。并諸小鄉聚,集爲大縣,縣一令,四十一縣。爲田開阡陌。東地渡洛。十四年,初爲賦。 (《史記》卷五《秦本紀》)

> (十二年)初(取)〔聚〕小邑爲三十一縣,令。爲田開阡陌。
>
> (十三年)初爲縣,有秩史。
>
> (十四年)初爲賦。 (《史記》卷十五《六國年表》)

> 居三年,作爲築冀闕宫庭于咸陽,秦自雍徙都之。而令民父子兄弟同室内息者爲禁。而集小(都)鄉邑聚爲縣,置令、丞,凡三十一縣。爲田開阡陌封疆,而賦税平。平斗桶權衡丈尺。 (《史記》卷六十八《商君列傳》)[2]

孝公十二年(前350年),秦建造新的政治中心,由雍城遷都咸陽。[3] 隨後的地方行政制度改革在此背景下展開。自中央復及地方,這是商鞅主持下秦行政制度規劃的第二步。秦國全境所設四十一縣,[4]是在鄉、聚等原有地方聚落基礎上,通過行政手段以"集"、"聚"的方式進而設置的。從地域管理與人口掌控而言,這是秦國家權力在地方構建管理系統最典型的一個層級。而擴地置郡前,有異於後世,這又是當時秦國地方行政組織中最高的一個層級。"縣一令"、"令"、"置令、丞"的表述中,主官皆作"令"。《商君列傳》還言及置丞,而不及縣尉。聯繫《商君書·境内》"爵吏而爲縣尉"語,上述情形值

---

① 相關又可參看陳乃華:《論齊國法制對漢制的影響》,《中國史研究》1997年第2期。閻步克還指出:"秦國所見最早稱'令'之官,應該就是縣令。並且從數量上看,戰國的稱'令'者中縣令確實也特别顯眼。在韓國、趙國、魏國、齊國、楚國和衛國,能看到很多的縣令。"(《從〈秩律〉論戰國秦漢間禄秩序列的縱向伸展》,《歷史研究》2003年第5期,第90頁)

② 《史記》卷六十八《商君列傳》,中華書局,1982年,第203、723—724、2232頁。

③ 學者有考訂遷都咸陽爲孝公十三年事。晁福林:《商鞅變法史事考》,《人文雜誌》1994年第4期,第71—72頁。

④ "三十一"抑或"四十一",以往意見不一。相關辨析參見西嶋定生:《中國古代帝國的形成與結構——二十等爵制研究》第五章,第546頁注21;池田雄一:《中國古代的聚落與地方行政》(地方行政編)第二章,鄭威譯,第407頁;鄭良樹:《商鞅評傳》第六章,南京大學出版社,1998年,第139頁;辛德勇:《〈漢書〉趙佗"處粤四十九年"説訂譌》,《文史》2009年第4輯,收入所著《縱心所欲——徜徉於稀見與常見書之間》,北京大學出版社,2011年,第154—155頁。筆者按:文本流傳中,"三"難增筆爲"亖",而"亖"易脱誤爲"三"。史遷所撰"本紀"史料又多較"列傳"可信。此處相對表、傳,似當取《秦本紀》所載。拙著《秦漢軍制演變史稿》第一章,中國社會科學出版社,2016年,第53頁注1。

得注意。[①] 此或顯示商鞅推行縣制，秦縣最初確立的是令、丞（及史）的系統。

本紀、年表又記“爲田開阡陌”，列傳作“爲田開阡陌封疆”。這一意義重大的土地田畝制度，是在孝公十二年秦設縣完成後才頒行的。[②] 前後兩大舉措可以聯繫思考。縣制確立是土地改革實行的基礎與條件。

在此之後，年表記孝公十三年（前 351 年），“初爲縣，有秩史”。由於上年“爲縣”一事，本紀、年表、列傳皆明確記載，且本紀早至秦武公時，已載“十年，伐邽、冀戎，初縣之。十一年，初縣杜、鄭”，及厲共公“二十一年，初縣頻陽”，[③]此處不當復言“初爲縣”事。而“有秩史”前無動詞，亦不盡合制度更創之文例。中華書局點校本句讀可商。[④] 職官上，“有秩”與“史”分屬兩類，不宜連讀。如此，相關可作：“初爲縣有秩、史。”這種可能是存在的，可以作爲一種考慮的意見。“縣史”用例本身雖然少見，但並非没有。嶽麓秦簡“暨過誤失坐官案”中，出現有“除銷史丹爲江陵史”（0151/0140、097）。[⑤] 不過，另外一種可能也需考慮。按載録制度頒行的“初爲〇”語，在《秦本紀》《秦始皇本紀》《六國年表》等《史記》篇章中多次出現，一般記録一種事項，而很少作兩項或一組。又，孝公十二年已設置縣令、丞後，須晚至次年復設置縣史，似不盡符合行政運作的一般規律。楊寬概括爲“在各縣設置定額的秩（俸禄）的官吏”，[⑥]或“秦在縣初設秩史”。[⑦] 不過，楊氏在前條出注引原句時，又曾下按語云“‘史’疑爲‘吏’字之誤”。[⑧] 大庭脩引用此條作“初爲有秩史（吏?）”。[⑨] 守屋美都雄注

---

① 秦末山東暴動，《史記》卷六《秦始皇本紀》“山東郡縣少年苦秦吏，皆殺其守尉令丞反”（第 269 頁），同書卷八十九《張耳陳餘列傳》“縣殺其令丞，郡殺其守尉”（第 2573 頁）中，均作“令丞”，可對照參考。

② 《史記》卷六《秦始皇本紀》附《秦紀》：“昭襄王生十九年立。立四年，初爲田開阡陌。”（第 290 頁）吳榮曾認爲“商鞅變法時對井田制可能有所觸動，但取得重大成就當在昭王時”，“‘爲田制’或許商鞅開其端，最終確立其制是在昭王初年”，以《秦紀》記載爲可信（《戰國授田制研究》，《思想戰綫》1989 年第 3 期，收入所著《先秦兩漢史研究》，中華書局，1995 年，第 86—87 頁；《秦代的行田和假田》，《慶祝鄧廣銘教授九十華誕論文集》，河北教育出版社，1997 年，收入所著《讀史叢考》，中華書局，2014 年，第 105 頁）。張金光依青川木牘“記有秦武王二年《更修爲田律》。此律實際就是經過修改了的‘爲田開阡陌封疆’制度。而《答問》‘盜徙封’條又當在此牘律文製作之前”，以《秦本紀》、列傳記載無誤（《秦制研究》第三章，第 167 頁；《戰國秦社會經濟形態新探：官社經濟體制模式研究》第三章，商務印書館，2013 年，第 227 頁）。

③ 《史記》卷五《秦始皇本紀》，第 182、199 頁。

④ 中華書局 2014 年點校修訂本《史記》，句讀亦未改動，第 873 頁。

⑤ 朱漢民、陳松長主編：《嶽麓書院藏秦簡（叁）》，上海辭書出版社，2013 年，第 146 頁。

⑥ 楊寬：《商鞅變法》第四章，上海人民出版社，1955 年，第 46 頁。

⑦ 楊寬：《戰國史》附録三，第 709 頁。

⑧ 楊寬：《商鞅變法》第四章，第 53 頁注 28。繆文遠也傾向這一意見，在《戰國制度通考》（巴蜀書社，1998 年）卷一《職官考》“秦職官”列有“秩史”條：“秩史爲縣令所屬有固定俸禄的小吏。”（第 9—10 頁）

⑨ 大庭脩著，林劍鳴等譯：《秦漢法制史研究》第四篇第四章，上海人民出版社，1991 年，第 422 頁注 57。

意到"大庭脩氏懷疑是否應該是'有秩吏'"的意見,仍引作"有秩史",而出注提示。[①]

關於此問題,可參諸出土秦簡。睡虎地秦簡《秦律十八種·倉律》記"□□□□□不備,……其毋(無)故吏者,令有秩之吏、令史主,與倉□雜出之,索(索)而論不備"(31、32),"月食者已致稟而公使有傳食,及告歸盡月不來者,止其後朔食,而以其來日致其食;有秩吏不止"(46),《秦律十八種·金布律》"都官有秩吏及離官嗇夫,養各一人,其佐、史與共養"(72),《法律答問》"有秩吏捕闌亡者,以畀乙,令詣,約分購"(139)。[②] 新公布嶽麓秦簡又見有"置吏律曰:縣除有秩吏,各除其縣中。其欲除它縣人及有謁置人爲……有秩吏,能任者,許之。……縣以攻(功)令任除有秩吏"(1272/207,1245/208),"有秩吏及縣令除有秩吏它縣者"(1303/216),"·獄史、令史、有秩吏、及屬、尉佐以上"(0559/334),及"屬、尉佐、有秩吏,執灋免之"(0520/349)。[③] 上述諸簡均作"有秩吏"及"有秩之吏"。與之相對則屬"小佐毋(無)秩者"(1396/210),又稱"佐吏"(1367/211,1378/213)。[④] 由上,年表相關文字句讀或可作:

初爲縣有秩史(吏)。

睡虎地秦簡、嶽麓秦簡整理小組據兩漢文獻皆以百石以上官吏爲有秩。然西漢初年,"有秩"在禄秩上應高於百石,"在張家山漢簡中爲二百五十石至百廿石,而不及百石以下的斗食與佐史"。[⑤] 秦代當大體與之接近。之前學者指出,"大概由於把'有秩'加在官名上的小吏以嗇夫爲最多,有秩一詞就逐漸變成有秩嗇夫專用的省稱了"。[⑥] 除"都官有秩吏"屬都官系統外,"有秩"在類別上主要對應縣所轄諸官嗇夫。秦縣諸官除倉、司空、庫、田等外,還包括鄉。里耶秦簡所見遷陵縣行政運作,突出的是列曹與諸官。縣廷設户曹、倉曹、尉曹、吏曹、司空曹、令曹、金布等列曹,又有倉、司空、田、畜、庫、少内及鄉等諸官。列曹屬令、丞,多由令史直曹辦事。"《洪範五行傳》中列舉曹、官,諸官較列曹稍多。而目前秦簡資料所顯示秦縣諸官數量較列曹略多,且與《洪範五行傳》記載的對

① 守屋美都雄著,錢杭、楊曉芬譯:《中國古代的家族與國家》國家篇第四章,上海古籍出版社,2010年,第72頁。

② 睡虎地秦墓竹簡整理小組編:《睡虎地秦墓竹簡》,文物出版社,1990年,釋文注釋27、31、37、125頁。

③ 陳松長主編:《嶽麓書院藏秦簡(肆)》,上海辭書出版社,2015年,第136—137、139、205、210頁。

④ 陳松長主編:《嶽麓書院藏秦簡(肆)》,第138頁。

⑤ 鄒水傑:《簡牘所見秦漢縣屬吏設置及演變》,《中國史研究》2007年第3期,第9頁。紙屋正和、宫宅潔等學者則認爲仍包含百石(《漢代郡縣制的展開》第一章,朱海濱譯,復旦大學出版社,2016年),第63、72頁;《漢代官僚組織的最下層——"官"與"民"之間》,顧其莎譯,《中國古代法律文獻研究》第七輯,社會科學文獻出版社,2013年,第154—160頁。

⑥ 裘錫圭:《嗇夫初探》,《雲夢秦簡研究》,中華書局,1981年,又收入《裘錫圭學術文集》第五卷,復旦大學出版社,2012年,第53頁。

應性也較列曹要高些。秦至西漢中期，縣内諸官組織機構較爲突出的特徵，同樣值得重視"。[①] 現在來看，這一情形在秦縣制推行伊始，已基本確立。"置令、丞"後，年表緊接記次年"初爲縣有秩史(吏)"。這大致反映了兩個問題。一是秦孝公十三年，商鞅在設置縣長吏基礎上，進一步完善了縣屬吏設置，初步建立起縣行政組織的基本架構。而架構重要構成的屬吏系統，主要是以設置諸官有秩嗇夫爲標誌的。二是由於諸官嗇夫還包括鄉嗇夫，縣、鄉組織關係也在這一過程中建立起來。秦縣行政由此在上述架構下運轉。"戰國變法運動實質上是一個國家的官僚制化運動"。[②] 上述亦爲秦在地方層面推行的一個側面。

秦賦税制度改革，即本紀、年表"初爲賦"，列傳"而賦税平"，緊接在縣鄉行政確立後推行。而與之相關的度量衡制統一，即"平斗桶權衡丈尺"，據《列傳》下文"行之四年，……居五年，……其明年，齊敗魏兵于馬陵"，[③]大體自"初爲賦"次年的孝公十五年(前 347 年)陸續展開。依商鞅方升"十八年，齊逵卿大夫衆來聘，冬十二月乙酉，大良造鞅，爰積十六尊(寸)五分尊(寸)壹爲升(下略)"，[④]量制在孝公十八年最終確立。[⑤]

綜上言之，秦縣制確立是商鞅第二次變法"路綫圖"的中心環節，對後續改革措施的頒布實施，發揮了關鍵作用，具有重要意義。[⑥]

相較縣級行政組織，秦縣下轄諸鄉確立伊始，在權力構成上又呈現怎樣的特徵？我們又當從何角度把握縣鄉行政的有關情形？以往研究多將縣鄉行政及城鄉關係僅僅局限於上下層級間的探討，並且認爲"嚴格説來，只有鄉、里才具有基層政權的特徵，列爲行政系列級數"。[⑦] 不過，從城鄉角度著眼，鄉實爲縣之分部，鄉政乃縣政的重要構成。鄉的主官，從秦漢出土文獻來看，稱"鄉部嗇夫"，或簡作"鄉部"，爲縣分部派出之吏，實際身份乃是縣

---

① 拙文《秦縣的列曹與諸官》，載里耶秦簡博物館、出土文獻與中國古代文明研究協同創新中心中國人民大學中心編著：《里耶秦簡博物館藏秦簡》，第 250 頁。

② 閻步克：《士大夫政治演生史稿》第四章，北京大學出版社，1996 年，第 133 頁。

③ 《史記》卷六十八《商君列傳》，第 2232 頁。

④ 《集成》10372。中國社會科學院考古研究所編：《殷周金文集成(修訂增補本)》，中華書局，2007 年，第七册，第 5590 頁。"逵"，釋文原作"遣"，據圖版及前人研究改，通"率"。

⑤ 還有意見認爲"統一度量衡制度主要是爲了官吏的考績"，"爲了明確標準和防止舞弊起見"。張政烺：《古史講義》，中華書局，2012 年，第 104、125、305、314 頁。

⑥ 西嶋定生也指出，"作爲第二次變法所表示的，是一連串實行改革的過程，而其中心，大概可判明爲(B)句所示的縣的設置"(第 519 頁)。不過他將商鞅縣制推行理解爲"主要是設置在咸陽以東的新的領域"(第 522 頁)，故相關問題的整體把握仍與本文有别。相關又參看 H.G. Creel, The Beginning of Bureaucracy in China: The Origin of Hsien, *Journal of Asian Sutdies*, XXXII, 1964；池田雄一：《中國古代的聚落與地方行政》(地方行政編)第二章，鄭威譯，第 402—403 頁；閻步克：《從爵本位到官本位：秦漢官僚品位結構研究》下編第二章，生活·讀書·新知三聯書店，2009 年，第 330 頁。

⑦ 張金光：《秦制研究》第九章"鄉官制度與鄉制"，第 568 頁。

吏。“部”强調空間上的横向區域劃分,而非簡單的縱向上下關係。談及縣鄉行政、城鄉關係,多涉及“都”、“離”等概念,相應有“都中”、“離鄉”[①]的區分,原因即在於此。

與之同時,我們還要注意到:縣、鄉官吏的構成模式,又存在較大不同。郡、縣在長吏構成上雖也存在一些差異,但郡長吏有守、丞、尉,縣長吏有令、丞、尉,仍然較爲接近。兩者均爲獨立的一級政權組織。而鄉吏主要由嗇夫、佐及史構成,與郡、縣明顯不同。鄉吏除相對縣而稱“部吏”外,在秦漢出土文獻中亦稱官,書作“鄉官”。鄉官不僅與秦縣倉、司空、田、畜等諸官均由嗇夫、佐、史組成,而且同屬縣廷“下屬機構”。里耶秦簡提到王援爲吏的閥閱情形:

> 冗佐上造臨漢都里曰援。
> 爲無陽衆陽鄉佐三月十二日,
> 凡爲官佐三月十二日。(第一欄)
> 庫佐冗佐。(第二欄)
> 年卅七歲。
> 族王氏。(第三欄)
> 爲縣買工用,端月行。(第四欄)
> 庫六人(背) (8-1555,出土登記號 8-1563)[②]

“凡爲官佐”應指“爲無陽衆陽鄉佐”事。“鄉佐”屬於“官佐”,説明早期鄉部同樣被視作諸官。[③] 從這個角度而言,縣鄉行政不宜僅局限於上下層級間的探討,而應同時在“縣廷—諸官”的行政運作背景下進行審視。

二、令、有秩與長、嗇夫:縣、鄉主官的禄秩演進

相較後代,秦地方行政組織中縣、鄉又呈現怎樣的地位特徵呢?以往學界很少將此

---

① 如張家山漢簡《奏讞書》“武主趣都中,信行離鄉”(82),見彭浩、陳偉、工藤元男主編:《二年律令與奏讞書——張家山二四七號漢墓出土法律文獻釋讀》,上海古籍出版社,2007 年,第 354 頁。按:秦漢時期“都”有多種涵義:可指首都,可指郡及郡治,又可指縣及縣治所在。相關史料辨析,筆者擬另文討論。

② 里耶秦簡博物館、出土文獻與中國古代文明研究協同創新中心中國人民大學中心編著:《里耶秦簡博物館藏秦簡》,第 175 頁。

③ 拙文《秦縣的列曹與諸官》,里耶秦簡博物館、出土文獻與中國古代文明研究協同創新中心中國人民大學中心編著:《里耶秦簡博物館藏秦簡》,第 253 頁。

視作需探討的問題，予以關注。隨著出土文獻材料的積累，我們注意到，令、長、有秩、嗇夫的官稱變化背後，實際反映了秦漢時期縣、鄉主官的禄秩演進。

《商君書·境内》云：

> 五百主，短兵五十人；二五百主，將之主，短兵百；千石之令，短兵百人；八百之令，短兵八十人；七百之令，短兵七十人；六百之令，短兵六十人；國封尉，短兵千人；將，短兵四千人。①

引文所涉職官，"國封尉"、②"將"屬武官序列，某石之令指秦縣令。戰國秦包括長官在内縣吏，參與軍事戰爭。③ 至於"五百主"、"二五百主"，學者指出"這段話中的'五百主'，過去一向都解釋爲'五百人之長'（參朱書、高書《譯注》），這是不對的。我們過去在上孫家寨漢簡的研究中已經指出，簡文中的'五百將'是以秩稱，實際統領的只是 100 人而非 500 人。這裏的'五百主'實際上就是'五百將'。'五百將'又省稱'五百'"。④ 所論可從。"二五百主將之主短兵百"、"千石之令短兵百"中，短兵配備均爲百人而分開敘述，也可爲秩級對應提供參考。不過，由於"五百主"、"二五百主"居於"千石之令"前，與諸縣令連接緊密，而與"國封尉"、"將"分隔較遠，故"五百主"容易被對應爲相關秩級縣令。學者製作《境内》所見爵級秩禄與漢代的爵級秩禄對照表，就寫作"百將、五百主（五百之令）"。⑤ 今檢相關職官所配短兵護衛者數量，首句"五百主，短兵五十人；二五百主，將之主，短兵百"，數量由低到高。"千石之令，短兵百人；八百之令，短兵八十人；七百之令，短兵七十人；六百之令，短兵六十人"句，數量又是由高到低。末句"國封尉，短兵千人；將，短兵四千人"，再變爲由低到高。書寫顯得頗不規整。如將上述文字相應分作幾段，可爲：

A. 五百主短兵五十人二五百主將之主短兵百
B. 千石之令短兵百人八百之令短兵八十人
C. 七百之令短兵七十人六百之令短兵六十人
D. 國封尉短兵千人將短兵四千人

---

① 蔣禮鴻：《商君書錐指》卷五，中華書局，1986 年，第 115—116 頁。

② 此大體指中央一級邦尉。相關學術史梳理及辨析參見拙文《秦漢太尉、將軍演變新考——以璽印資料爲中心》，原刊《浙江學刊》2014 年第 3 期，收入所著《秦漢軍制演變史稿》第一章，第 59 頁。

③ 參看高亨：《商君書注譯》，中華書局，1974 年，第 148 頁；于豪亮：《雲夢秦簡所見職官述略》，《文史》第八輯，中華書局，1980 年，收入《于豪亮學術論集》，上海古籍出版社，2015 年，第 11 頁。

④ 李零：《〈商君書〉中的土地人口政策與爵制》，《古籍整理與研究》1991 年第 6 期，收入《李零自選集》，廣西師範大學出版社，1998 年，又收入所著《待兔軒文存·讀史卷》，廣西師範大學出版社，2011 年，第 188 頁。

⑤ 李零：《〈商君書〉中的土地人口政策與爵制》，《待兔軒文存·讀史卷》，第 189 頁。杜正勝亦持類似看法，見所著《編户齊民——傳統政治社會結構之形成》第八章，聯經出版事業公司，1990 年，第 338 頁。

各段字數分别爲 18、17、18、13。其中三段基本接近。戰國秦漢古書多書之簡册，上述皆在單簡容字範圍之内。A、D 内容相近，爲升序排列，C、B 内容相近，則爲降序排列。而先敘武官，後及縣令，亦較適宜。倘嘗試調序，相關又可作：

A. 五百主短兵五十人二五百主將之主短兵百

D. 國封尉短兵千人將短兵四千人

C. 千石之令短兵百人八百之令短兵八十人

B. 七百之令短兵七十人六百之令短兵六十人

由上，"五百主"等當歸入武官序列而非縣令序列。秦官禄秩雖有五百石這一等級，但當時並不存在"五百之令"及更低禄秩的縣主官。戰國秦縣令禄秩主要有千石、八百石、七百石、六百石四個等級。[①] 以往據前引《百官公卿表》討論縣級政區等第，"秦的縣官有'令'、'長'的區别"，[②]"從秦開始，便普遍實行了以萬户上下分别設置縣令和縣長的制度"，[③]"當時縣以一萬户爲界限，分爲大小二級，大縣的長官稱令，小縣稱長，這最先是秦制"等認識，[④]還可斟酌。嶽麓書院藏秦簡《遷吏歸吏群除令丁》"廿八"提到"縣盈萬户以上爲【大】，不盈萬以下爲小"（1886/283、1904/284）。如材料可信，秦縣已依萬户爲限區分等第大小。不過，大、小縣並非分别設置令、長，而是長官均爲縣令，秩級也皆爲相對漢代整體偏高的千石至六百石。换言之，秦代"減萬户"亦爲令，長官禄秩較漢代"秩五百石至三百石"爲高；"萬户以上"縣之長官，禄秩下限同樣較漢代爲高。故相較後代，秦所設縣最初在某種程度呈現"大縣"樣貌。[⑤]

西漢立國後對舊秦之縣有所析置。漢縣主官稱謂在"令"外，開始出現有"長"。張家

---

① 相關又可參看閻步克：《從爵本位到官本位：秦漢官僚品位結構研究》下編第二章，第 328—330 頁；鄒水傑：《簡牘所見秦漢縣禄秩等級演變考》，原刊《北大史學》第 12 輯，北京大學出版社，2007 年，收入所著《兩漢縣行政研究》第一章，第 28、33 頁。閻步克還提到，"統治者率先以千石、八百石、七百石、六百石的禄秩爲縣令分級定等"，"縣令之外，還有很多其他稱'令'之官。……這些稱'令'者比縣令的出現要晚；也許長官稱'令'，是從地方官開始的"（第 330 頁）。

② 楊寬：《商鞅變法》第四章，第 46 頁。

③ 安作璋、熊鐵基：《秦漢官制史稿》第二編第三章，齊魯書社，2007 年，第 643 頁。

④ 周振鶴：《中國歷史政治地理十六講》第十一講，中華書局，2013 年，第 217 頁。

⑤ 顧頡剛指出春秋時期秦"每滅掉一國就建立一縣，也極和楚制相像"，"秦和楚的縣最大，大致都是小國所改"（《春秋時代的縣》，《顧頡剛全集・顧頡剛古史論文集》卷五，第 239、251 頁）；池田雄一認爲"將商鞅之縣稱作'大縣'，可能是司馬遷根據其他一些史料做出的判斷"，"漢制之大縣有萬户規模，戰國時代亦是如此"，並引《秦本紀》外，《戰國策》有關"大縣"、"萬户邑"的記載，並傾向"商鞅之縣是萬户的大縣"，且"春秋時期的一個縣往往相當於一個國的規模。因此可以推測商鞅的大縣存在模仿春秋大縣的可能"（《中國古代的聚落與地方行政》〔地方行政編〕第二章，鄭威譯，第 409—411、421 頁）。

山漢簡《二年律令·具律》記"縣道官……獄事當治論者，其令、長、丞或行鄉官視它事，不存，及病，而非出縣道界也"(102～104)，"气(乞)鞫者各辭在所縣道，縣道官令、長、丞謹聽，書其气(乞)鞫，上獄屬所二千石官"(116)等，①均"令"、"長"並稱。《二年律令·秩律》記漢廷所轄200餘縣主官秩級情形，其中縣主官禄秩在千石、八百石、六百石者有244個左右；五百石者4個，即陰平道、蜀〈甸〉氐道、縣〈緜〉遞道、湔氐道長；三百石者2個，即黄鄉長、萬年邑長。有學者認爲當時道、鄉、邑有長而縣無長，縣級長官全部爲令，全部在六百石以上。② 所言或可斟酌。如前引"縣道官"連稱，秦漢時期的"道"顯然與"縣"屬同一行政層級。黄鄉、萬年分别爲高帝劉邦母昭靈夫人與父太上皇陵邑，③亦屬縣而非鄉。此五百石、三百石主官皆稱"長"，恰恰正是"縣令、長"之"長"稱謂開始出現的標誌。所謂"縣長"，實際是在原秦縣令六百石基礎上，禄秩向下延伸進而出現的。縣長禄秩在《秩律》爲五百石、三百石，且多集中於道與陵邑。④ 漢初縣長數量遠少於縣令，反映了縣長之制始創的早期形態。縣長在漢初出現時，恐與"減萬户爲長"尚不完全對應。尹灣漢簡《東海郡吏員簿》所見西漢成帝時東海郡有縣、侯國38個。其中，7縣設縣令，禄秩有千石、八百石、六百石；13縣、邑設縣長，禄秩對應四百石、三百石；侯國18個，相禄秩爲四百石、三百石。⑤ 後兩類數量開始多於前者。據學者統計，"東漢縣令當有500左右，約占總縣、邑、道數1180的42%"。⑥ 相關情形繼續得到發展。縣長較縣令出現爲晚，數量由少而多，漸占優勢。前引《百官公卿表》"……令，秩千石至六百石。……長，秩五百石至三百石"中的令、長分界，應當作爲西漢前中期相關情形的反映。而"萬户以上爲令，……減萬户爲長"則可能在漢初以後逐步發展，並進一步確立。這一變動實際又使縣令禄秩範圍下延、縣長禄秩範圍整體下降。以往我们慣稱"漢承秦制"，然就縣制而言，即便受秦制影響較大、承秦較爲突出的西漢初年，相關制度實際已呈現出細微差别。秦縣主官禄秩皆在六百石以上，對應漢代縣令、長中稱"令"主官的禄秩範圍。秦令稱謂的使用，反映了秦縣地位一般較兩漢爲高、長官權力較爲突出的特徵。⑦

與秦縣主官禄秩特徵類似，秦鄉嗇夫禄秩也相應較高。《二年律令·秩律》在"鄉部

① 彭浩、陳偉、工藤元男主編：《二年律令與奏讞書——張家山二四七號漢墓出土法律文獻釋讀》，第133、139頁。

② 李昭君：《兩漢縣令、縣長制度探微》，《中國史研究》2004年第1期。

③ 參見彭浩、陳偉、工藤元男主編：《二年律令與奏讞書——張家山二四七號漢墓出土法律文獻釋讀》引晏昌貴説及整理者按語，第290—291頁。

④ 相關又可參看鄒水傑：《簡牘所見秦漢縣禄秩等級演變考》，《兩漢縣行政研究》第一章，第30—32、34頁。

⑤ 連雲港市博物館等編：《尹灣漢墓簡牘》，中華書局，1997年，第77頁。

⑥ 李昭君：《兩漢縣令、縣長制度探微》，第47頁。

⑦ 我們注意到，紙屋正和曾有"西漢初期縣、道的地位比此前所理解的更高"，"西漢前半期的地方行政中，縣、道的地位比較高"的意見，同樣可爲參考(《漢代郡縣制的展開》第一章，第66—67頁)。

二百石"、"鄉部百六十石"後，提到有"都市亭廚有秩者及毋乘車之鄉部，秩各百廿石"(471、472)。"鄉部"爲鄉部嗇夫之省稱。此爲目前所見秩級最低之"鄉部"嗇夫，禄秩爲一百二十石。與緊鄰簡 470"都官之稗官及馬苑有乘車者，秩各百六十石，有秩毋乘車者，各百廿石"之"有秩毋乘車者，各百廿石"相參照，秦及西漢初年"鄉部"嗇夫秩級不但明顯較兩漢偏高，而且皆在百石以上，是"鄉[有秩]嗇夫"。[①] 有趣的是，秦漢時期鄉嗇夫在分等上，也大體經歷了與縣主官頗爲類似的變化。秦及西漢初年，鄉有秩嗇夫多職官省稱作"○鄉＋人名"。這一省稱習慣在文景之際大體延續。而時代屬武帝早期的松柏漢簡，開始出現有"江陵西鄉有秩嗇夫"的稱謂表述，[②]值得注意。時代屬武帝中後期至東漢早期的居延漢簡中，鄉主官稱謂已變作"○鄉有秩＋人名"、"○鄉嗇夫＋人名"了。這兩種表述，同樣屬於職官省稱，完整當作"○鄉有秩[嗇夫]"、"○鄉[斗食]嗇夫"。相關稱謂與《續漢書·百官志五》大鄉置有秩、小鄉置嗇夫的説法，開始變得對應起來。上述具體又可以表述爲：秦及西漢初"○鄉＋人名"，秩級雖細，皆爲有秩；武帝至東漢"○鄉有秩＋人名"、"○鄉嗇夫＋人名"，秩級區分爲有秩、斗食兩級。[③] 與縣類似，所謂"鄉[斗食]嗇夫"，實際又是在原秦有秩嗇夫基礎上，禄秩向下延伸進而出現的。

由此而言，從令、有秩到長、嗇夫稱謂的出現，實際反映了秦漢縣、鄉主官的禄秩演進。具體可作下表示意：

	秦	西漢初期	西漢中後期
縣	令：千石至六百石	令：千石至六百石	令：千石至六百石
		長：五百至三百石	長：四百石至三百石
鄉	有秩：二百石、百六石？	有秩：二百石、百六石、百廿石	有秩：百石
			斗食：百石以下

閻步克經過考述曾指出，西漢郡縣諸官屬和諸縣秩級存在相對下降。"縣級長官的平均秩級逐步下降的趨勢，是確實存在的"。[④] 秦漢之際縣鄉主官稱謂變化與禄秩演進，正呈現了這一變化。而相關發展綫索，又似可追溯到商鞅在秦國推行縣制。唯鄉級官

① 拙文《簡牘所見秦漢鄉政新探》，《簡帛》第六輯，上海古籍出版社，2011 年，第 465—466 頁。需指出，秦已出現"斗食嗇夫"："嚣園宣深有斗食嗇夫、史各一人"(0639/341)，"議：令嚣園宣深嗇夫若史相褋監"(0680/342)。見陳松長主編：《嶽麓書院藏秦簡(肆)》，第 208 頁。此大體屬陵園官吏。

② 荊州博物館：《湖北荊州紀南松柏漢墓發掘簡報》，《文物》2008 年第 4 期。

③ 參見拙文《簡牘所見秦漢鄉政新探》，第 471 頁。

④ 參見閻步克：《從爵本位到官本位：秦漢官僚品位結構研究》下編第三章，第 364—369 頁。

屬的相關變化較縣級主官，要略微滯後一些。

三、《遷陵吏志》與秦縣吏員規模

里耶秦簡記：

遷陵吏志：
吏員百三人。
令史廿八人，
【其十】人繇(徭)使，
【今見】十八人。(第一欄)
官嗇夫十人。
其二人缺，
三人繇(徭)使，
今見五人。
校長六人，
其四人缺，(第二欄)
今見二人。
官佐五十三人，
其七人缺，
廿二人繇(徭)使，
今見廿四人。
牢監一人。(第三欄)
長吏三人，
其二人缺，
今見一人。
凡見吏五十一人。(第四欄)　　(7-67＋9-631)[①]

"吏員百三人"，"凡見吏五十一人"。吏員總數之和爲 101 人，比簡文所記少 2 人。里耶秦簡 8-1137 作："吏凡百四人，缺卅五人。·今見五十人。☐"[②]數量與之較爲接近，所

① 里耶秦簡牘校釋小組：《新見里耶秦簡牘資料選校(一)》，《簡帛》第十輯，上海古籍出版社，2015 年，第 178—179 頁。

② 參見梁煒傑：《〈里耶秦簡(壹)〉〈吏缺〉簿册復原》，簡帛網 2015 年 4 月 7 日。不過，此簡結尾作"·今見五十人"，與《遷陵吏志》結尾"凡見吏五十一人"的載録重點頗爲類似，皆在統計在署官吏信息。故定名還可斟酌。

記或時期不同。"見吏"排除了臨時不在署而外出"繇(徭)使"者。遷陵吏員應爲103(或101)人,外出"繇(徭)使"35人,"見吏"51人。換言之,此統計下遷陵縣實際在職官吏86人,吏缺15人。

我們分析吏員數量,應注意遷陵縣城規模及所轄人口。徐龍國曾將長江中下游地區秦漢"縣邑城"依規模分成"中型縣邑城"、"小型縣邑城"、"特小型縣邑城"。其中,"特小型縣邑城"界定爲"面積在25萬平方米以下"。[①] 而里耶古城"城址南北長210.4米(從護城河外緣算起),東西殘長103—107米(從護城河外緣算起),殘存部分面積近2萬平方米",[②]在已知的31座"特小型縣邑城"中,恐怕也是最小的。銀雀山漢簡《孫臏兵法·擒龐涓》曾提到"平陵其城小而縣大,人衆甲兵盛,東陽戰邑,難攻也"(238)。[③] 從里耶秦簡目前所見的部分材料看,秦遷陵縣軍事交通地位突出,[④]縣下貳春鄉且駐有軍隊。它很可能與"平陵"類似,而同屬於"城小而縣大"的類型。不過,徐氏的上述考察依然值得重視。關於秦遷陵縣編户數量,唐俊峰分析認爲户數在較多估計下,約在300—400户左右。[⑤] 王偉、孫兆華計算得出"秦始皇廿八年至卅三年、卅五年遷陵縣實存152—191户,遷陵縣編户人口大致爲一二千人"。[⑥] 這些人口大體居於三鄉六里,[⑦]接受政府的相關管理。[⑧]

尹灣漢簡《東海郡吏員簿》所列東海郡20個縣邑,相應吏員規模爲107—22人不等。其中,與遷陵"吏員百三人"接近者,爲海西、下邳兩縣,均爲"凡百七人"。此兩縣居東海郡20縣之首,縣令祿秩皆縣長吏最高之千石。而以86人計,東海郡與之接近縣爲蘭陵縣,吏員"凡八十八人",位居郡中諸縣第四,縣令亦秩千石。據鄉有秩、鄉嗇夫數,可推知上述三縣分別轄鄉14(4+10)、13(1+12)與13(0+13)個。[⑨] 雖然漢代縣鄉規模略小於秦,但此三縣規模仍遠大於遷陵。

郴州蘇仙橋晉簡J10所出晉簡,時代大體在西晉初武帝、惠帝時期,内容爲桂陽郡

---

① 徐龍國:《秦漢城邑考古學研究》第四章,中國社會科學出版社,2013年,第136—139頁。

② 湖南省文物考古研究所編著:《里耶發掘報告》第二章,嶽麓書社,2007年,第12頁。

③ 銀雀山漢墓竹簡整理小組編:《銀雀山漢墓竹簡〔壹〕》,文物出版社,1985年,釋文注釋45頁。

④ 王子今:《龍川秦城的軍事交通地位》,收入所著《秦漢邊疆與民族問題》第三編附論2,中國人民大學出版社,2011年,第183—194頁。

⑤ 唐俊峰:《里耶秦簡所示秦代的"見户"與"積户"——兼論秦代遷陵縣的户數》,簡帛網2014年2月8日。

⑥ 王偉、孫兆華:《"積户"與"見户":里耶秦簡所見遷陵編户數量》,《四川文物》2014年第2期。

⑦ 晏昌貴、郭濤:《里耶秦簡所見秦遷陵縣鄉里考》,《簡帛》第十輯,第145—154頁。

⑧ 遷陵縣實際管轄人口還包括外地户籍的官吏、戍卒、居貲贖責與城旦舂、鬼薪白粲、隸臣妾,數量相應會有一定幅度的增加。

⑨ 參見連雲港市博物館等編:《尹灣漢墓簡牘》,第79頁。

郡府文書檔案。[①] 其中有記：

便令談隆治便城……領員吏一百六十一人卒十三人 (1-1)

晉寧令周系治晉寧城……領員吏一百廿五人卒十二人 (1-2)[②]

《晉書》卷十五《地理志下》記："桂陽郡：郴、耒陽、便、臨武、晉寧、南平。"[③]便與晉寧位居桂陽轄縣第三、第五位，地理位置與遷陵近似，亦較偏僻。兩相對照，此似顯示自秦代至西晉縣吏規模並未發生太大變化，呈現一定的延續性。不過，《地理志下》"桂陽郡"下有小字注："漢置。統縣六，户一萬一千三百。"[④]便、晉寧或低於縣平均户數 1883.3，但不會相差太遠。如所記可信，這個編户規模依然可觀，遠多於遷陵所轄的一百餘户。晉代仍沿襲漢代"縣大者置令，小者置長"之制。[⑤] 郴州簡書作"便令"、"晉寧令"，顯示二縣並非小縣。晉代對一縣吏員規模，依編户數量而有所規定：

户不滿三百以下，職吏十八人，散吏四人；三百以上，職吏二十八人，散吏六人；五百以上，職吏四十人，散吏八人；千以上，職吏五十三人，散吏十二人；千五百以上，職吏六十八人，散吏一十八人；三千以上，職吏八十八人，散吏二十六人。……鄴、長安置吏如三千户以上之制。[⑥]

"職吏"、"散吏"依有無具體職事而分，當皆屬正式在編吏員。如此制實行於西晉初，便縣 161 人，晉寧縣 125 人，較縣 3000 户以上吏 114 人，有所偏高。依大體所轄户數，以 1500 户以上計，吏 86 人。二縣相應超出幅度爲 187%、145%。遷陵編户大體"不滿三百以下"，吏員即便按 86 人計，較"職吏十八人，散吏四人"即 22 人，超出幅度在 391%。遷陵吏員數量依然顯得可觀。

據嶽麓秦簡"綰請許而令郡有罪罰當戍者，泰原署四川郡；東郡、参川、潁川署江胡郡；南陽、河内署九江郡……"(0706)，"……泰原署四川郡；東郡、参川、潁川署江胡郡；

① 湖南省文物考古研究所、郴州市文物處：《湖南郴州蘇仙橋遺址發掘簡報》，《湖南考古輯刊》第 8 集，嶽麓書社，2009 年，第 102 頁。原作"簡文有明確的紀年，有元康、永康、太安等年號，均屬晉惠帝司馬衷"。據了解，其中亦有晉武帝"太康"年號。

② 湖南省文物考古研究所、郴州市文物處：《湖南郴州蘇仙橋遺址發掘簡報》，《湖南考古輯刊》第 8 集，第 98—99 頁。

③ 《晉書》卷十五《地理志下》，中華書局，1974 年，第 457 頁。

④ 《晉書》卷十五《地理志下》，第 457 頁。

⑤ 《晉書》卷二十四《職官志》，第 746 頁。

⑥ 《晉書》卷二十四《職官志》，第 746—767 頁。

南陽"(0194),"河内署九江郡;南郡、上黨□邦道當戍東故徼者,署衡山郡"(0383)等簡文,[①]秦統一後對所統領土有"故徼"内與"故徼"外"新地"之别。且秦人理念中的相關時間劃分,並非始自"十七年,内史騰攻韓,得韓王安,盡納其地,以其地爲郡,命曰潁川"。[②]依里耶秦簡"今遷陵廿五年爲縣,廿九年田廿六年盡廿八年當田"(8-757),"及蒼梧爲郡九歲乃往歲田"(8-758),[③]遷陵設縣在秦王政二十五年。由此可知,遷陵不僅在"爲縣"之始屬"新地",終此後秦統治之時代亦然。與此對應,前往新占領區任職官吏,稱"新地吏"。[④] 據學者研究,"里耶秦簡裏可考籍貫的遷陵縣吏共十九名,無一爲洞庭郡人"。[⑤]而秦"新地"政府對"新地吏"則常感有所不足:

> 卅二年,啓陵鄉守夫當坐。上造,居梓潼武昌。今徙 (8-1445 正)
> 爲臨沅司空嗇夫。時毋吏。 (8-1445 背)
> 卅四年正月丁卯朔辛未,遷陵守丞配敢言之:遷陵黔首☐
> 佐均史佐日有泰(大)抵已備歸,居吏被繇(徭)使及☐
> 前後書,至今未得其代,居吏少,不足以給事☐ (8-197 正,第一至三行)[⑥]

蜀郡梓潼縣名夫者前往"新地"擔任"新地吏",在代理遷陵縣啓陵鄉嗇夫有罪當坐時,卻被調往臨沅縣擔任司空嗇夫,理由爲"時毋吏"。縣守丞配向上級報告,也提到遷陵存在"居吏少,不足以給事"的狀況。

制度設置,往往由實際需要所促生。即使從現代管理角度來看,相對於遷陵縣鄉規模與編户數量,遷陵吏員或屬偏多。然而,從里耶秦簡相關記録看,政府對吏員仍感不足。如何認識秦對新占領區的統治模式,如何理解以法爲教、以吏爲師的秦行政管理體制,如何把握秦型官僚組織的特徵特點?這是今後仍然需要進一步思考的問題。

附記:本文修改得到華南師範大學陳長琦先生的幫助,謹此致謝。又,看校追記:"五百主"是否是以秩稱,且秩五百石,實際也值得斟酌。按"二五百主將之主短兵百"、"千石之令短兵百"中,短兵配備均爲百人而分開敘述,似亦可爲秩級對應提供參考。不過,也有學者表示不同意見。萬堯緒考論上孫家寨漢簡"五百將的秩級最有可能是四百

① 陳松長:《嶽麓書院藏秦簡中的郡名考略》,《湖南大學學報(社會科學版)》2009年第2期。

② 《史記》卷六《秦始皇本紀》,第232頁。

③ 陳偉主編,何有祖、魯家亮、凡國棟撰著:《里耶秦簡牘校釋(第一卷)》,武漢大學出版社,2012年,第217頁。

④ 于振波:《秦律令中的"新黔首"與"新地吏"》,《中國史研究》2009年第3期。

⑤ 游逸飛:《里耶秦簡所見的洞庭郡:戰國秦漢郡縣制個案研究之一》,《中國文化研究所學報》61,2015年7月。

⑥ 陳偉主編,何有祖、魯家亮、凡國棟撰著:《里耶秦簡牘校釋(第一卷)》,第327、108—109頁。

石或三百石"(《漢初衛尉屬官考》,楊振紅、鄔文玲主編：《簡帛研究二〇一五(春夏卷)》,廣西師範大學出版社,2015年,第120頁)。我們則注意到,張家山漢簡在後來清理時曾發現這樣一枚殘簡:"☐□縣衛〈衛〉尉五百將秩各減(?)□□"(X4)"參考《秩律》同樣表述内容的簡文'縣有塞、城尉者,秩各減其郡尉百石。道尉秩二百石'(469),'衛〈衛〉五百將'如存在,秩級可能低於五百石"(拙文《秦漢中央宿衛武官演變考論——以宿衛體系確立與中郎將、校尉的發展爲中心》,《國學學刊》2015年第4期,收入所著《秦漢軍制演變史稿》第一章,中國社會科學出版社,2016年,第80頁)。近年周波將殘簡X4重釋作"衛〈衛〉將軍、衛〈衛〉五百將,秩各三百石"(《説張家山漢簡〈二年律令·秩律〉的編聯及其相關問題》,鄔文玲主編：《簡帛研究二〇一七(春夏卷)》,廣西師範大學出版社,2017年,第206—208頁)。由上,"五百主"如即"五百將",當秩三百石,並非以秩稱而秩五百石。

秦代的領域控制與官吏移動*

［日］土口史記

（岡山大學大學院社會文化科學研究科）

前　言

關於秦代地方官吏的移動，籾山明以郡卒史爲材料指出：

> 里耶秦簡和張家山漢簡所傳的秦代卒史，被派遣到屬縣、郡内單位，甚至鄰郡從事職務，具有"移動之吏"的側面。移動的目的以監察爲首，佐理職務爲次。①

又引用筆者關於郡制形成的討論，强調卒史的存在意義：

> 爲了統治急遽擴大的領域，人才的派遣和巡回應是有效手段。那麽，對於秦朝的領域控制，卒史的角色可謂是出乎意料地重要的。②

如籾山氏所言，在采用郡縣制這個直轄統治方式的秦王朝下，如卒史那樣的"移動之吏"的重要性是毋庸贅言的。但是，這並不僅限於郡府卒史的問題。對於縣、郡或朝廷這種具備一定面積管區的機關，如何使官吏移動應該是同樣重要的問題。因此，我們需要進一步探討"移動之吏"的性質，並重新考察其重要性。本文受籾山氏的研究啓發，試論在

---

* 本文得到JSPS科研費JP26770242資助。

① "里耶秦簡や張家山漢簡が伝える秦の卒史は、属県や郡内機関、さらには臨郡へ派遣され職務にあたる、'移動する吏'としての側面をもつ。移動する目的の第一は監察であり、第二には職務の帮助であった。"（籾山明：《里耶秦簡と移動する吏》，收入氏著《秦漢出土文字史料の研究》，創文社，2015年，第154頁）

② "急速に拡大した領域を統治する上で、人材の派遣・巡回は有効な手段となったのではないか。とするならば、秦の領域支配にとって、卒史が担った役割は存外に重要であったことになる。"（籾山明：《里耶秦簡と移動する吏》，收入氏著《秦漢出土文字史料の研究》，第155頁）

秦代領域控制上的官吏移動的實質和意義。

一、對移動之吏的文書轉達

籾山氏以里耶秦簡 8-135 簡“(遷陵縣)不智(卒史)所居”的記載爲綫索，闡明了覆獄[①]等業務一旦結束就離開臨時治所的“移動之吏”的現象。由此可見，不被當地的縣政府把握、受命於郡府而移動的官吏，並不持有一個固定的據點。即使“不智所居”是一個極端的事例，但仍然十分值得注意，我們不能不思考地方政府是如何將文書寄達這種移動官吏的。

對於反映卒史移動的實際情形，籾山氏亦關注張家山漢簡《奏讞書》案例十八。其中記載在蒼梧郡攸縣進行覆獄的南郡卒史收到了御史寄送的文書：

> 御史書以廿七年二月壬辰到南郡守府，即下，甲午到蓋廬等治所。 (125)[②]

“御史書”經由南郡守府，到達“蓋廬等治所”。蓋廬等郡卒史在攸縣内進行覆獄，顯然見於案例十八中，但這件“御史書”並不以攸縣縣廷爲收件地址，而以蓋廬等治所爲收件地址。與此對應，同樣形式的記載散見於里耶秦簡的封檢中，且其收件人基本上都是覆獄吏。先舉比較完整的簡牘。

> 覆獄沅陵獄佐
> 已治所遷陵傳。洞庭。 (8-255)[③]

出土於里耶遺址即秦代遷陵縣廷的里耶秦簡，一般可以認爲是遷陵縣廷保管的文書，[④]則 8-255 簡也不例外，可説是寄到遷陵縣内從事覆獄業務的沅陵(縣)獄佐治所的

---

① 覆獄是覆審、再審。這裏特指縣級審判受到上級郡府的再審理。參看李學勤：《〈奏讞書〉解説(下)》，《文物》1995 年第 3 期；本書導讀組讀解：《中西學術名篇精讀・李學勤卷》，中西書局，2017 年，第 153 頁。關於擔任覆獄的官吏，參看水間大輔：《秦漢時期承擔覆獄的機關與官吏》，《簡帛》第七輯，上海古籍出版社，2012 年。

② 本文所引張家山漢簡奏讞書和二年律令均引自彭浩、陳偉、工藤元男主編：《二年律令與奏讞書——張家山二四七號漢墓出土法律文獻釋讀》，上海古籍出版社，2007 年。

③ 以下所引用的里耶秦簡，除了特別注明時以外，均參照湖南省文物考古研究所：《里耶秦簡〔壹〕》，文物出版社，2012 年；陳偉主編：《里耶秦簡牘校釋(第一卷)》，武漢大學出版社，2012 年。標點略作修改。

④ 土口史記：《里耶秦簡にみる秦代縣下の官制構造》，《東洋史研究》第 73 卷第 4 號，2015 年，第 3—13 頁。

封檢。[1] 末尾的“洞庭(郡府)”是指寄送單位。這種先提示收文單位再提示發送單位的形式，與 8-188 簡“遷陵洞庭”、8-32 簡“遷陵以郵行洞庭”等表示“到遷陵縣，洞庭郡發給”是相同的。

對於 8-255 簡中“遷陵傳”，可以同樣寄到沅陵獄史治所的 8-2039、8-940 簡爲參考：

□洞庭(正)
□傳舍沅
□己治所(背) (8-2039)
【傳】舍沅陵獄史治所□ (8-940)

顯然，從沅陵縣來的獄吏的治所或設在遷陵縣的一個傳舍内。從沅陵縣移動到遷陵縣的官吏在傳舍内從事覆獄等業務。關於官吏在傳舍内從事業務，可參看嶽麓書院藏秦簡《三十四年質日》：

戊辰　騰與廷史治傳舍 (33 簡第 4 欄)[2]

如下章所述，見於《質日》中的“廷史”也應是“移動之吏”。在這種工作記録中，廷史與騰兩人同時在傳舍内治事，這是當時官吏有時在傳舍内從事業務的好例子。[3] 可見里耶秦簡 8-255 簡的“傳”，詞語順序雖與 8-2039 簡不同，亦可認爲是傳舍的省略。[4]

寄到沅陵縣獄佐己的内容，亦見於以下簡文：[5]

覆獄沅陵獄佐己治
在所洞庭。 (8-265)
覆獄沅陵獄佐己治在所洞庭。□ (8-492)
覆獄沅陵獄佐己
治所發。 (8-1729)

---

① 但也有不少例外，比如 5-34 簡“酉陽以郵行洞庭”，寄達單位雖然是酉陽縣，但出土於遷陵縣。針對這種封檢的出土，可以想象出於送錯、再次利用等原因，但實際情況並不清楚。

② “騰與廷史治傳舍”中，“治傳舍”三字倒書，據整理者的意見，認爲這一句是一系列的。朱漢民、陳松長主編：《嶽麓書院藏秦簡(壹)》，上海辭書出版社，2010 年，第 78 頁。以下引用《質日》時均據該書。

③ 正如濱口重國早已指出，傳舍不只是住宿設施，而且是“乘傳使者”在督察時所利用的臨時治所。濱口重國：《漢代の傳舍——特に其の設置地點に就いて》，《東洋學報》第 22 卷第 3 號，1935 年，第 55—59 頁。

④ 里耶 8-1841 簡有遷陵縣獄史在索縣“故尉舍”治獄的事例：

覆衣用遷陵獄
史臣治案(索)故尉舍。 (8-1841)

⑤ 里耶 8-1921 簡“□史治所”，或是類例。又，里耶 8-512 簡“□捕傳詣己治所・問之，卻”並非封檢，但提到“己治所”，應與本文所舉的封檢有關。

覆獄沅陵獄□☐
治所發。☐ (8-1897)
☐□沅陵獄史治所。 (8-186)

雖然有關收件地址的"覆獄沅陵獄佐己治(在)所"的記載相同,但不一定都記載發文者"洞庭(郡府)"。收文者看到文書封泥上的印文,就可知道發文者身份,或許正因爲如此,有關發文者的記載並不是每次都需要的。

但不標示收文者所在的縣名的理由則難以理解。這些封檢亦出土於遷陵縣廷遺址,收文者大概是沅陵獄佐己,所以這些簡牘寄到遷陵縣的可能性很大。雖然如此,8-265 等封檢並不表示"遷陵"。冨谷至曾經推論,漢代封檢可分爲兩種,一種是每件簡册上添加的内檢,另一種是將若干簡册彙集放入書囊後添加的外檢。[①] 據此,内檢不必記載收文者,送信人員僅看外檢上的記載即可知道。秦代或有同樣制度,上舉里耶封檢也是作爲内檢放入書囊,與其他寄到遷陵縣的文書一起送到該縣。但尚缺明確證據,暫時不能得到解答。

秦代寄給"移動之吏"的封檢還有不同形式,即在簡首記載收文者駐紮的縣名:

鄭覆衣用丞相叚(假)
史産治所 (16-886)[②]

這件是"寄到在鄭縣針對衣用案件從事覆獄的丞相假史産的治所"的封檢。雖然此件爲何出土於遷陵縣内並不清楚,[③]但丞相史被派到地方的縣並參與審判,類例見於嶽麓秦簡《爲獄等狀四種》案例八:

(始皇二十八年)九月丙寅,丞相史如論令妘贖舂。 (140)[④]

由此可見,中央政府的官吏也被派到地方的縣内進行裁判。里耶秦簡又有御史駐紮地方的縣時收到的封檢:

御史覆獄治充☐
☐□故令人行 (8-632+8-631)[⑤]

這件記載"故令人行",應是指定送達方式的文句。同樣的語句亦散見於秦代封檢:

① 冨谷至:《文書行政の漢帝國》,名古屋大學出版會,2010 年,第 190—191 頁。
② 鄭曙斌、張春龍、宋少華、黄樸華編:《湖南出土簡牘選編》,嶽麓書社,2013 年,第 141 頁。
③ 簡首表示縣名的封檢還有 8-1295"酉陽覆獄治所",但在遷陵縣出土的原因也不清楚。
④ 朱漢民、陳松長主編:《嶽麓書院藏秦簡(叁)》,上海辭書出版社,2013 年,第 176 頁。
⑤ 關於這兩簡的綴合,參看何有組:《里耶秦簡牘綴合(四)》,簡帛網 2012 年 5 月 21 日。

遷陵故令人
行洞庭，急。 (8-182)
☑遷陵故令人☑
☑【行】。洞庭。☑ (8-249＋8-2065)

居延漢簡中亦見類似的詞語"故行"：

甲渠候官故行 (E.P.T20：1)[①]
甲渠候官故行 (E.P.T51：618A)
甲渠塞候故行 (E.P.T53：80)

大庭脩認爲，"故行"表示傳達方式，指"一定送到(間違いなく届けよ)"的意思，[②]冨谷至卻指出，漢簡中這些指定傳達方式的文句，與實際傳達方式並没有關係，没有具體的意義。[③] 但是如上舉 8-182 簡，里耶秦簡中"故令人行"有時與"急"一起出現。睡虎地秦簡《秦律十八種》、嶽麓秦簡《行書律》對"急"這種方式作了如下規定：

行命書及書署急者，輒行之；不急者，日觱(畢)，勿敢留。留者以律論之。行書。 (《秦律十八種》183)[④]

● 行書律曰：傳行書，署急輒行，不輒行，貲二甲。不急者，日觱(畢)。留三日，貲一盾。四日【以】上，貲一甲。 (《秦律令(壹)》192)[⑤]

"急"既然有如此具體的規定，就不能否定秦代"故令人行"亦有大庭脩指出的那種意義。

這些是秦代對"移動之吏"發送文書時使用的封檢的實例。其格式可以復原如下：

寄達縣名＋業務内容＋業務負責人名＋治所(＋具體設施名)＋傳達方式＋發文單位名

但如上所述，實際的封檢不一定具有上列所有的要素，詞語順序也與此並不完全一致。

本文開頭提到的張家山漢簡《奏讞書》案例十八，記載"御史書"寄到南郡卒史蓋廬等治所：

御史書以廿七年二月壬辰到南郡守府，即下，甲午到蓋廬等治所。 (125)

① 本文所引居延漢簡釋文均據甘肅省文物考古研究所等編：《居延新簡》，中華書局，1994 年。
② 大庭脩：《漢簡研究》，同朋舍，1992 年，第 229—230 頁。
③ 冨谷至：《文書行政の漢帝國》，第 198—200 頁。
④ 睡虎地秦墓竹簡整理小組：《睡虎地秦墓竹簡》，文物出版社，1990 年，第 61 頁。
⑤ 陳松長主編：《嶽麓書院藏秦簡(肆)》，上海辭書出版社，2015 年，第 131 頁。

南郡卒史在攸縣覆獄，當時實際寄到的封檢文面應是：

攸覆獄卒史蓋廬等治所　南郡

二、官吏移動的制度背景與實際形態

(一) 都吏

爲進行覆獄業務派遣官吏的相關規定，見於張家山漢簡《二年律令》：

縣道官所治死罪及過失、戲而殺人，獄已具，勿庸論，上獄屬所二千石官。二千石官令毋害都吏復案，問(聞)二千石官，二千石官丞謹掾，當論，乃告縣道官以從事。徹侯邑上在所郡守。　(396～397)

气(乞)鞫者各辭在所縣道，縣道官令、長、丞謹聽，書其气(乞)鞫，上獄屬所二千石官，二千石官令都吏覆之。都吏所覆治，廷　(116)

若二千石官受到縣道官的奏讞或再審要求，則派遣"都吏"。類似情況亦見於近年公布的嶽麓秦簡《秦律令》：

咸陽及郡都縣恒以計時上不仁邑里及官者數獄屬所執法，縣道官別之，且令都吏時覆治之，以論失者，覆治之而即言請(情)者，以自出律論之。　(27～28)[①]

這裏派遣都吏的機關就是執法，它應是與郡太守同樣屬於二千石官。[②] 由此可見，秦漢法律文獻中存在有關"都吏"的明文規定。但是，里耶秦簡等秦代官文書，或以官文書爲基礎編纂的《奏讞書》中，[③]都找不到都吏。雖然秦代官文書經常提到被郡府派遣並負責覆獄的卒史或獄吏等，但帶有都吏職銜的人卻未出現。這一現象到底應該如何解釋？

值得注意的是學術界一直存在以"都吏"爲郡府屬吏泛稱之看法。[④] 如采用此説，

---

① 陳松長主編：《嶽麓書院藏秦簡(肆)》，第47—48頁。

② 土口史記：《嶽麓秦簡"執法"考》，《東方學報》京都第92册，2017年。

③ 關於《奏讞書》的編纂背景，参看籾山明：《中國古代訴訟制度の研究》，京都大學學術出版會，2006年，第273—280頁。

④ 關於都吏泛稱説，参看嚴耕望：《中國地方行政制度史 甲部 秦漢地方行政制度》，"中研院"歷史語言研究所，1980年，第138頁；永田英正：《"候史廣德坐罪行罰"檄について—兼ねて候史の職掌を論ず—》，唐代史研究會編：《東アジア古文書の史的研究》，刀水書房，1990年；吴礽驤：《説"都吏"》，甘肅省文物考古研究所、西北師範大學文學院歷史系編：《簡牘學研究》第四輯，甘肅人民出版社，2004年；黄今言：《西漢"都吏"考略》，收入氏著《秦漢史文存》，江西人民出版社，2016年。

則上述問題不難解答，即都吏是包括卒史在内的泛稱，卒史在官文書中只以本來的官銜（卒史）出現，但就制度用語而言，他們屬於都吏。據這種都吏泛稱説，可以解釋當時官文書裏未出現都吏的理由。

但是最近的研究傾向於否定此説。[①] 論者提到居延漢簡中存在"都吏郝卿印"的記録，[②]都吏顯然擁有自己的官印，明確顯示當時都吏並非總稱，而是一個固有官名。居延漢簡的事例無疑成爲泛稱説的有力反證。然而此反證不過是西漢中期以後的居延漢簡，可否追溯到秦代當然是另一個問題。就秦代而言，仍有都吏泛稱説成立的可能性。

秦代史料中尚有關於都吏的重要記載，即著名的里耶秦簡 8-461 木方。它記録秦統一時各種用字、用語的更改，都吏亦列於其中：

乘傳客爲都吏。 (8-461)

可見都吏舊稱爲"乘傳客"。如《里耶秦簡牘校釋》所解釋的，"乘傳"指乘坐驛車。[③] 乘傳客作爲移動之吏不但乘坐驛車移動，而且如前章所述，移動之吏有時在傳舍内治理業務。這應與"乘傳客"的名稱有密切關係。

關於"客"，尚需進一步探討。渡邊英幸説明，此改稱反映秦國抹消"客"概念的政策。[④] 這個看法似乎將"客"解釋爲外國來秦的客人。秦統一以後，既然從觀念上消滅了"外國"，"客"的概念也需要隨之抹消，這種思路是很自然的。但"客"不僅指外國人，國内旅行者也可稱爲"客"。可參照睡虎地秦簡《法律答問》：

可（何）謂旅人？● 寄及客，是謂"旅人"。 (200)[⑤]

在此"客"指一般的旅行者、移動者，並不限於外國來客。"都吏"既然是國内的官吏，舊稱"乘傳客"之"客"也應釋爲國内的移動者，是國内特定機構派遣而來到的"客"。因此，"乘傳客"爲職務上的需要利用驛傳，並調動各地的官吏，其名稱是由這種性質而來的。

如此，"乘傳客"可釋爲"乘坐驛車來到的客"。有趣的是，正如"客"這個被動表現所示，乘傳客的稱謂並非從派遣單位的立場，而是從接收它的立場來起名的。具體而言，

① 黎明釗、馬增榮：《試論漢簡所見的都吏及其與督郵的關係》，《中國出土資料研究》第 13 號，2009 年；籾山明：《秦漢出土文字史料の研究》，第 221—223 頁。

② 居延漢簡 505・19 簡："二月十四日南單檄詣城官都吏郝卿印受沙頭卒張詡人定時"

③ 陳偉主編：《里耶秦簡讀校釋（第一卷）》，第 159 頁。嶽麓秦簡中也見到"乘傳晦行求燭者"，見陳松長主編：《嶽麓書院藏秦簡（肆）》109 簡，第 104 頁。

④ 渡邊英幸：《里耶秦簡〈更名扁書〉試釋——統一秦の國制變革と避諱規定》，《古代文化》第 66 卷 4 號，2015 年，第 489—509 頁。

⑤ 睡虎地秦墓竹簡整理小組：《睡虎地秦墓竹簡》，第 141 頁。

被某郡派遣的卒史在某縣從事覆獄，對某縣人來説，卒史則是從郡府來到的“客”。

從客體的角度來定的這種官名，似乎與其泛稱性質有密切關係。乘傳客既然是其接收單位稱呼從上級派來的官吏的名稱，那麼無論他正式的官名是什麼，接收單位方面都可以稱他爲乘傳客。如此，乘傳客的名稱適合於其泛稱性質。

與此同樣，新名“都吏”應釋爲“從都來到之吏”。那麼“都”的含義如何？可以參照里耶 8-461 簡的另一條：

毋曰邦門曰都門。　(8-461)

游逸飛解釋“都門”説“或許是指治所的城門，包括郡、縣、道、都官等各級官署的城門”，[①] 應是正確的。比如嶽麓秦簡《秦律令(壹)》27 簡“郡都縣”指郡治所在的縣，可謂是其實例。當時這種“都”的概念較爲廣泛，但關於“都吏”，因爲它是二千石官派遣的屬吏，“都吏”之“都”則指郡級以上的治所。雖然“都吏”名稱在表面上消除了被動語義——這或是更名目的之一——但其官制上的角色没有改變，仍然繼承了乘傳客的性質。

無論是“乘坐驛車來到的客”還是“從都來到之吏”，其名稱所指非常廣泛。雖然這不能説是支持都吏泛稱説的積極根據，但從名稱含義的角度以及目前没有關於秦代的否定材料來看，至少關於秦代，我們仍可支持都吏泛稱説。[②] 根據泛稱説，即使秦代官文書中不出現都吏，也不會有問題。

法律文獻規定二千石官派遣都吏，對郡而言，實際上是由卒史擔任的。另外，里耶秦簡封檢中還有縣獄佐等縣吏覆獄的事例。高村武幸指出，因秦國邊境出現慢性的官吏不足的情況，就存在縣吏也會暫時受郡府指揮的情形，此時縣吏也被當作準都吏，從事郡府業務。[③] 縣吏也以原來的縣獄佐等官職從事郡府業務，這也是采用都吏泛稱説，不會發生矛盾。

雖然在史料上不以乘傳客、都吏的職銜出現，但常見郡卒史、縣獄吏在郡府指揮下移動到地方縣進行覆獄的事例，他們實際上從事都吏的職務。當時二千石官爲實行監察、治獄，有必要頻繁地派遣各種“移動之吏”。作爲泛稱的“乘傳客”、“都吏”出現的背景，應是如此。

都吏在統一以前是一種“客”，這個事實還令人關注。“移動之吏”按照業務需要不

---

① 游逸飛：《里耶秦簡 8-455 號木方補釋——嶽麓書院藏秦簡[壹]讀後》，簡帛網 2012 年 2 月 15 日。

② 與“乘傳客”類似的“乘傳使者”這個一般名詞亦出現在後代史料中。如《漢書・王莽傳下》：“乘傳使者經歷郡國，日且十輩，倉無見穀以給，傳車馬不能足，賦取道中車馬，取辦於民。”

③ 高村武幸：《二千石官指揮下の縣屬吏——覆獄沅陵獄佐と蕭何》，“中國古代簡牘の横斷領域的研究”網，http://www.aa.tufs.ac.jp/users/Ejina/note/note01(Takamura).html。

斷移動,不常駐紮特定的縣,居所也不固定。從地方的縣的角度來看,他們從郡府乘傳來到地方,又只是駐紮一時的官員,這種人被稱爲"客",可謂是名副其實的。當然,都吏應該繼承了此種性質。[①]

(二) 廷尉屬吏的移動

還有一種移動之吏需要注意,就是廷尉屬吏。廷尉也會派遣屬吏,讓他在縣内從事覆獄工作。嶽麓秦簡《質日》中往往出現"廷史",如《三十四年質日》:

(始皇三十四年五月)戊辰騰与廷史治傳舍 (33 簡第 4 欄)

(始皇三十四年五月)癸巳廷史行行南 (58 簡第 4 欄)

(始皇三十四年六月)壬寅廷史行北 (8 簡第 5 欄)

又有《三十五年私質日》:

(始皇三十五年十二月)辛未爽行廷史 (9 簡第 2 欄)

雖然記載甚短,但如 33 簡第 4 欄所見,廷史與當地官吏共同"治"。參照下面提到的司法文獻,《質日》中的"治"亦指覆獄等司法業務的可能性很大。廷史移動的具體範圍也不清楚,但從《質日》内容來看,應該在南郡江陵縣附近。[②]

整理者已指出,廷史爲"廷尉史"。[③]《漢書·百官公卿表》:

廷尉,秦官。掌刑辟,有正、左右監,秩皆千石。

百官表只記載廷尉屬吏有廷尉正、廷尉左右監,而不見"廷史"。但《漢書·刑法志》:

今遣廷史與郡鞠獄。如淳注曰:廷史,廷尉史也。

可見,廷史即廷尉史,廷尉的屬吏。如見於《質日》,它有時被派遣到地方縣。

關於廷史覆獄的實際情況,可再參照張家山漢簡《奏讞書》。先舉秦代的案例二十一,在此廷尉、廷尉正、廷尉監、廷史對杜縣的裁判進行覆審:

今杜瀘女子甲夫公士丁疾死,喪棺在堂上,未葬,與丁母素夜喪,環棺而

---

① 以上討論是再次支持都吏即郡府屬吏的泛稱説,但仍無法否定西漢中期以後存在作爲固有官名的都吏。因此即使都吏在秦代是一個泛稱,但至西漢中期的某個時間點,都吏的性質發生變化,成爲固有的官名。

② 史達指出,《質日》的擁有者擔任過江陵縣丞。參見史達:《嶽麓秦簡〈廿七年質日〉所附官吏履歷與三卷〈質日〉擁有者的身份》,《湖南大學學報(社會科學版)》2016 年第 4 期,第 10—17 頁。但筆者仍然認爲還不能排除擁有者身份爲江陵縣令史的可能性。

③ 朱漢民、陳松長主編:《嶽麓書院藏秦簡(壹)》,第 69 頁。

哭。甲與男子丙偕之棺後内中和奸。明旦，素告甲吏，吏捕得甲，疑甲罪。廷尉轂、正始、監弘、廷史武等卅人議當之。（183～185）

此後出現了另一位廷史，他因䌛使即出差，[①]後來才參加審理，並對先行的廷尉等意見進行反駁：

● 今廷史申䌛使而後來，非廷尉當，議曰：當非是。（189）

此案例重點在於下級官吏廷史説服其長官廷尉等，過度强調廷史的聰明，因此不能忽略潤色的可能性。但案例所見的審判過程、審理人員等因素應非虚構，反映了當時的制度。廷史是作爲廷尉屬吏進行覆獄審理的重要成員。

又可舉《奏讞書》的秦代案例十七。在此，廷尉接受曾在雍縣被判爲黥城旦的名爲講的乞鞫（重審要求），開始覆獄，然後將新的判決通知講現所在的汧縣：

●（秦王政）二年十月癸酉朔戊寅，廷尉兼謂汧嗇夫：雍城旦講乞鞫曰：故樂人，居汧畦中，不盗牛，雍以講爲盗，論黥爲城旦，不當。覆之，講不盗牛。講繫子縣，其除講以爲隱官，令自常（尚），畀其於於。（121～122）

關於廷尉的覆審，其制度背景可見於一些傳世、出土文獻中。《漢書・刑法志》記載高祖七年詔：

自今以來，縣道官獄疑者，各讞所屬二千石官，二千石官以其罪名當報之。所不能決者，皆移廷尉，廷尉亦當報之。

若縣級審判有疑問，可以向上級奏讞。奏讞的順序是，縣道官→二千石官→廷尉，這樣地方的縣的疑獄最終上報於廷尉，因此廷尉對郡縣的裁判進行覆獄。

同樣的上報順序亦見於《二年律令》，規定縣受乞鞫而開始的覆獄過程：

气（乞）鞫者各辭在所縣道，縣道官令、長、丞謹聽，書其气（乞）鞫，上獄屬所二千石官，二千石官令都吏覆之。都吏所覆治，廷（116）

雖然條文並不完整，但籾山明認爲此簡下面應接續"尉"起首的簡，表示向廷尉報告都吏覆獄的結果。[②]

如此，縣級審判若有疑問奏讞或接受乞鞫，案件上報於二千石官以及廷尉。以這種制度爲背景，中央的廷尉亦對縣道官的裁判覆審。雖然上述制度規定均爲漢初事例，但

① 關於䌛使，參照陳松長：《秦漢時期的䌛與䌛使》，《湖南大學學報（社會科學版）》2014年第4期，第20—22頁。

② 籾山明：《中國古代訴訟制度の研究》，第106頁。

規定應可追溯到秦代。如上列嶽麓秦簡《質日》所述，"廷史"在南郡屬縣從事業務，應以這種制度爲背景而移動。① 廷尉覆獄時，去現場調查的任務似乎主要由廷史來負責。再聯繫都吏泛稱説，廷尉派遣的廷史也應屬於二千石官派遣的都吏範疇。

(三) 郡制出現以前的覆獄制度

《奏讞書》案例二十一、十七提到的有關審判機構只有縣與廷尉，卻不見其中間機構。這與縣道官→二千石官→廷尉的奏讞、覆獄順序有怎樣的關係呢？再看案例中覆獄對象的縣，案例二十一的杜縣，十七的汧縣、雍縣都是在京師的縣，即秦代屬於内史。② 换言之，這些縣不是屬於郡的。籾山明指出，因案例十七爲内史屬縣發生的事件，則上級的覆獄應由二千石官的内史負責，並推測在縣實施重審業務的應是内史派遣的都吏。③ 籾山推想的似乎是縣→内史→廷尉的覆獄順序，但案例内容並未提及内史，而出現的上級機構僅有廷尉。

在此應該考慮秦代廷尉的秩石。傳世文獻如《漢書·百官公卿表》記載，廷尉的秩石爲中二千石。但這與漢初不同，如張家山漢簡《秩律》所示，廷尉原來是二千石官，④秦代也應是同樣的。因此，内史屬縣的審判很可能直接由二千石官的廷尉覆獄。⑤ 這樣就可以判斷，秦代存在兩種覆獄系統：

内史屬縣：縣→廷尉

---

① 嶽麓秦簡《爲獄等狀四種》案例十一出現了"廷"、"廷史"，而不見廷尉：

(始皇)元年四月得之乞鞫曰……廷史賜等覆之。

整理者對此廷史列舉了兩個解釋，一是縣廷之史，一是廷尉史。見朱漢民、陳松長主編：《嶽麓書院藏秦簡(叁)》，第 202 頁。但就目前史料而言，皆無縣廷之史叫作廷史之明確事例。如本文所述，廷尉屬吏在秦代也常從事覆獄，此廷史也應視爲廷尉史。

② 關於縣的所屬參看后曉榮：《秦代政區地理》，社會科學文獻出版社，2009 年，第 129、136、142 頁；冨谷至編：《江陵張家山 247 號墓出土漢律令の研究·譯注編》，朋友書店，2006 年，第 338 頁。

③ 籾山明：《中國古代訴訟制度の研究》，第 105—106 頁。

④ 張家山漢簡《二年律令》：

● 御史大夫、廷尉、内史、典客、中尉、車騎尉、太僕、長信詹事、少府令、備塞都尉、郡守、尉、衛將軍、衛尉、漢中大夫令、漢郎中、奉常，秩各二千石。 (440～441)

⑤ 張家山漢簡《奏讞書》的高祖十年案例三亦是從内史屬縣的胡縣直接對廷尉奏讞的事例。森谷一樹據此認爲，郡的屬縣對郡府奏讞，内史的屬縣直接對廷尉奏讞。見森谷一樹：《〈二年律令〉にみえる内史について》，冨谷至編：《江陵張家山二四七號墓出土漢律令の研究·論考篇》，第 129—130 頁。水間大輔依據《二年律令》215 簡"都官自尉、内史以下毋治獄"，指出内史没有治獄權限，因此内史屬縣的覆獄由廷尉來負責。見水間大輔：《秦漢時期承擔覆獄的機關與官吏》，第 279—280 頁。

郡屬縣：縣→郡→廷尉

筆者認爲，這兩種系統的存在反映了秦國的歷史背景，即領域逐漸擴大。具體而言，内史屬縣的情況表示秦郡制開始以前的覆獄制度，郡屬縣的則是相對較新的制度。

秦國從戰國中期以來，每當獲得他國的大面積領域就設置郡。相對於此，以渭水盆地爲中心的秦國傳統領域，其行政單位的名稱叫作内史。這樣就形成了内史與郡的兩圈領域結構。秦的統一過程實際上是郡區在内史外側擴大的過程。[①]

在秦國領域尚限於内史領域、未設置郡的時期，縣的審判很可能僅受上級廷尉的控制，即縣與廷尉的二審制。那麽，當時爲覆獄移動的乘傳客很可能只有廷史。其後，隨著郡制的整備，郡府屬吏卒史就開始承擔"移動之吏"的任務，若有必要，廷尉還會派遣廷史去郡管區的縣。换言之，在郡的屬縣才適用縣、郡、廷尉的三審制。同時，内史管區尚殘留了舊有的縣與廷尉的二審制。《奏讞書》的内史屬縣有關諸例，應反映了這種情況。

	郡制出現以前	郡制出現以後
内史管區	縣→廷尉	縣→廷尉
郡管區	—	縣→郡→廷尉

過去研究已强調卒史的"移動之吏"性質，但卒史既是郡府屬吏，則郡尚未存在時，卒史亦未存在。那麽，在郡制開始即卒史出現以前，移動之吏是否尚未存在？即使當時秦國領域相對狹窄，但需要控制縣，移動之吏並非無用。因此，廷史等廷尉屬吏在較早時期就承擔"移動"的任務了。

這樣，從廷史參與覆獄的事例可以窺見秦郡出現以前的"移動之吏"的情況。隨著郡制的建立，廷史曾經承擔的"移動"任務，在新的領域内則由郡吏卒史負責。换言之，卒史的"移動"性質是繼承自廷史的。

結　論

只不過是一個"點"的中央或地方政府爲了控制一定領域的"面"，移動之吏就是必需的。一個中央政府統治諸郡，一個郡府統治諸縣，一個縣廷統治諸鄉，不管如何，需要解決的重要問題是一個"都"與所屬諸單位間不可避免地存在物理距離。移動之吏的意

① 土口史記：《先秦時代の領域支配》，京都大學學術出版會，2011 年，第 143—147 頁。

義就在於此。

如何克服統治領域中的物理距離,這是通時性的問題。歷代都有采用"移動"方式嘗試控制領域的事例。就先秦時代而言,商王頻繁地移動到屬下諸邑並進行田獵,這與祭祀、軍事等國家大事密切相關,又對商王朝的地方統治作出了貢獻。[①] 周王亦巡行各地的軍事、政治據點,盡力維持王朝秩序。[②] 春秋時期諸侯也同樣常去下屬各邑巡察。[③] 最有名的還是秦始皇的巡狩,如《史記·秦始皇本紀》所述:"先帝(始皇帝)巡行郡縣,以示彊,威服海内。"這些事例顯示,在各個時代統治者皆意識到爲維持領域控制,最有效的方法之一是統治者實際上移動到領域内各地。這種觀念,伴隨著郡縣制的建立而更爲制度化,各級行政單位長官擁有可派遣的代理人,即移動之吏。通過長官代理人的移動,各級長官能够不局限於官署所在的一個地點,而可以在其轄區内從面上擴大其統治權。

毋庸置疑,這種制度的整備在郡制開始的秦國已頗有進展了。隨秦國領域的擴大,移動之吏的重要性也就增强,卒史就出現於這種過程中。籾山明提出的這樣看法的確很有道理。但是,卒史這樣的移動之吏並不是突然出現的,我們不能忽視此前的歷史背景。若只對秦而言,在郡制開始以前應已存在乘傳客,即廷尉派遣去縣從事覆獄業務的廷史。此外,雖然本文尚未具體討論,中央政府派出的御史、丞相史也可謂是移動之吏。包括這些各級官吏在内,我們可以看出移動之吏的多層構造。

這種多層構造中的移動之吏,與本文所述的卒史、廷史一樣,應有各自的歷史背景。他們到底由何種歷史契機產生的? 移動之吏在漢代以後的制度演變如何? 他們與固定官署的關係如何? 圍繞移動之吏,需要回答的問題尚多,期望將來還有機會進一步討論。

附記:中文稿寫作時承蒙陳捷先生的協助,在此表示衷心感謝。

① 松丸道雄:《殷墟卜辭中の田獵地について—殷代國家構造研究のために—》,《東洋文化研究所紀要》第31號,1963年,第149—154頁。

② 松井嘉德:《周代國制の研究》,汲古書院,第41、81頁。

③ 土口史記:《先秦時代の領域支配》,第24—25頁;黎明釗、馬增榮:《試論漢簡所見的都吏及其督郵的關係》,《中國出土資料研究》第13號,第111頁。

里耶秦簡所見"小史"芻議*

魯家亮

(武漢大學簡帛研究中心)

目前發表的里耶秦簡中,有4條與"小史"有關的記録:①

1.【九九】八十一,AⅠ

【八九】七十二,AⅡ

七九六十三,AⅢ

……

二半而一。FⅢ

凡千一百一十三字。FⅥ (6-1)

行郵 視 範 以以郵行行守敢以以Ⅰ

小史舁有□Ⅱ (6-1背)

2.☑□月己亥朔辛丑,倉守敬敢言之:令下覆獄遝遷陵隸臣鄧Ⅰ

☑□□名吏(事)、它坐、遣言。·問之有名吏(事),定,故旬陽隸臣,以約爲Ⅱ

☑□□史,有遝耐辠以上,毄(繫)遷陵未夬(决),毋遣殹。謁報覆獄治所,敢言Ⅲ (8-136+8-144)

☑□□刻刻下六,小史夷吾以來。/朝半。 尚手。(8-136背+8-144背)

3.藿欲報芒(?)季,季幸耤(藉)小史□□信☑Ⅰ

---

* 本文寫作得到武漢大學青年學者團隊"史前至秦漢漢水流域人類文化的跨學科研究"和"中央高校基本科研業務費專項資金"資助(supported by "the Fundamental Research Funds for the Central Universities")。

① 簡牘的綴合及釋文見陳偉主編,何有祖、魯家亮、凡國棟撰著:《里耶秦簡牘校釋(第一卷)》,武漢大學出版社,2012年。又,下文所引里耶秦簡釋文,如無特別説明,均出自該書,不再一一注明。

急使之,賜報。Ⅱ (8-782+8-810)

4. 廿八年七月戊戌朔乙巳,啓陵鄉趙敢言之:令令啓陵捕獻鳥,得明渠Ⅰ雌一。以鳥及書屬尉史㲻,①令輸。㲻不肎(肯)受,即發鳥送書,削去Ⅱ其名,以予小史適。適弗敢受。即詈適。已有(又)道船中出操栮〈楫〉以走趙,奊詢Ⅲ詈趙。謁上獄治,當論論。敢言之。令史上見其詈趙。Ⅳ (8-1562)

七月乙卯,啓陵鄉趙敢言之:恐前書不到,寫上。敢言之。/貝手。Ⅰ

七月己未水下八刻,郵人□以來。/敬半。 貝手。Ⅱ (8-1562背)

例1中的小史,原釋文作"小吏",楊先雲先生改釋作"小史"。② 該牘正面爲"九九表",里耶秦簡中相似的内容又見於12-2130+12-2131+16-1335號牘正背兩面。③ 簡背"小史弅有□"之外的内容似爲習字,"小史弅有□"等字與正面文字非同一書手。但仍可據此推測正面的"九九表"與"小史弅"有關,或是"小史弅"使用之物。

在張春龍先生發表的與學佴有關的簡文中,有一條簡文涉及學佴在學室中教授的内容:

☑直學佴,令教以甲子、算、馬、大褋。 (15-146)④

學佴又見於張家山漢簡《二年律令·史律》,學者們據"佴"字含義,指出學佴是輔導學習的人員。⑤ 張春龍先生則結合睡虎地秦簡《秦律十八種·内史雜》、里耶秦簡,指出"學佴"是秦朝和西漢前期"學室"的主管吏員。⑥ 我們贊同張先生的看法,但作爲官吏管理學童,同時在學習時輔導學童,兩者並不矛盾。從15-146號簡的記載來看,⑦學佴可教

---

① 㲻,原釋文未釋讀,《里耶秦簡牘校釋(第一卷)》改釋作"文",廣瀨薰雄先生據陶安、陳劍先生的研究,改釋作"㲻",在秦漢出土文獻中此字常用作人名。具體可參看陶安、陳劍:《〈奏讞書〉校讀札記》,《出土文獻與古文字研究》第四輯,上海古籍出版社,2011年,第413頁;廣瀨薰雄:《里耶秦簡所見的"令書"——從里耶秦簡窺見燕齊海上之方士對秦始皇的影響的一個嘗試》注釋12,"中國簡帛學國際論壇2012:秦簡牘研究"會議論文,武漢,2012年11月17—19日。

② 楊先雲:《里耶秦簡識字三則》,簡帛網2014年2月27日。

③ 里耶秦簡博物館、出土文獻與中國古代文明研究協同創新中心中國人民大學中心編著:《里耶秦簡博物館藏秦簡》,中西書局,2016年,第137頁。

④ 張春龍:《里耶秦簡中遷陵縣學官和相關記録》,《出土文獻》第一輯,中西書局,2010年,第232—233頁。本文對部分句讀進行了調整,不俱注。

⑤ 張家山二四七號漢墓竹簡整理小組:《張家山漢墓竹簡[二四七號墓]》,文物出版社,2001年,第204頁;李學勤:《試説張家山簡〈史律〉》,《文物》2002年第4期,第70頁。

⑥ 張春龍:《里耶秦簡中遷陵縣學官和相關記録》,《出土文獻》第一輯,第234頁。

⑦ 今按,張春龍先生認爲本簡爲律令(見張春龍:《里耶秦簡中遷陵縣學官和相關記録》,《出土文獻》第一輯,第233頁)。其實對比8-269號簡,不能完全排除本簡可能是某位學佴閥閱記録的可能。

授“甲子、算、馬、大祼”等内容，這其中的“算”與古代算術有關，是史類職官所必須掌握的基本技能之一，[①]在秦代日常的行政運作中與算術有關的知識也會經常被用到，[②]故古代數學家陳起有“夫臨官蒞政，立度興事，數无不急者”之謂也。[③]我們知道“九九表”又可稱作“隸首”，[④]在古代算術體系中“九九表”又是重中之重，因此《魯久次問數于陳起》的末尾云“凡數之寳莫急隸首，隸首者筭之始也”。[⑤] 據例 1 所見，“隸首”與“小史”相關聯正是算術知識通過史類職官在具體行政中運用的一個縮影。

例 2 是秦始皇二十八年五月三日，[⑥]倉守敬向遷陵縣廷發出的一份上行文書。因覆獄的需要，遷陵縣要求倉對其管轄之隸臣鄧的名、事等信息進行核查、確定，[⑦]本文書就是倉守敬在完成調查後給遷陵縣廷的回覆。這份文書由“尚”手，據 8-1490＋8-1518 可知，“尚”的身份是倉佐，倉的文書由這些佐“手”之後，有時還會由其本人親自送達縣廷，如：

> 廿八年六月己巳朔甲午，倉武敢言之：令史敞、彼死共走興。今彼死次Ⅰ不當得走，令史畸當得未有走。今令畸襲彼死處，與敞共Ⅱ走。倉已定籍。敢言之。Ⅲ (8-1490＋8-1518)
>
> 六月乙未，水下六刻，佐尚以來。/朝半。　□尚手。(8-1490 背＋8-1518 背)
>
> 卅一年五月壬子朔辛巳，將捕爰叚(假)倉兹敢Ⅰ言之：上五月作徒薄及冣(最)卅牒。敢言Ⅱ之。Ⅲ (8-1559)
>
> 五月辛巳旦，佐居以來。氣發。　居手。(8-1559 背)

而在例 2 中，承擔文書送達任務的是一位名叫“夷吾”的小史。換言之，由本例可知，小史可以承擔傳遞文書的任務，其地位應比官嗇夫之佐(或史)要低。

例 3 中的“小史”，原釋文亦作“小吏”，楊先雲先生改釋，[⑧]“季”前 4 字則由何有祖先

---

① 閻步克：《樂師、史官文化傳承之異同及意義》，載氏著《樂師與史官》，生活·讀書·新知三聯書店，2001 年，第 103—105 頁。

② 陳偉：《里耶秦簡所見秦代行政與算術》，簡帛網 2014 年 2 月 4 日。

③ 韓巍：《北大藏秦簡〈魯久次問數于陳起〉初讀》，《北京大學學報(哲學社會科學版)》2015 年第 2 期，第 30 頁；韓巍、鄒大海整理：《北大秦簡〈魯久次問數于陳起〉今譯、圖版和專家筆談》，《自然科學史研究》2015 年第 2 期，第 234 頁。

④ 參韓巍：《北大藏秦簡〈魯久次問數于陳起〉初讀》，《北京大學學報(哲學社會科學版)》2015 年第 2 期，第 34—35 頁；程少軒：《也談“隸首”爲“九九乘法表”專名》，《出土文獻研究》第十五輯，中西書局，2016 年，第 119—125 頁。

⑤ 韓巍：《北大藏秦簡〈魯久次問數于陳起〉初讀》，《北京大學學報(哲學社會科學版)》2015 年第 2 期，第 31 頁。

⑥ 相關曆日的判斷參許名瑲：《〈里耶秦簡(壹)〉曆日校注補正》，簡帛網 2013 年 9 月 7 日。

⑦ 隸臣妾屬倉管轄，參高震寰：《從〈里耶秦簡(壹)〉“作徒簿”管窺秦代刑徒制度》，《出土文獻研究》第十二輯，中西書局，2013 年，第 140 頁。

⑧ 楊先雲：《里耶秦簡識字三則》，簡帛網 2014 年 2 月 27 日。

生補釋。[1] 其中的"𦻞"當爲人名，又見於8-755＋8-756＋8-757＋8-758＋8-1564＋8-759＋8-1523和8-2036等中。由8-755＋8-756＋8-757＋8-758＋8-1564＋8-759＋8-1523這組文書來看，[2]"𦻞"極有可能是一位令史。"芒"字的釋讀存疑，但將簡文理解爲"某季"則無疑，"某季"在里耶秦簡中多見，通常是對有一定身份者的稱呼，如李季(8-206)、毛季(8-272、8-1529)、臞季(8-477)、芒季(8-659＋8-2088、8-1817)、忘季(8-1065)。這其中的"毛季"身份爲主吏或令史，"芒季"身份亦是令史。據此將例3中的"某季"視作遷陵縣的一位吏員當無太大疑問。何先生認爲簡文可理解爲"某季"委託小史某送信給"𦻞"，[3]當是。這樣來看，小史不僅可以傳遞公文，也可以替其他吏員送私信。在例2和例3中，小史均被佐或其他身份的吏員所驅使，説明其地位較低。

例4記録了啓陵鄉嗇夫"趙"、小史"適"與尉史"㚇"之間圍繞輸鳥産生的一場糾紛。簡文中所提及的"令令啓陵捕獻鳥"一事，在9-31號簡中有更詳細的記載，應與秦始皇二十八年遷陵縣的歲賦有關，如簡文所見：

> 廿八年二月辛未朔庚寅，貳春鄉守行敢言之：廿八年歲賦獻黄[翰]二、白翰二、黑翰二、明Ⅰ渠鳥二、鷩鳥四。令令鄉求捕，毋出三月。鄉毋吏、徒，行獨居，莫求捕。捕爰用吏、徒Ⅱ多。謁令官有吏、徒者將求捕，如廿七年捕爰，乃可以得爰。敢言之。Ⅲ (9-31)
>
> ……Ⅰ
>
> 二月戊戌□□□□□□□□□士五(伍)程人以來。/除半。 行手。Ⅱ
>
> (9-31背)[4]

在9-31號牘中，明確要求所獻之鳥的求捕工作"毋出三月"。鑒於時間緊迫，而貳春鄉可以參與求捕的人員不足，貳春鄉守"行"請求縣廷派出人員協助，即簡文中的"令官有吏、徒者將求捕"。據此推測，這可能是例4中尉史"㚇"牽涉進捕獻鳥一事的背景，啓陵鄉也可能如貳春鄉一樣存在毋吏、徒捕鳥的情況，則尉史"㚇"極有可能是縣廷派出協助求捕之"吏"。在捕捉到雌性明渠鳥之後，啓陵鄉嗇夫"趙"安排了後續的輸送鳥及相應文書的工作，即由"㚇"負責。"㚇"的拒絶則比較激烈，他不僅拆開了相關文書，還將自己的名字削掉，後續又與啓陵鄉嗇夫"趙"、小史"適"發生了更爲激烈的衝突。

---

① 何有祖：《里耶秦簡文字新釋(二則)》，待刊稿。

② 這組文書的復原參陳垠昶：《里耶秦簡8-1523編連和5-1句讀問題》，簡帛網2013年1月8日；宫宅潔：《關於里耶秦簡⑧755—759簡與⑧1564簡的編聯》，簡帛網2018年3月4日。

③ 何有祖：《里耶秦簡文字新釋(二則)》，待刊稿。

④ 張春龍：《里耶秦簡第九層選讀》，"中國簡帛學國際論壇2012：秦簡牘研究"會議論文。

結合 9-31 的記載來看，“㝠”拒絶輸鳥，是有一定道理的。獻鳥的任務由整個遷陵縣承擔，遷陵縣又將任務下達到各鄉，啓陵鄉或因爲人員不足，而請求縣派人協助求捕。無論最後由誰捕獲，其捕捉之鳥仍應算在啓陵鄉的名下，也應由啓陵鄉上報相應文書並輸送到縣，即這是啓陵鄉應當承擔的任務和職責。因此，作爲縣派出的協助求捕的尉史“㝠”確實没有再替啓陵鄉輸送鳥的義務。因此，我們看到“㝠”把自己名字削掉之後，將這一任務拋給了小史“適”。“㝠”的這一舉動或可説明兩點：其一，在“㝠”看來，“適”是啓陵鄉的屬吏，輸送鳥及文書是屬於啓陵鄉的責任，所以應由啓陵鄉的吏員來承擔；其二，由例 2 已見小史可以被派遣傳遞文書，“㝠”作爲尉史對小史能做什麼應是比較清楚的，因此他將輸送鳥及文書的任務拋給“適”也是有針對性的，不是隨意而爲。總之，“㝠”的舉動再次説明小史在當時的行政運作中主要承擔傳送文書的職責。

以上，我們大體了解小史所屬機構及其從事的工作内容。那麽，小史與縣廷諸官、諸鄉下的佐、史究竟是什麽關係呢？我們不妨通過對里耶秦簡、睡虎地秦簡、嶽麓秦簡中幾位吏員的任職經歷進行梳理後，再作考察。如表一所示：

表一

姓名	履歷							資料來源
	揄史	官佐、史	令佐	令史	官嗇夫	縣長吏	郡吏	
		官佐	令佐	縣斗食①	縣司空有秩乘車	遷陵丞		10-15②
釦	史(23)	鄉史(23) 田部史(32)		令史(36)				8-269③
喜	史(19)	鄉史(19)		令史(21) 獄史(27)			郡屬 (36 或 37)	睡虎地秦簡《葉書》④
爽	史(20?)	司空史(20)		令史(21)				嶽麓秦簡《廿七年質日》⑤

① 單印飛先生認爲此處的縣斗食應理解爲縣令史，見單印飛：《從里耶秦簡看秦代縣級屬吏的遷轉路徑》，新史料與新史學——武漢大學第三届珞珈史學博士論壇會議論文，武漢，2016 年 10 月 15 日。

② 圖版及釋文可參看里耶秦簡博物館、出土文獻與中國古代文明研究協同創新中心中國人民大學中心編著：《里耶秦簡博物館藏秦簡》，第 128、195—196 頁。又，10-15 號簡列入此表，是爲了便於讀者了解當時縣下諸史的等級關係。

③ 參戴衛紅：《湖南里耶秦簡所見“閥閱”文書》，《簡帛研究二〇一三》，廣西師範大學出版社，2014 年，第 84—91 頁。

④ 相關文字的釋讀及對喜的宦歷的討論，參陳侃理：《睡虎地秦簡〈編年記〉中“喜”的宦歷》，《國學學刊》2015 年第 4 期，第 47—50 頁。

⑤ 關於“爽”的資料發表及討論可參陳松長：《嶽麓書院所藏秦簡綜述》，《文物》2009 年第 3 期，第 77—78 頁；史達：《嶽麓秦簡〈廿七年質日〉所附官吏履歷與三卷〈質日〉擁有者的身份》，《湖南大學學報(社會科學版)》2016 年第 4 期，第 14—15 頁。

這裏,我們需要重點討論的是幾位吏員“揄史”時的年齡。先來看睡虎地秦簡《葉書》中“喜”的情況。陳侃理先生指出“秦王政三年八月,喜十九歲,獲得史的身份”,[①]但在其與里耶秦簡令史“釦”比較時,又將“喜”揄史的年齡定爲二十歲。[②] 我們認爲十九歲揄史的理解才是正確的。[③] 據《葉書》記載,“喜”出生於秦昭王四十五年十二月甲午日雞鳴時,揄史的時間爲秦王政三年八月,由此可以推測其揄史的實際年齡爲 18 歲又 8 或 9 個月。張榮强先生指出,秦漢時期存在歲盡增年的作法,當時官府造籍的標準時間在八月,官方年齡的增年時間節點也在八月。[④] 而“喜”揄史的時間也在八月,也就是説“喜”揄史的同時,也在官方增年,即官方年齡被認可爲 19 歲。

陳侃理先生提出二十歲逾史的説法,大概是爲了與《二年律令·史律》474 號簡的記載相符合,其文云:

> 史、卜子年十七歲學。史、卜、祝學童學三歲,學佴將詣大史、大卜、大祝,郡史學童詣其守,皆會八月朔日試之。 (474)[⑤]

律文中提到的“史、卜子年十七歲學”,恰好與“喜”傅籍的年齡一致,陳先生據律文指出學習時間爲“三歲”,但從《葉書》的記載來看,如果由傅籍之年開始學習,則“喜”實際只學習了兩年,並非律文規定的三歲。這是造成二十歲揄史這一錯誤理解的由來。我們注意到,在新出的嶽麓秦簡《傜律》158 號簡中提及“史子未傅先覺(學)覺(學)室”,[⑥]則“喜”或許就是《傜律》中所云“未傅而先學”的情況。如“喜”在傅籍之前就進入學室學習,那麽與《二年律令·史律》“學三歲”的規定就不衝突。

我們再來看嶽麓秦簡中“爽”的情況。與之相關的簡文如下:

> 廿四年十二月丁丑,初爲司空史。 (0687)
> 廿五年十一月壬子,徙爲令史。 (0625)
> 爽初書年十三歲,盡廿六年,年廿三歲。 (0552)
> 卅年十一月爽盈五歲。 (0415)[⑦]

---

① 陳侃理:《睡虎地秦簡〈編年記〉中“喜”的宦歷》,《國學學刊》2015 年第 4 期,第 50 頁。

② 陳侃理:《睡虎地秦簡〈編年記〉中“喜”的宦歷》,《國學學刊》2015 年第 4 期,第 49 頁。

③ 戴衛紅先生亦持此觀點,見戴衛紅:《湖南里耶秦簡所見“閥閱”文書》,《簡帛研究二〇一三》,第 87 頁。

④ 張榮强:《從“歲盡增年”到“歲初增年”——中國中古官方計齡方式的演變》,《歷史研究》2015 年第 2 期,第 51—67 頁。

⑤ 張家山二四七號漢墓竹簡整理小組:《張家山漢墓竹簡[二四七號墓]》,第 203 頁。

⑥ 陳松長主編:《嶽麓書院藏秦簡(肆)》,上海辭書出版社,2015 年,第 120 頁。

⑦ 釋文見史達:《嶽麓秦簡〈廿七年質日〉所附官吏履歷與三卷〈質日〉擁有者的身份》,《湖南大學學報(社會科學版)》2016 年第 4 期,第 14 頁。

據 0552 號簡，可知秦始皇二十六年年底，爽被官方認可的年齡爲 23 歲。[1] 以此推知，秦王政二十五年、二十四年年底，其官方年齡當分别爲 22、21 歲，則相應地"爽"徙爲令史時的官方年齡則爲 21 歲，爲司空史的官方年齡爲 20 歲。參照《二年律令·史律》"八月朔日試之"的記載，以及"喜"在八月揄史的情況，"爽"也很有能是在頭一年，即秦王政二十三年八月揄史，此時"爽"的官方年齡則是 20 歲。假如"爽"以 17 歲傅籍的話，以 20 歲揄史，則正好是"學三年"，與《二年律令·史律》的記載相符。

最後來看里耶秦簡中的"釦"，戴衛紅先生曾對"釦"的任職情況作過總結，即"他在秦始皇十一年九月到二十年九月爲鄉史；二十年九月到二十五年正月爲田部史；二十五年正月到三月爲資中令史"。[2] 雖然戴先生也注意到睡虎地秦簡中的"喜"在揄史與出任鄉史之間有數月之間隔，但她還是認爲"釦"揄史的同時就擔任了鄉史一職，因此將"釦"任職鄉史的初始時間定在了秦王政十一年九月。我們認爲這個結論不盡準確，其主要問題就在於對"釦"任職鄉史時間的判斷上。睡虎地秦簡及新出嶽麓秦簡中對於"除吏"的時間均有明確規定：

> 縣、都官、十二郡免除吏及佐、群官屬，以十二月朔日免除，盡三月而止之。其有死亡及故有夬(缺)者，爲補之，毋須時。
>
> (睡虎地秦簡《秦律十八種·置吏律》157～158)[3]
>
> ● 置吏律曰：縣、都官、郡免除吏及佐、群官屬，以十二月朔日免除，盡三月而止之。其有死亡及故有缺者，爲補之，毋須時。
>
> (嶽麓秦簡《秦律令〔壹〕》220～221)[4]

而前揭"爽"恰好是在十二月初爲司空史，"喜"則是在十一月除鄉史，與律文記載略有出入。但據此兩例可知，"釦"出任鄉史恐怕與其揄史不會同時，而應有所間隔。依據睡虎地秦簡和嶽麓秦簡《置吏律》，我們推測"釦"在秦王政十二年的十二月出任鄉史可能更符合實際情況，當然具體的月份或有一些出入。準此，"釦"約在秦王政二十一年十二月任"田部史"，秦王政二十五年三月升任資中令史，同年五月徙任遷陵令史，值司空曹。相關任職時間節點如表二所示：

---

① 参張榮强：《從"歲盡增年"到"歲初增年"——中國中古官方計齡方式的演變》，第 55—58 頁。

② 戴衛紅：《湖南里耶秦簡所見"閥閱"文書》，《簡帛研究二〇一三》，第 89 頁。

③ 睡虎地秦墓竹簡整理小組：《睡虎地秦墓竹簡》，文物出版社，1990 年，第 56 頁。

④ 陳松長主編：《嶽麓書院藏秦簡(肆)》，第 141 頁。

表二

月 年	10	11	12	1	2	3	4	5	6	7	8	9
11											23 歲	揄史
12			鄉史								24 歲	
13											25 歲	
14											26 歲	
15											27 歲	
16											28 歲	
17											29 歲	
18											30 歲	
19											31 歲	
20											32 歲	
21			田部史								33 歲	
22											34 歲	
23											35 歲	
24											36 歲	
25						資中令史		遷陵令史			37 歲	

據 8-269 號"閥閱記録",此年"釦"36 歲,此應爲官方記載的年齡,换言之這個年齡當是在秦王政二十四年八月"歲盡增年"後所定。據此,則可反推出"釦"揄史的官方年齡爲 23 歲,出任鄉史亦爲 23 歲,32 歲任田部史,36 歲任令史。又《史記·秦始皇本紀》云:"二十五年,王翦遂定荆江南地;降越君,置會稽郡。五月,天下大酺。"遷陵置縣也是秦王政二十五年,[①]此年五月"釦"調任遷陵,時間正相應。

以上,我們花費較多篇幅考察三位吏員揄史和除吏的具體時間,實際上想强調的是,在揄史與正式除吏之間,有一個短暫的間隙。此時,這些人已經具有了史的身份,但又尚未正式出任官史或鄉史。嶽麓秦簡中有一條關於縣除"小佐無秩者"的規定:

> 置吏律曰:縣除小佐毋(無)秩者,各除其縣中,皆擇除不更以下到士五(伍)史者爲佐,不足,益除君子子、大夫子、小爵及公卒、士五(伍)子年十八歲以上備員,其新黔首勿强,年過六十者勿以爲佐。(《秦律令〔壹〕》210～211)[②]

① 8-755+8-756+8-757+8-758+8-1564+8-759+8-1523 這組文書云"今遷陵廿五年爲縣"。

② 陳松長主編:《嶽麓書院藏秦簡(肆)》,第 209 頁。

律文顯示新除之佐也可被稱爲小佐，無秩。其來源首要考慮不更以下到士伍中已揄史者，並且要求必須是在本縣之中選拔。據此，我們懷疑小史與小佐相似，也是從縣内揄史者中選拔。將這條律文與前揭數位官吏的履歷合觀，不難看出基層吏員中佐、史的起步均是以揄史爲第一步，其後可稱爲小佐或小史，他們都是一種具有過渡性質的小吏。也就是説揄史後，雖然具有了史的身份，但在正式出任鄉史（或官史）前還需要經歷一個短暫的實習磨合期。這期間，應是以小史的身份跟隨正式的鄉史（或官史）學習、熟悉相關事務，爲正式成爲鄉史（或官史）打下基礎，待達到一定標準後方能成爲正式的鄉史或官史。這樣，就不難理解小史爲什麽主要從事遞送公文的任務，而不能直接參與文書的處理了。

傳世文獻中，《史記》記李斯年少時，曾爲郡小吏，《索隱》謂"鄉小史"，劉氏則云"掌鄉文書"。結合秦簡資料來看，李斯年少時出任"鄉小史"並以此作爲其仕途的起點，則是很有可能的，但劉氏所云"掌鄉文書"則應存疑。

又傳世文獻中記出任小史者的年齡，多無確實數值，除《史記·李斯列傳》外，《漢書·谷永傳》則云"永少爲長安小史"；唯《漢書·翟方進傳》記"方進年十二三，失父孤學，給事太守府爲小史，號遲頓不及事，數爲掾史所詈辱"，這是相對明確記載出任小史時年齡的例子。但我們發現與喜、爽、釦三位揄史時年齡相比，則明顯偏小，這説明漢代出任小史的年齡有所降低。《漢官》記有漢代河南尹、洛陽縣的吏員配置情況：①

> 河南尹員吏九百二十七人，十二人百石。諸縣有秩三十五人，官屬掾史五人，四部督郵吏部掾二十六人，案獄仁恕三人，監津渠漕水掾二十五人，百石卒吏二百五十人，文學守助掾六十人，書佐五十人，脩行二百三十人，幹、小史二百三十一人。②
>
> 雒陽令秩千石，丞三人四百石，孝廉左尉四百石，孝廉右尉四百石。員吏七百九十六人，十三人四百石。鄉有秩、獄史五十六人，佐史、鄉佐七十七人，斗食、令史、嗇夫、假五十人，官掾史、幹、小史二百五十人，書佐九十人，脩行二百六十人。

前引翟方進出任的小史屬郡府，由《漢官》所見其應是郡府最基層的吏員。而洛陽

① 孫星衍等輯，周天游點校：《漢官六種》，中華書局，1990年，第8頁。

② 幹、小史分爲二職，可參嚴耕望：《中國地方行政制度史——秦漢地方行政制度》，上海古籍出版社，2007年，第129、228—229頁。

縣下的小史疑屬縣廷及縣下諸官署,[①]或與我們在里耶秦簡中看到的鄉小史、倉小史存在淵源。里耶秦簡所見小史們從事遞送公私文書的差事,還會被上級所欺侮;到漢代,郡、縣中的小史所從事的恐怕還是諸如侍奉、導引、儀仗之務,[②]如翟方進一般被同事詈辱的境況也沒有改變。唯一改變的是,出任小史的年齡進一步下降,從翟方進的事例來看,標準也有所降低,不再如秦代那樣需要先具有史的身份。這種情況的出現,或與小史本身地位的低微有關,也與其承擔的具體工作性質相牽涉。

總而言之,我們認爲里耶秦簡中所見小史是揄史之後、正式出任鄉或官史之前的一種基層小吏,其主要承擔所在官署中的文書遞送之務,有時亦爲其官長遞送私人文書。就遞送文書這一事務而言,其與秦代的走、僕等從事之工作性質具有一定的相似性。這種情況可能爲其在漢代的演變、發展奠定了基調。入漢之後,小史的入職標準和年齡進一步降低,而在官府吏員體系中的人數則逐漸增多,遍布郡、縣、鄉、驛等各類官府機構之中,[③]其所從事的工作内容進一步擴展,但多以侍奉長吏等爲主,成爲從屬其長吏的一種親信小吏。

附記:小文曾在第六屆出土文獻青年學者論壇上宣讀,論文評議人楊先雲先生對小文的不足和錯誤多有斧正,特致謝忱。

---

① 今按,1989 年 8—9 月,南京市博物館爲配合江寧湖熟磚瓦廠生産建設,搶救發掘了六座漢代古墓,其中編號爲 89JHM2 的墓中出土木牘一塊,主要内容如下:

丹楊郡胡孰都鄉安平里公□故吏朱建以建武
廿九年六月不富以誦書出補鄉小史到卅年中
入給廷功曹小史學事永平三年中府爲尉曹□到其八年□爲書佐後不富年罷富長部
□到永元五年正月九日得病乾□裏

由簡文可見,朱建在鄉及縣廷功曹中均任小史。相關資料見南京市博物館、江寧縣文化局:《南京湖熟漢代朱氏家族墓地》,《南京文物考古新發現——南京歷史文化新探二》,江蘇人民出版社,2006 年,第 6—7 頁。

② 參嚴耕望:《中國地方行政制度史——秦漢地方行政制度》,第 129 頁。又如《漢書·田廣明傳》所見圉縣派出小史侍奉謀反的公孫勇等等。

③ 肩水金關漢簡中記有"驛小史"(如 73EJT21:1、73EJT22:102、73EJT24:539、73EJF3:412 等,見甘肅簡牘保護研究中心等編:《肩水金關漢簡(貳)》,中西書局,2012 年,下册第 10、52 頁;甘肅簡牘博物館等編:《肩水金關漢簡(叁)》,中西書局,2013 年,下册第 4 頁;甘肅簡牘博物館等編:《肩水金關漢簡(伍)》,中西書局,2016 年,下册第 32 頁);張家界古人堤漢簡記有"賊曹小史"(見湖南省文物考古研究所、中國文物研究所:《湖南張家界古人堤簡牘釋文與簡注》,《中國歷史文物》2003 年第 2 期,第 76—77 頁;張春龍:《湖南張家界市古人堤漢簡釋文補正》,《簡牘學研究》第六輯,甘肅人民出版社,2016 年,第 6 頁);前揭湖熟朱氏家族墓地所出漢代木牘中的"鄉小史"、"功曹小史"均是其證,可參看。

秦代行政文書制度管窺

——讀里耶秦簡札記

楊先雲

（湖南省文物考古研究所）

秦漢時期，龐大的國家行政管理系統的運作主要依靠文書傳遞來實現，而關於各級政府的文書傳遞管理在傳統文獻中記載甚少，尤其是秦代。秦漢地方文書簡牘大量出土，大大彌補了這一遺憾，掀起了學界研究的熱潮。其中里耶秦簡的公布，更是向秦代地方行政文書研究提供了前所未見的第一手材料。諸多學者已對秦代文書的製作、傳遞、存放等各方面進行了很好的探究，成果豐碩。本文以里耶秦簡爲中心，對秦代郡縣行政文書研究補充幾點心得，今條記於下，以求教於方家。

一

里耶秦簡 8-704＋8-706 釋文如下：

☐□遷陵守丞齮【敢】言之：前日令史齮☐Ⅰ
☐□守書曰課皆□應（應）式令，令齮定□☐Ⅱ
☐□課副及當食人口數，别小大爲食☐Ⅲ
☐□□課副及□傳上，有不定☐Ⅳ　　　　（8-704＋8-706）
☐言之守府。丙申、己亥、甲辰追，今復☐Ⅰ
☐手。Ⅱ
☐守丞齮敢言之：令二月□亥追，今復寫前日☐Ⅲ

☐時都郵人羽行。☐Ⅳ (8-704 背＋8-706 背)[①]

簡文"丙申、己亥、甲辰追"、"令二月□亥追"中"追",《校釋》曰:"追,追究。"[②]王焕林解釋作"追問"。[③] 馬怡解釋爲"謁追,向上級追索(回覆)"。[④] 吴方基指出"追"應是一種文書用語。[⑤] 我們同意將"追"視作一種文書用語,睡虎地秦簡《秦律十八種·行書律》簡185:"書廷辟有曰報,宜到不來者,追之。"[⑥]里耶 9-712＋9-758 也要求"書到,相報。不報,追"。從簡文"丙申、己亥、甲辰追,今復☐……守丞齮敢言之:令二月□亥追,今復寫前日☐"可以看出,原始文書之後起碼有四次時間記載的追文,分明是"丙申"、"己亥"、"甲辰"、"二月□亥",簡文殘缺,未見年月,"丙申"、"己亥"、"甲辰"應屬同月,"丙申"到"己亥"僅三天,而"己亥"到"甲辰"僅五天。唐俊峰據里耶秦簡關於洞庭郡與遷陵縣文書傳遞統計,指出洞庭郡傳至遷陵縣的文書,最快也要將近二十天才送達。[⑦] 遷陵在短時間内多次發追文,且行文間隔時間太短,在洞庭郡還未收到追文時,遷陵就火速再發追文。這種情況還見於:

卅四年六月甲午朔乙卯,洞庭守禮謂遷陵丞:Ⅰ丞言徒隸不田,奏曰:司空厭等當坐,皆有它罪,Ⅱ8-755 耐爲司寇。有書,書壬手。令曰:吏僕、養、走、工、組Ⅰ織、守府門、劾匠及它急事不可令田,六人予田徒Ⅱ8-756 四人。徒少及毋徒,薄(簿)移治虜御史,御史以均予。今遷陵Ⅰ廿五年爲縣,廿九年田廿六年盡廿八年當田,司空厭等Ⅱ8-757 失弗令田。弗令田即有徒而弗令田且徒少不傳于Ⅰ奏。及蒼梧爲郡九歲乃往歲田。厭失,當坐論,即Ⅱ8-758 如前書律令。/七月甲子朔癸酉,洞庭叚(假)守Ⅰ繹追遷陵。/歇手。·以沅陽印行事。Ⅱ8-759

七月甲子朔庚寅,洞庭守繹追遷陵亟言。/歇Ⅰ手。·以沅陽印行事。/

① 湖南省文物考古研究所:《里耶秦簡(壹)》,文物出版社,2012 年;陳偉主編:《里耶秦簡牘校釋(第一卷)》(以下簡稱"《校釋》"),武漢大學出版社,2012 年。本文所引里耶秦簡簡文,如無特殊標注,皆來源於《校釋》,圖版參看湖南省文物考古研究所《里耶秦簡(壹)》,不另注。

② 陳偉主編:《里耶秦簡牘校釋(第一卷)》,第 45 頁。

③ 王焕林:《里耶秦簡校詁》,中國文聯出版社,2007 年,第 63 頁。

④ 馬怡:《里耶秦簡選校(連載二)》,簡帛網 2005 年 11 月 18 日。

⑤ 吴方基:《從出土文書論秦代縣政令的下達與執行機制》,《簡帛研究(二〇一六春夏卷)》,廣西師範大學出版社,2016 年,第 160 頁。

⑥ 睡虎地秦墓竹簡整理小組:《睡虎地秦墓竹簡》,文物出版社,1990 年,第 61 頁。

⑦ 唐俊峰:《秦代遷陵縣行政信息傳遞效率初探》,2016 年中國簡帛學國際論壇會議論文,香港,2016 年 12 月 12 日。

八月癸巳朔癸卯，洞庭叚(假)Ⅱ8-1523守繹追遷陵亟，日夜上勿留。/卯手。·以沅陽Ⅰ印行事。/九月乙丑旦，郵人曼以來。/翥發。Ⅱ8-1523背

歇手。[1] 8-755背

洞庭郡在"卅四年六月甲午朔乙卯"(二十二日)、十八天後的"七月甲子朔癸酉"(十日)、又十七天後的"七月甲子朔庚寅"(二十七日)、再十三天後的"八月癸巳朔癸卯"(十一日)向遷陵行文，最終二十二天後"九月乙丑"(三日)那天到達遷陵縣廷。同樣是多次追文，甚至在最後一次追文中"日夜上勿留"，語氣較重，以催促遷陵。遷陵同樣在未收到洞庭的文書情況下，洞庭就急迫行追文。在接收官署還未得到文書時，發出機構就追文，極有可能是文書內容很緊急，需要及時處理，多次行文可引起接收機構的重視，起到催促處理的作用，提高政務處理的效率。里耶8-704＋8-706、8-755～8-759＋8-1523兩份文書都是這種情況。

還有一種情況是，發文機構在久未得到回應的情況發追文。里耶秦簡中也多見文書延誤處理的情況，尤其是郡縣之間的來往文書，如里耶9-1～9-12，從文書所載時間上看，陽陵縣第一次行文到追文，時隔一年多，陽陵縣因長久得不到洞庭郡的處理回應，只好追書，催促洞庭郡。

比較特殊的一種情況是發文機構"恐前書不到"，再次抄録文書發往接收機構，如：

廿八年七月戊戌朔乙巳，啓陵鄉趙敢言之：令令啓陵捕獻鳥，得明渠Ⅰ雌一。以鳥及書屬尉史文，令輸。文不肎(肯)受，即發鳥送書，削去Ⅱ其名，以予小史適。適弗敢受。即詈適。已有(又)道船中出操栮〈楫〉以走趙，奊訽Ⅲ詈趙。謁上獄治，當論論。敢言之。令史上見其詈趙。Ⅳ (8-1562)

七月乙卯，啓陵鄉趙敢言之：恐前書不到，寫上。敢言之。/貝手。Ⅰ

七月己未水下八刻，□□以來。/敬半。　貝手。Ⅱ (8-1562背)

"恐前書不到"，啓陵鄉怕第一份文書因某種原因未順利送達遷陵，再重新抄寫發送給遷陵。里耶8-197"前後書"(詳見後文論述)也屬於這種情況。在發文機構考慮"恐前書不到"等類似情況重新抄録文書發往接收機構，這種發文是不是也屬於"追文"形式，我們將另文討論，這裏暫將這種文書也歸入"追文"。

若以秦始皇三十一至三十三年洞庭郡治爲臨沅縣，[2]里耶16-52明確記載臨沅到遷

---

① 陳垠昶指出8-1523和8-755～8-759屬同一件文書，8-1523緊接8-759之後，是該文書的最後一支簡。這裏從陳的觀點。詳參陳垠昶：《里耶秦簡8-1523編連和5-1句讀問題》，簡帛網2013年1月8日。

② 游逸飛據臨沅縣於秦始皇三十一至三十三年間，集中發出洞庭郡文書，認爲該縣極有可能在這段時間是洞庭郡治所在。參游逸飛：《里耶秦簡所見的洞庭郡：戰國秦漢郡縣制個案研究之一》，《中國文化研究所學報》第61期，2015年，第33頁。

陵爲九百一十里,[①]唐俊峰在得出里耶 9-712+9-758 和 12-1784 沅陵到遷陵傳遞爲二十二天的情況下,推算洞庭郡到遷陵縣來往文書平均傳遞速度是 41.36 里/日。更是通過周家臺秦簡、嶽麓秦簡南郡官吏行程和北大藏秦代水陸里程簡册推算出秦代南郡官吏日行 94.8 里,[②]洞庭遷陵往來文書傳遞速度遠低於南郡官吏行道速度,更是遠遠低於張家山漢簡《二年律令·行書律》簡 273"郵人行書,一日一夜行二百里"。[③] 遷陵縣文書傳遞速度與秦漢其他地區文書傳遞速度差别如此之大,我們懷疑這必然是與遷陵縣乃至洞庭郡人文地理環境有關。

秦代遷陵縣縣治即現在的湖南省湘西自治州龍山縣里耶古城,是一個四面環山的河谷盆地,里耶 8-659 簡文"居者(諸)深山中"應不僅是虚辭,更能體現遷陵洞庭的環境,群山環繞,交通不便,而横穿里耶鎮的酉水就是重要的對外往來交通。洞庭郡主要是在沅澧中下游,水路發達,而遷陵縣僻處深山,利用酉水對外往來應是常態,[④]洞庭郡到遷陵的文書,無論郡治是臨沅或新武陵,皆是順沅水到酉水至遷陵。鄭威指出洞庭山區文書傳遞主要是依靠沅水及其支流的水上交通。[⑤] 在今日如此發達的交通之下,里耶古城道路仍屬崎嶇不便,可想當時的交通,無論翻越高山,還是乘船行駛,皆屬不易,故而遷陵縣至洞庭郡及其他外郡縣文書往來傳遞速度慢,也是情有可原。

且遷陵縣爲"新地",據里耶 8-757"今遷陵廿五年爲縣"可知,遷陵在秦始皇二十五年才立縣。遷陵在一段時間内屬於"新地","新地"不似内縣,新占領地多楚人,秦楚矛盾大,管理力量比較薄弱,各種管理需要更多的人力、物力。梁煒傑就曾通過尹灣漢簡《東海郡吏員簿》下屬縣吏員人數和遷陵縣的對比,指出遷陵縣吏員人數要遠比漢代内郡大縣多,這應與遷陵縣爲新縣,管理需求較高的現實有關。[⑥] 同時,遷陵多民族雜居,如里耶 9-2300"都鄉黔首毋濮人、楊人、臾人",《後漢書·南蠻傳》仍有"武陵蠻"、"零陽蠻"、"長沙蠻"的記載,多蠻越聚集地,居民的民族構成複雜,相對管理難度大。《後漢書·南蠻傳》就指出(武陵蠻):"雖時爲寇盜。"當時這片地區秩序並不是很安定,這對行書速度也有影響。居民人口較少,交通條件困難,社會不安定都會影響行書速度。張家

---

① 湖南省文物考古研究所編著:《里耶發掘報告》,嶽麓書社,2006 年,第 199 頁。

② 詳參唐俊峰:《秦代遷陵縣行政信息傳遞效率初探》。

③ 張家山二四七號漢墓竹簡整理小組:《張家山漢墓竹簡[二四七號墓](釋文修訂本)》,文物出版社,2006 年,第 46 頁。

④ 王子今:《秦漢時期湘江洞庭水路郵驛的初步考察——以里耶秦簡和張家山漢簡爲視窗》,《湖南社會科學》2004 年第 5 期。

⑤ 鄭威:《出土文獻所見秦洞庭郡新識》,《考古》2016 年第 11 期。

⑥ 梁煒傑:《〈里耶秦簡(壹)〉〈吏缺〉簿册復原》,簡帛網 2015 年 4 月 7 日。

山漢簡《二年律令·行書律》簡 266～267："北地、上、隆西，卅里一郵；地險陜不可郵者，得進退就便處。"[①]就是根據自然地理和人文地理的特殊條件，而調整郵驛方案，同理，行書速度也可因地制宜，根據地理環境和行書方式的不同，而有不同的行書速度，遷陵行書亦然。里耶秦簡暫時也未見有關於處罰行書速度緩慢的記載，故而我們推測，在秦代當時遷陵縣行書速度是官府認可的。

二

里耶秦簡 8-197 釋文如下：

> 卅四年正月丁卯朔辛未，遷陵守丞配敢言之：遷陵黔首⧄Ⅰ
> 佐均史佐日有泰（大）抵已備歸，居吏被繇（徭）使及⧄Ⅱ
> 前後書，至今未得其代，居吏少，不足以結〈給〉事[②]⧄Ⅲ
> 吏。謁報，署主吏發。敢言之。⧄Ⅳ
> 二月丙申朔庚戌，遷陵守丞配敢言之：寫上⧄Ⅴ
> 旦，令佐信行。⧄Ⅵ　　（8-197）
> 報別臧。⧄Ⅰ
> 正月辛未旦，居貲枳壽陵左行。⧄Ⅱ　　（8-197 背）

首先，這份文書分五次書寫："卅四年正月丁卯朔辛未……署主吏發。敢言之"是原始文書，爲第一次書寫，而"正月辛未旦，居貲枳壽陵左行"是第一次送文記録，爲第二次書寫；"二月丙申朔庚戌，遷陵守丞配敢言之：寫上⧄"是追文，是在原始文書上進行第三次書寫，"旦，令佐信行"是追文的送文記録，爲第四次書寫；"報別臧"是最後書寫。[③]簡文雖未有"追"字，但以"前後書"、"寫上"等文字可以知道，遷陵縣多次發文，卻没得到洞庭回應，這也是份政務延誤的文書。據"謁報"、"寫上"和兩次送文可以斷定，這是一份因没有覆命而後發的"追"書，而此份文書上只有一次追書，説明在追書之後遷陵收到了報書。

里耶 8-197 雖下半殘缺，但簡文大意較明了，主要是遷陵守丞向洞庭郡訴説在遷陵

---

① 張家山二四七號漢墓竹簡整理小組：《張家山漢墓竹簡［二四七號墓］（釋文修訂本）》，第 45 頁。

② "結"字作，《里耶秦簡（壹）》與《校釋》皆釋作"給"，這裏從劉平意見釋作"結"字，劉平認爲"結"字爲"給"字誤寫。參看劉平：《讀〈里耶秦簡（壹）札記〉》，《黑龍江史志》2015 年第 5 期。

③ 已有學者對 8-197 文書構成有很好的分析，參看張弛：《〈里耶秦簡（壹）〉文書學研究》，武漢大學碩士學位論文，2016 年，第 102 頁。

8-197 正

8-197 背

任職的“均史”等官吏服役期限已到,現有官吏徭使等工作繁重,遷陵“前後書”洞庭郡,卻“至今未得其代”,即未得到洞庭處理回覆,導致遷陵“居吏少,不足以給事”,不得已再向洞庭郡追書。遷陵“居吏少,不足以給事”,這説明當時遷陵屬吏不足,里耶 8-1137“吏凡百四人,缺卅五人。·今見五十人”缺員人數高達三十五人,現有人數僅五十人,遷陵各官署人員不足也有提及:

貳春鄉佐缺一人 (8-887)

田缺吏見一人。 (8-1118)

少内缺吏見二人 (8-1593)

遷陵縣不在署的吏員較多,陳治國分析這應與當時官吏因秦對匈奴和南越的戰爭應徵入伍以及因去其他地方辦事而暫時離署的背景有關。[①] 唐俊峰分析導致遷陵這段時間員吏不足的原因或與秦始皇三十三、三十四年攻略南方有關。[②] 里耶 8-986“遷陵隸臣員不備十五人”,表明當時遷陵隸臣人員不足。里耶 8-2027“小男子説。今尉徵説以爲求盜”,甚至連未滿十四歲的男子都被徵作求盜。換言之,遷陵縣刑徒勞作者少,爲完

① 陳治國:《里耶秦簡之“守”和“守丞”釋義及其他》,《中國歷史文物》2006 年第 3 期。

② 唐俊峰:《秦代遷陵縣行政信息傳遞效率初探》。

成工作，必須降低對勞作者的年齡要求，且勞作者兼做多種工作。當時遷陵縣不僅吏員不足，連刑徒勞作者都缺乏，這或許不僅僅是因爲對外戰爭徵調人力，與遷陵乃至洞庭的所處環境也有關，即如上節所説，遷陵地理環境惡劣，又地處偏僻，且“新地”、“新黔首”要比秦“故地”、“故黔首”的管理需要更多吏員和戍卒刑徒，[①]即便大量從外郡縣遣徙官吏戍卒，仍難以支撑遷陵縣政務運作。加上“濮越”等民族雜居，環境複雜，秦楚文化、民族差異都導致遷陵乃至洞庭的管理困難，人員缺乏，也導致行書延誤，速度緩慢。

簡背的“報别臧”，“臧”即爲“藏”，“别臧”應指另外收藏，指收到報書後注明報書别藏。即遷陵在得到洞庭已順利收到文書的回覆後，將報書别藏，不與 8-197 文書存放在一起，在文書上注明報書另存放。睡虎地秦簡《秦律十八種·内史雜》簡 197 就明文規定：“毋敢以火入臧(藏)府、書府中。”[②]秦代就有文書檔案存放的專門庫房“書府”，禁止將火帶進庫房，保障文書安全。同時，秦代官方文書存放可從里耶簡文中窺探出一二，在里耶簡中發現多塊笥牌，笥牌就是用來分類標識文書檔案的標籤。遷陵的文書檔案普遍使用竹笥保存，從笥牌上的内容分析，當時秦的文書是依照文書時間和類别歸檔的，性質相同的文書應是集中保存在一起的，如 9-1～9-12 十二枚簡牘即疊放在一起，[③]推測當時是集中廢棄的，故而原先存放也應是集中在一處。[④] 這就説明在秦代，官府管理文書，已有將文書分類，將相似或有聯繫的文書集中存放，秦代文書檔案管理已見成熟。依照文書常規存放方式，8-197 這份文書的報書(回覆)，也應和 8-197 存放在一起，但遷陵縣收到“報書”後，將其存放於他處，爲防止遺落和方便查找，特意在簡背注明“報别臧”。且“報别臧”字迹較大，墨迹重，與簡文其他字迹不同，在簡面上比較明顯，疑爲有意爲之。當時遷陵縣文書存放管理十分嚴謹，因特殊情況相關文書未存放在一起，需注明文書的歸檔存放處，以讓後繼者有迹可循。

三

里耶秦簡 8-1459＋8-1293＋8-1466 釋文如下：

---

① 這裏可參看于振波：《秦律令的“新黔首”與“新地吏”》，《中國史研究》2009 年第 3 期。

② 睡虎地秦墓竹簡整理小組編：《睡虎地秦墓竹簡》，第 64 頁。

③ 邢義田曾對 9-1～9-12 簡牘仔細研究對比，得出十二枚簡牘上下依次疊放，詳參邢義田：《湖南龍山里耶 J1(8)157和 J1(9)1—12 號秦牘的文書構成、筆迹和原檔存放形式》，《簡帛》第一輯，上海古籍出版社，2006 年。

④ 李學勤指出“J1(9)1—12 是成相互聯繫的木牘，有可能原來是捆束在一起的”，劉瑞也認爲這些牘是集中管理，又集中傾倒進井内。參李學勤：《初讀里耶秦簡》，《文物》2003 年第 1 期；劉瑞：《里耶秦代木牘零拾》，《中國文物報》2003 年 5 月 30 日。

卅五年三月庚寅朔丁酉，貳春鄉茲敢言之：佐詘自言：士五，居泥陽Ⅰ益固里。故廢戍，署女陰。今□□☒Ⅱ

四歲。謁告泥陽令【詘】□☒Ⅲ

前書畏其不☒Ⅳ （8-1459＋8-1293＋8-1466）

四月壬戌日入，戍卒寄以來。暉發。詘手。

（8-1459背＋8-1293背＋8-1466背）①

與里耶8-1459＋8-1293＋8-1466文書有諸多相似之處的里耶9-14：

卅五年三月庚寅朔丙辰，貳春鄉茲爰書：南里寡婦憖自言：謁豤（墾）草田故桒（桑）地百廿步，在故

步北恒以爲桒（桑）田

三月丙辰，貳春鄉茲敢言之：上。敢言之。／詘手。 （9-14）

四月壬戌日入，戍卒寄以來。② ／暉發。 詘手。 （9-14背）③

8-1459＋8-1293＋8-1466文書由貳春鄉嗇夫茲於秦始皇三十五年三月八日（丁酉）製作，四月三日（壬戌）送達。9-14文書也由貳春鄉嗇夫茲於秦始皇三十五年三月二十七日（丙辰）製作，四月三日（壬戌）送達。第二份文書從製作到送達縣廷，僅用了不足七天時間，而第一份卻用了近二十六天時間，明顯不合理，唐俊峰指出簡文"前書畏其不"恐與里耶8-1562"恐前書不到"相似，表示該文書不只發送過一次，丁酉日應是原始文書製作日期。④ 可惜該牘殘斷，未能見第二次行文製作時間。

我們仔細比較兩份文書，除送達的時間相同，連文書傳遞的人員也是同一人，皆爲"戍卒寄"，而簽收的都是遷陵"暉"。這説明這兩份内容不同的文書是在同一時間由戍卒寄送，在相同的時間被遷陵縣廷接收。故而我們推測里耶8-1459＋8-1293＋8-1466殘缺的第二次行文時間應與里耶9-14"卅五年三月庚寅朔丙辰"相近。里耶8-1533"户

① 此牘綴合從姚磊意見，參姚磊：《里耶秦簡牘綴合（一則）》，簡帛網2015年5月29日。釋文部分改釋從陳偉、何有祖意見，詳參陳偉：《"廢戍"與"女陰"》，簡帛網2015年5月30日；何有祖《讀里耶秦簡札記（四則）》，簡帛網2015年6月10日。

② "寄"字，作，《里耶秦簡博物館藏秦簡》未釋，本文從《選編①》和何有祖意見釋爲"寄"。參宋少華、張春龍、鄭曙斌、黄樸華編著：《湖南出土簡牘選編①》，第202頁；何有祖：《里耶秦簡9-14號簡補釋》，簡帛網2016年8月24日。

③ 里耶秦簡博物館、出土文獻與中國古代文明研究協同創新中心中國人民大學中心編著：《里耶秦簡博物館藏秦簡》，中西書局，2016年，第179頁。

④ 唐俊峰：《秦代遷陵縣行政信息傳遞效率初探》。

曹書四封，遷陵印，一咸陽、一高陵、一陰密、一競陵。廿七年五月戊辰水下五刻，走荼以來。"也是由走"荼"將户曹四封文書送往遷陵蓋印，再據發往地的不同而分别派送。

同樣，或許由同一人同一批次傳遞的文書還有里耶 9-1～9-12，文書上雖不見文書傳遞人員和遷陵接收文書時間記載，但有文書批次製作時間，如下表：

<table>
<tr><th>陽陵司空原始文書時間</th><th>陽陵縣轉書時間</th><th>陽陵縣追文時間</th><th>洞庭郡處理文書時間</th></tr>
<tr><td>9-11(卅三年三月二十七日)</td><td>9-2、9-3、9-9、9-11(四月初二)</td><td>9-1(卅四年六月二十五日)</td><td rowspan="5">9-1～9-12(卅五年四月初七)①</td></tr>
<tr><td>9-2、9-3、9-9(卅三年三月二十八日)</td><td>9-8(四月初八)</td><td>9-10(卅四年六月二十九日)</td></tr>
<tr><td>9-1、9-4、9-5、9-8、9-10、9-12(卅三年四月初六)</td><td>9-1、9-4、9-5、9-7、9-10、9-12(四月初九)</td><td>9-3、9-12(卅四年七月二十八日)</td></tr>
<tr><td>9-6、9-7(卅三年四月初八)</td><td>9-6(四月初十)</td><td>9-2、9-5、9-6、9-7、9-8、9-9、9-11(卅四年八月初一)</td></tr>
<tr><td></td><td></td><td>9-4(卅四年八月初二)</td></tr>
</table>

我們大膽揣測，在同一時間製作或處理的 9-1～9-12 文書，很有可能是在同一時間由同一個人分批次傳遞到同一個目的地，如 9-1、9-4、9-5、9-8、9-10、9-12 在陽陵司空於卅三年四月初六書寫而成，之後再由一名行書者送往陽陵縣廷；9-1、9-4、9-5、9-7、9-10、9-12 在四月初九那天陽陵縣轉寫後發往洞庭郡治。秦始皇三十五年四月己未朔乙丑(七日)那天，由洞庭郡尉觽簽覆"陽陵卒屬遷陵，其以律令從事"，然後應是同一時間將這些文書一起發到遷陵縣，這裹我們推測也是由一名人員負責傳遞。當然，文書製作處理時間不代表文書傳遞時間，但一般情況是當天或次日傳遞。鄰近日期製作文書，尤其是只相隔一天的文書，或許也是同時由一人傳遞。里耶 8-157："正月戊寅朔丁酉，遷陵丞昌卻之啓陵：廿七户已有一典，今有(又)除成爲典，何律令瘫(應)？尉已除成、匄爲啓陵郵人，其以律令。/氣手。/正月戊戌日中，守府快行。"遷陵批覆後次日才送走。文書行文時間鄰近，發往地相同，或可延遲一日，再一同傳遞。如 9-11 與 9-2、9-3、9-9 文書製作時間僅差一天，而到陽陵縣轉發文書時間一致，這很有可能是同時由陽陵司空發往陽陵縣。

秦代文書傳遞與現在的檔案文件傳遞相似，在發出機構、發出時間、接收機構相同的情況下，將檔案文書以同一批次的形式發出，由同一人傳遞，這樣能極大地節省了人力，提高了效率，尤其是在遷陵縣這樣一個人員匱乏、交通不便的邊境縣。

---

① 里耶簡 9-1～9-12 文書日期參看張春龍、龍京沙：《里耶秦簡⑨1 -⑨12 綜論》，《湖南省博物館館刊》第二輯，嶽麓書社，2005 年，第 312—313 頁。

論有説無

——戰國及漢初諸侯王國無郡論的比較

游逸飛

（中興大學歷史系）

一、漢初諸侯王國無郡論

2010 年 7 月，我在江蘇徐州市博物館、徐州漢兵馬俑博物館參觀，瀏覽漢初楚王陵隨葬的大量官印、封泥後，心裏慢慢滋生出一個想法：爲什麽楚王陵有那麽多中央官印、縣級官印，就是没有郡級官印？這些年我不斷蒐集資料，修改文章，與師友攻難，2015 年 12 月，拙文《漢初楚國無郡論》終於在《新史學》上刊布，[①]總算將當年田野調查的心得呈現出來給學界批判。

拙文根據數百方楚王陵隨葬官印、數千方出土楚國封泥的史料數量，從概率上排除了偶然性的解釋。接著通過各種論證，否定盜掘、葬俗、官制、交通運輸、歷史地理等諸種可能性，指出它們都無法有效解釋漢初楚國爲何未見郡級官印、封泥，因此漢初楚國無郡論才是目前最合理的歷史解釋。拙文同時論證徐州北洞山與獅子山楚王陵爲第一、二代楚王墓，故以隨葬官印爲基礎的楚國無郡論至少可涵蓋第一代楚王卒年至第二代楚王卒年之間，也就是公元前 179 年至公元前 175 年。在這五年之外，楚國有可能尚未廢郡，亦可能恢復故郡，從而解釋了“楚東海守”封泥存在的原因。但公元前 179 年至公元前 175 年只是楚國無郡論的“絶對年限”，楚國無郡論很可能不只局限於短短五年之間，其上下限可能延伸至吕后元年（前 187 年）與第三代楚王統治時期（前 174 年—前

① 游逸飛：《漢初楚國無郡論——戰國秦漢郡縣制個案研究之二》，《新史學》第 26 卷第 4 期，2015 年，第 1—78 頁。

154 年)，楚國無郡時期可能長達數十年之久。

"漢初楚國無郡論"是否來自楚國的區域特殊性呢？爲此拙文根據近兩千方傳出土於臨淄劉家寨的漢初齊國封泥，同樣以史料數量排除偶然性的解釋，續撰《漢初齊國無郡論》一文，[①]説明楚國無郡並非孤例，漢初齊國亦在某些時候無郡，漢初某些諸侯王國確曾廢郡。但同時拙文指出目前亦有史料明確揭示長沙國、趙國在某些時候有郡，漢初諸侯王國無郡不宜視爲普遍現象。漢初諸侯王國廢郡是否爲某種特殊制度或呈現出某種新的歷史趨勢？目前關於漢初諸侯王國郡制的史料已竭澤而漁，所能反映的"歷史事實"大抵已如上述，既然實證研究無以爲繼，本文不擬作更多推論，只想對史學方法的問題略加申述，爲與"戰國東方六國無郡論"的比較打下基礎。

"漢初諸侯王國無郡論"從史料出發，較爲充分地考慮了史料論證範圍的限制。將出土史料如楚王陵隨葬官印的論證範圍限縮於第一、二代楚王卒年之間的同時，亦指出傳世史料如《漢書・楚元王傳》"王薛郡、東海、彭城三十六縣"的敘述，只能用來論證楚國始封之時有三郡之地，不一定反映楚國之後亦置有三郡。例如由於楚内史在官制上的必然存在，漢初楚國始封時即使有郡，也不是"三郡"，《漢書》對諸侯王國政區的書寫，或多或少留下了一些"誤讀"空間。"漢初諸侯王國無郡論"十分强調傳世文獻的籠統性：先秦兩漢史料寡少，若嚴格檢驗原始史料與現有歷史敘述之間的關係，幾可謂"網漏吞舟之魚"。縝密研究新出土史料，局部修正既有的歷史敘述與歷史解釋，其實並不困難，在此基礎之上，重新解讀傳世史料，提出更加全面且新穎的歷史圖像，應有一定空間。

論有易，説無難，這是"漢初諸侯王國無郡論"的根本困難。但本文希望提請讀者留意：歷史現象實乃有無相生、虛實相應。史家研究歷史上某一時間與空間的"有"，其實也就暗示了歷史上某一時間與空間的"無"，否則"有"的特殊性難以彰顯，歷史研究的意義與價值也就打了折扣。傅斯年曾云：

> 古史者，劫灰中之燼餘也。據此燼餘，若干輪廓有時可以推知，然其不可知者亦多矣。以不知爲不有，以或然爲必然，既爲邏輯之戒律，又蔽事實之概觀，誠不可以爲術也。今日固當據可知者盡力推至邏輯所容許之極度，然若以或然爲必然，則自陷矣。[②]

歷史上確實存在"不有"之事，亦可能具有研究價值。如何"據可知者"研究"不有"，將其

---

① 游逸飛：《漢初齊國無郡論——戰國秦漢郡縣制個案研究之三》，《歷史地理》第三十三輯，上海人民出版社，2016 年，第 1—26 頁。

② 傅斯年：《性命古訓辨證》，《傅斯年全集》，聯經出版社，1980 年，第 300—301 頁。

“盡力推至邏輯所容許之極度”，實爲治史者不可忽視的課題。事實上兩百年前錢大昕《廿二史考異》便曾考證過漢初諸侯王國與郡的關係。[①] 雖然他當時根據傳世文獻主張漢初諸侯王國轄郡，與兩百年後的出土文獻相扞格。但對錢大昕來説，漢初諸侯王國與郡的關係顯然並非不證自明的常識。如果他能看到新的史料，或許也會得出無郡論的看法。

根據近年學界研究，漢初諸侯王國的獨立性超乎過去我們所想象，漢初之郡的功能偏於軍事、監察，與西漢中期以後的郡也有很大差别。循此可論説無郡論的歷史脈絡及其意義如下：

> 楚、齊、淮南等諸侯王國於漢初某些時候無郡，漢家天下或有郡，或無郡，秦始皇“海内爲郡縣”的景象並未完全見於漢初，只有縣乃普天之下共有。秦郡的普及，來自於秦的侵略戰爭及秦始皇廢除封建，面對廣土衆民的天下，不得不依賴郡制治理地方。漢初諸侯王國的疆域較小，無郡亦可有效治理地方，遂於適當時機廢郡。相較於封建制，先秦時期置郡設縣一般服膺於中央集權。然而郡制的中央集權功能可能隨著時移境遷而減弱、消失，甚至不利於中央集權。當漢初諸侯王國感到郡制無益於王國自身的中央集權時，廢郡之舉也就提上日程。雖然漢初諸侯王國廢郡、無郡只是局部、特殊的現象，在鋪天蓋地的郡縣化浪潮下，廢郡、無郡有如曇花一現，埋没於海内爲郡的歷史洪流。司馬遷、班固在《史記》《漢書》裏對廢郡、無郡隻語未提，因爲他們著意呈現郡縣化中央集權的歷史大勢，廢郡、無郡只是當時的小逆流，不必在通史、王朝史裏占據篇幅。但當郡縣化中央集權的歷史主流已幾成教條時，揭示廢郡、無郡的現象，探索當時的逆流、伏流，可能有助於我們反思郡縣制的本質並非中央集權的工具，郡縣制的發展亦可能走向地方分權。漢初楚國無郡論，所論雖小，卻可能帶給我們新的視野，重新理解秦漢地方政制的性質。[②]

二、戰國東方六國無郡論

無獨有偶，2010年土口史記《先秦時代における“郡”の形成とその契機》一文探討

① 錢大昕著，方詩銘、周殿傑點校：《廿二史考異（附：三史拾遺、諸史拾遺）》，上海古籍出版社，2004年，第58頁。

② 游逸飛：《漢初楚國無郡論——戰國秦漢郡縣制個案研究之二》，《新史學》第26卷第4期，第1—78頁。

了戰國秦國與東方六國的置郡差異，[①]此文啓發我們思考“戰國東方六國無郡論”的可能性。[②] 他首先從史料批判的角度指出，記載戰國東方六國置郡的文獻時代大抵較晚，如《史記・匈奴列傳》：

趙有代、句注之北，魏有河西、上郡，以與戎界邊。[③]

可能只反映了漢人的地方政制觀念。然後他指出“郡”是秦國因征服六國、疆域急遽擴大而特設的地方政制，東方六國缺乏疆域急遽擴大的條件，是否置“郡”尚須仔細檢討。三晋兵器銘文未見郡的蹤迹，足資參考。他進而梳理秦國與魏國的置郡情況，指出秦郡均爲侵略鄰國領土而來，魏吞併宋國後，方在宋國疆域置“大宋”、“方與”二郡，[④]與秦在征服地置郡類似。因此他認爲秦、魏均未在固有疆土置郡，秦、魏之“郡”是指在征服地設置的政區。土口史記對“郡”所下的定義比過去楊寬等人使用的邊地政區更爲嚴格，使得無郡論較易成立。

“戰國東方六國無郡論”可謂言之成理。然而除了齊國有都無郡，過去戰國東方五國置郡向無人懷疑。土口史記亦承認他的郡制論述基礎僅爲秦、魏兩國，是否有效涵蓋楚、趙、韓、燕等國，尚待進一步探討。[⑤] 因此過去没有人提出“戰國東方六國無郡論”的原因值得省思。

“漢初諸侯王國無郡論”的論證是從史料呈現的“默證”出發。縱使論有易，説無難，終究有史料可説。“戰國東方六國無郡論”不然，即便不引用成書較晚的《史記》，我們也很容易在戰國文獻裏找到東方五國置郡的史料，如《戰國策・趙策》記載數十年後的趙孝成王任命齊人李伯爲“代郡守”，[⑥]楚之巫郡則見於《戰國策・楚策》：

---

① 土口史記：《先秦時代における“郡”の形成とその契機》，《古代文化》第61卷第4期，2010年。後收入氏著《先秦時代の領域支配》，京都大學學術出版會，2011年，第123—164頁。

② 2017年8月9日在第六届出土文獻青年學者論壇上，土口史記評論本文初稿。出於種種原因，他强調他只是主張戰國東方六國缺乏置郡的契機，並非主張戰國東方六國無郡。至於“戰國東方六國缺乏置郡的契機”之後，戰國東方六國的政區實態究竟爲何，他並未明確表態。本文同意“戰國東方六國缺乏置郡的契機”與“戰國東方六國無郡”不可完全等同。但因“戰國東方六國缺乏置郡的契機”，在學理上確實可以進一步發展成“戰國東方六國無郡論”。本文爲了論述方便，仍將土口一文置於“戰國東方六國無郡論”的脈絡之中加以敘述。但土口一文的主張確實不完全等同於“戰國東方六國無郡論”，祈請讀者留意。

③ 《史記》卷一百一十《匈奴列傳》，中華書局，1959年，第2885頁。

④ 《史記》卷四十《楚世家》，第1730頁。

⑤ 土口史記：《先秦時代における“郡”の形成とその契機》，第155頁。

⑥ 繆文遠：《戰國策新校注》卷二十，巴蜀書社，1998年，第631頁。

楚地西有黔中、巫郡，東有夏州、海陽，南有洞庭、蒼梧，北有汾陘之塞、郇陽。[①]

即使今本《戰國策》來自西漢晚期劉向、歆父子參校中外秘書的整理，並非原封不動的戰國文本，我們亦無充分理由懷疑上引趙國"代郡"、楚國"巫郡"出自漢人的改寫。

如果不拘泥於"郡"字有無，不難找出更多東方六國郡制的戰國史料。

與上引"郡守"相類者有"太守"，《戰國策・趙策》記載戰國末年趙國爲了招降韓上黨守馮亭，開出"請以三萬户之都封太守，千户封縣令"的條件，[②]韓國上黨太守下轄縣令，已與秦漢郡下轄縣之制無殊。

"守"則更多，魏國之守見於《韓非子・内儲説》"吴起爲魏武侯西河之守"、[③]"李悝爲魏文侯上地之守"；[④]韓國之守見於《戰國策・韓策》"王何不召之，以爲三川之守"；[⑤]趙國之守見於《韓非子・内儲説》"董閼于爲趙上地守"，[⑥]《外儲説》見"上黨守"；[⑦]燕國之守見於《戰國策・趙策》"燕以奢爲上谷守"。[⑧] 土口史記認爲"守"不等於"郡守"，因此排除了西河守、上地守等郡制史料，主張魏國無郡。考慮到《華陽國志・蜀志》記載秦之蜀邦守、[⑨]《戰國策・趙策》衛國之"蒲守"等"守"非"郡守"之例，[⑩]"守"確實不一定指"郡守"。然而上引韓之三川、趙之上黨、魏之西河、燕之上谷在秦漢均爲郡名，若説上述韓、趙、魏、燕之守有些非郡守，固有可能；若説無一爲郡守，則難以服人。

上引韓國之縣，其上有政區管轄的情況，這在戰國文獻裏並不罕見，如《戰國策・秦

---

① 繆文遠：《戰國策新校注》卷十四，第 430 頁。近年出土秦漢簡證實洞庭郡與蒼梧郡的存在，此處"洞庭、蒼梧"或亦爲楚郡。

② 繆文遠：《戰國策新校注》卷十八，第 539 頁；又見《史記》卷四十三《趙世家》，第 1825 頁。張守節《正義》懷疑"太守"的"太"字爲衍文，漢景帝以後始有太守。陳直則指出"太守"一詞東方六國已有，不應根據後起漢制懷疑先前的戰國制度。漢景帝改"郡守"爲"太守"，甚至可能受戰國東方六國影響。參陳直：《史記新證》，中華書局，2006 年，第 95 頁。

③ 王先慎著，鍾哲點校：《韓非子集解》卷九，中華書局，1998 年，第 229 頁。

④ 王先慎著，鍾哲點校：《韓非子集解》卷九，第 230 頁。

⑤ 繆文遠：《戰國策新校注》卷二十八，第 890 頁。

⑥ 王先慎著，鍾哲點校：《韓非子集解》卷九，第 222—223 頁。

⑦ 王先慎著，鍾哲點校：《韓非子集解》卷十二，第 307 頁。

⑧ 繆文遠：《戰國策新校注》卷二十一，第 651 頁。

⑨ 常璩著，劉琳校注：《華陽國志校注》卷三，新文豐出版社，1988 年，第 117 頁。

⑩ 繆文遠：《戰國策新校注》卷三十二，第 993 頁。《史記・傅靳蒯成列傳》記載靳歙"所將卒斬兵守、郡守各一人"，反映秦楚之際的"守"亦不一定是郡守。見《史記》卷九十八《傅靳蒯成列傳》，第 2710 頁。

策》記載趙國“代三十六縣，上黨十七縣”，[①]“趙賂以河間十二縣”，[②]“趙攻燕，得上谷三十六縣”。[③] 代、上黨、河間、上谷亦爲秦漢郡名；上引上黨、上谷長官稱守；代乃趙國之郡，上引《戰國策》已有明確記載。若説上述諸地無一是郡，亦難服人。

上引史料應可反映戰國東方五國或多或少曾經置郡，戰國東方六國無郡論難以徹底成立。回到《戰國策》確切記載的代郡、巫郡，二郡無疑爲趙、楚邊地，卻不易證明爲趙、楚在征服地所置之郡。如果二郡確實存在，土口史記對郡所下的新定義便無法涵蓋所有的郡，戰國七雄僅在征服地置郡的歷史敘述也難以徹底成立。

若從上引史料出發，恐怕罕有人能得出戰國東方六國無郡論的新結論。土口史記啓發我們思考戰國東方六國無郡論的契機，來自他對當時歷史脈絡的别樣觀察。他的論證核心是將郡與征服地勾連起來，强調秦始皇“海内爲郡縣”之制來自秦國的不斷對外擴張，郡制的相關歷史現象必須從軍事進程的角度去理解。此歷史脈絡看似卑之無甚高論，其實極有助於我們深描早期郡制的史料碎片，重新提出戰國秦漢郡縣制的歷史解釋。拙文《從軍區到地方政府》[④]《三府分立》[⑤]《從張家山漢簡論漢初之郡的中央外派性質》[⑥]所參照的主要歷史脈絡之一，與之可謂不謀而合，甚至可能受其影響。

但上述拙文並未采納戰國東方六國無郡論，而是謹守秦郡之分際，秦郡之外只探討繼承秦郡的漢郡。另一篇拙文《“郡縣同構”與“令出多門”——包山簡所見戰國楚國郡縣制》，[⑦]則以另一種歷史脈絡“中央與地方的關係”爲主幹，不考慮郡與征服地的歷史脈絡，亦未得出“戰國楚國無郡論”的結論。爲什麽呢？原因僅僅是因爲史料不足徵嗎？本文還想從多元歷史脈絡的角度稍加申述。

從秦的歷史脈絡來説，秦郡確實來自秦國不斷對外擴張，東方五國確實相對缺乏像秦國那樣置郡的契機。强調戰國秦國與秦郡的特殊性，適足打破我們將戰國七雄視爲

---

① 繆文遠：《戰國策新校注》卷三，第 81 頁。類似文句又見於《韓非子·初見秦》：“代四十六縣，上黨七十縣，不用一領甲，不苦一士民，此皆秦有也。”見王先慎著，鍾哲點校：《韓非子集解》卷一，第 9 頁。上黨又見《戰國策·齊策》：“樓子恐，因以上黨二十四縣許秦王。”見繆文遠：《戰國策新校注》卷九，第 301 頁。上黨所領縣數的變遷值得研究，《韓非子·初見秦》的“七十縣”可能是“十七縣”之誤倒。

② 繆文遠：《戰國策新校注》卷七，第 245 頁。

③ 繆文遠：《戰國策新校注》卷七，第 243 頁。

④ 游逸飛：《從軍區到地方政府——簡牘及金文所見戰國秦之郡制的演變》，《臺大歷史學報》第 56 期，2015 年。

⑤ 游逸飛：《三府分立——從新出秦簡論秦代郡制》，《“中研院”歷史語言研究所集刊》第 87 本第 3 分，2016 年，第 461—505 頁。

⑥ 游逸飛：《從張家山漢簡論漢初之郡的中央外派性質》，《漢學研究》第 35 卷第 3 期，2017 年。

⑦ 游逸飛：《“郡縣同構”與“令出多門”——包山簡所見戰國楚國郡縣制》，《興大歷史學報》第 31 期，2016 年，第 1—22 頁。

鐵板一塊的一元化觀點,十分可取。然而事物具有兩面性,秦之特殊性的視角或多或少帶有秦本位的色彩,不一定完全適用於戰國東方六國。如果充分考慮到戰國東方六國自身的歷史脈絡,即便他們缺乏像秦國那樣置郡的契機,仍可能置郡,只是他們置郡的性質與秦郡有别。①

因此戰國東方六國無郡論,不一定符合東方六國自身的歷史脈絡,充其量只是一項可能的歷史解釋,而且是與現有史料相扞格的歷史解釋。我們可以嘗試提出另一種歷史解釋:戰國東方五國有郡,只是較少設置於征服區,主要設置在五國邊地;五國之郡雖然也帶有一定的軍事性質,但較缺乏秦郡的征服性,與秦郡有别。此説可稱之爲"戰國東方之郡非秦郡論"。② 雖然這種歷史解釋未必有足够的史料支持,也未必符合現今已無人可知的"歷史真實",但相較於戰國東方六國無郡論,上述歷史解釋可以更融洽地挽合現有史料、秦之歷史脈絡與東方六國的歷史脈絡,至少可備一説。上引傅斯年云"若以或然爲必然,則自陷矣",戰國東方六國無郡論或即一例。

餘　論

本文嘗試比較"漢初諸侯王國無郡論"與"戰國東方六國無郡論"的優劣及其面對的史學課題。就史學方法而言,兩種論説同樣重視出土文獻所保存的歷史情境,同樣主張傳世文獻也是一種歷史書寫,同樣關注不同地域傳統發展出的制度特色,同樣在意不同時代呈現的歷史脈絡差别,同樣使用了某種程度的默證……爲什麽本文傾向肯定"漢初諸侯王國無郡論",卻傾向否定"戰國東方六國無郡論"呢?本文相信問題不僅出在具體考證,尚須探討史料、歷史解釋、歷史脈絡等概念,方能進一步解析。

史料的定義大抵無須分説。本文認爲歷史解釋是史家對史料的歷史意義所作的解析。歷史脈絡是當代史家的習語,正因如此似乎缺乏界定。本文認爲客觀的歷史真實,即那條滾滾流動的歷史長河,也許已經消失,但必然曾經存在。歷史脈絡依託於客觀的歷史真實,有其客觀性。然而歷史脈絡畢竟是史家對歷史真實的"理解",是史家對歷史真實的"再現",有其主觀性。不同史家對歷史脈絡的描述與建構,必定不完全一致。即使再怎麽强調歷史脈絡的客觀性,史家所能掌握的歷史脈絡也只能是滔滔長河中無數水流中的某幾條罷了。史家既不可能掌握全部的歷史真實,所理解的歷史脈絡就不可

① 事實上東方六國在縣之上設置的政區也不一定稱"郡",例如齊在縣之上設置的政區便稱爲"都"。

② 此説符合"戰國東方六國缺乏置郡的契機"的論述,故土口史記亦可能同意此説。但因他未明確説明戰國東方六國的政區實態,他究竟作何主張,本文無法確知。

能避免以偏概全。進一步説，在概念上，歷史脈絡應爲史家在諸多歷史解釋的基礎之上，所建構的整體歷史圖像，亦可視爲宏觀的歷史解釋。但實際操作中，史家在建立具體而微的歷史解釋前，心中必然已存在一些既定的歷史脈絡。這些歷史脈絡或明或暗，雖有可能被史家新得出的歷史解釋所修正，但也可能導致史家提出錯誤的歷史解釋。

無論如何，史料是歷史研究的前提，歷史脈絡是歷史研究的背景，歷史解釋則是歷史研究的目標。“漢初諸侯王國無郡論”反映史料所對應的歷史解釋可能有多項，“戰國東方六國無郡論”則反映歷史脈絡所對應的歷史解釋亦可能有多項。不管是從史料還是從歷史脈絡出發，都可能歧路亡羊，找不到準確的歷史解釋。若要建立較爲堅實的歷史解釋，既須挽合史料與歷史脈絡，又須排除其他看似可能的歷史解釋，何其難哉！①

① 從史料出發的“漢初諸侯王國無郡論”，雖是我個人的研究成果，但我並無意主張史料的位階高於歷史脈絡。畢竟嗜於追求高遠的歷史脈絡，固然容易隔膜於多如牛毛的瑣細史料，從而使歷史解釋如沙上築塔，缺乏史料的支撑；但對具體的史料情有獨鍾，卻又難免對較爲抽象、透明的歷史脈絡缺乏體悟與掌握，導致所得出的歷史解釋偏離歷史脈絡。微觀的史料與宏觀的歷史脈絡難以同時並握，人類歷史的多元更使各種歷史解釋難以窮盡，漫漫歷史長河的逝去又讓歷史解釋難以得到驗證，令人滿意的歷史研究幾不可能完成。正因如此，歷史學愈發迷人。

揚州新出漢廣陵王豢狗木牘釋考

閆　璘(揚州市文物考古研究所)
張朝陽(上海交通大學歷史系)

前　言

2015年爲配合萬科房地産項目建設,南京博物院、揚州市文物考古研究所在建設用地範圍清理了一座西漢中期墓葬。墓葬棺槨結構保存完整,隨葬品組合清楚,墓主身份明確,時代特徵明顯。尤其是出土的13件木牘中,有3件記載侍中"遂"向"王"呈報的關於一條名爲"麇"的狗先後兩次走丟事件的奏疏及處理的情況,是目前已知出土文獻中關於漢代諸侯王豢狗情況的唯一一條官樣文書,對了解漢代諸侯王豢狗習俗、財産管理等具有十分重要的意義。現録文如下(圖版見文末附圖及本書彩插)。

侍中臣遂伏地再拜言。大王足下。臣遂所養牡狗,名曰麇。亡,未得。臣伏地再拜以聞大王足下。命曰:可。五年九月甲子,中謁者加奏。出□室。

侍中臣遂伏地再拜言。大王足下。臣遂所養牡狗名曰麇,昨日亡,求未得。□伏地再拜以聞。麇常聞雷走,去之城北,雷止還。昨日去不還。五年十月己卯,中謁者義□奏。出閒門。□□□□朔己卯,侍中遂寫下狗官。

侍中臣遂伏地再拜言。大王足下。臣遂所養牡狗名曰麇,前日亡,求未得,臣伏地再拜以聞大王足下。·臣遂家人出,逢一男子牽之。言曰:郎中周吴人學之,吴人得之。命曰:男子得縣官狗,何以爲?奏之。

一、木牘時代及"王"的身份考證

木牘記載了侍中"遂"先後三次向"王"呈報的奏疏及事件處理情況,那麽,這裏的王是指誰呢？漢代分封於今揚州地區的諸侯王先後有吴王劉濞，江都王劉建、劉非，廣陵王劉胥、劉宫（西漢）、劉荆（東漢）等，其中目前已經明確吴王劉濞安葬於揚州廟山，江都王劉建安葬於盱眙大雲山，廣陵王劉胥安葬於高郵天山，廣陵王劉荆葬於今揚州甘泉。那麽這批木牘中記録的"王"是哪個"王"呢？要搞清楚"王"的身份，首先需確定墓葬的時代。

這座墓葬雖然没有出土明確記載墓葬時代的文字材料，但其時代特徵明顯。首先從墓葬形制上看，爲豎穴土坑木槨墓，一側厢，一頭厢，一棺。這種墓葬流行於西漢時期，是揚州地區比較普遍的墓葬形制。與揚州胡場 1 號墓、東風磚瓦廠 5 號墓形制相同，張學濤稱其爲 A 型Ⅱc 式，時代大致在西漢中期；[①]周俊先生稱其爲 E1 型，並根據墓葬形制和出土遺物，判斷其時代爲西漢宣帝時期左右。[②]

其次，墓葬中出土的隨葬品均帶有明顯的西漢中期特徵。從出土陶器組合上看，以鼎、盒、壺、瓿爲組合特徵的墓葬，流行於西漢早中期。從出土器物類型來看，該墓出土的鼎、盒、壺、瓿器形與煙袋山 1 號墓[③]器形相似，其時代也相差不遠。墓内出土了兩面銅鏡，均爲間隔式大樂富貴四葉蟠螭鏡，這種鏡型出現於戰國晚期，流行於西漢早中期。出土的漆器也有西漢中期的特徵，與荆州高臺[④]西漢中期早段墓葬出土漆器有一定的相似性。

綜上所述，則該墓的時代大致在西漢武帝至宣帝時期，則可以確定木牘記載的"王"並非吴王劉濞或者東漢廣陵王劉荆。檢文獻記載，西漢武帝至漢宣帝時期，在今揚州地區先後生活有兩任江都王和廣陵王劉胥。那麽究竟是哪位諸侯王呢？

江都王有劉非、劉建父子。據《史記》載："江都易王非，以孝景前二年用皇子爲汝南王。吴楚反時，非年十五，有材力，上書原擊吴。景帝賜非將軍印，擊吴。吴已破，二歲，徙爲江都王，治吴故國，以軍功賜天子旌旗……立二十六年卒，子建立爲王。七年自殺。"南京博物院 2009—2012 年對劉非墓進行了發掘。[⑤]

廣陵王劉胥。漢武帝元狩六年（前 117 年），武帝以廣陵郡部分地置廣陵國，"分沛、東陽置臨淮郡"，封其子劉胥爲廣陵王，都廣陵。宣帝五鳳四年（前 54 年），劉胥因"坐祝祖上"，案發被究，以綬帶自縊，廣陵國除，改爲廣陵郡，死後賜謚號"厲王"。廣陵王墓位於今揚州高郵天山。

木牘文末所署干支紀年，分别爲五年九月甲子和五年十月己卯。經比對干支紀年，我們認爲墓主應該是廣陵王劉胥。

---

① 張學濤：《揚州地區西漢中小型墓葬的分期研究》，《揚州教育學院學報》2013 年第 1 期。

② 周俊：《揚州地區漢代木槨墓初探》，《東南文化》2004 年第 5 期。

③ 南京博物院：《江蘇儀徵煙袋山漢墓》，《考古學報》1987 年第 4 期。

④ 湖北荆州博物館：《荆州高臺秦漢墓》，科學出版社，2000 年。

⑤ 南京博物院、盱眙縣文廣新局：《江蘇盱眙縣大雲山西漢江都王陵一號墓》，《考古》2013 年第 10 期。

漢代紀年有三種格式。一種爲諸侯王紀年。西漢初年,繼承春秋“諸侯宗周,國皆稱元,以布時令”[①]的傳統,“人君有位號,則有紀年”,[②]諸侯王和列侯都自有其紀年,並且是一種普遍的現象,傳世與出土的諸侯王紀年器物銘文均有反映。第二種爲皇帝年號紀年與諸侯王紀年並列存在,皇帝年號紀年列於前,諸侯王紀年臣於後。兩者相互對應。這種格式出現在漢武帝時期,其中最早的一件爲山東日照縣海曲西漢墓(M106)出土的“天漢二年(前 99 年),城陽十一年”簡,[③]上書皇帝年號紀年、下書諸侯王紀年。其後有金章宗明昌二年(1191 年)重修曲阜孔廟時發現的“五鳳二年魯卅四年六月四日成”的刻石。[④] 這種紀年款式,與《史記》的《十二諸侯年表》《六國年表》《漢興以來諸侯王年表》紀年精神一脈相承,把作爲天子的周王、秦朝皇帝、漢朝皇帝紀年排在首位,其下排列諸侯,體現了尊崇天子、皇帝的精神。第三種即衆所周知的皇帝年號紀年。那麼這裏的紀年方式是皇帝紀年還是諸侯紀年呢?

首先,我們可以排除其爲武帝紀年。揚州地區西漢墓葬分期,一般西漢早期指西漢建立到武帝元狩五年(前 118 年)以前;西漢中期,指武帝元狩五年至昭帝、宣帝時期;西漢晚期前段,指元帝、成帝、平帝、哀帝時期;晚期後段,指新莽時期。該墓根據出土墓葬形制及出土器物可判定爲西漢中期墓葬,則此處紀年中的“五年”並非武帝紀年。同時,從干支紀日上看,武帝五年爲建元五年(前 136 年),查對《二十史朔閏表》,五年九月乙丑朔,無甲子日,五年十月乙未朔,無己卯日。漢昭帝五年九月辛亥朔,甲子日爲九月十四日,十月辛巳朔,無己卯日。漢廢帝劉賀,在位僅僅 29 天,後遷海昏侯。宣帝五年爲地節元年(前 69 年)九月丙寅朔,無甲子日,十月乙未朔,無己卯日。可見,此處的紀年並非皇帝紀年。

其次,從木牘内容上看,此件是“侍中臣遂”向“王”呈報事宜,其應該是使用諸侯王紀年,這種直書“×年”的紀年方式,以前在揚州地區發現過,如胡場五號墓出土的告地册就采用這種方式:“卌七年十二月丙子朔,辛卯,……卌八年獄計承書從事。”[⑤]長沙走馬樓簡中這種紀年方式也極爲常見。

既然判定是諸侯王紀年,那麼究竟是哪位諸侯王呢?我們分别將江都王和廣陵王紀年轉換爲西漢紀年並查對《二十史朔閏表》,推算如下:

1. 江都王劉非五年即景帝七年(前 150 年),該年九月丁巳朔,則甲子日爲九月八日,十月丙戌朔,無己卯日。

---

① 《晉書》卷八十七《涼武昭王玄盛傳》。

② 王士禛:《古夫於亭雜録》卷六《沈鯉奏疏》。

③ 山東文物研究所:《山東日照海曲西漢墓(M106)發掘簡報》,《文物》2010 年第 1 期。

④ 翁方綱:《兩漢金石記》卷七《五鳳二年石刻》,《石刻史料新編》第一輯第 10 册,新文豐出版公司,1982 年,第 7300 頁。

⑤ 揚州博物館、邗江縣圖書館:《江蘇邗江胡場五號漢墓》,《文物》1981 年第 11 期。

2. 江都王劉建，繼位於漢武帝元朔二年（前 126 年），五年即武帝元朔六年（前 123 年），該年九月庚戌朔，則甲子日爲十五日，十月己酉朔，無己卯日。

3. 廣陵王劉胥受封於元狩六年四月乙巳，五年即武帝元鼎四年（前 113 年），該年九月壬子朔，則甲子日爲十三日，十月辛亥朔，己卯日爲二十九日。

江都王劉非、劉建干支紀年中，月朔和干支紀日不能完全吻合，而廣陵王劉胥則干支紀年完全可以對應。所以，可判定此處簡牘記載的“王”係指西漢廣陵王劉胥。

二、侍中“遂”所養的“麇”

木牘爲侍中“遂”上奏廣陵王，則“遂”應該是劉胥的侍中，屬於近臣，可惜由於史册無載，其生平不詳。

木牘中反復提到“臣遂所養牡狗”，那麼其所養的狗是什麼性質？我們首先懷疑狗是他的私人寵物。漢代養狗之風極盛，甚至在狗死以後還專門爲狗修築墳墓。2013 年櫟陽城發掘中，①發現一座西漢晚期至新莽時期的狗墓，以灰陶水管爲葬具，内置一條骨架完整的小狗，在狗尾和腿骨後面有燒製火候很低的小陶俑 31 個。俑是喪葬中的一種明器，是古代爲死者製作的殉葬品，用以陪伴死者。兩漢時期我國以陶俑陪葬的墓葬分布非常廣泛。陶俑的數量象徵著墓室主人生前的等級與榮耀。雖然按目前文獻記載，漢代並没有明確的喪葬物品的規定，但是我們對比考古資料，如果僅從隨葬陶俑的數量來看，以西安爲中心的陝西、豫西地區出土陶俑數量超過 30 件的僅有漢陽陵、安陵、竇太后墓、杜陵。② 足見當時富貴家的狗已經超越了普通人的社會地位，在其死後，享有超越一般士族規格的葬禮。但根據奏疏，此狗又被稱爲“縣官狗”（“男子得縣官狗”）。我們知道，“縣官”一詞在秦漢時期是標識官方所有權的常用法律用語。如雲夢龍崗秦簡簡 270 有“故縣官馬牛羊盜□之弗□□□”，簡 127 有“□□入縣官□”。張家山漢簡《二年律令・田律》有“馬、牛、羊、㹠彘、彘食人稼穡，罰主金馬、牛各一兩，四㹠彘若十羊、彘當一牛，而令撟(?)稼償主。縣官馬、牛、羊，罰吏徒主者。貧弗能賞（償）者，令居縣官；□□城旦舂、鬼薪白粲也，笞百，縣官皆爲賞（償）主，禁毋牧彘”（簡 253～254），《徭律》有“發傳送，縣官車牛不足”（簡 411），《金布律》有“亡、殺、傷縣官畜産”（簡 433），“亡、毁、傷縣官器財物”（簡 434），“縣官器敝不可繕者，賣之”（簡 435），《津關令》有“縣官馬勿職

① 中國社會科學院考古研究所、西安市文物保護考古研究院、阿房宫與上林苑考古隊：《西安市閻良區秦漢櫟陽城遺址墓葬的發掘》，《考古》2016 年第 9 期。

② 轉引自趙耀雙：《兩漢墓葬出土陶俑的研究》，吉林大學碩士學位論文，2009 年，第 25—26 頁。

(識) 物者,與出同罪”(簡 498～499)等記載。《詞源》上説:“不敢斥言朝廷,故以縣官稱之。”這裏的“縣官狗”,顯然標明此狗屬於官府所有。

那麽這只狗屬於什麽官府? 奏疏中曾提到“侍中遂寫下狗官”。秦漢宫廷養狗很常見,有專職人員負責。睡虎地秦簡《法律答問》簡 189:“何謂‘宫狡士’、‘外狡士’? 皆主王犬者也。”《史記》中則記載漢代宫廷中有“狗監”負責養狗。這樣,我們就可以初步將走失的狗推定爲廣陵王宫之犬,由“狗官”(假定這等同於“狗監”)直接飼養,而由侍中遂負責管理。也正是因爲狗是侍中爲廣陵王宫豢養的狗,所以“麋”每次走丢,都要觸發一套相當正規的調查程序,並且都要向廣陵王匯報。例如,五年十月,狗丢失,侍中遂通過“中謁者”向大王匯報情況,並向下級“狗官”下發了相關文書。狗找到後,遂又通過中謁者向大王匯報。大王下令訊問涉事人員,並要求將結果向他本人匯報:“命曰: 男子得縣官狗,何以爲? 奏之。”一條狗的走失,讓有關人員如此鄭重其事,並驚動到大王,若非廣陵王宫之狗,怎能費此周折? 正是在這個意義上,奏疏中所稱“臣遂所養牡狗”,實際上是指“臣遂”爲廣陵王所養之狗。

那麽,“遂”所養的是什麽類型的狗呢? 從木牘記載侍中遂所養狗名“麋”來看,其可能屬於田犬。漢代,狗的品種已經形成。[①]《爾雅》載:“狗……長喙,獫。短喙,猲獢。絶有力,狣。尨,狗也。”狗在人類生活中所起作用的區分已經十分清晰。《禮記 · 少儀》載:“犬則執緤,守犬,田犬……”疏曰:“犬有三種: 一曰守犬,守禦宅舍者也;二曰田犬,田獵所用也;三曰食犬,充君子庖廚庶羞用也。”並且已經出現了總結相狗經驗的專著。《漢書 · 藝文志》載漢代有“《相六畜》卅八卷”,而狗爲六畜之一,故羅福頤先生認爲相狗應是其中之一。1972 年山東臨沂銀雀山漢墓中出土了爲數不少的漢簡,其中有“相狗”、“相成狗”等内容,這些漢簡正是佚失一千多年的相狗經殘簡。[②] 食肉用犬是没有名字的。《禮記 · 少儀》:“犬則執緤,守犬、田犬則授擯者,既受,乃問犬名。”疏曰:“田犬、守犬有名,食犬無名。獻田犬、守犬,則主人擯者既受之,乃問犬名。”侍中遂所養之狗名“麋”,似源於《吕氏春秋 · 士容論》中關於良犬捕麋等動物的記載:“齊有善相狗者,其鄰假以買取鼠之狗,期年乃得之,曰:‘是此良狗也。’其鄰畜之數年,而不取鼠,以告相者。相者曰:‘此良狗也,其志在獐、麋、豕、鹿,不在鼠,欲其取鼠也,則桎之。’其鄰桎其後足,狗乃取鼠。”

三、文獻與考古資料所見的漢代諸侯王豢狗

關於漢代帝王家的狗,歷史文獻記載頗多。漢高祖劉邦在攻入秦都咸陽城後,見

① 余孚:《古代“六畜”之一——狗》,《古今農業》1995 年第 2 期。

② 羅福頤:《臨沂漢墓所見古籍概略》,載《古文字研究》第十一輯,中華書局,1985 年。

"宫室帷帳狗馬重寶婦女"就戀戀不捨。漢朝建立後，設有專門掌管皇帝獵犬的機構——狗監。漢文帝、元帝時，也因發生災荒而減少皇室豢養的狗。可見，漢代帝王普遍豢狗。漢武帝對狗尤爲重視，建有"犬臺宫"，《三輔黄圖》載："犬臺宫，在上林苑中，長安西二十八里。"犬臺宫外又建有"走狗觀"。文學家司馬相如得見漢武帝，與他有一位任事狗監的同鄉楊得意有很大關係：史載武帝讀相如的《子虚賦》，深爲贊歎，很有見面之意。楊得意爲狗監，侍上，趁機進行説項，後武帝召來了相如。唐代詩人劉禹錫的"再入龍樓稱綺季，應緣狗監説相如"和王勃的"漢廷狗監深知己，有日前驅負弩歸"的詩句，説的即是此事。關於漢武帝喜狗的情況，在其墓葬中也有體現，漢陽陵 K14、K18、K19 等陪葬坑内均有陶狗或者狗骨架隨葬，K13A 區中段全部爲陶狗，共 458 件，分爲 28 排擺放，每排 11～18 件不等，緊密相連，排列整齊。①

一般而言，上有所好，下必甚焉。但是，漢代諸侯王是否豢狗，文獻記載和考古發掘資料往往相抵牾。漢代諸侯王豢狗情況，正史唯一的記載就是魯恭王及其子安王："魯恭王餘以孝景前二年立爲淮陽王。吴、楚反破後，以孝景前三年徙王魯。好治宫室、苑囿、狗馬，季年好音，不喜辭。爲人口吃難言。二十八年薨。子安王光嗣，初好音樂輿馬，晚節遴，唯恐不足於財。四十年薨。"②但是，比較奇怪的是，在魯恭王墓葬③中既未發現使用狗殉葬，又未使用陶狗隨葬。另外，《列仙傳》稱淮南王劉安煉得仙藥後，一家人服後皆升天成仙，臨去時，餘藥置在中庭，雞犬舐啄之，盡得升天，故雞鳴天上，犬吠雲中。這則傳説與淮南王劉安傳又相悖："(劉安)爲人好書，鼓琴，不喜弋獵狗馬馳騁，亦欲以行陰德拊循百姓，流名譽。"④

儘管文獻不能説明諸侯王是否豢養狗，但是，在部分已經發掘的諸侯王墓葬中，則多發現有用狗殉葬或者使用陶狗隨葬的習俗。漢代諸侯王墓内一般修建儲藏坑、陪葬坑，設有專門的祭祀室，體現了墓葬形制逐漸趨宅第化的特徵，涉及墓主個人及當時社會生活的諸多方面，給我們提供了許多鮮爲人知的新的歷史事實。部分諸侯王墓葬中發現有狗的遺骸，還帶有項圈等，顯然這些狗可能是死者生前的寵物，或者曾經伴隨主人狩獵等，希望自己生前的寵物能伴隨自己生活於幽冥之中，或者共同羽化成仙。據不完全統計，以狗殉葬的諸侯王主要有以下四位：

1. 趙王張耳墓内發現殉狗 2 條。其中一條發現於深 2 米多的墓壙中部填土中，係

① 陝西省考古研究院：《漢陽陵帝陵東側 11～21 號外藏坑發掘簡報》，《考古與文物》2008 年第 6 期。

② 《漢書》卷五十三《景十三王傳》。

③ 山東省博物館：《曲阜九龍山漢墓發掘簡報》，《文物》1972 年第 5 期。

④ 《漢書》卷四十四《淮南衡山濟北王傳》。

幼狗。另一條在外槨東南部,係幼狗,骨架頸部有小銅鈴。①

2. 臨淄西漢齊王墓(可能是第二代西漢齊王——哀王劉襄)有專門的殉狗坑。坑口以下 2.3 米處見槨室,槨室内有 30 條殉狗,骨架粗壯,相互疊壓,無規律放置,大約是殺死後隨意扔置的。每條狗的頸部都繫有用貝殼串成的項圈,其中 28 條狗頸部各繫一銅環。坑東部有一條狗的頸下有 8 件銅轉環、8 件銅帶扣,並發現有皮條的腐朽痕迹。殉狗可能是墓主人生前玩樂或者狩獵用的獵狗。②

3. 章丘洛莊漢墓(墓主人可能是死於前 186 年的吕國第一代王吕台)陪葬坑中,9 號坑内最西部集中擺放 10 條犬,均帶有銅環和海貝組成的項圈。

4. 如中山靖王劉勝墓,甬道是車馬房,放置實用的車和殺殉的駕車的馬,以及 11 條狗,狗骨附近均發現有殘鐵鏈。③

西漢諸侯王墓中,殉葬狗的墓葬多爲西漢早中期,體現出對商周時期大量使用狗殉葬的習俗的繼承和漸趨衰落的特徵,同時,也是墓主人豢狗情況及個人喜好在墓葬習俗方面的體現。

關於漢代廣陵王劉胥是否豢狗,文獻無載,考古資料也未發現。此次發現的木牘,則明確了漢代廣陵王豢養良狗的事實,不僅可以補文獻記載之缺,也在一定程度上反映了漢代諸侯王普遍豢狗的事實。那麽,諸侯王豢狗,是否設置與中央王朝一樣的專門機構,由專人負責呢?

從木牘内容上看,在"麇"走丢事件中,先後涉及三個不同職位的官吏——侍中、狗官、中謁者參與其事,這也間接反映了漢代諸侯王官僚機構的設置。《漢書》對諸侯王職官記載較爲簡略:"諸侯王,高帝初置,金璽盭綬,掌治其國。有太傅輔王,内史治國民,中尉掌武職,丞相統衆官,群卿大夫都官如漢朝。景帝中五年令諸侯王不得復治國,天子爲置吏,改丞相曰相,省御史大夫、廷尉、少府、宗正、博士官,大夫、謁者、郎諸官長丞皆損其員。武帝改漢内史爲京光尹,中尉爲執金吾,郎中令爲光禄勳,故王國如故。損其郎中令,秩千石;改太僕曰僕,秩亦千石。"具體的執掌等情況,也未涉及,此次發現的木牘,可以很好地彌補這一缺憾。簡述如下。

1. 侍中

侍中一職秦時已有,《漢書·百官公卿表》認爲侍中是"秦制"。《史記·李斯列傳》趙高對秦二世云:"且陛下深拱禁中,與臣及侍中習法者待事,事來有以揆之。""趙高使

① 石家莊市圖書館文物考古小組:《河北石家莊市北郊西漢墓發掘簡報》,《考古》1980 年第 1 期。

② 山東省淄博市博物館:《西漢齊王墓隨葬器物坑》,《考古學報》1985 年第 2 期。

③ 中國社會科學院考古研究所、河北省文物工作小組:《滿城漢墓發掘報告》,文物出版社,1981 年,第 24 頁。

其客十餘輩詐爲御史、謁者、侍中，更往覆訊斯。斯更以其實對，輒使人復榜之。"漢承秦制，也設有侍中一職。他們在皇帝身邊，負責皇帝的衣食住行等生活起居事務，《通典·職官三》："直侍左右，分掌乘輿服物，下至褻器虎子之屬。"不僅皇帝有侍中，諸侯王也設有侍中，如《漢書·文三王傳》："(梁)孝王入朝。景帝使使持乘輿駟，迎梁王於關下。既朝，上疏，因留。以太后故，入則侍帝同輦，出則同車游獵上林中。梁之侍中、郎、謁者著引籍出入天子殿門，與漢宦官亡異。"

木牘記載廣陵王的"侍中臣遂"主要的一項工作是豢狗，説明至武帝時期，諸侯王國内侍中一職的主要工作與漢初的變化不大，依然没有擺脱服侍諸侯王衣食住行等生活起居的事務。這與漢武帝親政之後，爲了削奪丞相及外朝大臣的權力，進而集權於己，開始采取各種措施，賦予自己身邊的侍中以各種各樣的權力和職責，或指派他們參與某些重要的事務的現象還是有一定的差異的。

2. 狗官

漢朝建立後，中央朝廷就建立了專門爲皇帝管理狗事的機構——狗監。一些有名的歷史人物亦曾在狗監中任過職，如李延年就曾任"給事狗中"，《集解》引徐廣曰"主獵犬也"，《索隱》則稱是"犬監"。西漢上林苑有狗監。狗是皇帝狩獵時必用的，因此專門設置狗監負責此事。

木牘記載"侍中遂寫下狗官"，説明漢代廣陵王宫内也有專門的機構用於養狗，狗官負責狗的管理，與上林苑的狗監承擔了相似的責任。

3. 中謁者

20世紀90年代西安市北郊相家巷出土的秦代封泥中，發現有"中謁者"、"中謁者府"印。西漢王朝建立後，在少府中設有中書謁者，而且繼承了秦的中謁者制。[①] 大約自高后以後，"中謁者"始爲宦官承擔者的專稱。西漢的中謁者有"受事"的職掌，"所謂'受事'，一方面是指接受臣下奏疏，上達天子；另一方面又指接受天子詔旨，下達臣僚。如淳曰：'謁主通書，謂出納君命。'總括這兩方面就是關通内外的傳達之職。"[②]

木牘記載"中謁者加奏"、"中謁者義□奏"，説明了中謁者在諸侯王國内的主要職掌。

結　論

綜合以上資料，我們發現西漢時期，廣陵王劉胥不僅豢狗，而且還設置了專門的機構，

---

① 余華青：《中國宦官制度史》，上海人民出版社，2006年，第129—130頁。

② 魏向東：《兩漢謁者官制初探》，《蘇州大學學報》1985年第2期。

有專人豢狗。這種習俗一方面反映了漢代養狗之風盛行的時代特點。另一方面,漢景帝平定七國之亂後,廢除了諸王的行政管理權、官吏任免權,黜減了王國官吏,又實行左官律和附益法,把諸侯王完全排斥於政治生活之外,諸侯王對王國的經濟管理職能也被剥奪,成爲“惟得衣食租税”①的貴族地主。即便是日常生活起居、衣食住行也無不置於中央的嚴密監督之下,以致動輒犯法。在這種情況之下,諸侯王大多無所事事,只能寄情於豢狗田獵等享樂活動,《西京賦》所云“强弩弋高鳥,走犬逐狡兔,此其爲樂也”就是這種情況的真實寫照。而廣陵王劉胥可能就是其中最具代表性的人物之一。對此,班固評價説:“胥壯大,好倡樂逸游,力扛鼎,空手搏熊彘猛獸。動作無法度,故終不得爲漢嗣。”②

附圖(王展攝影):

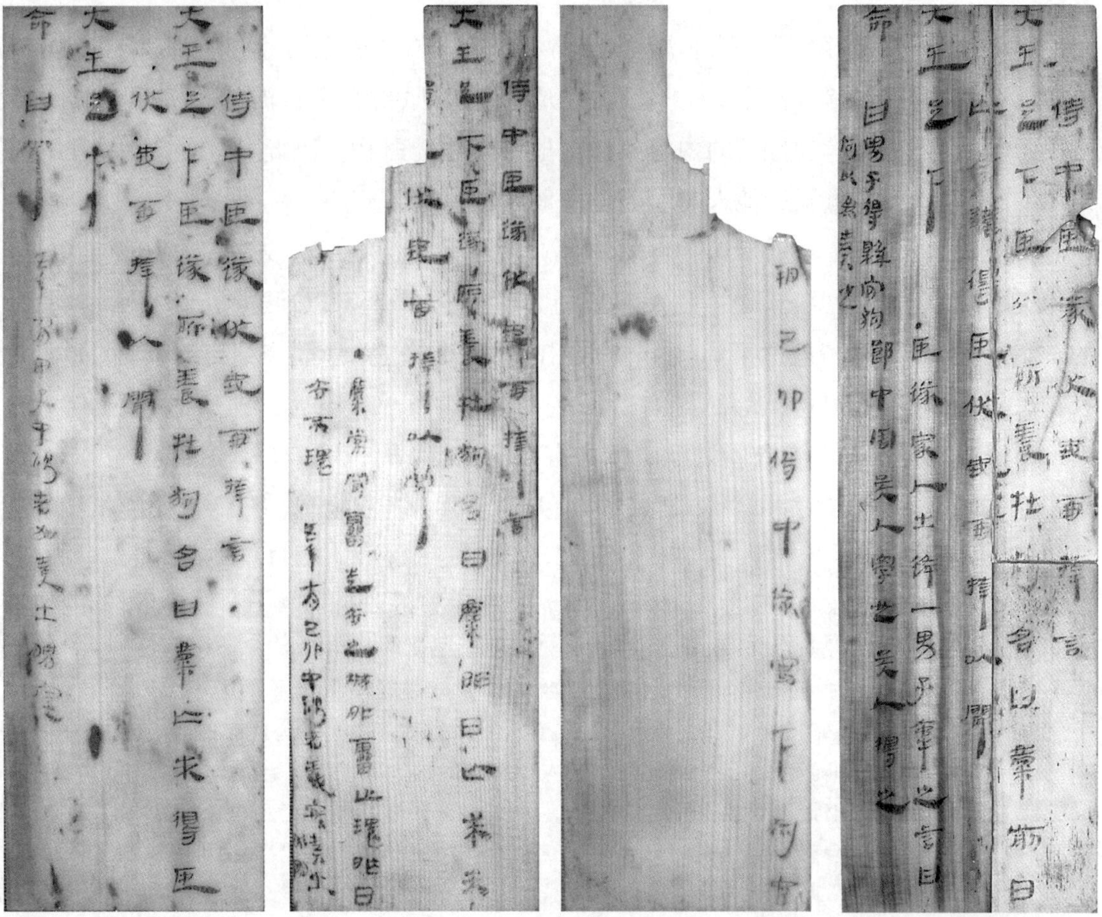

1　　2正　　2背　　3

① 《漢書》卷十四《諸侯王表》。

② 《漢書》卷六十三《武五子傳》。

西漢遣策中的禭衣*

田　天

（首都師範大學歷史學院）

出土發現的記録隨葬物品的清單，學界一般通稱爲"遣策"。遣策的定名源於《儀禮·既夕禮》"書遣於策，書賵於方"之説。所謂"遣"，原指喪家自辦的隨葬品。如果嚴格按照《儀禮》的定義，"遣策"的内容不包括他人賻賵的財物。因此，學者主張區分不同來源的隨葬品記録，將記録他人賻賵財物的簡册稱爲"賵書"。[①]

親友、上級向死者家屬贈送助喪財物，[②]是古代吊喪禮中的必要環節，《春秋》《左傳》等先秦文獻中已有不少記録。[③] 隨著遣策的大量出土，學者得以通過一手文獻理解古代的賻賵之禮。[④] 戰國楚地遣策中，不止一次出現了賻賵記録，所贈多爲車馬器，偶有少量衣物。到了西漢，賻贈物品的記録有所減少，究其種類，似以衣被，即所謂"禭"最爲突出。西漢遣策中明確存有衣物賻贈記録的有以下四批：馬王堆 M3 遣策、長沙望城坡漁陽漢墓木楬、廣西羅泊灣 M1"從器志"木方、尹灣漢墓 M6 衣物疏。[⑤] 其中除羅泊灣外皆

---

* 本文爲國家社科基金青年項目"秦漢遣策的禮儀與信仰研究"(16CZS038)的階段性成果。

① 陳偉：《包山楚簡初探》，武漢大學出版社，1996 年，第 187—192 頁。

② 分而言之，"賻"指助喪使用的財物，"賵"則專指助喪的車馬，另有表示助喪衣被的"禭"、"襚"等。不過文獻中也有通用之例，如《左傳》隱公元年"天王使宰咺來歸惠公、仲子之賵"，杜預注即云："賵，助喪之物。"(《春秋左傳正義》，中華書局影印阮元校刻《十三經注疏》本，中華書局，1980 年，第 1717 頁上欄）爲簡潔起見，本文一般通言"賻賵"，泛指助喪財物，有必要時再做區分。

③ 對這些文獻的梳理，可參田天：《〈左傳〉所見助喪制度小考》，郁郁周文——周代禮樂文明學術研討會論文，2017 年 10 月。

④ 除了前述陳偉的研究外，楊華也較早梳理相關材料並進行研究，參楊華：《襚·賵·遣——簡牘所見楚地助喪禮制研究》，《學術月刊》2003 年第 9 期，後收入氏著《古禮新研》，商務印書館，2012 年。

⑤ 除此之外，樂浪彩篋冢木牘中有"縑三匹，故吏朝鮮丞田肱謹遣吏再拜奉祭"字樣。此條材料先後承徐州市文物考古研究所吕健研究員及中國人民大學歷史學院張忠煒教授提示，謹致謝忱。

有賻贈衣物的記録，爲清晰起見，首先需要對這些記録略作梳理。

一、長沙望城坡漁陽漢墓

湖南長沙望城坡西漢漁陽墓位於長沙市湘江西岸，時代大致爲西漢文帝時期到景帝初年。① 該墓所出文字資料尚未完全發表，已發表的部分中，有與本文主題極爲相關的内容。

漁陽漢墓未出土遣策，隨葬品記録主要保存在標示隨葬容器内容物的木楬與木簽上。其中記録最爲詳盡的爲木楬。這些木楬形制一致：上圓下方，首部塗黑，有二穿用來懸繫，形制與功用都與後文將討論的馬王堆簽牌十分接近。不同的是，馬王堆簽牌多以"某物一笥"的形式標明隨葬竹笥的内容物，具體細目書於遣策中。現已經發表的漁陽墓的木楬上則寫明具體内容物的數量與種類，楬末附有本楬所記物品的總數及木楬編號。已公布的木楬中有兩件與賻贈有關，分别爲標本E：47和D：18，皆寫有隨葬衣物的具體名稱、數量、總數，②如：

> 陛下所以贈物：青璧三∟、紺繒十一匹∟、薰繒九匹。（E：47）
>
> 青緒禪衣□□、□衣三∟、絹緒禪衣三、□禪衣一∟、白緒禪衣六、縊禪衣一∟、相緒禪衣四□。凡廿六衣。·王祱。（D：18）

兩楬字體不同，所記物品來源也相異，一爲"陛下所以贈物"，一爲"王祱"。③ 望城坡漁陽漢墓等級較高，黄展岳認爲墓主可能是漢皇室的某位適長沙王的公主，④《簡報》采用這一觀點。⑤ 如果此説成立，E：47所記"陛下所以贈物"，應指皇帝所賜的助喪物品。D：18的"王祱"，則來自長沙王，共廿六件衣物。

漁陽漢墓公布的木楬中還有兩件記載隨葬衣物，編號爲木楬標本C：34和C：4。這兩件木楬字體又與前引D：18和E：47不同：

> 素∟、練∟、白綺緒布禪襦卌五∟、青綺複裯帬一∟、練禪前襲四∟、青綺、紅

---

① 長沙市文物考古研究所、長沙簡牘博物館：《湖南長沙望城坡西漢漁陽墓發掘簡報》，《文物》2010年第4期。下文皆簡稱"《簡報》"，在腳注中注明頁碼。

② 《湖南長沙望城坡西漢漁陽墓發掘簡報》，第32—33頁。按《簡報》釋文未標勾識符∟，本文所引釋文中的勾識符爲根據《簡報》照片所加。《簡報》釋文偶有脱字，本文一並補足。

③ 按從《簡報》提供的照片來看，"祱"字字形不太清晰，但從木楬以及隨葬品的放置來看，這批衣物應是助喪物品，因此本文仍從《簡報》，暫將此字釋爲"祱"。

④ 黄展岳：《長沙望城坡西漢"漁陽"墓墓主推考》，《先秦兩漢考古論叢》，科學出版社，2008年，第54—56頁。

⑤ 《湖南長沙望城坡西漢漁陽墓發掘簡報》，第34頁。宋少華在研究文章中更爲詳細地論述了判斷墓主的理由，參宋少華：《長沙西漢漁陽漢墓相關問題芻議》，《文物》2010年第4期。

複要衣二∟、白綺禪紗帬二∟、緹合帬一∟、白綺∟、素禪裯帬六∟、練∟帛∟素禪帬六十六∟、布素∟練∟帛禪□廿∟、素禪裯直帬七、帛綿敝膝一。•凡百五十五•故•第十一。 (C：34-1)

白綺繡∟、沙綺∟、薰綺∟、薰繡∟、青縠複前襲九∟、白縠繡合前襲一∟、練∟、白緒禪前襲二∟、素繡沙縠繡∟、皂緒複騎衣三∟、綌荃禪騎衣一∟、薰綺繡∟、沙綺繡合騎衣三∟、薰綺繡薰縠複襦二。•凡廿一∟故善。•第十四。 (C：4)

在兩件木楬記録的衣物總數之後，都寫有一“故”字，“故”字前有圓點或勾識符，與總數隔開，應是對木楬上所有衣物的描述。如果這一理解不誤，上舉隨葬的衣物都屬“故衣”，以與隨葬的新衣和他人賻贈的裞衣區别。

望城坡漁陽漢墓分爲前室(A)、北藏室(B)、東藏室(C)、南藏室(D)幾個區域。從目前的材料來看，不同來源的物品放置的位置有所不同。由王贈送的衣被，藏於南藏室，與樂器、漆器放置在一起，不與墓主人自辦的衣物同置一室。寫有“故衣”字樣的衣物，則放置於東藏室(C)，①與小木俑等放置一處。E：47 所記“陛下所以贈”的玉器與織物，則置於棺室(E)中。棺室中的隨葬品往往最能表明墓主身份，“陛下所以贈物”應爲墓主所獲得的最高級别的助喪物品，放置在棺室中並非偶然。皇帝所賜之物以織物爲主，並有玉璧。此外，漢初高等級墓葬的不同邊箱往往具有不同的功能，馬王堆 M1、M3 都是其例。② 死者生前曾使用或擁有的衣物，在墓葬中與“王裞”的衣物位置不同，這是很值得注意的現象。

二、馬王堆漢墓 M3

馬王堆 M1 遣策中没有直接關於助喪物品的記録，M3 遣策中有一些關於助喪物品的記載，如小結簡 216/236 中總結各類竹笥的來源：③

■右方凡用笥六十七合。其十三合受中，五十四合臨湘家給。帛囊八，其

① 以 C 編號的衣物皆置於東藏室。從《簡報》公布的情況來看，並非所有的木楬都有編號，記録食物、髹漆耳杯的木楬都無編號，編號木楬的種類及其用法與意義，只能在材料完全公布之後再進行討論。

② 兩墓報告已從隨葬品的種類嘗試推測槨箱的不同功用。馬王堆 M1、M3 的衣物來源可能比較複雜。M3 的衣物不放置在同一槨箱内，可能也與來源不同相關。巫鴻也提出，M1 的不同邊箱承擔不同功能，所有邊箱組合，代表了整個家族的財産。見巫鴻：《禮儀中的美術：馬王堆再思》，《禮儀中的美術》，生活•讀書•新知三聯書店，2005 年，第 118 頁。

③ 本文所引馬王堆遣策圖片皆出自《長沙馬王堆漢墓簡帛集成》第二册，釋文皆出自第六册，爲行文簡潔，下文簡稱“《集成》”，僅注明簡號，不再一一標明頁碼。參裘錫圭主編，湖南省博物館、復旦大學出土文獻與古文字研究中心編：《長沙馬王堆漢墓簡帛集成》，中華書局，2014 年。

> 六受中，二臨湘家給。布囊廿二，其八受中，十四臨湘家給。·坑（瓬）資廿一，其七受中，十四臨湘家給。坿（缶）七，其三受中，四臨湘家給。216/236

《集成》引考古報告，指出“受中”即受自長沙王禁中，是正確的。相類的情況還見於廣西羅泊灣 M1 漢墓，在記録隨葬品的《從器志》中，也有“中出瓿卅”、“中出食物五笥”的記録，[①]用法正與馬王堆的“受中”相同。羅泊灣漢墓等級較高，報告推測墓主是當時地方政權機構的最高官吏。[②] 這些食物與其他助喪物很有可能來自南越王，與馬王堆的情況相仿。

從馬王堆 M3 遣策的記録，以及竹笥上所掛的簽牌來看，所有食物都按照容器和内容物統一放置，[③]不再區别來源。除了小結簡對賻贈物品總數的記載外，很難根據文字記録或放置位置將“受中”的笥、帛囊與“臨湘家給”的物品區分開來。可以區分是否爲助喪物品的，只有 M3 的衣物簡。

馬王堆 M3 遣策與衣物相關的竹簡可以分爲兩部分認識。第一部分姑稱爲“乙笥衣物簡”，本文認爲此即賻贈記録；[④]第二部分爲其他衣物簡，是其他隨葬衣物的記録。

先談“乙笥衣物簡”。M3 出土一件編號爲 407 的木牘，記録衣物明細與十四囊香草：

> 齊（緀）繐禪衣一，毋尊禪衣一，鮮支禪衣一、縠掾（緣），鮮支長襦一、素掾（緣），緒（紵）胡衣一，緒（紵）繐禪衣一，帛傅（薄）質一、沙（紗）掾（緣），纔（鑿—纔）縠長襦一、桃華掾（緣），草（皂）複衣一、草（皂）掾（緣），帛小傅（薄）襦一，紫縱（衳）一、素裏，□（綈）禪縱（衳）一，緹禪便常（裳）一，緒（紵）絝一、素裏，賁（蕡）十四囊。● 乙笥凡十五物不發。■召所來。407/407

這枚木牘所記載的衣物内容與數量，與 M3 遣策竹簡 217 至 230 完全相同。[⑤] 學者早已

---

① 廣西壯族自治區博物館：《廣西貴縣羅泊灣漢墓》，文物出版社，1988 年，第 83 頁。按“出”字，《廣西貴縣羅泊灣漢墓》原釋爲“土”，解釋爲“中土所出”，誤。王貴元改釋爲“出”，是。參王貴元：《廣西貴縣羅泊灣一號漢墓木牘字詞考釋》，《西北大學學報（哲學社會科學版）》2011 年第 1 期。但王貴元認爲“中出”之義是“墓主宫中所出”，恐怕不符合原義。

② 廣西壯族自治區博物館：《廣西貴縣羅泊灣漢墓》，第 89 頁。

③ 按簽牌上只書寫“黄卷笥”、“熬雞笥”等，分别放置於不同槨箱中，參湖南省博物館、湖南省文物考古研究所編著：《長沙馬王堆二、三號漢墓（第一卷 田野考古發掘報告）》，文物出版社，2004 年，第 187—202 頁。爲行文簡潔，下文均簡稱爲“《報告》”，在腳注中注明頁碼。

④ 小文草成後，注意到鈴木直美教授於 2011 年已指出馬王堆 M3 中“乙笥”及牘 407 皆爲稅衣記録，我們完全同意鈴木教授的觀點。唯本文所論之重點，在於牘 407 作爲“賵書”的性質，我們對“丙笥”和“稍笥”的看法，也與鈴木教授略有不同，因此仍有必要重新討論。鈴木教授的研究請參鈴木直美：《馬王堆三號墓出土簡にみる遣策作成過程と目的》，籾山明、佐藤信編：《文獻と遺物の境界：中國出土簡牘史料の生態的研究》，東京外國語大學アジア・アフリカ言語文化研究所，2011 年，第 185—222 頁。

⑤ 217～230 爲《集成》編號，《報告》編號爲 394～406。

注意到這一點，《報告》和伊强都已按照牘 407 所記順序排列相關竹簡，並將牘 407 緊接在相關竹簡後。[①]

首先需要對牘 407 的出土地點與記載形式略作説明。《長沙馬王堆二、三號漢墓發掘簡報》[②]與《報告》對牘 407 的出土地點記載不同。馬王堆 M3《簡報》記載它出自東槨箱，《報告》記載它與其他遣策同出於西槨箱。《集成》從馬王堆 M3《簡報》之説，還指出牘 407 與其他遣策小結簡的形式、内容均有不同，據此將牘 407 單列出來，不與其他遣策編連在一起。這是正確的判斷。以木牘爲載體、主要内容爲衣物的遣策，絶大部分屬西漢中後期出現的"衣物疏"。這一形式在西漢初年僅牘 407 一例，其性質和功用爲何，格外值得關注。[③] 全牘共記録衣物十四種，並附"賁(蕡)十四囊"。牘末總結明言"乙笥凡十五物不發"，説明牘上所載之物皆置於"乙笥"中，不再啓封。據《報告》，出於東槨箱的竹笥 112 號内盛衣物與香草，不遠處有簽牌"衣薈乙笥"、"乙笥"，應即牘中所謂"乙笥"。[④]

關於牘 407 的性質，需從其形制與内容入手討論。先談形制。馬王堆 M3 遣策從形制看，可分爲兩類。一類是一簡一行的簡册，一般記載一種隨葬物品，另有少量記載某類物品的總牒數。另外一種是較寬的小結牘，有數行墨書，首部塗黑，以"右方凡某某(物品)某某(數字)"起頭，總結某一大類隨葬品的數量，前引小結牘 216/236 即是其例。這些小結牘上皆存編痕，應本與其他遣策編連在一起。此外，小結牘字體與其他遣策不同。一般來説，遣策字體多數統一，較爲工整美觀，小結牘則統一使用另一種字體書寫，書法水平略低於前者(參圖一)。遣策與小結牘應當既非一人，也非同時寫成，二者發揮不同的作用。[⑤] 牘 407 則無法歸入以上任何一類。牘 407 雖然較其他簡册更寬，並寫有數行墨書，但其形制與小結牘完全不同。第一，牘 407 首部並未塗黑，不以"右方凡某某"開頭，最後的"·乙笥凡十五物不發"字樣，也不見於其他小結牘。第二，牘 407 的字體相對較爲工整，但與之

① 《長沙馬王堆二、三號漢墓》，第 72—73 頁；伊强：《談〈長沙馬王堆二、三號漢墓〉遣策釋文和注釋中存在的問題》，北京大學中國語言文學系 2005 年碩士學位論文，第 55 頁。《報告》排列相關竹簡時，未將原編號爲 355 的"緒(紵)繐襌衣一"(《集成》編號 222)和原編號爲 205 的"賁(蕡)十四囊"(《集成》編號 185)列入，伊强指出這兩支簡應編入與 407 相關的竹簡，排列順序爲：(報告編號)簡 394～398、355、399～406、205、牘 407(按伊强文所用亦爲《報告》編號)。

② 湖南省博物館、中國科學院考古研究所：《長沙馬王堆二、三號漢墓發掘簡報》，《文物》1974 年第 7 期。後文簡稱"馬王堆 M3《簡報》"。

③ 前述望城坡漁陽漢墓的木楬的寫法和内容都與牘 407 有相似之處，但其形制爲懸掛在隨葬品上的木楬，二者性質也有所不同。

④ 《長沙馬王堆二、三號漢墓(第一卷 田野考古發掘報告)》，第 188 頁。發掘報告認爲，"薈"本意爲草木繁密貌，此處似指香草。《集成》對這一解釋存疑。

⑤ 關於馬王堆的小結簡及遣策之間配合使用與喪葬儀式的關係，請參田天：《馬王堆漢墓遣策與喪葬禮儀的再思》，待刊。

内容相同的簡 217 至 230 則相對書寫較爲隨意,與其他遣策和小結牘的情況正好相反。最後也是最重要的一點,牘 407 未見編繩痕迹,而在左右兩側各有兩個三角形的契口。這些都説明牘 407 和其他小結牘完全不同。由此似可推測,牘 407 不屬於編連成册的遣策。從其契口的形態來看,牘 407 很可能是被捆縛在乙笥之上的説明牌。因此,牘 407 原應與"乙笥"一起被放置在東槨箱,與其他遣策位置不同,就順理成章了。①

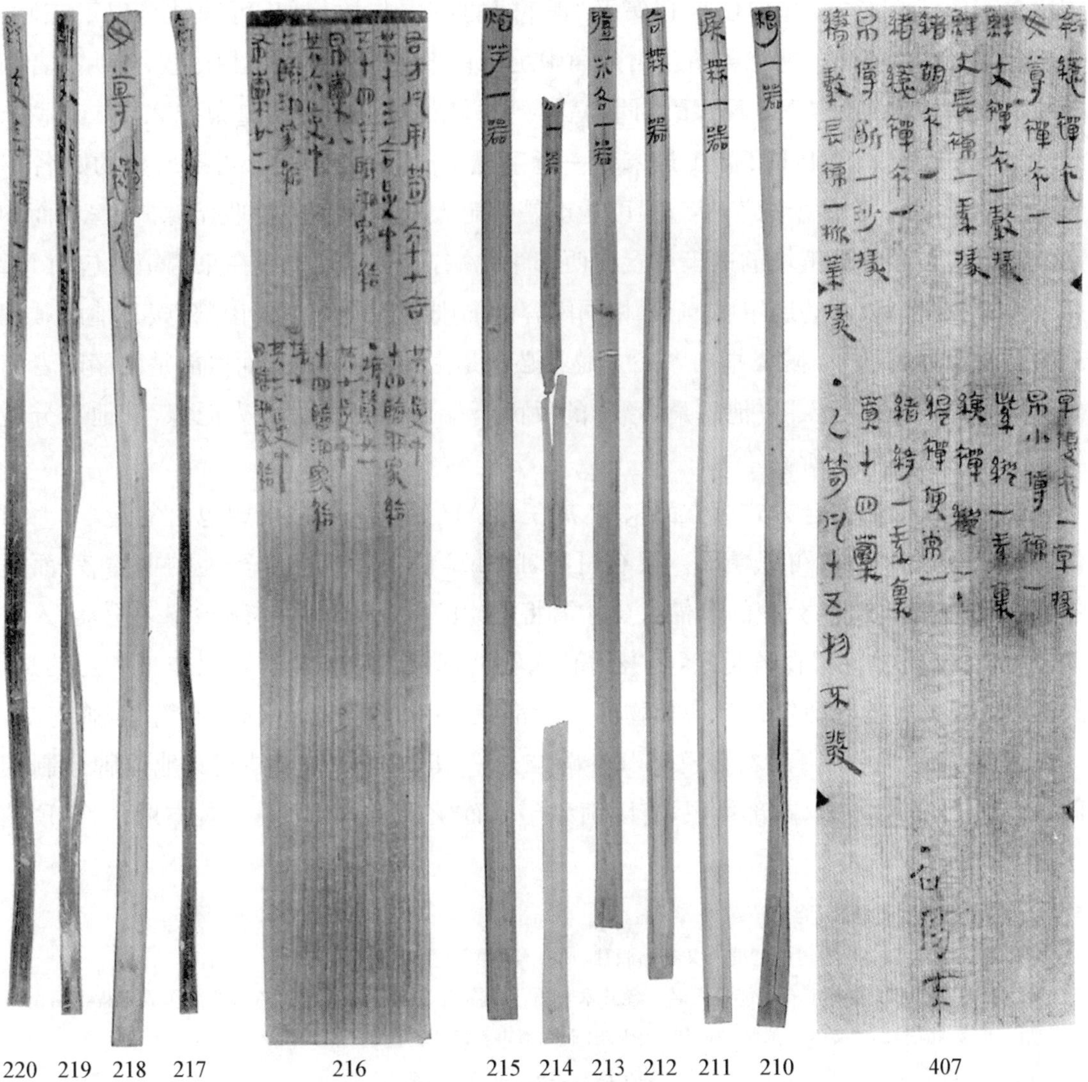

220 219 218 217 216 215 214 213 212 211 210 407

圖一 簡牘字體對比

從左至右:乙笥衣物簡、小結牘、一般遣策、牘 407

① 馬王堆 M3 的"紀年木牘"形式類於學界習稱的"告地策",學者已對此有不少研究,參張文瀚:《告地策研究評述》,《中國史研究動態》2013 年第 1 期。"告地策"與遣策簡同出時,往往與後者關係緊密,有時會作爲總領後者的文件。從這個角度講,推測"紀年木牘"與遣策同出,也比較合理。

探明了牘407的基本功能，還需要討論其性質和它與"乙笥衣物簡"之間的關係。這可以從牘407的筆迹，及其與其他簡册的組合入手考慮。牘407現存兩種筆迹（參圖一）：第一種占多數，記載衣物細目及"乙笥十五物不發"七字；第二種僅三字，書於牘的最下端，字體較前者略爲潦草，現存字迹模糊，《集成》釋爲"·召所來"。此外，如前文所述，牘407又與簡217～230和簡185的内容完全相同，皆記載十四種衣物和十四囊賁。這種書寫與組合形式，和包山簡遣策及"賵書"的形式非常相似，可總結爲以下三點：一、牘與簡内容相同。陳偉曾將包山楚簡中記録正車的4簡和牘1相比較，證明二者内容基本相同。[①] 馬王堆M3簡、牘之間的對應更爲精準，二者内容毫無出入。二、牘末有書記人員手書。包山M2牘1最末有一行字體不同的字迹，記有書記人員的姓名。[②] 牘407字體不同的"召所來"三字，很可能也是書記人員的簽名或驗收記録。[③] 三、簡和牘放置位置不同。馬王堆的遣策放置在西槨箱北端，牘407則放置在東槨箱。包山M2牘1放置於南室東部的馬甲中，記録相同内容的簡則放置於南室西南部，與其他記載用車的簡放置在一起。[④] 陳偉指出，"賵方並不必定是由收受者來記，而可能是由饋贈者寫好連同饋贈物一起攜入"。他認爲，牘1的反面下端可能由卲𦫵家人記録，其他部分主要是由黔寅或其家人所書。[⑤]

從形制、字體、組合方式等方面來看，馬王堆M3牘407的情況與包山楚墓M2牘1的情況非常相似，二者可以類比。很有可能，牘407的書寫者應非葬禮的準備者，而是衣物的贈送者。如此，葬禮的籌備人員才需將牘407上所記内容重新抄録一份，記入遣策。[⑥] 牘407則仍保留在竹笥上，與"乙笥"衣物一起放入東槨箱。可以作爲旁證的是，馬王堆M3出土的各種竹笥上一類物品一般都只有一個簽牌，[⑦]只有"乙笥"簽牌有二，一寫有"乙笥"，另一寫有"衣薈乙笥"（參圖二）。[⑧] 其中"衣薈乙笥"與其他簽牌形制相同，爲上圓下方的木楬，首部塗黑，有兩個穿孔。而"乙笥"簽牌則爲一長方形木牌，頂端

① 陳偉：《包山楚簡初探》，第190頁。

② 湖北荆沙鐵路考古隊：《包山楚簡》，文物出版社，1991年，第39頁。

③ 鈴木直美也提出這三個字有可能是人名。參鈴木直美：《馬王堆三號墓出土簡にみる遣策作成過程と目的》，籾山明、佐藤信編：《文獻と遺物の境界：中國出土簡牘史料の生態的研究》，第198頁。

④ 湖北省荆沙鐵路考古隊：《包山楚墓》，文物出版社，1991年，第266、277頁。

⑤ 陳偉：《包山楚簡初探》，第191頁。

⑥ 記録這些衣物的筆迹，與記録食物的簡册不同，而和記録其他衣物的筆迹較爲相似。

⑦ 馬王堆M1少數竹笥盛裝兩種食物，懸掛兩個簽牌，如笥230（參湖南省博物館、中國科學院考古研究所編：《長沙馬王堆一號漢墓發掘報告》，文物出版社，1973年，第117頁），M3則没有這種情況。兩墓中内容相同的重複簽牌只有"乙笥"。

⑧ 《長沙馬王堆漢墓簡帛集成》第二册，第295頁。"乙笥"編號爲8，"衣薈乙笥"編號爲7。

不塗黑,字體也與其他簽牌略有不同。"乙笥"簽牌很可能也與牘 407 一樣,由贈送者書寫,與助喪物品一起送來。"衣薈乙笥"則是由葬禮籌辦者另行書寫,以求與其他簽牌一律。

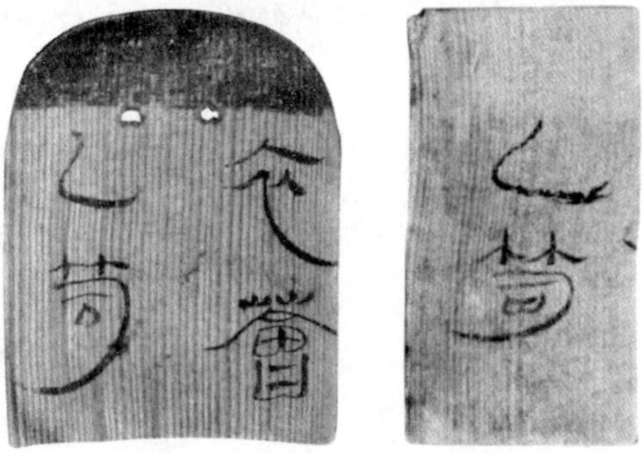

7　　8

圖二　馬王堆 M3"乙笥"簽牌

再談"乙笥"之外的衣物。馬王堆 M3 遣策中還有三十餘支記録衣物的竹簡,《集成》編號分別爲 325～359、365。[①] 這些竹簡對應的可能就是西槨箱放置的衣物。西槨箱的 19、21 號兩個竹笥放置衣物,發掘報告認爲可與放置於西槨箱的簽牌 37 相對應。因此,簽牌 37 的文字"祱衣丙笥",《報告》與《集成》都將"丙"破讀爲"兩",釋爲"祱衣兩笥"。[②] 同時,M3 遣策小結簡 396/154 簡文爲:

● 右方廿一牒,丙笥。

此處若破讀爲"兩笥",恐不妥當。簽牌 37 所謂的"祱衣兩笥",應直接釋爲"祱衣丙笥"。[③] 祱衣,即他人贈送喪家的衣被。簡 365/388:

白穀衺二,素裏,其一故。

"其一故"指兩件中有一件爲使用過的舊物。隨葬衣物中有主人舊物,[④]是戰國時代的遣策到中古衣物疏都常見的現象。不過,很難想象故物會雜廁於他人贈送的"祱衣"中。再者,除"乙笥"竹簡外記録衣物的竹簡也遠超廿一牒。[⑤] 很有可能,其他衣物簡所記衣物中,有一部分並非"祱衣",而是墓主家自辦的衣物。也就是説,"祱衣丙笥"的簽牌只

① 因爲"衣物簡"之"衣物"的標準比較模糊,正文中的簡號也是大概言之,記載"巾"與"帶"的竹簡暫時未列在內。事實上,簡 347～349 記載襪、350～351 記載絪、352 記載忏嚴格來講都不屬於衣物,這幾枚簡是否應與前後的衣物簡排列在一起,似也可再作考慮。

② 《長沙馬王堆二、三號漢墓(第一卷 田野考古發掘報告)》,第 195 頁。

③ 鈴木直美和范常喜先後指出了這一點。參鈴木直美:《馬王堆三號墓出土簡にみる遣策作成過程と目的》,籾山明、佐藤信編:《文獻と遺物の境界:中國出土簡牘史料の生態的研究》,第 198 頁;范常喜:《〈長沙馬王堆漢墓簡帛集成〉遣册校讀札記四則》,《簡帛研究二〇一六(秋冬卷)》,廣西師範大學出版社,2016 年。

④ 簡 325 還有"素緆二,其一故",也記載故物。不過,從 M1 的情況來看,記録"緆"的竹簡可能不應編入衣物簡中,因此暫置而不論。

⑤ 有些馬王堆小結簡所録數字與遣策所載不能全部吻合,但"乙笥"十四物之外記録衣物的簡超過三十支,與"廿一牒"相去甚遠。

屬於西 19 或 21 號竹笥中的某一個，另一個盛放衣物的竹笥没有簽牌。[①] 如果乙笥是盛放"祱衣"的竹笥，那麽盛放祱衣的"丙笥"，由"乙笥"順次排列而來，就順理成章了。現在，可以對馬王堆 M3 的衣物來源及其放置位置略作總結：可能由他人贈送的"乙笥"放置於東槨箱，其他"祱衣"和墓主家自辦的置於笥中的衣物，放置於西槨箱。這與望城坡漁陽漢墓"祱衣"置於不同藏室的情況有相似之處。

馬王堆 M1 與 M3 時代接近，M1 遣策中没有嚴格意義上的衣物記録，不過，隨葬竹笥放置的位置仍可作一參考。M1 共出土竹笥 48 件，西邊箱出土 33 件，南邊箱 9 件，東邊箱 6 件。其中笥 357 盛放綿袍 5 件，329 盛放綿袍 6、單衣 3、裙 2、襪 2 和袍緣 1 件。另有 1 件"衣笥"木楬，出土時繫在 329 笥上。如此，M1 盛放衣物的竹笥就有 2 件。"衣笥"329 在西邊箱上層，竹笥 357 則放置在西邊箱下層。後者未見簽牌，但封泥上寫有"[illegible]買之"字樣（參圖三）。[②] 封泥内容與其他竹笥上封印的"軑侯家丞"封泥不同，這足以説明，兩笥衣物的來源不完全相同。不同來源的衣物，有可能因爲種種原因不放置在一起，這與賻贈的其他物品有所不同，似能反映隨葬衣物的一些特殊性。[③]

圖三　馬王堆 M1"[illegible]買之"封泥

我們曾提出，西漢中前期隨葬衣物在大斂時

① M1 中有寫有"衣笥"簽牌一枚，槨箱中出土的盛放衣物的竹笥有兩個，可見簽牌失落或有些竹笥没有簽牌的情況都有可能發生。M3 另一支小結簡 397/168 云："·右方十三牒，稍笱〈笥〉。"很有可能，這即是另外一部分衣物的總結簡。"稍笥"所指不明。從 M3 簽牌的體例來看，凡是盛放食品、布帛的竹笥，簽牌記録都爲其内容物，唯牘 407 的"乙笥"及竹簡中的"丙笥"、"稍笥"與之不同，它們應都與衣物有關。鈴木直美認爲稍笥可能和祱衣有關，參《馬王堆三號墓出土簡にみる遣策作成過程と目的》，籾山明、佐藤信編：《文獻と遺物の境界：中國出土簡牘史料の生態的研究》，第 198 頁。稍笥與衣物有關的看法我們完全同意，但正如正文中已提及的，衣物簡中有"故衣"記録，稍笥是否與祱衣有關，可能還需要其他證據。

② 參湖南省博物館、中國科學院考古研究所：《長沙馬王堆一號漢墓發掘報告》，文物出版社，1973 年，第 111—118 頁。"[illegible]買之"封泥圖片在第 112 頁，第一字可能是名字或地點。

③ 衣物在喪葬過程中發揮特殊的禮儀作用，在《儀禮》中即有記載，也可參田天：《從"衣物簡"到衣物疏——遣策與西漢的喪葬禮儀》，待刊。

就封入棺内,常不記録在遣策中。① 這一判斷,主要針對中小型墓葬而言。一般而言,西漢時代的中小型墓葬所有隨葬衣物基本都封閉在棺中,不存在"衣笥"一類的隨葬方式。馬王堆漢墓等級較高,隨葬品的豐富程度遠超西漢其他出遣策的墓葬,隨葬衣物的情況就更爲複雜。封閉於棺内的衣物,與衣笥中的衣物,不僅有隨葬位置的區别,其來源和使用方式都不相同,需要區别對待。

三、尹灣漢墓 M6 衣物疏

到了西漢中晚期,遣策以"衣物疏"的形式呈現,大斂後就封入棺中。理論上,包括襚衣的所有衣物都應記録在衣物疏中。不過,在屬於西漢的數方衣物疏中,記有他人贈送衣被的僅有尹灣漢墓 M6 的衣物疏。尹灣 M6D12 正面記載君兄的隨葬衣被,背面則記載了贈物三件,皆爲衣物:

> 君直縹(縹)綺衣一領 |
> 青丸(紈)復襦一領 |
> 單(襌)襦一領送君兄 |

以上所列三件衣物,爲君直贈予君兄的助喪之衣。② 這些贈予君兄的衣物,不與其他衣物抄寫在一起,但書寫格式大致相同。需要特别説明的是,雖然這些衣物明確寫明了來源與數量,但並未被稱作"襚衣",與馬王堆 M3、望城坡漁陽漢墓不同。

西漢遣策中與助喪、賻賵有關的記録,大致如上所述。傳世文獻中所載兩漢賻贈習俗,楊樹達在《漢代婚喪禮俗考》中梳理甚詳。③ 細繹《漢書》《後漢書》,可知其中所記載的同儕、平輩之間的賻贈,大多以直接金錢形式往來,喪家使用賻金籌備喪禮。如《史記》載朱建事:

> 平原君家貧,未有以發喪,方假貸服具。……辟陽侯乃奉百金往税,列侯貴人以辟陽侯故,往税凡五百金。④

"襚"本指助喪所用的衣被,《史記》云"乃奉百金往税"、"往税凡五百金",即指辟陽侯與

---

① 參田天:《從"衣物簡"到衣物疏——遣策與西漢的喪葬禮儀》,待刊。

② 張顯成、周群麗:《尹灣漢墓簡牘校理》,天津古籍出版社,2011 年,第 109 頁。

③ 楊樹達:《漢代婚喪禮俗考》,上海古籍出版社,2000 年,第 150—154 頁。

④ 《史記》卷九十七《酈生陸賈列傳》,中華書局,1959 年,第 2702 頁。

其他列侯貴人都以財物賻贈，朱建家用以購買喪葬用品，故泛稱之曰“往稅”。《漢書·朱建傳》改《史記》原文爲辟陽侯“乃奉百金裞”，列侯“往賻五百金”，[①]分言“裞”、“賻”，反倒使二者看起來有所區别，恐怕不合原義。

國家法賻、官署同僚助喪，也皆以金錢的形式賻贈。如《漢書·儒林傳》記歐陽地餘事，曰：“及地餘死，少府官署共送數百萬，其子不受。”[②]《漢書·原涉傳》載哀帝時“天下殷富，大郡二千石死，賦斂送葬皆千萬以上，妻子通共受之，以定産業”。[③] 可見當時的賻贈，多直接將金錢贈予喪家，如喪禮使用不盡，便成爲喪家的財産。真正以衣物作爲送終之物，文獻中例證不多，且往往是地位高者向地位低者贈送。翻檢《漢書》，可得兩例，一爲《漢書·王貢兩龔鮑傳》記郇相事：

> (郇相)病死，莽太子遣使裞以衣衾，其子攀棺不聽，曰：“死父遺言，師友之送勿有所受。”[④]

此處特别説明“裞以衣衾”，可見是直接贈予衣物，與一般賻贈不同。此外《漢書·霍光傳》還有一例：

> 光薨，……賜金錢、繒絮，繡被百領，衣五十篋，璧、珠璣、玉衣，梓宫、便房、黄腸題湊各一具，樅木外臧椁十五具，東園溫明，皆如乘輿制度。[⑤]

這條材料非常重要，霍光葬禮上皇家賻贈甚豐，不少隨葬品都“如乘輿制度”。其中的“衣五十篋”的統計方式，與馬王堆以“笥”爲計算單位的隨葬方式也十分相近。

雖然金錢是主要賻贈形式，但出土文獻中幾乎見不到賻贈金錢的記録。這可能與賻錢消費和存儲的方式有關，相關賬目保存在生者手中，並不隨死者下葬。出土文獻中關於賻贈的記録，多與衣被相關。在西漢中前期遣策中，有衣物簡的分别是馬王堆M3、張家山M247、鳳凰山M8和M168、廣西羅泊灣漢墓M1，以及望城坡漁陽漢墓六座漢墓。其中明確記録有賻贈衣物的馬王堆M3和漁陽漢墓[⑥]都是侯一級别的墓葬，其中漁陽漢墓的衣物特别寫明“王裞”。這似乎也能够説明，在大夫一級的隨葬衣物中没有“裞衣”並非偶然，“裞”這種助喪形式應局限在某一特定階層之中。

在戰國楚地遣策中，也有裞衣的記録。長沙仰天湖楚墓M25中有：

---

① 《漢書》卷四十三《酈陸朱劉叔孫傳》，中華書局，1962年，第2116—2117頁。

② 《漢書》卷八十八《儒林傳》，第3603頁。

③ 《漢書》卷九十二《游俠傳》，第3714頁。

④ 《漢書》卷七十二《王貢兩龔鮑傳》，第3095頁。

⑤ 《漢書》卷六十八《霍光金日磾傳》，第2948頁。

⑥ 羅泊灣漢墓的隨葬衣物中有寫明“中出”的賻贈財物，但未記録裞衣。

鄦(許)昜(陽)公一紡衣,緑緾(裏),口▱1……中君一紩衣,……▱2……何馬之紩衣,絵(錦)純,絵(錦)。▱3[①]

中君、何馬身份不詳。李學勤認爲,楚國之公爲卿大夫級别,墓主得到許陽公的饋贈,也是戰國中葉楚國的大貴族。[②] 可見,戰國以來遣策中裞衣都局限在較高等級的貴族中,西漢中前期的情況與仰天湖楚墓反映的情況基本一致。

賵贈衣物的等級限制,在西漢中後期應有所放鬆。西漢中後期的遣策,以衣物疏的形式出現。其中記録賵贈衣物的,僅尹灣漢墓 M6 衣物疏。尹灣 M6 墓主人師饒爲東海郡功曹史,地位遠低於馬王堆 M3 和望城坡漁陽漢墓的墓主人。衣物疏中所記載的衣物爲"君直"所贈,很有可能是師饒(君兄)的平輩兄弟。這似乎暗示,到了西漢中後期,送終之禮有所變化,送終衣被所局限的階層有所放寬。僅據西漢僅尹灣一例,尚難質言,如果結合東漢的衣物疏,這一傾向便更爲明顯。[③] 東漢衣物疏中贈送衣被的記録略有增多。如東漢順帝、靈帝時期的《張德宗衣被囊書》中有"□季明新婦送大家"、"【縑】脅一領送大家、糸履一【良】(量)送大家"、"新絹帬一領送大家"等等。[④] "大家"讀爲"大姑",應即墓主人。在這件衣物疏中,贈送的衣物所占的比例,幾乎占據所有衣物的四分之一。江西南昌晋吴應墓衣物疏中除了墓主本人的故衣外,還有"小女傖嫫故紺襦一領,小女傖嫫故五絲同心一枚"等。[⑤] 報告認爲這是墓主女兒所賵贈的衣物。這兩座墓葬墓主人地位不高於師饒,[⑥]送終衣物的贈送者也多爲墓主的親友甚至晚輩。大致可以看出,從東周以來,"送終"之禮,特别是贈送衣物的限制,應在不斷地鬆弛和下移之中。

2017 年 7 月 24 日初稿

2017 年 11 月 25 日修訂

① 釋文引自劉國勝:《楚喪葬簡牘集釋》,科學出版社,2011 年,第 117 頁。

② 李學勤:《談近年新發現的幾種戰國文字資料》,《文物参考資料》1956 年第 1 期。

③ 總的來説,漢晋以來衣物疏最突出的新特點,還是"故衣"比例的大量增加。裞衣的記録雖然略多於西漢時期,但裞衣記録在衣物疏中的比例仍不占多數。

④ 黨壽山:《介紹武威出土的兩件隨葬衣物疏木方》,《隴右文博(武威專輯)》,2004 年。本文釋文引自竇磊:《漢晋衣物疏集校及相關問題考察》,武漢大學博士學位論文,2016 年。

⑤ 江西省博物館:《江西南昌晋墓》,《考古》1974 年第 6 期。

⑥ 整理者認爲張德宗爲一位達家貴族女子,不過主要依據是她在衣物疏中被稱爲"大家"。據簡報,吴應墓主人爲"從事中郎"一類之屬官。参江西省博物館:《江西南昌晋墓》,《考古》1974 年第 6 期,第 378 頁。

漢代二千石秩級的分化*

——從尹灣漢簡中的"秩大郡大守"談起

陳侃理

（北京大學中國古代史研究中心、
出土文獻與中國古代文明研究協同創新中心）

引　言

張家山漢簡《二年律令·秩律》發現以後，我們知道，在西漢前期，從中央九卿到地方郡守、郡尉只有二千石一個秩級。傳世史書中常見的中二千石、真二千石、比二千石，都是在文帝以後從二千石中分化衍生出來的。閻步克在《從爵本位到官本位》一書中根據有限的史料，大致釐清了各二千石秩級的産生、行用時間和成因。他贊同中二千石的"中"指中央、京師之説，認爲"中二千石"秩級的産生反映了中央官相對於地方郡國官地位的提升。閻先生還提出，比二千石屬於"比秩"，專門用於非吏職、軍吏等特殊的官職。① 這實際上已經揭示，二千石秩級的分化與職事密切相關。

職事與秩級分化的關係不是閻著的主要綫索，書中没有展開討論。我在閱讀尹灣漢簡時發現，漢成帝元延年間的官方簿書稱東海太守"秩大郡大守"，以職事的類別（太守）和繁簡（大郡）而不是俸禄數量來標示或命名秩級。這一現象，過去學界没有注意，也跟秩級以"若干石"爲名的一般認識相衝突，需要給予解釋。由此帶來的新問題，提示我們重新認識秦漢秩級的命名方式，並以此爲契機，考慮秩級與職事兩者如何互動，反

---

* 本文爲教育部全國優秀博士學位論文作者專項資金資助項目"中國政治文化傳統的形成与早期发展研究"（201311）階段性成果。

① 閻步克：《從爵本位到官本位：秦漢官僚品位結構研究》，生活·讀書·新知三聯書店，2009 年，第 285—322、433—486 頁。

映官僚制度和政治文化的何種變化。

一、“秩大郡大守”釋證

江蘇連雲港尹灣西漢墓出土的《東海郡都尉縣鄉吏員簿》木牘，列舉成帝元延年間本郡太守、都尉府和每個縣級行政區的官吏員額，並注明守、尉、令、丞等長吏的秩級。其中太守府一條如下：

> 大(太)守吏員廿七人。大(太)守一人，秩□□□□。大(太)守丞一人，秩六百石。

關鍵的太守秩級處墨迹殘損，釋讀困難。整理者的釋文在“秩”字旁打了問號，①實則從後文文例來看，釋爲“秩”是可靠的。“秩”字以下，據殘筆和空間大小判斷應有四字，整理者未釋，引發了研究者的猜測。西漢郡守的秩級一般爲二千石，而此東海郡太守官職的秩級有四個字，顯然不會是“二千石”，但郡太守身份又應與二千石有關。學者似乎一致認爲後三字一定是“二千石”，故而提出了“中二千石”、“真二千石”、“比二千石”三種不同的假説。②

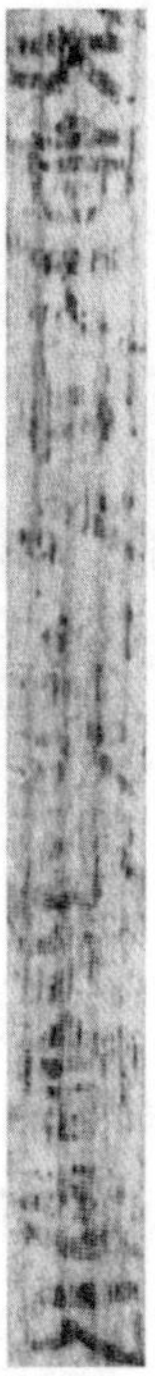
大守一人秩大郡大守大守丞一人

學者最初釋讀此牘，只能利用不够清晰的彩色照片，或脱離圖版而臆測。2000年出版的《江蘇連雲港·揚州新出土簡牘選》中收録了此牘的高清黑白照片(右圖)，③仔細審讀可以發現，未釋四字中後三字的殘畫不能與“二千石”吻合，而後二字卻顯然與上下文的“大守”相合。尹灣漢簡《集簿》記載東海郡的户數爲“廿六萬六千二百九十”，遠超元帝建昭二年(前37年)增三河、大郡秩後以十二萬户爲大郡的標準，而抄寫年代約爲成帝元延中，又在綏和改制廢除大郡太守秩級以前。當時的東海太守無疑屬於大郡太

---

① 連雲港市博物館等編：《尹灣漢墓簡牘》，中華書局，1997年，第79頁。

② 其中“中二千石”、“真二千石”説居於主流地位。謝桂華推測東海太守的秩級“不會低於二千石”，説見謝桂華：《尹灣漢墓所見東海郡行政文書考述(上)》，收入連雲港市博物館、中國文物研究所編：《尹灣漢墓簡牘綜論》，科學出版社，1999年，第31頁。楊際平明確提出東海太守“秩亦應爲真二千石，或更高的中二千石”，説見楊際平：《漢代内郡的吏員構成和鄉亭里關係》，《廈門大學學報》1998年第4期。“比二千石”説見朱紹侯：《〈尹灣漢墓簡牘〉是東海郡非常時期的檔案資料》，《史學月刊》1999年第3期；對此説的駁論見卜憲群：《也談〈尹灣漢墓簡牘〉的性質》，《史學月刊》2000年第5期。

③ 連雲港市博物館、揚州博物館、每日新聞社、(財)每日書道會編集發行：《江蘇連雲港·揚州新出土簡牘選》，2000年，第56頁。

守，秩級高於普通的郡守。這點，學者早已指出。[①] 了解東海的"大郡"身份之後，如果跳出秩級必以"若干石"命名的思維定式，不難想到所殘四字就是"大郡大守"。覈以字形，當可確認無疑。

下面引録相關史料，稍加釋證。

《漢書·元帝紀》建昭二年：

> 益三河、大郡太守秩。户十二萬爲大郡。

是年，元帝增加河南、河東、河内三郡和大郡太守的禄秩，以轄下户數達到十二萬作爲大郡的標準。此事也見於衛宏《漢官舊儀》：

> 建昭二年，[②]益三河及大郡太守秩。

所增"及"字明確了"三河"與"大郡"是並列關係，而非僅以三河爲大郡。[③] 此條本注又曰：

> 十二萬户以上爲大郡太守，小郡遷補大郡。

可知大郡太守增秩後，不僅所得禄秩屬於一個較二千石更高的秩級，而且在遷轉上成爲普通郡守以上的一階。

設立大郡太守的第二年，朝廷又提高了三輔都尉和大郡都尉的秩級。《漢書·元帝紀》建昭三年（前 36 年）：

> 令三輔都尉、大郡都尉秩皆二千石。

根據張家山漢簡《二年律令》，漢初郡尉與郡守同秩，都是二千石，但《漢書·百官公卿表》稱郡尉秩比二千石，低於郡守，不知何時已經降秩。[④] 元帝詔令部分太守益秩後，相應提高同郡都尉的秩級，郡都尉秩才又回到二千石。尹灣《東海郡都尉縣鄉吏員簿》

① 参看謝桂華：《尹灣漢墓所見東海郡行政文書考述（上）》，《尹灣漢墓簡牘綜論》，第 31 頁。

② 清四庫館臣輯衛宏《漢官舊儀》卷下，周天游點校：《漢官六種》，中華書局，1990 年，第 49 頁。"建昭"原作"建始"，形近而譌，今據四庫館臣按語改正。

③ 三河在大郡之外單列，當是因爲屬於近畿要地，與三輔同屬司隸校尉所部，有特殊地位。從户數上看，《漢書·地理志》所記元始二年三河郡户數都在 23 萬以上，遠超户十二萬爲大郡的標準。三河太守的秩級或許同於大郡太守，抑或更高。另外，同屬司隸校尉部的弘農郡由於户數較少，至西漢末仍不到十二萬，故未提升秩級。

④ 閻步克：《從爵本位到官本位：秦漢官僚品位結構研究》，第 365—366 頁。

記東海郡都尉的秩級爲真二千石,在當時就是二千石。[①]

需要特別指出,從《漢書》所載益秩的對象以及規定"小郡遷補大郡"來看,元帝建昭年間連續提高部分郡守和都尉的秩級,不是給予某些官吏個人特殊的品位待遇,而是對特定職位的秩級作出制度性調整。尹灣漢簡《東海郡都尉縣鄉吏員簿》稱東海太守"秩大郡大(太)守",描述的不是時任太守胡級的個人品位,而是東海太守這一官職的秩級。[②] 這與針對官吏個人的增秩、貶秩或以較低禄秩守官,性質是不同的。

尹灣漢簡中釋讀出的"秩大郡大(太)守"一語,提醒我們回頭省視傳世史料中關於西漢調整郡級官員秩級的記載,從中可以提出若干值得思考的問題。大郡太守的俸禄是多少?大郡太守的秩級在《吏員簿》中爲何不用"若干石"表示?爲何漢元帝要對大、小郡長官的秩級作出制度性區分,而成帝綏和改制又取消了這種區分?本文的以下三部分,就嘗試來回答這些問題。

二、大郡太守禄秩與西漢的非"若干石"形式秩級

元帝建昭二年益秩後,三河及大郡太守的俸禄高過了普通二千石郡守,但到底是多少,相當於哪個秩級,《漢書》未曾明言。東漢末年,荀悦删略《漢書》而作《漢紀》,在"益三河〔大〕郡大守秩"下增"中二千石"四字,[③]當屬臆補。實情如何,仍待考證。

從史料推測,三河、大郡太守的禄秩應該低於中二千石。《漢書·百官公卿表》有如下記載:成帝建始二年(前 32 年)"河東太守杜陵甄少公爲京兆尹,二年貶爲河南太守",永始二年(前 15 年)劉子泄"爲京兆尹,二年貶爲河南太守"。當時,三河太守員秩尚未廢省,秩級仍高於普通的郡守二千石,但從《漢書》明確稱由中二千石的京兆尹遷河南太

① 真二千石秩名的所指發生過變化,在西漢後期等同於二千石。閻步克認爲,真二千石在成帝綏和元年後的某個時間合併於二千石(《從爵本位到官本位:秦漢官僚品位結構研究》,第 311 頁),實際可能要更早。如果大郡都尉在建昭三年升秩二千石後没有再提高,那麽尹灣漢簡《東海郡都尉縣鄉吏員簿》記載的都尉"秩真二千石"也就等於"秩二千石"。這是成帝元延年間事,在綏和以前。

② 《東海郡都尉縣鄉吏員簿》中的"員"指員額,即編制數,不是在職官吏的實際人數。東海郡吏的實際人數見於所謂《東海郡屬吏設置簿》,所記屬吏的人數是 93 人,接近於員額的 4 倍。相應地,《吏員簿》中的秩級,也是針對職位的制度規定,而未必等於此職位現任官吏個人享有的實際禄秩。事實上,所謂《吏員簿》自題名殘缺不全,就其包含官職的秩級而言,更合理的定名應該加上"秩"字,叫做"郡都尉縣鄉吏員秩簿"。

③ 《漢紀·孝元皇帝紀》,《兩漢紀》上册,中華書局,2002 年,第 398 頁。"大"字原脱,據《漢書·元帝紀》《漢官舊儀》補。

守爲“貶”來看，其秩應低於中二千石。[①] 再来看大郡太守。漢成帝河平中，王尊爲東郡太守，因爲面對水災時安民有功，得到嘉獎，詔書稱“秩尊中二千石，加賜黄金二十斤”。[②] 此事在綏和以前，而《漢書·地理志》記載東郡在西漢末的户數超過 40 萬，無疑屬於大郡。因此，在制度上，東郡太守的禄秩爲大郡太守。王尊受到特殊嘉獎，提高個人禄秩至中二千石，反過來説明大郡太守的禄秩不及中二千石。類似的例子，還有成帝時孫寶任廣漢太守一事。《漢書·孫寶傳》載“上以寶著名西州，拜爲廣漢太守，秩中二千石，賜黄金三十斤”。時在元延元年至二年之間，[③]早於大郡太守之廢，而廣漢應屬大郡。[④] 孫寶以丞相司直(秩比二千石)彈劾外戚王立有功，適逢“巴蜀不安”，朝廷因其聲名，委以重任，故而特加榮寵。傳文特意説明其“秩中二千石”，與“賜黄金”並敘，表明待遇超過常制，高於一般的大郡太守。由此反推，亦可知大郡太守秩低於中二千石。至於三河太守與大郡太守共用同樣的秩級，抑或二者之間又有細分，現在還不得而知。

書缺有間，這個問題只能暫且討論到此。[⑤] 但無論如何，都可以肯定“大郡太守”作爲與“中二千石”不同的一個秩級名稱，存在於漢元帝到成帝的官僚等級制度中。這個秩級的名稱，没有采用常見的“若干石”形式，不是以俸禄數額多少，而用官職來命名。這就引發了需要解釋的問題：當時爲什麽不用“若干石”這種數字形式來命名大郡太守的秩級？

“大郡太守”這個非數字形式的秩級名稱看似特殊，實際上卻不是個例，搜考史籍，

---

① 西漢三輔的秩級，《漢書》卷十九《百官公卿表》稱是二千石，《續漢書·百官志》則説是中二千石，至東漢失去首都地位後才降爲二千石。《漢書》卷七十六《王尊傳》注引如淳説亦云：“三輔皆秩中二千石，號爲卿也。”學者一般信從中二千石説。參看安作璋、熊鐵基：《秦漢官制史稿》下册，齊魯書社，1985 年，第 41 頁。從三輔長官與中二千石官的互相遷轉情況來看，我認爲西漢三輔應屬中二千石，《百官公卿表》編者或將東漢制度誤植於西漢。

② 《漢書》卷七十六《王尊傳》，中華書局，1962 年，第 3238 頁。王尊爲東郡太守的年限，據嚴耕望：《兩漢太守刺史表》，上海古籍出版社，2007 年，第 39 頁。

③ 案《漢書·百官公卿表》，孫寶以元延二年(前 11 年)自廣漢太守遷京兆尹，則任廣漢太守當在此前。案《漢書·百官公卿表》原文作“廣陵太守孫寶爲京兆尹”，據《孫寶傳》“著名西州”云云，知“廣陵”爲“廣漢”之譌。參看嚴耕望：《兩漢太守刺史表》，第 71—72 頁。

④ 據《漢書·地理志》，廣漢郡在西漢末户數超過十六萬，而孫寶任廣漢太守，在元始前十餘年，户數不會少太多。西漢户口的年增長率尚無精確數據。據尹灣漢簡《集簿》，成帝元延年間東海郡某年的户數爲 266290，較前一年增長 2629 户，年增長率約 1%。假定以此爲西漢中後期户數的平均增長率，則由廣漢郡平帝元始二年(2 年)户數 167499 上推，成帝元延元年(前 12 年)户數爲 147175。

⑤ 大郡太守禄秩同於中二千石的推測並非毫無理由。考慮到大郡都尉的秩級與三輔都尉同時提至二千石，假如郡守和都尉的禄秩保持對應，則三河、大郡太守增益後的俸禄似應提高一級，與位列中二千石的三輔相當。但如上所舉，支持大郡太守較中二千石低的證據顯然更加直接。

還能舉出不少。比如不入秩級序列的"相國"、"丞相",至於跟二千石關係密切的,則有漢景帝至武帝時期的"諸侯相"、武帝至成帝時的"萬騎太守",以及元帝時的"光禄大夫"。"諸侯相"、"萬騎太守"、"光禄大夫"與"大郡太守"一樣,都是用官職作爲秩級的名稱。

先來看"諸侯相"。《史記·孝景本紀》:

> 後元年(前163年)……三月丁酉,赦天下,賜爵一級,中二千石、諸侯相爵右庶長。

這條史文中關於賜爵的記載很可能録自詔令原文。其中將"中二千石"和"諸侯相"並列,值得注意。閻步克曾經回顧西漢諸侯相地位、秩級的下滑過程,指出漢初諸侯丞相與漢丞相地位相當,至景帝時改稱"相",降至與漢九卿同列,禄秩相當於中二千石,進而在武帝朝下降到真二千石,元帝朝降爲二千石,與郡守同秩而位在其下。① 據此,景帝後元年時,主要對應列卿官職的中二千石秩級已經形成,諸侯相的禄秩與中二千石相同。但上引史文並不以"中二千石"涵蓋諸侯相,這説明"中二千石"意味著"中央"二千石官,而諸侯相非漢之中央官,即便俸禄同於列卿中二千石,亦不能稱"中二千石"。

諸侯相的秩級以官職爲名,稱爲"諸侯相",在漢武帝時還被用於提高郡守個人的待遇。《漢書·衛青霍去病傳》云,武帝元狩四年(前119年),雲中太守遂成伐匈奴歸來後得到賞賜,"秩諸侯相";《史記·汲鄭列傳》《漢書·汲黯傳》並云,元鼎二年(前115年),御史大夫張湯敗後,武帝聽聞淮陽太守汲黯曾早有預言,乃令其"以諸侯相秩居淮陽",作爲優待。當時,郡太守秩二千石,低於諸侯相。遂成、汲黯因功受賞,故得以提高個人品秩,領取更高的俸禄。但他們所得的秩級不稱"若干石",而用官職"諸侯相"來命名。這説明,"諸侯相"在當時不僅對應於諸侯相一職,且可用於擔任郡守等其他官職的官吏,標示他們的個人品秩,因而是一個秩級的名稱。

"萬騎太守"也見於漢武帝時期。衛宏《漢官舊儀》卷下云:

> 元朔三年,以上郡、西河爲萬騎太守,月奉二萬。②

在此之前的元朔二年(前127年),漢攻取了匈奴的河南地(今内蒙古鄂爾多斯市),上郡、西河(陝西、山西北部,内蒙古西南部)作爲攻打匈奴的前方軍事重鎮,實力大增。朝廷在元朔三年提高這兩郡太守官職的禄秩,應是爲加强管理,準備後續征戰。增秩後的

---

① 閻步克:《從爵本位到官本位:秦漢官僚品位結構研究》,第348—352頁。漢武帝元朔二年(前127年)頒布推恩令,估計其後不久,諸侯相降秩爲真二千石,月俸二萬,數額同於萬騎太守。

② 周天游點校:《漢官六種》,第49頁。

新秩級並不稱"若干石"，而是以官職爲名，稱"萬騎太守"。萬騎太守之名，當得自郡騎士達到或接近萬人。[①]《漢官舊儀》卷下又云：

> 綏和元年（前 8 年），省大郡、萬騎員秩，以二千石居。[②]

其中"萬騎"與"大郡"並列，"員"指員額，"秩"指秩級。綏和改制同時廢除大郡太守和萬騎太守的員額和秩級，説明在此之前，"萬騎太守"與"大郡太守"一樣，是一個獨立秩級。

甲渠候官遺址（破城子）出土的一枚漢簡提到"諸侯相"和"萬騎太守"：

> 臣請：列侯、中二千石、諸侯相、邊郡萬騎太守减中郎一人……
>
> （EPT51：480）

此簡當是詔書殘文，無紀年，但從諸侯相位列中二千石之後而屬吏不同於一般郡守推測，應在元帝降諸侯相秩爲二千石之前。據簡文，萬騎太守位列中二千石、諸侯相之後，在詔書下達之前，屬吏中有郡守所無的中郎，可知其地位應該高於普通郡守二千石。而簡文中的"中二千石"，無論作爲職類還是秩級，都没有將諸侯相和萬騎太守包含在内。這條簡文印證了上文的推測：諸侯相、萬騎太守兩者與中二千石、二千石都有區别，既是獨特的官職，也是相應的獨立秩級。

名爲"諸侯相"和"萬騎太守"的秩級，俸禄數額低於中二千石，可能在武帝至成帝之間一度相當於"真二千石"。成帝即位後，爲了讓大鴻臚馮野王避嫌，"以秩出爲上郡太守，加賜黄金百斤"，[③]也就是在出任屬於萬騎的上郡太守時，保留大鴻臚的中二千石秩作爲個人的品位優待。這是萬騎太守秩級低於中二千石的明證。萬騎太守和諸侯相秩相當於真二千石，證據也相當有力。《史記·汲鄭列傳》集解引如淳曰：

> 諸侯王相在郡守上，秩真二千石。律，真二千石俸月二萬，二千石月萬六千。

據如淳引"律"，真二千石的月俸爲二萬錢，與《漢官舊儀》所云萬騎太守月俸恰好相同。[④]不過，這又引發了與前述"大郡太守"類似的問題：既然俸禄同於真二千石，爲何《史》《漢》不云遂成"秩真二千石"，汲黯"以真二千石秩居淮陽"，衛宏也僅言及月俸數量，而

---

① 匈奴有"萬騎"之號。《史記》卷一百一十《匈奴列傳》："自如左右賢王以下至當户，大者萬騎，小者數千，凡二十四長，立號曰'萬騎'。"武帝立"萬騎"名號，或亦與此有關。

② 周天游點校：《漢官六種》，第 49 頁。

③ 《漢書》卷七十九《馮野王傳》，第 3303 頁。

④ 據《漢書·衛青霍去病傳》，元狩四年與雲中太守遂成一同受賞的還有西河太守常惠。常惠僅賜爵關内侯而未增秩，蓋因西河爲萬騎太守，月俸二萬，已經達到諸侯相標準。

不説萬騎太守"秩真二千石"? 我推測,原因在於先有諸侯相、萬騎太守秩,然後才比照二者的俸禄數額,針對中央的東宮、後宮官設立真二千石秩級。

"真二千石"秩名的産生,應不早於元鼎二年汲黯獲得諸侯相秩,而不晚於武帝末年。《漢書·百官公卿表》注引臣瓚曰:

《茂陵書》,詹事秩真二千石。

《茂陵書》是武帝茂陵中的隨葬品,所載應是武帝朝某時期的制度。[①] 詹事在《漢書·百官公卿表》中記爲二千石官,作爲真二千石大約只是一時特制。由於這一秩級的適用範圍擴大到中央官,不便套用以地方官職命名的秩名。爲避免再度新設職官類秩名而加劇俸禄相同而秩名不同的現象,又創造出"真二千石"這個不帶職類色彩的新名稱。此後,諸侯相秩級併入真二千石,不再單列。需要説明的是,如淳所引的"律"只適用於武帝到元帝進一步降低諸侯相秩級之間的某個時期,不是西漢一朝的通制,未可據以認定諸侯相的秩名一直是"真二千石"。

"光禄大夫"的問題較爲複雜。《漢書·百官公卿表》明確説光禄大夫"秩比二千石",但元帝時期的一個例子表明"光禄大夫"本身就可以作爲一個秩級的名稱。《漢書·諸葛豐傳》:

元帝擢爲司隸校尉,刺舉無所避。……上嘉其節,加豐秩光禄大夫。……豐上書謝曰:"臣豐駑怯,文不足以勸善,武不足以執邪。陛下不量臣能否,拜爲司隸校尉,未有以自效,復秩臣爲光禄大夫,官尊責重,非臣所當處也。"

元帝爲了嘉獎司隸校尉諸葛豐,增加其禄秩。傳文云"加豐秩光禄大夫",[②]又引諸葛豐上書云"秩臣爲光禄大夫",都把"光禄大夫"用作秩級名稱,而不説"秩比二千石"。之所以如此,恐怕不僅是因爲當時光禄大夫之秩高於司隸校尉的本秩,[③]也是由於"光禄大夫"在當時就是獨立的秩級。

"大郡太守"、"諸侯相"、"萬騎太守"、"光禄大夫"這些秩級名稱,放進以"若干石"排

---

① 參看辛德勇:《談歷史上首次出土的簡牘文獻——〈茂陵書〉》,《文史哲》2012年第4期。

② 荀悦《漢紀·孝元皇帝紀上》作"加豐光禄大夫",據《漢書》載諸葛豐上書所云"秩臣爲光禄大夫"可知脱一"秩"字。光禄大夫是諸葛豐的個人禄秩待遇,而非給予他的加官。《漢紀》點校本將下文"侍中許章"的"侍中"連上讀,以爲是諸葛豐的另一個加官,則是錯上加錯。見《兩漢紀》上册,第377頁。

③ 司隸校尉比二千石,加秩後爲光禄大夫,那麼光禄大夫之秩應高於比二千石。《漢書·百官公卿表》稱司隸校尉及城門等八校尉"秩皆二千石",經王先謙暗示,大庭脩指出,閻步克又加以充分論證,現已可以相信原文有脱誤,司隸校尉等的秩級應該是比二千石。參看閻步克:《從爵本位到官本位:秦漢官僚品位結構研究》,第455—458頁。

列的西漢秩級表中，會顯得有些"突兀"。但既然已經發現，就不能簡單地認定它們相當於"若干石"了事，而應該正視其存在，給出歷史的解釋。上述非"若干石"形式的秩級，有兩個顯著的共同點，一是都以官職命名，二是禄秩都處於中二千石到比二千石之間，與"二千石"這個重要等級有密切關係。我們的解釋也將從這兩點出發，嘗試勾勒出歷史發展的綫索。

三、西漢二千石秩級的分化

張家山漢簡《二年律令·秩律》發表後，學者已經認識到，漢初的秩級序列在千石以上只有二千石，後來常見的中二千石、真二千石、比二千石秩級都是由二千石分化而生的。[①] 前文又揭示出，西漢還存在過"諸侯相"、"大郡太守"、"萬騎太守"、"光禄大夫"等與二千石緊密相關的秩級。二千石秩級上發生的複雜分化，在《秩律》列舉的 11 個秩級中是絶無僅有的。原因何在，令人深思。

我認爲，二千石秩級上發生的分化，是同一官僚層級中職事類别和繁簡分化所致。細讀漢初的《二年律令》可以發現，當時的"二千石"不僅是秩級名稱，而且指代了一類處於官僚體系中特定層級的官職。張家山漢簡《二年律令·置吏律》：

> 縣道官之計各關屬所二千石官。其受恒秩氣(餼)稟，及求財用年輸，郡關其守，中關内史。　(214～215)
>
> 縣道官有請而當爲律令者，各請屬所二千石官，二千石官上相國、御史，相國、御史案致，當請，請之，毋得徑請。徑請者者，罰金四兩。　(219～220)

《二年律令·捕律》：

> □□□□發及鬭殺人而不得，官嗇夫、士吏、吏部主者罰金各二兩，尉、尉史各一兩；而斬、捕得不得、所殺傷及臧(贓)物數屬所二千石官，二千石官上丞相、御史。　(147～148)

可知，二千石官領有縣道官，是縣道官與皇帝及其宰輔聯繫所必經的媒介。縣道官的上計、上讞、上請等事務，都通過二千石官進行。《二年律令·秩律》列舉秩二千石的官職云：

> ·御史大夫，廷尉，内史，典客，中尉，車騎尉，大(太)僕，長信詹事，少府

---

① 閻步克：《從爵本位到官本位：秦漢官僚品位結構研究》，第 288 頁。

令,備塞都尉,郡守、尉,衛〈衛〉將軍,衛〈衛〉尉,漢中大夫令,漢郎中、奉常,秩各二千石。 (440～441)

其中包含了中央到地方不同類别的官職。由此可知,《二年律令》中的二千石官也應包含不同類别的官府機構,在涉及財政、上請時,於京師地區(中縣道)指内史,在地方郡縣是郡守;在涉及追捕盜賊時,於京師是中尉,在郡是郡尉;在涉及刑獄上讞時,於京師是廷尉,在郡是郡守;在涉及邊防事務時,可能是邊郡的守、尉,也可能是備塞都尉;諸陵縣、邑所屬的二千石官則是奉常。這些官職或在京師,或在地方,職類不同,但一般屬下都領有令、長等千石至三百石的中層吏員。

如果把秦至漢初的官僚體系分爲"中樞"(丞相、御史)—"高層"(二千石官)—"中層"(令長)[①]—"基層"(稗官)四個依次統屬的層級,那麽,"二千石"不僅是表示俸禄的一個秩級,在稱爲"二千石官"時還對應著官僚科層體系中的特定層級。這個較高層級的産生與定型比中層的令長一級要晚,在嶽麓秦簡律令中稱"執法",應是沿用先秦舊名,[②]表明這一層級的主要職能是秉持和執行法律。"執法"的俸禄到秦代及漢初確定爲二千石,而"二千石"這個秩級的名稱又在律令中成了執法官的新稱謂。[③]

二千石秩級的分化,是秦漢官僚科層體系中高層組織複雜化所導致的。據張家山漢簡《二年律令·秩律》,最晚在漢初,令長一級的中層官吏已經根據權責大小領取不同的俸禄,分出千石、八百石、六百石、五百石、四百石、三百石這樣細密的秩級;與此同時,高層官吏卻僅有二千石一級。文、景以後,高層官吏的權責也逐漸分化,隨之衍生出不同的秩級。

先是中央列卿地位提升,凌駕於地方郡守,其秩級也從二千石分化出來,成爲"中二千石"。"中二千石"不僅標示俸禄數量和級别待遇,而且還保有對應於特定職類的意義。正如勞榦指出並經由閻步克充分論證的那樣,"中二千石"本義是中央的二千石官,"中"指中

---

① 這裏所説的官僚體系的中層包括縣道官令長,也包括中央二千石官的屬官令長。

② 《戰國策·魏策四》"秦攻魏急"章有"秦自四境之内,執法以下至於長輓者"云云(上海古籍出版社,1985 年,第 920 頁)。

③ 嶽麓秦簡《秦律令》云:"咸陽及郡都縣恒以計時上不仁(認)邑里及官者數獄屬所執法,縣道官别之,且令都吏時覆治之。"(第一組,簡 027、028)整理者注釋引《二年律令·具律》"上獄屬所二千石官,二千石官令都吏覆之"(見陳松長主編:《嶽麓書院藏秦簡(肆)》,上海辭書出版社,2016 年,第 47、48、75 頁),已經暗示秦漢律中的"二千石"和"執法"在律文的表述結構中處於相同位置,職能相似。我推測,漢初《二年律令》中的"二千石官"應是從秦律令中的"執法"官演變來的。由於執法官職能的擴大,在漢以後用秩級代替職能作爲這一類官的名稱。嶽麓秦簡中有大量秦代律令目録簡,題爲"内史郡二千石官共令",應理解爲"内史和郡兩類區域二千石級别官府所共用的法令"。在此,"二千石官"已經成爲一個官僚體系中一個包含京師内外的層級的名稱。近來,學界對嶽麓秦簡中的"執法"有不少討論,多認爲其屬地方監察官,與御史系統有關。可參看土口史記:《嶽麓秦簡"執法"考》,《東方學報》第 92 册,2017 年。對此,筆者仍有保留,待收集更多史料後另文詳論。

央、京師，與地方的郡國相對。大約在漢景帝中五年或稍後，中二千石成爲一個更高的秩級，從二千石分化出來。[①] 值得注意的是，新分化出來的這個秩級没有用純數字式的“若干石”爲名，稱“二千幾百石”，而是加上表示職類的“中”字，有意使之專屬於中央官，避免制度性地用於地方官職。這是對應於職事類别中央、地方差異的秩級分化。

武帝時期，隨著諸侯相被納入漢朝的官僚體系，出現了俸禄高於二千石的“諸侯相秩”。接著，内史和主爵都尉在太初元年(前 104 年)正式分化演變爲京兆尹、左馮翊、右扶風三輔，身份屬於列卿而主要職事類似郡守，終西漢一朝具有中二千石的俸禄。郡守中的萬騎、三河、大郡太守又在武帝和元帝時期先後獲得了高於二千石的俸禄。三輔屬於列卿，故可用中二千石秩級；郡國守相不是中央官，無論禄秩待遇是否與“中二千石”相同，在對應秩級時都避開“中”字，采用“諸侯相”、“大郡太守”、“萬騎太守”這類官職作爲秩級的名稱。事實上，“大郡太守”等秩級的命名原則，在與官職對應這點上恰恰是同“中二千石”一致的。

二千石秩級分化的原因，還有同一職類中不同官職的事務繁簡差異。郡國的守相在官僚體系中同處高層，但因爲政區性質、户口多寡、地理位置和戰略意義等因素，職事繁簡有别，輕重各異。這種差異，成爲區分秩級的依據。“萬騎”、“大郡”都代表著職事繁重，不同於常郡。

此外，細分秩級也有利於朝廷安排不同資格、能力的官吏，讓他們出任層級相同而職權不等的官職，既滿足官吏逐漸提高地位和待遇的意願，也有利於維持地方統治的質量。郡國守相地位較高，一般人需要長時間積累資歷才能達到，而位至守相後，進一步升遷中二千石的機會卻很少，又可能影響施政的積極性。爲此，漢廷進行過改革，先是以調整個人禄秩爲主，後來發展爲細分官職秩級，在制度上添設階級，拉長晋升通道，增加升遷機會。

宣帝極爲重視郡級統治，在守相的個人禄秩安排上有過大膽的嘗試。他一方面從秩級僅爲六百石或八百石的刺史、縣令、大夫等官吏中妙選高才，超遷爲郡國守相，以低於二千石的禄秩守官；另一方面，又對治績出衆的守相賜爵、賞金，並提高其個人的禄秩等品位待遇，使之長期安於原職。《漢書·循吏傳》記載了很多這方面的例子。比如，最先受到這類褒獎的是膠東相王成，宣帝地節三年(前 67 年)下詔“賜成爵關内侯，秩中二千石”。[②] 這是增秩和賜爵配合使用的例子。最爲有名的是黄霸。宣帝先是將黄霸從六百石的揚州刺史超遷爲潁川太守，但並不直接給予二千石的禄秩，而是先以稍低的比二

① 閻步克：《從爵本位到官本位：秦漢官僚品位結構研究》，第 301—304 頁。

② 《漢書》卷八十九《循吏傳》，第 3640 頁。

千石秩守官,同時在車輿上賜以殊禮。這既可彰顯宣帝重視郡級吏治,不拘一格選用人才的決心,又能安撫資深的二千石郡守,對黄霸也有激勵、督促之效。黄霸在潁川"治爲天下第一",遂"徵守京兆尹,秩二千石"。京兆尹本秩中二千石,令以黄霸以二千石守官,也是資淺官吏擔任更高職務的例子。黄霸不幸在此任上一再犯錯,連遭貶秩,最後只能回歸潁川太守一職,而以低於正常的八百石秩居官。直到神爵四年(前 58 年),黄霸才又以潁川太守獲得中二千石的禄秩,不久便調入長安爲太子太傅,這才真正以中二千石秩擔任中二千石官。① 郡守官吏禄秩非二千石的例子還有不少,《漢書・宣帝紀》注引如淳曰"太守雖號二千石,有千石、八百石居者",已經指明了這個現象。

在理解上述現象時,應該嚴格區分附麗於官職的秩級和從屬於個人的品位待遇。宣帝靈活處理擔任守相官吏的禄秩,是一種人事方面的安排,而非對官階的制度性改革。前述黄霸的經歷恰可説明,禄秩待遇的升降取決於個人的資格、功勞,附麗於官職的郡國守相秩級並不因之改變。官吏個人品位待遇與其所擔任官職在制度上的秩級發生錯位,正是宣帝人事政策的特色所在。《漢書・循吏傳》稱宣帝"以爲太守,吏民之本也,數變易則下不安,……故二千石有治理效,輒以璽書勉厲,增秩賜金,或爵至關内侯,公卿缺則選諸所表以次用之"。其中,增秩與賜金、授爵並列,可知性質相近,都是爲了使有能力的守相長期安於本職而給予個人的品位待遇。與此同時,郡國守相官職保持二千石秩級不變,兩者聯繫如此緊密,以至於二千石成了守相的代稱。② 在西漢,制度性的非二千石郡國守相,除了實屬列卿的三輔,只有地位逐級下滑的諸侯相和一度特殊化的萬騎、三河和大郡而已。

在三類特殊的郡中,萬騎太守設置最早,在武帝元朔三年,而爲數極少,僅有西河、上郡。史料中有二千石升任爲萬騎太守的例子。宣帝時,杜延年爲北地太守,治郡有功,"上使謁者賜延年璽書,黄金二十斤,徙爲西河太守"。③ 西河是萬騎郡,杜延年這次徙官配合賞賜,顯然是升遷。此後,杜延年又由西河太守徵調爲御史大夫。御史大夫一般由九卿升任,這次越級徵調固然與杜延年此前曾"爲九卿十餘年"的資歷有關,④但也能説明西河太守與中二千石的九卿在秩級、地位上已然相當接近。普通郡守二千石轉任萬騎太守能提高秩級,而三河在宣帝時也已超越常郡。比如嚴延年從涿郡太守遷河

① 黄霸事見《漢書》卷八《宣帝紀》神爵四年夏四月條(第 264 頁)及《循吏黄霸傳》(第 3632 頁)。

② 《漢書・循吏傳》載宣帝感歎,能與自己共同治理天下者"其唯良二千石乎",傳文緊接著説他"以爲太守,吏民之本也"。可知所謂"良二千石"就是指好的郡守,當然,也包括諸侯相。

③ 《漢書》卷六十《杜延年傳》,第 2666 頁。

④ 見《漢書》卷七十四《丙吉傳》載丙吉言,第 3148 頁。

南太守，同時賜黄金二十斤，[①]應可理解爲升遷。

如上所述，某些郡擁有較高的地位，最初主要表現在遷轉序列中，但當遷轉序列中的地位高低逐漸固定下來，形成慣例性的次序，就可能衍生出新的秩級分等。元帝提升三河、大郡太守的秩級，可以理解爲對以往遷轉慣例中的郡間等差加以制度化。

四、漢成帝至王莽時期的秩級歸併及其反復

職事類别和繁簡的分化導致秩級的分化。至元帝時，二千石上下已經有多個不同名稱的秩級。而在西漢成帝時期，這個分化的趨勢卻遭到扭轉。

成帝時，朝廷實施了一系列改革，有意減少秩級，簡化禄秩等級序列。陽朔二年（前23年），除吏八百石、五百石秩，廢除的兩個秩級分别向下歸併入六百石和四百石。[②] 由此，中層官職的秩級減少到千石、六百石、四百石、三百石四級。此後，經過綏和年間的調整，萬騎太守以及三河、大郡太守都歸併到二千石，而諸侯相早在元帝時期就已經改爲二千石。這就形成了中央高層官職爲中二千石（太子少傅、大長秋等東宫、后宫官除外），地方高層官職郡國守相爲二千石的整齊格局。這個格局經過王莽時代，在東漢穩定下來。

閻步克在禄秩序列的視角下觀察二千石秩級的變化，指出存在一個郡國官秩級相對下降的過程。他認爲，在西漢爲强化中央集權而壓低郡國和縣級長官在秩級序列中位置的趨勢下，大郡郡守秩級一度上升應被視爲其間的曲折，不會影響列郡秩級相對下降的總體判斷。[③] 在兩漢的範圍内來看，閻先生的結論是恰當的。但如果轉换觀察的角度和時段，對同一個變化還可以作出其他的解釋。

如前所述，如果從戰國秦漢官僚科層體系發展與禄秩等級的關係上看，正如縣級官僚組織的發育和全面鋪開使中層秩級出現從三百石到千石的衆多等級，二千石秩級的分化也是高層組織複雜化的結果。從武帝到元帝時期，秩級數量在政務實踐中不斷增加，以適應官職的不同類别和繁簡。這是戰國以降官僚科層體系和禄秩等級發展趨勢的延續。

成帝時期的一系列官制改革則是反其道而行之。就主事者的意圖而言，改制的目

---

① 《漢書》卷九十《嚴延年傳》，第3669頁。

② 《漢書》卷十《成帝紀》，第312頁。

③ 閻步克：《從爵本位到官本位：秦漢官僚品位結構研究》，第56—57、355—364頁。

的是恢復儒家經典記載的古制,特别是理想中的周制。① 在中央設置三公,地方上罷刺史而置州牧,都是復古運動在官制上的體現。復古運動的另一個表現,是試圖恢復和强化公、卿、大夫、士這一來自所謂"周制"的身份等級秩序。阿部幸信指出,綏和元年規定對秩級各異的縣令、縣长、侯國相等一律授予銅印黑綬,意在表明他們在身份上都屬於大夫,而不同於黄綬的士。② 相應地,銀印青綬的比二千石、二千石、中二千石是卿,金印紫綬的大司馬、丞相、司空是公,至於諸侯王則用金璽綟綬。這種在印綬制度中體現出來的"周制"等級劃分與官職不無關係,但與秩級相比,更加强調官吏個人在官僚體系層級或統屬關係中的身份性位置,而較少考慮職事繁簡和權責輕重。基於這個立場,在同一層級中根據職權劃分的秩級需要歸併簡化,而以職事命名"大郡太守"、"萬騎太守"等秩級更是"離經叛道"。《漢書·王莽傳中》載,始建國元年(9年)"更名秩百石曰庶士,三百石曰下士,四百石曰中士,五百石曰命士,六百石曰元士,千石曰下大夫,比二千石曰中大夫,二千石曰上大夫,中二千石曰卿"。這是徹底取消秦漢秩級,走向以公、卿、大夫、士劃分官員等級的所謂"周制"。至此,復古運動在禄秩上的表現已經登峰造極。站在這裏回望成帝以降朝廷對禄秩序列的調整,不難看出,儒家思想的影響扭轉了秦漢禄秩制度原有的發展趨勢,復古運動使得官僚等級制度在漢末新莽之際發生了突變。

突變,往往不能免於反復。新莽覆滅以後,公卿大夫士構成的"周制"爵命序列仍然或隱或顯,與職官品秩長期保持參照關係,③而東漢也繼承了西漢末歸併簡化後的秩級序列;儘管如此,職事類别在秩級劃分中的影響仍在長時段中清晰地展現出來。一方面,中二千石、二千石之間的中央、地方差别進一步固化,三輔秩級降爲二千石,除兼具中央官身份的河南尹外,不再有地方官職擁有中二千石秩級。另一方面,根據職事繁簡在同一地方行政層級内部對職級、待遇作出區分的趨向又重新抬頭。閻步克認爲東漢列郡有高下之别,推測"守相的換遷頻繁,大約是以劇、中、平爲依據的"。④《三國志·魏書·王觀傳》載,魏明帝即位後"下詔書使郡縣條爲劇、中、平者",至少説明曹魏有此制度,可能是上承自東漢。有趣的是,魏晋禪代之際,裴秀等所定官品再度簡

① 這場復古改制運動還涉及宗廟、郊祀改革,並包含存二王後、限田、限奴婢、罷樂府、出宫人、退酷吏、允許博士弟子行三年喪等政策措施。參看閻步克:《士大夫政治演生史稿》,北京大學出版社,2015年,第344—346頁;陳蘇鎮:《〈春秋〉與"漢道":兩漢政治與政治文化研究》,中華書局,2011年,第343—347頁。

② 參看阿部幸信:《綬制よりみた前漢末の中央、地方官制——成帝綏和元年における長相への黑綬賜與を中心に》,《集刊東洋學》卷84,2000年。

③ 參看閻步克:《品位與職位——秦漢魏晋南北朝官階制度研究》第五章第三節"官品與爵命",中華書局,2002年,第256—263頁。

④ 閻步克:《從爵本位到官本位:秦漢官僚品位結構研究》,第362頁。

化等級序列。[①] 魏官品廢除以若干石爲秩級的制度，分衆官爲九品，等級數目較東漢的16個秩級進一步減少。這次官制改革與恢復五等爵制同時進行，也是東漢以降以儒家大族爲主的統治階級力求模擬“周制”的結果，[②]恰與漢成帝時期的復古改制遥相呼應。

官僚士大夫不甘充當皇帝治國理政的馴服工具，按勞取酬，而希望依靠德行、聲望和家世獲得更加穩定的地位和收入。司馬氏在攫取最高權力的過程中爲了換取支持，不得不對官僚士大夫讓步。但地方行政單位的地理、人口、經濟等因素總是千差萬别，當皇權穩固强大之時，朝廷對地方官往往傾向於“按勞分配”，依據權責職事的輕重繁簡來釐定官職的地位和收入。北魏宣武帝即位之初頒布的職令將州、郡、縣三級政區各分爲上中下三等，其長官對應不同的官品；梁武帝分郡守爲十班、縣七班，而州又有六等；北齊將州刺史、郡太守和縣令都分爲九等，上等郡太守的品秩甚至超過下等州刺史，官品俸禄與層級之間出現錯位。[③] 如此種種，都是地方行政組織複雜化的表現，可與西漢二千石秩級的分化並觀。

結　語

最後，讓我們回到漢代二千石秩級分化的問題上來，作一個簡要的小結。

尹灣漢簡中西漢成帝時期東海郡太守的秩級應爲大郡太守，而不是比二千石、真二千石或中二千石。這種不以俸禄數量而用官職類别命名的秩級，還有諸侯相、萬騎太守，在一定時期中可能還包括光禄大夫。它們和大郡太守一樣，都與二千石秩級密切相關。這提醒我們考察西漢二千石秩級的變化，從中發現西漢官僚體系中高層官職的秩級存在根據職事類别、繁簡發生分化的趨勢。這一趨勢在西漢末一度遭到扭轉，但在東漢以後卻繼續發展，並且集中體現在南北朝官品的制度安排之中。在長時段中觀察，漢末新莽時期以及魏晋之際品秩等級的歸併簡化，可以説都是官僚科層制度内在邏輯以外的因素所導致的波折。

官職與品級的安排，以及如何處理兩者與官員的個人身份、資歷之間的關係，是官僚制度史和政治文化史中的重要問題。閻步克曾經提出“漢代禄秩附麗於職位”的重要

① 現存魏官品僅見於《通典·職官十八》。熊德基、祝總斌、閻步克都認爲其制定年代在咸熙元年(264年)。參看閻步克：《品位與職位——秦漢魏晋南北朝官階制度研究》，第226—238頁。

② 關於儒家大族恢復五等爵制的政治理想，參看陳寅恪：《崔浩與寇謙之》，《金明館叢稿初編》，生活·讀書·新知三聯書店，2001年，第141—145頁。

③ 參看閻步克：《從爵本位到官本位：秦漢官僚品位結構研究》，第362—363頁。

結論。[①] 本文從“秩大郡大守”出發的瑣碎考察,可以進一步説明秩級分化與職事類别、繁簡之間存在極爲密切的關係,而秩級的命名不僅依據俸禄數量,也依據職位的名稱。禄秩附麗於職位,因爲它本就來自職位。

本文曾宣讀於中國人民大學歷史學院、國學院主辦的“出土文獻的世界:第六届出土文獻青年學者論壇”(2017 年 8 月 8—9 日)。修改時先後參考了游逸飛、鄔水傑先生的意見,謹此致謝!

2017 年 6 月 20 日初稿
2017 年 9 月 3 日二稿
2018 年 6 月 20 日校定

① 閻步克:《品位與職位——秦漢魏晋南北朝官階制度研究》,第 160—225 頁。

漢代封泥封緘形制的考古學研究

吕　健

（徐州博物館〔徐州市文物考古研究所〕）

緒言及研究回顧

從傳世文獻及出土文獻中可以獲知，封泥在紙張普及之前的使用非常廣泛，而目前學界基本公認的最早的封泥實物可以追溯到戰國時期。其後，秦漢帝國時代是封泥使用的鼎盛期，魏晋以降漸趨衰微，但實物仍没有完全消亡，在一些特定的封物方面繼續發揮作用。① 學界對封泥本體的研究發端於金石學，最初注重的只是文字體現的職官、政區地理等内容，偶爾因爲一些較爲重要的個體而引發學者對封泥封緘形制的興趣，如陳介祺對"皇帝信璽"、"御史大夫"等封泥封緘形式的推斷。② 但清代晚期的金石學家們並没有一睹封檢的真容，真正引發學者關注封緘形制的是西北邊陲漢晋木簡實物的發現。

自斯坦因、貝格曼等探險者在西北居延、尼雅一帶的遺址中發現簡牘以來，很多學者開啓了對"簡牘"這一全新資料的研究，這中間的佼佼者當推王國維與羅振玉。羅、王在旅居日本期間利用法國漢學家沙畹提供的照片寫出了《流沙墜簡》，③其實此前王國維已利用不多的文獻記載完成了另一名作——《簡牘檢署考》，他不僅對簡牘的形制、制度作了系統的研究，還對封泥的各種載體——"封檢"的具體形制作了考察，爲其後的一系列研究奠定了堅實的基礎。④ 在此，我們還應該對"封緘"、"封檢"兩個概念作基本的説

① 如唐代大明宫遺址發現的個體較大的封物用封泥，詳見中國科學院考古研究所編：《唐長安大明宫》，科學出版社，1959 年。

② 吴式芬、陳介祺撰：《封泥考略》，浙江人民美術出版社，2013 年，第 139—144 頁。

③ 王國維、羅振玉撰，何立民點校：《流沙墜簡》，浙江古籍出版社，2013 年。

④ 王國維原著，胡平生、馬月華校注：《簡牘檢署考校注》，上海古籍出版社，2004 年，第 1—5 頁。

明，以防其相互混淆。本文所謂的“封緘”用作動詞，是指“利用封泥進行緘封物品、文書的行爲”，因而會因爲封泥依附載體的不同而衍生出諸多形制；而“封檢”是名詞，源出《説文》：“檢，書署也。”[①]徐鍇《説文解字繫傳》説得更清楚：“檢，書函之蓋也。”[②]因此本文所謂的“封檢”是器物名，指的是緘封文書所用的木板之屬，這一概念的範圍較廣，[③]還應包括各種古代墓葬、遺址出土的“印齒”、“封泥匣”、“封泥槽”等物。

王國維先生之後，對封泥封緘形制的研究逐漸分化出兩個側重點略有不同的系統。其一可以稱作“簡牘派系”，這一系統學者的主要研究對象是簡牘文書，但在研究中也會牽涉到封泥及其緘封方式的問題，所以學者們對此也有必要進行相關論述，他們主要依靠出土的簡牘實物來研究封檢種類、題署等内容，其最大的特點是較爲關注封檢上的文字内容，研究往往依託文字來展開。另一個系統可以稱爲“封泥綜合派系”，這個系統的學者往往都從關注封泥本體出發，而封泥個體的差異迫使他們去思考這種差異是如何形成的，進而會擴展到對封泥封緘形制的綜合研究，這種研究較爲明顯的特點是綜合性，即不僅關注封泥本體形態，也參考簡牘中新發現的封檢，以及墓葬、遺址中出土的各種形態的“封泥匣”，力圖通過綜合研究揭示封泥的類型及發展演變。

“簡牘派系”的代表性學者有原田淑人、勞榦、侯燦、李均明、大庭脩等人。原田淑人根據尼雅所獲的佉盧文木牘探討了“檢”的用法，其觀點與王國維基本一致。[④] 勞榦主要利用居延漢簡討論了封檢形式、露布等内容，考釋較爲簡略。[⑤] 其後侯燦在勞榦考釋的基礎上將封檢内容分爲七類，並指出了封函檢署和封書囊檢的不同。李均明在對居延漢簡進行整理後作了詳細分類，他依據封檢上的題署文字將檢分爲了封物和文書兩大類别，並對傳遞方式、封物種類提出了自己的看法。[⑥] 大庭脩的研究在這一系統中最爲全面，他利用的主要也是漢簡，但他的眼光觸及了部分墓葬如長沙馬王堆、長沙漁陽墓等封泥匣的材料，並對封物檢和文書檢作了細緻劃分，得出“檢”的目的就是“禁閉、保密”的意圖。[⑦] 以上簡單梳理了“簡牘派系”學者對封檢的相關研究，可以發

① 許慎撰：《説文解字》，中華書局，1963 年，第 124 頁。

② 徐鍇撰：《説文解字繫傳》，中華書局，1987 年，第 117 頁。

③ 江村治樹曾經援引林巳奈夫的説法指出，“檢原來是封緘寫在木牘上文件的木蓋，具有用封泥完整封緘功能的都叫檢”。見江村治樹：《東京國立博物館保管陳介祺舊藏の封泥——とくにその形式と使用法について》，*MUSEUM* 364，1981 年，第 7 頁，注 9。

④ 原田淑人：《關於中國古代簡札的編綴法》，《東方學報·東京》第 6 號，1936 年。

⑤ 勞榦：《居延漢簡考釋·釋文之部》，商務印書館，1944 年，第 119—166 頁。

⑥ 李均明：《封檢題署考略》，《文物》1990 年第 10 期。

⑦ 大庭脩著，徐世虹譯：《漢簡研究》，廣西師範大學出版社，2001 年，第 176—204 頁。

現，他們對於封檢的梳理更多還是傾向於文書學，對與封檢共存的封泥本體較少關注。

"封泥綜合派系"的代表人物有王獻唐、江村治樹、周曉陸、孫慰祖及楊武站等人。王獻唐根據臨淄出土封泥詳細論證了封檢的形式、泥的質地以及繩的品種等細節問題，並據臨淄封泥封緘方式的不同將這批封泥分爲三種類型：槽式、印齒式以及丸泥式。[①] 這是將封泥實物與封緘形制結合起來進行研究的開端。其後的江村治樹是這種方法的繼承者，他以東京國立博物館收藏的陳介祺舊藏封泥爲基礎，並廣泛對比其他材料，如砂子塘西漢墓、伍家嶺 M203、居延所出顯明燧藥函等封泥匣、封檢，從封緘形制的不同這一視角，將陳介祺舊藏封泥分爲箱槽式檢、凹式檢、平檢、特殊檢、半球狀及帶有籠子格狀印痕的封泥等六種形式，從而進一步提出，中國的封檢制度是在西漢武帝時期確立，於王莽以後逐漸走向消亡，是西漢官僚制度中一種特有的制度。[②] 江村治樹明確提出了漢代的封檢存在一定的制度，並從不同的封檢入手分析了各期流行的趨勢，不得不説，這在封泥封緘形制研究方面是一種創見。20 世紀末期，隨著西安相家巷秦封泥的大量出土，更多學者開始關注到封緘形態的問題，其中，周曉陸、路東之在編著《秦封泥集》時特別關注封泥泥背的形態，並根據其差異將這批秦封泥分爲封於木檢、封於笥及囊等多種不同類型。[③] 其後，孫慰祖在對不同時期封泥進行斷代、分類研究時，除對印面文字的發展演變較爲留心外，也非常注意泥背形態折射出來的不同封緘方法，並據此將戰國秦漢乃至魏晋時期的封泥遺存分爲 A1、A2、B1、B2、C1、C2、D 式等不同類型，詳述了各期的流行趨勢。[④] 楊武站在《漢陽陵出土封泥研究》中則明確提出了"封檢方式造就了封泥形制的不同"，他根據漢陽陵外藏坑、羅經石遺址及陽陵邑等地點的封泥實物，將其分爲了六種形式，並提出各類型對應不同的使用等級，[⑤]這一看法呼應了江村治樹提出的"封檢制度"，是封緘形制研究的又一次進步。至此，可以説學界對封泥封緘形態的研究形成了較爲成熟的方法、體系。此外，尚有一些學者對封緘形制的相關内容有所觸及，如汪桂海在《漢代官文書制度》中對於"露布"的研究；[⑥]馬驥對秦封泥

---

① 王獻唐：《臨淄封泥文字敘》，山東省立圖書館，1936 年。

② 江村治樹：《東京國立博物館保管陳介祺舊藏の封泥——とくにその形式と使用法について》，*MUSEUM* 364，第 4—16 頁。

③ 周曉陸、路東之：《秦封泥集》，三秦出版社，2000 年，第 20—22 頁。

④ 孫慰祖：《中國古代封泥》，上海人民出版社，2002 年；《封泥：發現與研究》，上海書店出版社，2002 年。

⑤ 楊武站：《漢陽陵出土封泥研究》，《西部考古》第八輯，科學出版社，2015 年，第 137 頁。

⑥ 汪桂海：《漢代官文書制度》，廣西教育出版社，1999 年，第 133—134 頁。

中一些特殊封緘個體[①]的關注；欒游、譚若麗對敦煌一棵樹烽燧遺址西晋符信的研究；[②]何佳、黄樸華對長沙五一廣場東漢簡封緘方式的分析[③]等，這些對於我們綜合考察研究封緘形制都具有一定的幫助。

以上我們大致梳理了兩個系統對封泥封緘形制的研究成果，可以看出兩者的側重點有明顯的區别。總的來説，"封泥綜合派系"的學者畢竟是以封泥爲主要研究對象的，其所使用的方法更值得我們參考。一般説來，漢晋簡牘中的封檢資料比較集中，而墓葬及其他遺址出土的形態不一的封泥匣、封檢則較爲零散，本文擬在前人研究的基礎之上，全面搜集可見的材料，對漢代封泥的封緘形制作綜合的考察，力圖説明漢代"封檢制度"的存在及發展過程，其後就傳世、出土文獻涉及的封緘相關内容作一梳理，同時結合考古資料，梳理"緘封"的專用印以及文書傳遞過程中"封毁"、"更封"的應對措施等一系列問題。

一、戰國—秦的封緘形態

在開始探討漢代封泥的各種封緘形制以前，我們還有必要對稍早的戰國、秦這一階段封泥封緘方式的發現略作陳述。雖然文獻中可見的"封緘"行爲可以追溯到春秋時期，[④]但目前來看封泥實物的發現最早是在戰國時期，這一階段的發現主要限於墓葬、遺址的幾處地點。

首先來看墓葬中發現的封緘實物，主要有如下幾處：長沙左家公山 M15、江陵天星觀 M1 及包山楚墓等。左家公山 M15 的封泥出土於墓室邊箱内，數量及文字不清，但從簡報描述來看其封緘的方式頗爲清晰，邊箱内的鼎、敦等器物上用絲帶交叉縛成十字形，鼎的絲帶封口處有方形封泥；[⑤]江陵天星觀 M1 的封泥出自北室，也是邊箱或足箱之類的性質，封泥橢圓形，泥上所鈐印章爲方形，印文應是某種肖形但很難辨認，從出土情

---

① 馬驥：《西安近年封泥出土地調查》，西泠印社、中國印學博物館編：《青泥遺珍——戰國秦漢封泥文字國際學術研討會論文集》，西泠印社出版社，2010 年，第 33 頁。

② 欒游、譚若麗：《敦煌一棵樹烽燧西晋符信補釋——兼説漢簡中"符"的形態演變》，《中國國家博物館館刊》2016 年第 5 期。

③ 何佳、黄樸華：《東漢簡"合檄"封緘方式試探》，《齊魯學刊》2013 年第 4 期。

④ 《左傳》襄公二十九年："(魯)公還，及方城。季武子取卞，使公冶問，璽書追而予之。"此處的璽書一般被理解爲以璽封書，即在書信上加蓋"封泥"。引文見杜預集解：《春秋經傳集解》下册，上海古籍出版社，1988 年，第 1114 頁。

⑤ 湖南省文物管理委員會：《長沙出土的三座大型木槨墓》，《考古學報》1957 年第 1 期。

況可以發現，封泥是依附於北室出土的陶甕的。據簡報所述，陶甕周身纏草繩，口部用盤繞的草繩封蓋，封泥即發現於陶甕的附近。[①] 由此可見，天星觀 M1 陶甕的封緘方法與左家公山 M15 是類似的。包山楚墓的二號墓未被盜掘且埋藏較深，故很多迹象保存完好，這其中與封緘相關的遺存比較豐富，共發現封泥十餘枚，封緘的形態都很清晰，總的來説這些封泥都用於緘封隨葬物品，可以將其分爲三小類：一是直接封於隨葬的絲織品、被衾之上；[②]二是使用絹帛等物將陶罐封口，隨後在繩結處施泥抑印（圖一），多數還附有帶墨書文字的簽牌，[③]孫慰祖指出這就是文獻當中提到的"楬"，屬於"檢"的雛形；[④]第三種形制是封於竹笥之上，即用繩將竹笥捆紮後打結，封泥施於繩結處（圖二）。[⑤] 綜觀以上墓葬中所見的封緘實例，有一個明顯的共同點，即都用於封物，不論物品種類及所使用的容器如何，封緘的方式是比較一致的，必須結繩抑泥，有的附有簽牌，但都未使用封泥匣。

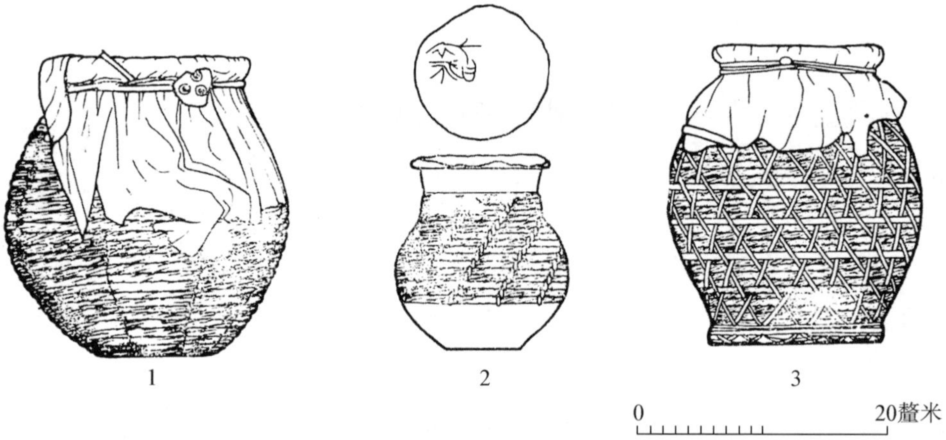

圖一　包山楚墓陶罐及竹笥封緘圖

采自《包山楚墓》圖一二六

再來看戰國時期遺址所見的封泥及封緘方式，目前僅在河南新蔡戰國故城遺址發現有封泥出土。該遺址未經考古發掘，但北京師範大學考古系與古陶文明博物館聯合對該遺址進行過調查，出土遺物有陶器殘片、青銅劍、蟻鼻錢及封泥等。[⑥] 據周曉陸、路東之的研究，這批封泥從泥背形態觀察，可以分爲封簡痕、手指捏攏、圓臺體短柱狀、封

① 湖北省荆州地區博物館：《江陵天星觀 1 號楚墓》，《考古學報》1982 年第 1 期。

② 湖北省荆沙鐵路考古隊：《包山楚墓》，文物出版社，1991 年，第 67—68 頁。

③ 湖北省荆沙鐵路考古隊：《包山楚墓》，第 196—197 頁。

④ 孫慰祖：《封泥：發現與研究》，第 5 頁。

⑤ 湖北省荆沙鐵路考古隊：《包山楚墓》，第 156 頁。

⑥ 周曉陸、路東之：《新蔡故城戰國封泥的初步考察》，《文物》2005 年第 1 期。

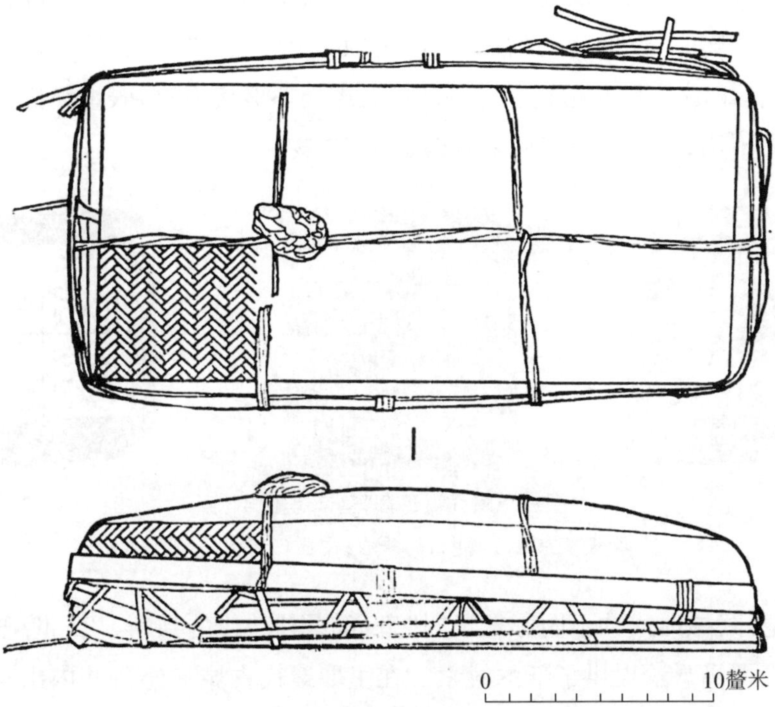

圖二　包山楚墓竹笥封緘形態

采自《包山楚墓》圖九三

笥囊及其他等五類。[①] 很明顯，這批封泥的封緘方式與戰國墓葬所出者並無二致，基本也屬於直接封物範疇，也未發現使用封泥匣的迹象，都屬於封緘形制的初始階段，也可以説是秦漢時期多種封緘形態的源頭。

秦代墓葬當中發現封泥的實例極少，據目前資料僅有西安財經學院長安新區神禾原大墓出土的"内史之印"一處，[②]因資料尚未發表，其具體的封緘形制不得而知。[③] 遺址方面，最大宗的出土地是西安相家巷，但該處出土的封泥多流散，僅有百餘枚係社科院考古所發掘所得，[④]因秦封泥相關的研究較多，本文不予討論，[⑤]僅就封緘形制的一個問題稍作展開，即秦代是否使用封泥匣進行封緘？提到這個問題，其實還牽涉到封泥研

① 周曉陸、路東之：《新蔡故城戰國封泥的初步考察》，《文物》2005 年第 1 期。

② 段清波：《關於神禾原大墓墓主及相關問題的討論》，《考古與文物》2009 年第 4 期。

③ 據王偉披露的照片，該封泥應該使用封泥匣封緘，見王偉：《秦璽印封泥職官地理研究》，中國社會科學出版社，2014 年，第 80 頁。

④ 中國社會科學院考古研究所漢長安城工作隊：《西安相家巷遺址秦封泥發掘報告》，《考古學報》2001 年第 4 期。

⑤ 秦封泥研究文章衆多，相關學術史請參閲王偉：《秦璽印封泥職官地理研究》第二章第二、三、四節。

究史上的一樁公案，即陳介祺舊藏“皇帝信璽”封泥的時代問題。“皇帝信璽”（圖三）現藏於東京國立博物館，方形，背面有交叉狀繩紋，[①]因爲是傳世品，故學者對其年代頗多爭論，多數學者如孫慰祖、[②]趙超、[③]王輝[④]等人認爲係秦代遺物，張懋鎔則根據西安北郊出土的秦封泥不用封泥匣而推斷該封泥爲漢初之物。

圖三　陳介祺舊藏“皇帝信璽”封泥

現藏東京國立博物館，采自《中國の封泥》彩版 1

由此可見，封緘形式的不同影響了對“皇帝信璽”時代的判斷。21 世紀初，湖南龍山里耶古井的發掘爲爭論提供了新的綫索。在里耶秦代古城一座古井内出土了 200 餘枚木質封泥匣，少數題有文字，多爲“凹”字形（圖四）。[⑤] 單從出土數量即可發現，秦代使用封泥匣進行封緘並不是個別現象。[⑥] 因此，對於“皇帝信璽”封泥的斷代，還難以最終定論。

以上簡要回顧了戰國到秦代封緘形態的一些現象，可以作出如下的小結：根據目前的出土資料，戰國時代封泥以楚地墓葬發現者居多，這可能與楚墓的埋藏環境有直接關係，綜合戰國遺址的出土物來看，戰國時期封緘的形態當屬於直接封物，封緘方式比較單一；秦統一後，出於帝國運行對文書的龐大需求，封泥匣在封緘過程中逐漸體現出其實用性與重要性，開始走上迅速發展的道路，這也爲漢代多種封緘形態的發展變化奠定了基礎。

---

① 東京國立博物館編：《中國の封泥》，二玄社，1998 年，彩版第 1 頁，圖版第 18 頁。

② 孫慰祖：《歷代璽印斷代標準品圖鑒》，吉林美術出版社，2010 年，第 16 頁。

③ 趙超：《試談幾方秦代的田字格印及有關問題》，《考古與文物》1982 年第 6 期。

④ 王輝：《秦印探述》，《文博》1990 年第 5 期。

⑤ 湖南省文物考古研究所編著：《里耶發掘報告》，齊魯書社，2007 年，第 180 頁。

⑥ 關於此點，筆者與王偉意見不同，他認爲秦代封泥匣的使用並不普遍，並提到很多秦封泥有手指捏攏留下的痕迹。筆者認爲，相家巷出土的大宗秦封泥少有使用封泥匣的現象並不能説明秦代封泥匣的使用不普遍，因爲相家巷的封泥本身還有個斷代問題，很多品類應該是秦統一之前的遺留，再者，封緘物品的種類與方式也決定了封緘的形態。王偉的研究參看其《秦璽印封泥職官地理研究》，第 81—83 頁。

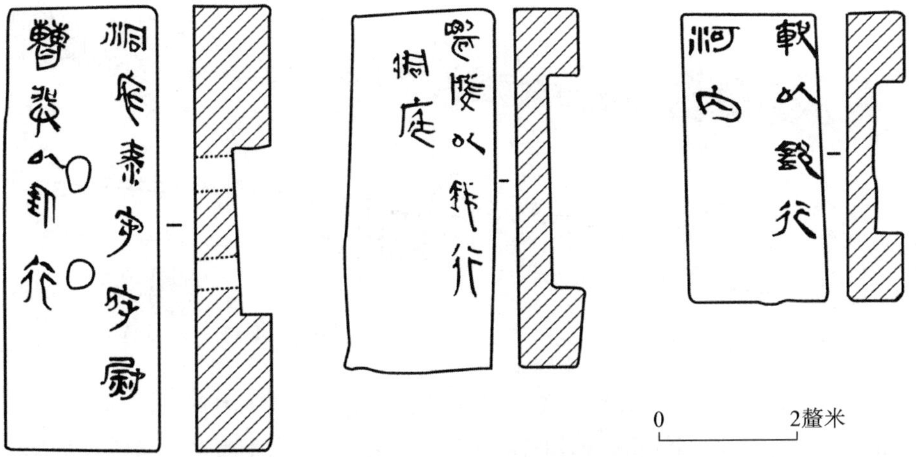

圖四　湖南龍山里耶出土秦代封泥匣綫摹圖
據《里耶發掘報告》彩版二十四繪製

二、漢代封泥的封緘形制與演變

本節旨在以目前所見的考古資料爲基礎，[1]結合漢代封泥实物的具體形態，從考古類型學的角度綜合討論兩漢時期封泥封緘形制的相關問題。

據筆者收集到的考古資料，可將漢代封泥具體的封緘形制分爲如下各類：

A 型，“露布”型。典型代表爲江蘇揚州平山雷塘 26 號西漢墓出土的“廣陵丞印”封泥包銀首漆尺（圖五），尺長 47、寬 2.5、厚 1.5 釐米。“尺木胎，兩端各包銀首，底髹黑漆，一半施紅色朱砂，一半以直綫劃刻度，在半尺處以 X 綫分割，中間一面封一方形封泥，陽文廣陵丞印，此尺長度合漢代二尺，爲實用器。”[2]這也是不多見的漢代官方版標準尺度。

所謂“露布”，一般是指官方頒布的文書内容是公開的，任何人都可以看到文書内容，[3]那麽此時還需不需要官方的封印呢？我們知道，古代封物或封文書所使用的封泥，其最大效用就是保密性，但同時也不能忽視封泥印文所體現出的官署的權威性，即《説

① 本文所據資料，絶大多數爲經過科學的考古發掘、調查且公開發表者，極少部分不得不提及的傳世品相關材料，會在注釋當中予以説明。

② 揚州博物館編：《漢廣陵國漆器》，文物出版社，2004 年，第 130 頁。

③ 關於漢代“露布”的研究，可參看黄春平、胡德才：《論漢代露布》，《深圳大學學報（人文社會科學版）》2007 年第 3 期；夏保國、姜玉珂：《“懸書”、“露布”源流考》，《瀋陽師範大學學報（社會科學版）》2007 年第 6 期。

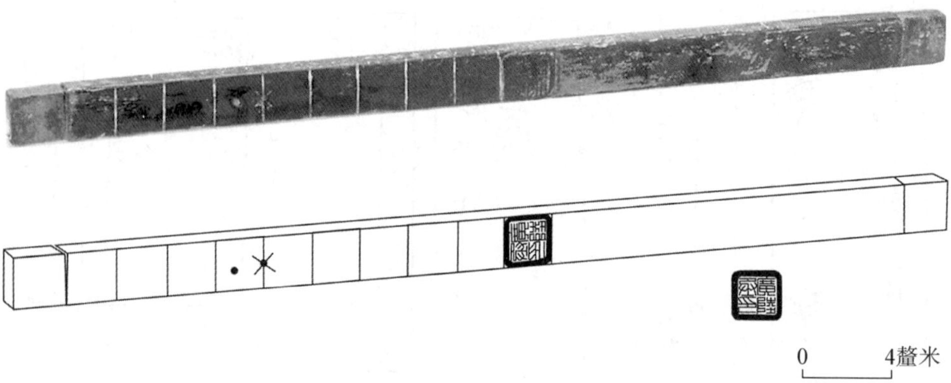

圖五　揚州平山雷塘26號西漢墓漆尺照片及綫摹圖

載《漢廣陵國漆器》第130頁，綫圖據照片繪製

文》所謂的“印，執政所持信也”。[①] 據《後漢書·光武帝紀》注引《漢制度》：“……制書者，帝者制度之命，其文曰制詔三公，皆璽封，尚書令印重封，露布州郡也。”[②]可見皇帝頒賜的制書是需要封印以後“露布州郡”的，這裏所舉是對東漢時期制度的記述，在實際的考古資料中也有例證，如居延漢簡中編號爲278·7的“驚侯檄”。[③] 這是一枚四面觚，其中三面寫有文字，觚的正面上方題有“廣田以次傳行至望遠止”，説明了這份文書的傳閱範圍。題署下方即爲一個封泥槽，從側面看呈“凹”字形，也就是很多學者所謂的“印齒”式檢。對於這枚觚，勞榦[④]及汪桂海[⑤]都作過詳盡的研究，他們的意見也比較一致，都認爲觚上所附的封泥槽原先應填有封泥，起到的作用並非保密，而是顯示了官方的權威性，汪桂海還指出諸如居延新簡所見的EPF22：151、EPF22：698的“過所”文書都帶有封泥槽，這些都屬於“露布式封印的官文書”。[⑥] 筆者贊同以上結論，並認爲居延簡中這類文書都可歸入本文提出的A型“露布”的封緘類別。

“露布”類型緘封的特點是將封泥直接施於器物之上，並不用繩類捆紮，所以這種封緘留下的封泥泥背看不到繩痕，因爲本身就没有使用繩子來約束泥丸。上舉“廣陵

① 《説文解字》，第187頁。

② 《後漢書》卷一上《光武帝紀》，中華書局，1965年，第24頁。

③ 簡牘整理小組編：《居延漢簡(叁)》，《“中研院”歷史語言研究所專刊》，2016年，第203頁。

④ 勞榦：《居延漢簡考證邊塞制度烽燧三》，《“中研院”歷史語言研究所專刊》，1960年。

⑤ 汪桂海：《漢代官文書制度》，第133—134頁。

⑥ 汪桂海：《漢代官文書制度》，第133—134頁。

丞印"的漆尺更顯特殊，這是漢代官方"同一度量衡"的典型代表，爲目前考古資料所僅見。[①] 鈐有"廣陵丞印"的泥丸陷入尺中，封泥本身與器物合爲一體，意思非常明確，即是指這種尺度是官方認可的標準，民間的測量尺度都應以此爲準，帶有强烈的官方權威性。

B型，使用銅質特製封泥匣緘封，這種類型的使用者等級較高，目前僅在漢景帝陽陵陪葬坑與徐州北洞山楚王墓中發現過。漢陽陵發現的銅封泥匣主要出土於東區陪葬坑K14內，簡報稱之爲"銅禁"，用於緘封隨葬的漆盒，封泥印文均爲"太官令印"。[②] 據簡報，"器物底部爲長方形銅板，靠近四角處各有一小鉤，鉤尖朝外，銅鉤內側有四個曲尺形矮柱，矮柱或兩兩相連，或相互連接。封泥嵌在銅柱之間。表面鎏金"(圖六)。[③] 發掘者還根據尺寸差異將這類器物分爲A、B兩型，A型製作規整，長5.7、寬4.1～4.2釐米左右；B型略顯單薄，長約2.9、寬2.5、高1釐米左右。楊武站在《漢陽陵出土封泥研究》中明確將其定爲銅封泥匣，[④]筆者認同其説，並且不難發現，這的確是等級很高的封緘專用匣，當屬於漢代帝后級别才能使用的，封印所見職官也屬於中朝直接爲皇帝服務的"太官"之屬。

圖六　漢陽陵外藏坑出土銅鎏金封泥匣

左側爲封泥尚存於匣中的狀況，右側爲清理以後的外觀，封泥及匣均藏於陝西文物考古研究院

可以作爲輔證的是，徐州北洞山西漢楚王墓也發現了一件類似器物，報告將其稱爲"方形飾"，"兩側有四個銅鉤，下有四L形足，爲某器物上的飾件"(圖七)。[⑤] 從報告的綫

① 漢代很多傳世的量器上帶有凹槽，如南京博物院藏"永平大司農銅合"，全長15.7、高2.3、口徑4.1×4.5釐米，容20毫升。正面有銘文"大司農銅合，永平三年三月造"，柄背面有一凸起的槽，其內可容銅檢封，檢封兩面鑄有陽文，分别爲"官律所平，鼓鑄爲識"，見國家計量總局主編：《中國古代度量衡圖集》，文物出版社，1981年，第90頁。胡平生先生認爲這種銅檢封就是官方檢驗後的封印，相當於現代的"合格證"，見王國維原著，胡平生、馬月華校注：《簡牘檢署考校注》，第91頁。關於很多漢代傳世量器的凹槽，大多應配有銅檢封，但這種凹槽內也可能原填有官印封泥，即正文中舉證的"廣陵丞印"漆尺，也許並不盡爲"官律所平，鼓鑄爲識"的銅檢封。

② 陝西省考古研究院：《漢陽陵帝陵東側11～21號外藏坑發掘簡報》，《考古與文物》2008年第3期。

③ 陝西省考古研究院：《漢陽陵帝陵東側11～21號外藏坑發掘簡報》，《考古與文物》2008年第3期。

④ 楊武站：《漢陽陵出土封泥研究》，《西部考古》第八輯，第138頁。

⑤ 徐州博物館、南京大學歷史學系考古專業：《徐州北洞山西漢楚王墓》，文物出版社，2003年，第108頁。

圖及圖版可知，該"方形飾"與漢陽陵的銅封泥匣形制、尺寸幾乎等同，無疑應當是用於緘封的銅封泥匣，只是因爲北洞山漢墓屢遭盜擾，封物種類與印文内容不得而知罷了。但是，這種高等級的匣出現在諸侯王墓葬之中值得我們注意，據《漢書・景帝紀》，景帝中元二年以後，"王薨，譴光禄大夫弔襚祠賵，視喪事，因立嗣子"。[1] 筆者推斷，這應當是西漢某代楚王死後皇帝賻賵遺留之物，並非楚王原先所有。

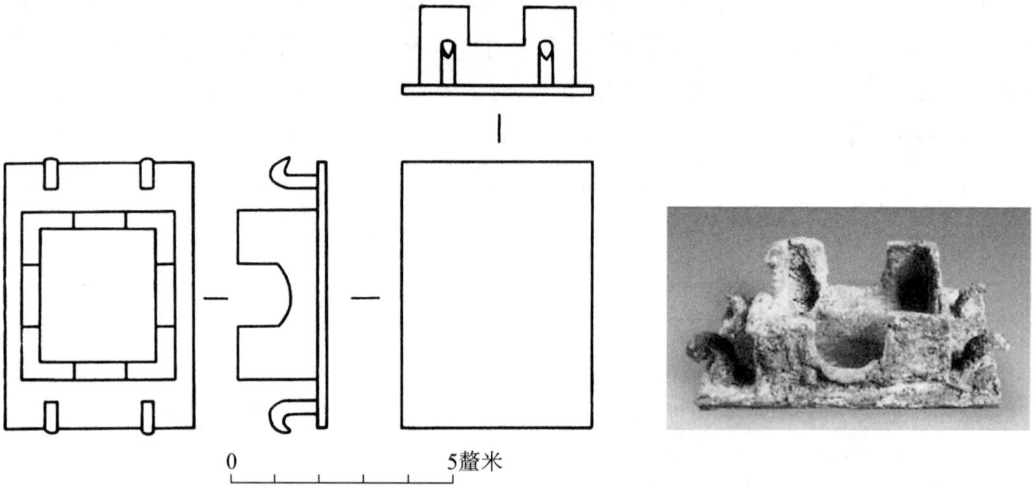

圖七　江蘇徐州北洞山漢墓出土銅封泥匣

采自《徐州北洞山西漢楚王墓》圖九一：1、圖版四八：2

細審這種類型的銅封泥匣，除漢陽陵出土的兩類有厚薄不同外，北洞山漢墓出土者與之又稍有不同，即封泥匣的長邊兩側凹槽漢陽陵作與底板持平狀，而北洞山的器物則高於底板並呈弧形。這也從側面説明，這種銅封泥匣的形制在此時尚未完全固化。

C 型，直接封物，一般使用繩子或植物藤蔓捆紮封緘對象，然後在繩結處以泥封緘，不借助封泥匣等實物載體，有的使用簽牌類標明所封物品名稱、種類。這種類型當是封泥最早的運用方式，使用範圍廣且延續時間也最長，幾乎與封泥的存續時間相始終。根據封緘時的細微差别，又可將 C 型分出如下亞型。

Ca 型：直接封於物品表面。除上舉包山楚墓封於被衾的例子外，還發現過秦代直接封於玉璧的現象，如西安六村堡發現的秦封泥（圖八），泥背有網狀織物紋及玉璧上的穀紋，非常清晰，反映出這些封泥的封緘方式是不用匣而直接封於捆縛的絲帶上的。[2] 漢代這種封緘方式依然繼續使用，如湖南永州鷂子山西漢劉疆墓出土的"臣敞"封泥，直

① 《漢書》卷五《景帝紀》，中華書局，1962 年，第 145 頁。

② 馬驥：《西安近年封泥出土地調查》，西泠印社、中國印學博物館編：《青泥遺珍——戰國秦漢封泥文字國際學術研討會論文集》，第 33 頁。

接封在邊箱内陶壺壺蓋的凹形捉手上。[①] 又如江蘇徐州獅子山漢墓中發現的“楚中尉印”封泥即施於兵器之上，[②]相似的例子還有山東青州香山漢墓陪葬坑的殘封泥，也是直接封存兵器的。[③]

Cb 型：封於容器，一般要用繩將容器口沿部分捆束，然後施泥。典型的例子有成都天回老官山漢墓出土的多件陶罐，罐頸部皆繫有兩周繩，繫繩處有封泥(圖九)。[④] 類似的實例較多，諸如廣州南越王墓的“帝印”封泥、[⑤]廣西賀縣河東高寨 M5 陶罐内所出“王行印”封泥[⑥]等，都屬於封容器的類别。

Cc 型：直接封於文書或檢上，這種形制所遺的封泥泥背一般有一道横貫的繩紋，縱向則爲竹木質地的檢痕，較爲光滑平整。[⑦] 目前所見考古資料有一件較爲典型的遺物，居延漢簡編號爲 282·9 的文書簡(圖十)，正反兩面皆有文字，“初元四年正月壬子箕山隧長明敢言之，趙子回錢三百唯官以二月俸錢三□以付鄉男子莫，以印爲信，敢言之”，簡的背面在“以印爲信”的“爲”與“信”字中間留有約 3 釐米的空白，空白處殘留有封泥一枚及麻繩等殘迹。封泥已破碎，無法讀取印文，簡右側邊緣有與空白等高的契刻痕迹，當是爲封印束繩專門留出的。[⑧] 從這枚簡可以直觀地了解當時緘封的方法，即用繩繫在簡上，後在繩結處抑泥封印，繩的作用主要是束縛封泥防止脱落。

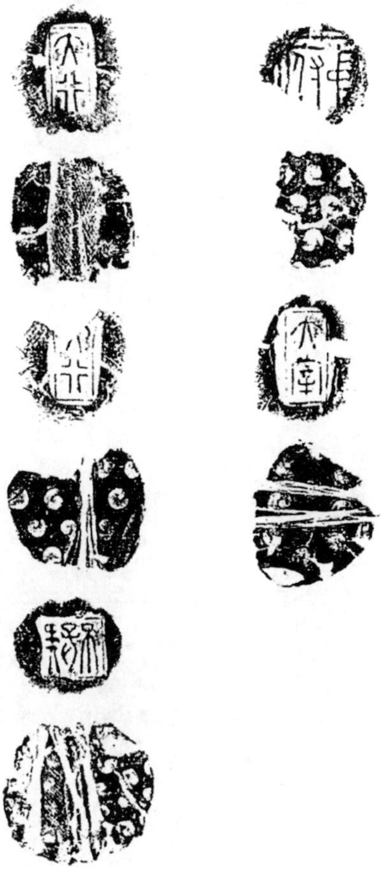

圖八　西安六村堡遺址出土秦封泥背面絹絲及玉璧穀紋痕迹

采自《青泥遺珍——戰國秦漢封泥文字國際學術研討會論文集》第 33 頁

① 零陵地區文物工作隊：《湖南永州市鷂子山西漢“劉疆”墓》，《考古》1990 年第 11 期。

② 獅子山楚王陵考古發掘隊：《徐州獅子山西漢楚王陵發掘簡報》，《文物》1998 年第 8 期。

③ 劉華國：《山東青州香山漢墓陪葬坑出土大批精美文物》，《中國文物報》2006 年 9 月 13 日第 2 版。

④ 成都文物考古研究所、荆州文物保護中心：《成都市天回鎮老官山漢墓》，《考古》2014 年第 7 期。

⑤ 廣州市文化局編：《考古發現的南越璽印與陶文》，澳門特别行政區民政總署文化康體部製作，2005 年，第 59—60 頁。

⑥ 廣西壯族自治區文物工作隊、賀縣文化局：《廣西賀縣河東高寨西漢墓》，《文物資料叢刊》第四輯，文物出版社，1981 年，第 38 頁。

⑦ 本文劃分的 Cc 型也就是孫慰祖稱爲 A 式的封緘形態，見孫慰祖：《封泥：發現與研究》，第 57 頁。在《中國古代封泥》一書中，孫先生又進一步將 A 式劃分爲 A1 與 A2 兩式，詳見孫慰祖：《中國古代封泥》，第 70—75 頁。

⑧ 簡牘整理小組編：《居延漢簡(叁)》，第 214 頁。

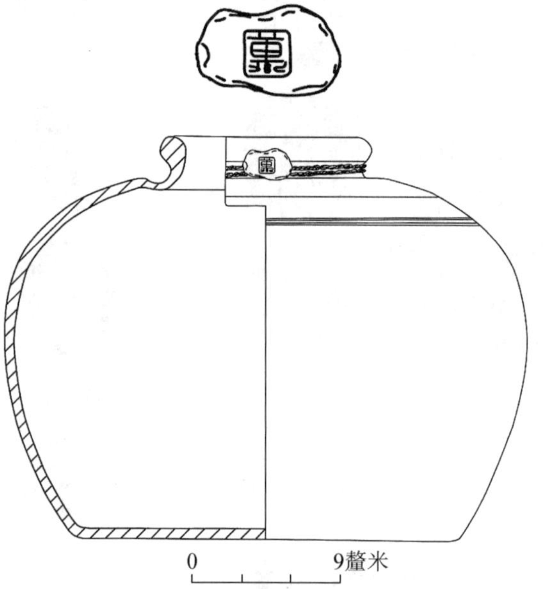

圖九　成都天回老官山漢墓陶罐緘封方式
綫圖由成都市文物考古研究所索德浩先生提供

圖十　居延簡"以印爲信"封泥遺物及木檢摹本
封泥現藏"中研院"歷史語言研究所，木檢
綫圖據《居延漢簡(三)》第 214 頁照片繪製

以上所舉是封泥、繩痕與簡俱存的實例，這是直接緘封文書的典型遺存。但是從很多出土封泥的泥背觀察，可以發現很多西漢封泥也可歸入 Cc 型，説明漢代這種封緘方法是比較普遍的，只是泥背的檢痕較窄，當是封物之前或之後將"檢"插入泥團中形成的，現以徐州土山漢墓封土中出土的封泥爲例加以説明。編號 xzt：132"萬春邑印"封泥，[①]平面圓形，泥背有一道寬 1.4 釐米的縱向檢痕，檢痕兩側有數個較細的繩孔，[②]檢痕清晰連貫，未見横穿於檢痕的繩紋，故可知該封泥緘封時係先以細繩將所封物品與泥團固定，然後在泥背插入竹木材質的"檢"，用以表明封物的品類、數量等内容，最後封印；編號 xzt：200 的"楚宦者長"，[③]泥團略呈橢圓形，泥背有一道寬 1 釐米的檢痕，檢痕中部有寬 1.2 釐米的横貫繩迹，可以看出這枚封泥緘封時應是將檢與所封物品捆紮然

① 資料現存徐州博物館。

② 關於細繩孔，没有觀察過封泥實物者是很難發現的，大部分使用 Cc 型方式封緘的封泥中都有這樣的細繩孔，孫慰祖指出這類著於泥中的細繩是事先放入的，目的主要是固定封泥本身，相關研究請參閲孫慰祖：《中國古代封泥》，第 71 頁。

③ 資料現存徐州博物館。

後施泥封印，所以在泥背留下了較爲清晰的橫向繩紋（圖十一）。以上所舉兩例都是這種緘封的典型，區别在於"檢"置入泥團的先後順序，這種封緘形態在西漢早中期是大量存在的。

圖十一　徐州土山漢墓出土"萬春邑印"與"楚宦者長"封泥
均藏於徐州博物館

D型，使用各種木質封泥匣進行緘封，這一類型包含品類與封物類型十分多樣，使用方式靈活多變，可據差别分爲諸多亞型與式别。

Da型：Ⅰ式（圖十二），剖面呈凹字形的單體封泥匣，有的使用木質簽牌寫明封物種類，如馬王堆M1所出的37枚封泥匣；①有的在木匣底部鑽孔便於束縛所封物品，如徐州北洞山西漢楚王墓所出者；②歸入此類的還有湖北雲夢大墳頭M1、③安徽阜陽汝陰侯墓、④廣西貴縣羅泊灣M2、⑤湖南沅陵虎溪山M1、⑥湖南長沙望城坡漁陽墓、⑦安徽六安雙墩M1、⑧江蘇儀徵煙袋山漢墓等。⑨

Ⅱ式（圖十三），凹字形單體封泥匣，木匣表面一般有墨書文字題署。如江蘇揚州劉

① 湖南省博物館、中國科學院考古研究所編：《長沙馬王堆一號漢墓（上集）》，文物出版社，1973年，第112頁。
② 徐州博物館、南京大學歷史學系考古專業：《徐州北洞山西漢楚王墓》，第142頁。
③ 湖北省博物館：《雲夢大墳頭一號漢墓》，《文物資料叢刊》第四輯，第12頁。
④ 安徽省文物工作隊、阜陽地區博物館、阜陽縣文化局：《阜陽雙古堆西漢汝陰侯墓發掘簡報》，《文物》1978年第8期。
⑤ 廣西壯族自治區文物工作隊：《廣西貴縣羅泊灣二號漢墓》，《考古》1982年第4期。
⑥ 湖南省文物考古研究所、懷化市文物處、沅陵縣博物館：《沅陵虎溪山一號漢墓發掘簡報》，《文物》2003年第1期。
⑦ 長沙市文物考古研究所、長沙簡牘博物館：《湖南長沙望城坡西漢漁陽墓發掘簡報》，《文物》2010年第4期。
⑧ 安徽省文物考古研究所、安徽省六安市文物局：《安徽六安雙墩一號漢墓發掘簡報》，《文物研究》第十七輯，科學出版社，2010年。
⑨ 南京博物院：《江蘇儀徵煙袋山漢墓》，《考古學報》1987年第4期。

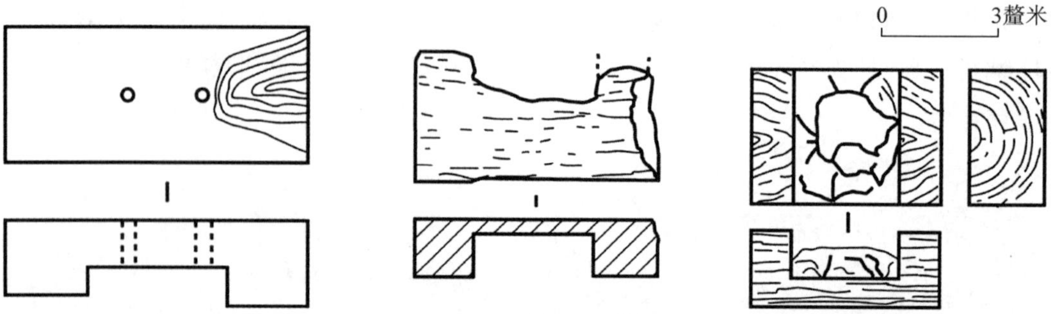

1　　2　　3

圖十二　Da 型Ⅰ式封泥匣

1. 采自《徐州北洞山西漢楚王墓》圖一一四：2
2. 采自《沅陵虎溪山一號漢墓發掘簡報》圖二九：7
3. 采自《江蘇儀徵煙袋山漢墓》圖二二：6

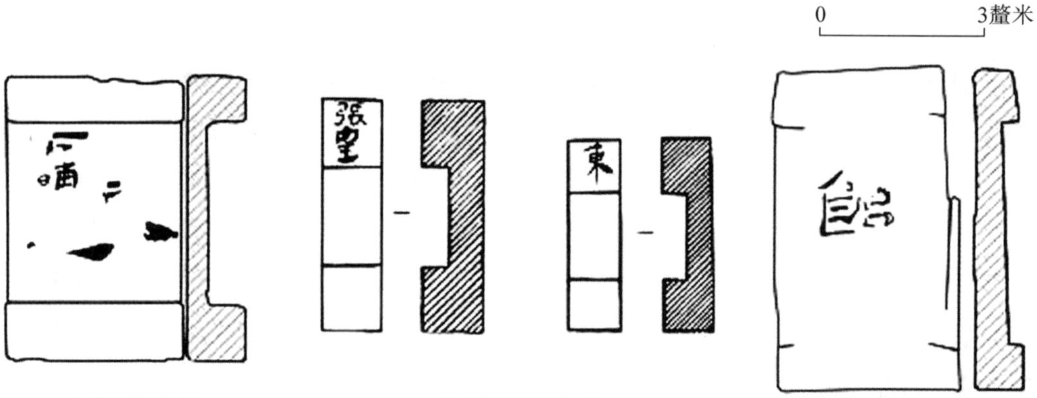

1. 居延176.63　　2. 揚州劉毋智墓　　3. 敦煌馬圈灣1056

圖十三　Da 型Ⅱ式封泥匣

1. 據《居延漢簡(貳)》第 189 頁照片自繪
2. 采自《江蘇揚州西漢劉毋智墓發掘簡報》圖四一：6、7
3. 據《敦煌馬圈灣漢簡集釋》第 158 頁照片自繪

毋智墓出有封泥匣 5 件，其中兩件匣上有墨書銘文，分别爲“張惶”、“東□”；①廣西貴縣羅泊灣 M1 隨葬兩件帶字的封泥匣，寫有“畫卑遞六十”、“筍菹”字樣；②江蘇揚州邗江胡場五號墓出土的五件封泥匣，匣上均有封物具體種類的文字；③此外，在敦煌馬圈灣也發現過此類匣，如編號爲 881 的單體木匣内有“三石”字迹，④類似的還有馬圈灣 1056 寫有

① 揚州市文物考古研究所：《江蘇揚州西漢劉毋智墓發掘簡報》，《文物》2010 年第 3 期。
② 廣西壯族自治區文物工作隊：《廣西貴縣羅泊灣一號漢墓發掘簡報》，《文物》1978 年第 9 期。
③ 揚州博物館、邗江縣圖書館：《江蘇邗江胡場五號漢墓》，《文物》1981 年第 11 期。
④ 張德芳：《敦煌馬圈灣漢簡集釋》，甘肅文化出版社，2013 年，第 135 頁。

“飴”字但個體經過砍削的匣。[①] 這類匣的題署可以是封物種類，可以是傳遞方式，還有的甚至在匣内寫明了物品發出的時間，如居延簡 176.63，通過紅外照片可以看到匣内寫明了“下餔譴”，[②]可能是爲了準時將郵件送達而對郵卒實行監督的一種形式。

Ⅲ式（圖十四），單體木匣，製作木匣時在匣内留有一道縱向的木榫，目的是加固所緘封的泥團使其更加牢固、不易脱落。如居延漢簡 199.21 匣的背面有題署，寫明封物種類，正面中間留有一道凸榫。[③]

Ⅳ式（圖十五），單體木匣，平面呈“回”字形，有三道可容繩通過的細槽，填泥入其中再封印會更加牢固。典型標本爲長沙五一廣場 CWJ1②：44，長 7.6、寬 5.8、厚 3.7 釐米。[④] 有的封泥匣較大，帶有題署文字，如敦煌馬圈灣編號 1124 的封檢，[⑤]文字寫在封泥槽下部。

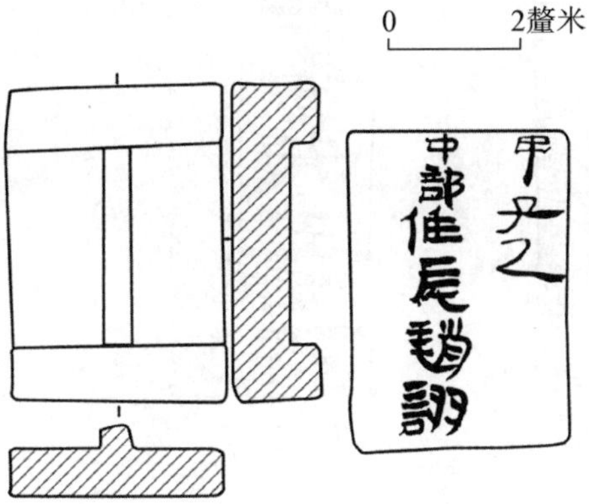

居延199.21

圖十四 Da 型Ⅲ式封泥匣

據《居延漢簡(貳)》第 236 頁照片繪製

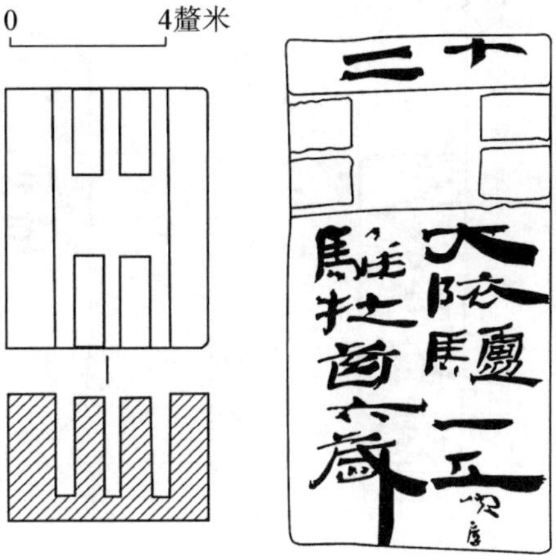

1. 五一廣場封泥匣　2. 敦煌馬圈灣1124

圖十五 Da 型Ⅳ式封泥匣

1. 采自《湖南長沙五一廣場東漢簡牘發掘簡報》圖一一：5

2. 據《敦煌馬圈灣漢簡集釋》第 168 頁照片繪製

Db 型（圖十六）：Ⅰ式，長條形木檢，形制與漢代單獨的一枚木簡類似，有的表面修治得不甚規整，甚至還留有原先樹枝的形狀，一般在木條中間留有印槽，有的留有兩處印槽，用以填泥抑印，剖面均爲凹字形。此種形制在西北邊陲的漢簡中多見，主要用於

① 張德芳：《敦煌馬圈灣漢簡集釋》，第 158 頁。

② 簡牘整理小組編：《居延漢簡(貳)》，《“中研院”歷史語言研究所專刊》，2015 年，第 189 頁。

③ 簡牘整理小組編：《居延漢簡(貳)》，第 236 頁。

④ 長沙市文物考古研究所：《湖南長沙五一廣場東漢簡牘發掘簡報》，《文物》2013 年第 6 期。

⑤ 張德芳：《敦煌馬圈灣漢簡集釋》，第 168 頁。

封物，少數屬於文書簡。如居延簡 236.1“建昭二年吏奉賦名籍”，[①]木條正中留有一個封泥槽，從簡文可知這是封存文書的；又如居延簡 138.7，[②]木條上下兩端各有一處封泥槽，從簡文“安漢隧札二百兩行五十繩十丈五月輸”可知是物資配發記録，是用來封物的。這類的實例在漢簡中發現甚多，兹不贅述。

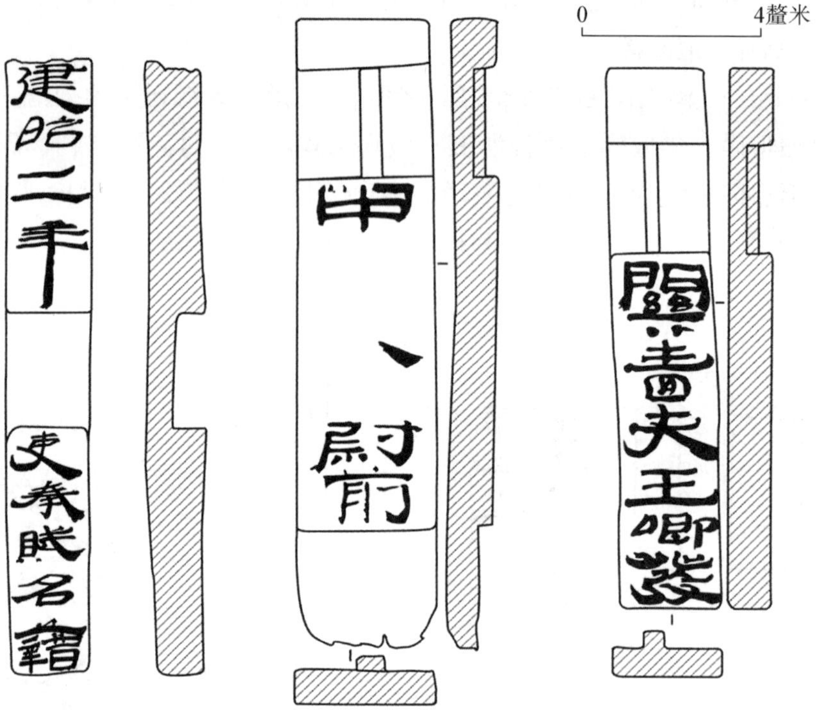

1. 居延236.1　　2. 居延55.1　　3. 肩水金關73EJT4：50

圖十六　Db 型封檢

1. 據《居延漢簡(叁)》第 83 頁照片自繪
2. 據《居延漢簡(壹)》第 175 頁照片自繪
3. 據《肩水金關漢簡(壹)》上册第 85 頁照片自繪

Ⅱ式，木檢變寬，一般在上部有封泥槽，槽内有縱向的榫，與 Da 型Ⅲ式的單體匣類似，目的是加固所封的封泥，此類寬木條形的封檢一般在正面有題署，指定拆閲文書的人，如居延簡 55.1“甲渠發候尉前”、[③]肩水金關簡 73EJT4：50“關嗇夫王卿發”[④]等，皆屬此類。

Dc 型：Ⅰ式(圖十七)，木質封檢，上部有槽，正面有的略呈梯形，側面爲三角形，一

① 簡牘整理小組編：《居延漢簡(叁)》，第 83 頁。

② 簡牘整理小組編：《居延漢簡(貳)》，第 91 頁。

③ 簡牘整理小組編：《居延漢簡(壹)》，《“中研院”歷史語言研究所專刊》，2014 年，第 175 頁。

④ 中國社會科學院簡帛研究中心等編：《肩水金關漢簡(壹)》，中西書局，2011 年，上册第 85 頁。

般在槽下部有墨書文字，如居延簡 45.1“滎陽秋賦錢”簡、[①]179.2 梁國戍卒衣物封檢，[②]湖南長沙伍家崗 M203“魚鮓一斛”封泥匣、[③]江蘇儀徵胥浦 M101 出土的“賜錢五十”[④]等。也有的在木檢上留有兩個槽，應是需要不同的人同時封印，如居延簡 21.1“廣鄉秋賦五千”。[⑤]

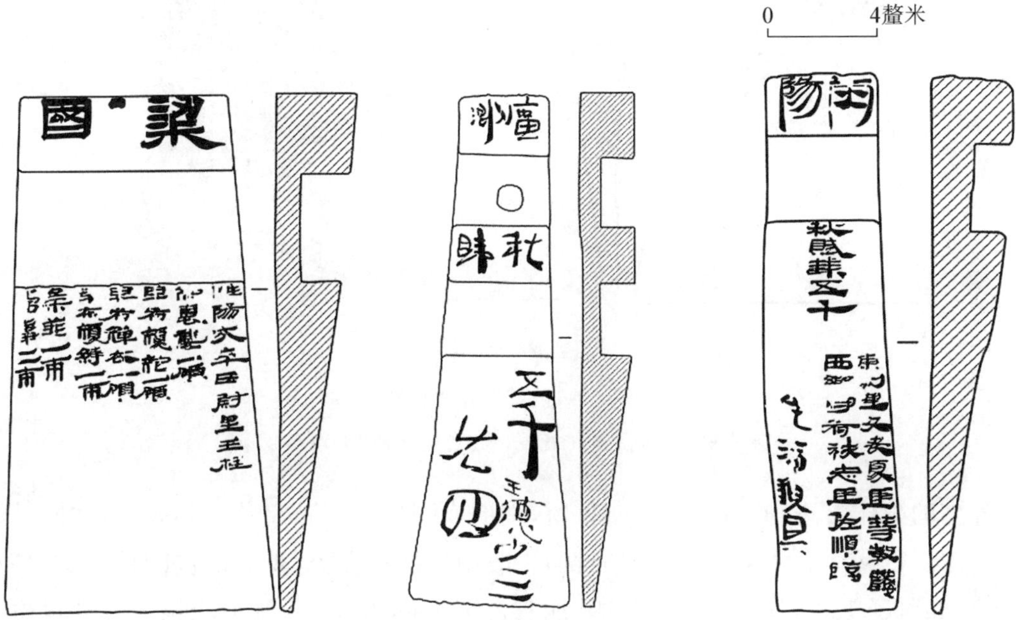

1. 居延179.2　　2. 居延21.1　　3. 居延45.1

圖十七　Dc 型Ⅰ式封檢

1. 據《居延漢簡(貳)》第 197 頁照片繪製
2. 據《居延漢簡(壹)》第 70 頁照片繪製
3. 據《居延漢簡(壹)》第 146 頁照片繪製

Ⅱ式(圖十八)，整體形制與Ⅰ式略同，但在槽上出現了變化，預留封泥槽的平面爲“回”字形，中間有三道較細的縫隙可容繩通過，這對於加固封泥無疑起到了非常重要的作用，典型的例子如居延簡 8.2，[⑥]這是淮陽戍卒封存衣物的封檢，形制上較Ⅰ式來説已有改進，對於保護封泥可謂措施非常完善。

Dd 型：Ⅰ式(圖十九)，木檢、較寬，上部一般題寫墨書文字，下部有封泥槽，不同於

① 簡牘整理小組編：《居延漢簡(壹)》，第 146 頁。
② 簡牘整理小組編：《居延漢簡(貳)》，第 197 頁。
③ 中國科學院考古研究所編著：《長沙發掘報告》，科學出版社，1957 年，第 124 頁。
④ 揚州博物館：《江蘇儀徵胥浦 101 號西漢墓》，《文物》1987 年第 1 期。
⑤ 簡牘整理小組編：《居延漢簡(壹)》，第 70 頁。
⑥ 簡牘整理小組編：《居延漢簡(壹)》，第 27 頁。

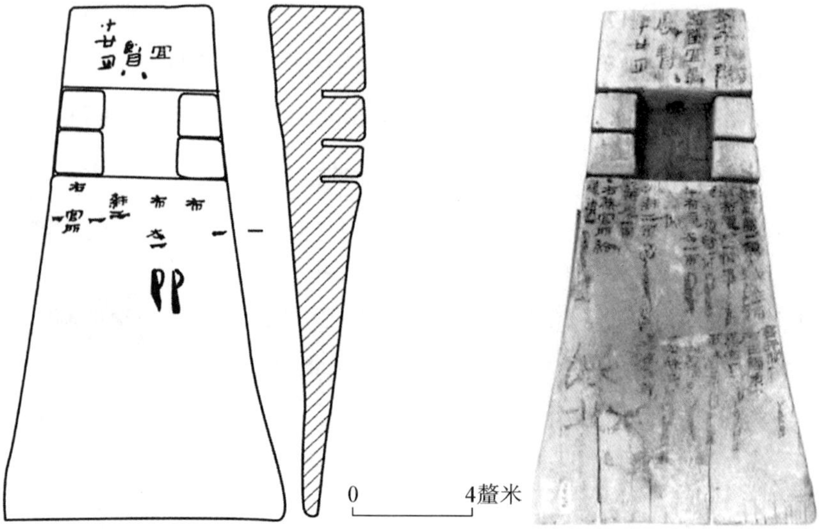

居延簡8.2摹本及照片

圖十八　Dc型Ⅱ式封檢

右側爲照片，綫圖據其繪製，載《居延漢簡（壹）》第 21 頁

以上各型的製作方法，槽爲削治檢時預留，從剖面觀察呈“凸”字狀，但其本質趨同，同爲填泥所需。根據檢上文字可知，這類封檢一般用於緘封文書，具體性質則爲官文書及私人書信，如居延 133.4“甲渠官，王彭印，四月乙丑卒同以來”，①詳細記録了收件單位、發件人及郵卒的信息；又如肩水金關漢簡 73EJT27：49“王臨叩頭白記東部候長平卿門下”，②這是一封私人書信，含義非常明晰。特别需要指出的是，這一類别在簡牘文書中不僅數量大，而且沿用的時間很長，一直持續至東漢時期，如湖南長沙五一廣場發現的東漢簡牘中還有此類封檢存在，如 CWJ1③：160，題署文字爲“黄牒七百枚詣左賊曹兼北部賊捕掾□脩叩頭死罪白”。③

Ⅱ式（圖二十），封泥槽開在一端，平面爲“回”字形，中有三道槽以通過細繩，這使得所封泥團更加牢固不易脱落。文字書寫的位置視具體情況而定，有的在槽上部，有的在下部。如居延簡 166.1“第十六隧擎弩青繩卅二完”，④封泥槽在下，文字寫在上部，可知封物種類爲弩機所用的繩；長沙東牌樓 J7 出土的 C 型封檢（J1①：2、J1③：235、J1③：133 等）也應歸入此類。⑤

① 簡牘整理小組編：《居延漢簡（貳）》，第 78 頁。

② 中國社會科學院簡帛研究中心等編：《肩水金關漢簡（叁）》，上册第 115 頁。

③ 《長沙五一廣場東漢簡牘封檢選》，《中國書法》2016 年第 5 期。

④ 簡牘整理小組編：《居延漢簡（貳）》，第 164 頁。

⑤ 長沙市文物考古研究所：《長沙東牌樓 7 號古井（J7）發掘簡報》，《文物》2005 年第 12 期。

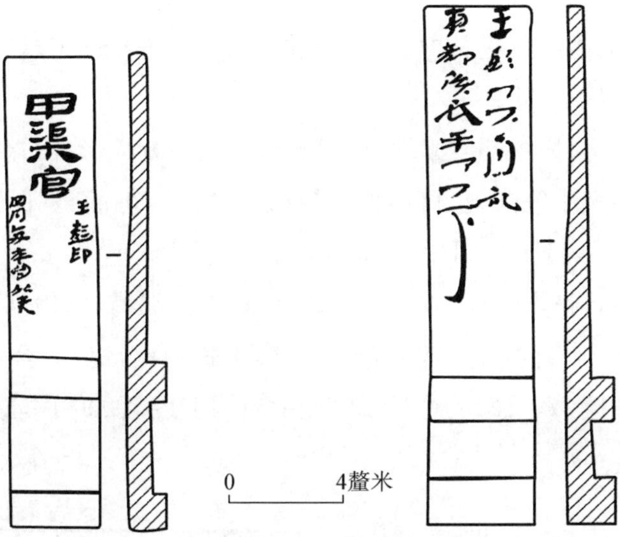

1. 居延133.4　　2. 敦煌馬圈灣73EJT27∶49

圖十九　Dd型Ⅰ式封檢

1. 據《居延漢簡(貳)》第 78 頁照片繪製

2. 據《肩水金關漢簡(叁)》上册第 115 頁照片繪製

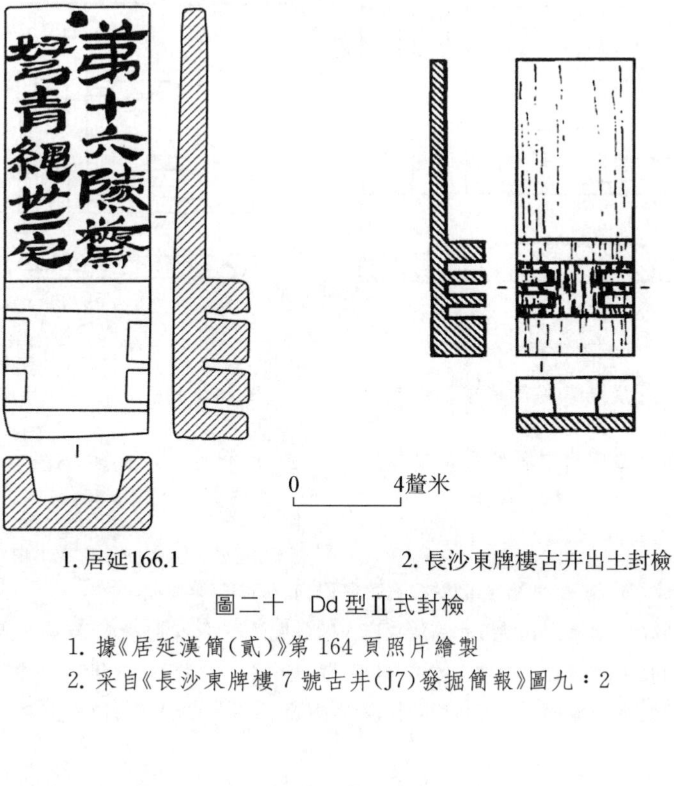

1. 居延166.1　　2. 長沙東牌樓古井出土封檢

圖二十　Dd型Ⅱ式封檢

1. 據《居延漢簡(貳)》第 164 頁照片繪製

2. 采自《長沙東牌樓 7 號古井(J7)發掘簡報》圖九：2

De 型，“合檄”類封檢，同樣爲木質，有很多學者對此類型封檢作過研究，認識也相對成熟。[①] 這類封檢的最大特點爲配套使用，雖然目前所見的考古材料有很多僅存一部分，但是根據檢上封泥槽的位置及檢的具體特徵，仍然可將其釐定爲“合檄”檢。依據封緘方式不同，可分爲以下二式：

Ⅰ式（圖二十一），封檢中部或兩端有封泥槽，檢爲長方板形，兩端爲直面，與其配套使用的木牘應與封檢大小等同，也可能位於封檢下的木牘剖面爲“凹”字形。封檢的形態可見五一廣場 J1③：261-106、J1②：59-1 等。[②]

Ⅱ式（圖二十二），封檢亦爲長方形，中部或兩端設封泥槽，但檢剖面兩端爲斜面，與其配套的木牘長方形，中部挖空、與封檢契合，與Ⅰ式相比，這種“合檄”封閉的更加緻密。典型遺物有東牌樓 J7：1218 號木檢、[③]五一廣場 J1③：206-1 等。[④]

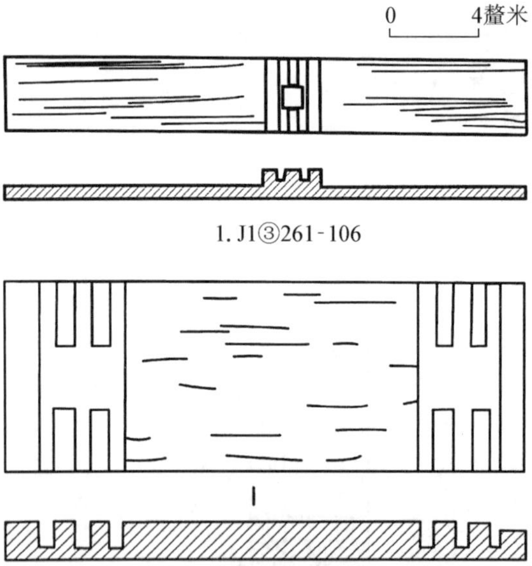

圖二十一　De 型Ⅰ式封檢

1. 采自《湖南長沙五一廣場東漢簡牘發掘簡報》圖一二：4
2. 采自《湖南長沙五一廣場東漢簡牘發掘簡報》圖一二：1

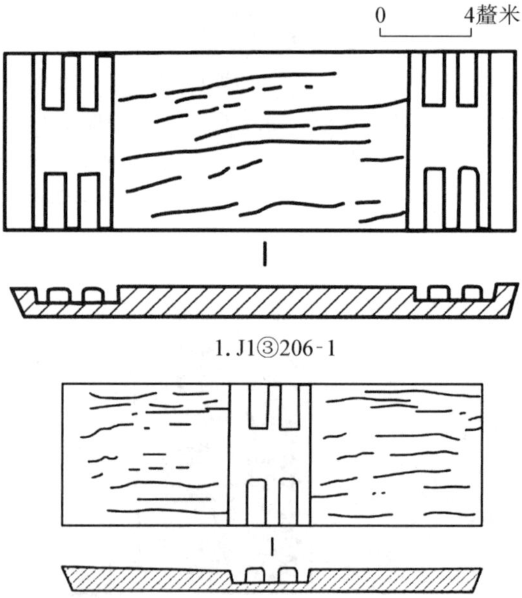

圖二十二　De 型Ⅱ式封檢

1. 采自《湖南長沙五一廣場東漢簡牘發掘簡報》圖一二：2
2. 采自《長沙東牌樓 7 號古井（J7）發掘簡報》圖九：1

① 何佳、黄樸華：《東漢簡“合檄”封緘方式試探》，《齊魯學刊》2013 年第 4 期。

② 長沙市文物考古研究所：《湖南長沙五一廣場東漢簡牘發掘簡報》，《文物》2013 年第 6 期。

③ 長沙市文物考古研究所：《長沙東牌樓 7 號古井（J7）發掘簡報》，《文物》2005 年第 12 期。

④ 長沙市文物考古研究所：《湖南長沙五一廣場東漢簡牘發掘簡報》，《文物》2013 年第 6 期。

參考何佳、黄樸華等學者的相關研究，可將以上兩種合檄類封檢完整狀況以模擬圖的形式示意如下（圖二十三、圖二十四）：

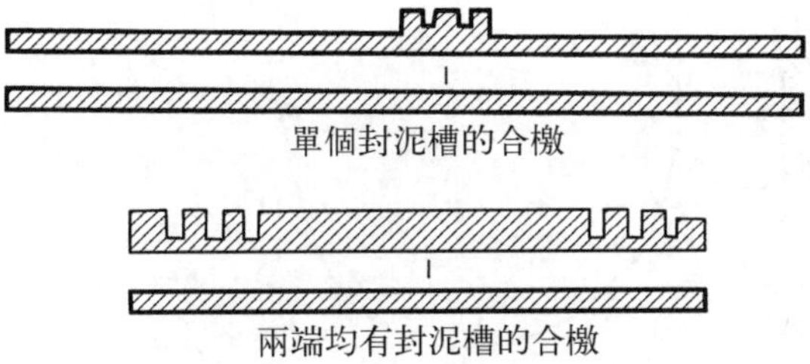

圖二十三　Ⅰ式合檄封檢示意圖

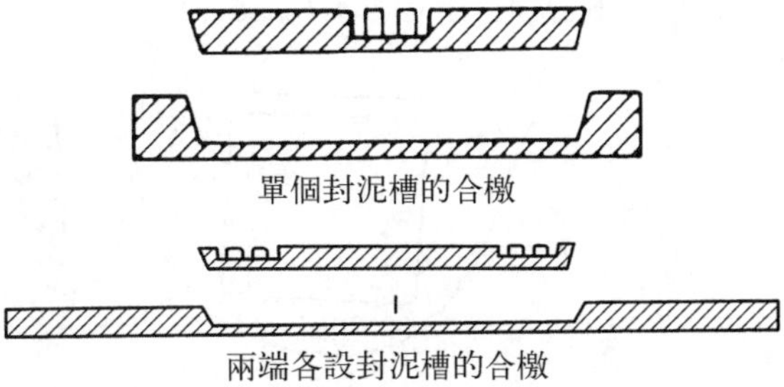

圖二十四　Ⅱ式合檄封檢示意圖

據《東漢簡“合檄”封緘方式試探》圖九、圖十改繪

此外，長沙五一廣場出土的其他類型封檢（圖二十五），可能應與“合檄”相關。檢長方形，兩端各設一個封泥槽，剖面呈倒置的“凹”字形，折角處規整，基本呈直角狀，如五一廣場標本 J1②：53-2。[①] 此類型要求與其配套使用的木牘剖面呈“凸”字形，而同爲五一廣場出土的所謂“異形簡”即爲這種形態，如 J1③：282-1 的木簡，[②]但是從尺寸上看木簡與封檢不符，簡的寬度只有封檢的一半，所以很難將兩者釐定爲配套使用者，相關的研究只能期待更多資料的公布。

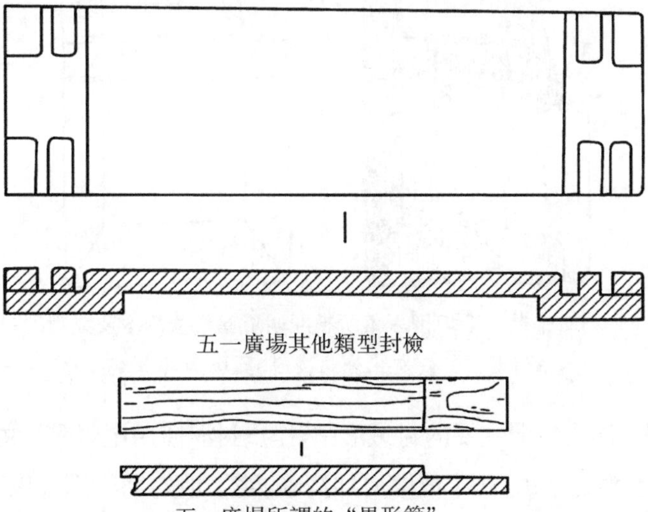

圖二十五　長沙五一廣場出土的其他類型封檢

采自《湖南長沙五一廣場東漢簡牘發掘簡報》圖一二：3、圖一一：4

① 長沙市文物考古研究所：《湖南長沙五一廣場東漢簡牘發掘簡報》，《文物》2013 年第 6 期。

② 長沙市文物考古研究所：《湖南長沙五一廣場東漢簡牘發掘簡報》，《文物》2013 年第 6 期。

E 型，王莽時期的四分之一圓球形封泥（圖二十六），有的學者也將其稱爲“舌形”封泥，這種封泥只流行於新莽時期，形狀特殊，但其所依附的封檢目前尚不可知，筆者推測應該是一種經過削製的木檢或竹筒。

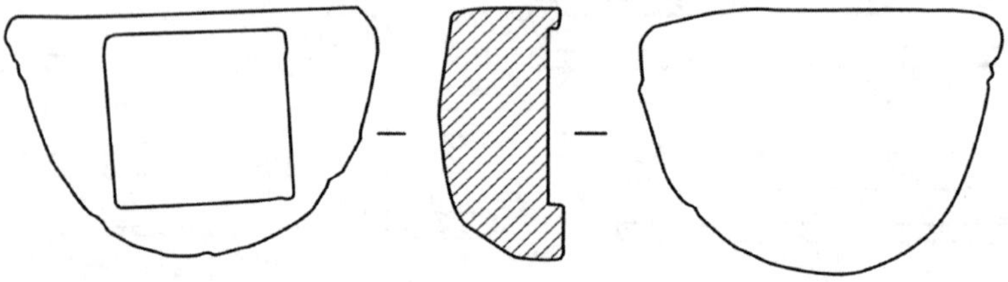

圖二十六　新莽時期“舌形”封泥示意圖
據《新出新莽封泥選》第 178 頁“臣君公”封泥繪製

F 型，其他類型。典型代表爲器物的容器蓋之屬，如居延出土的“顯明燧藥函”蓋（圖二十七），①其實這種形制類似於 Da 型Ⅳ式封泥匣，只是體量較大，檢面刻槽較單體封泥匣稍淺，同時在封緘時還需要依附於一個整體的容器。

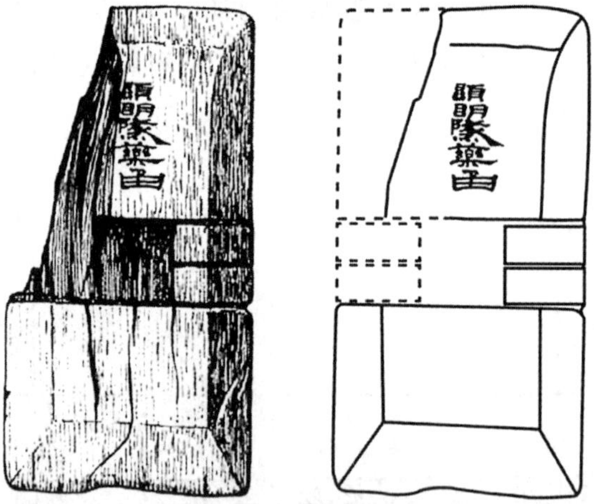

圖二十七　斯坦因采集所獲顯明燧藥函蓋摹本及綫圖
據《漢代物質文化資料圖説》圖版 76-5 改繪

以上我們梳理了漢代封泥主要的封緘形制，作爲封泥使用尾聲階段的魏晋時期，封檢形態也比較成熟、穩定，變化不大，爲了能够更加清晰、明了地勾勒出漢代以來封緘方法的變化與發展，我們對魏晋時期封檢的相關發現略作概括。這一時期多見緘封文書所用的組合型封檢，類似我們上文提到的合檄，同時還能見到單體封泥匣的蹤迹。從地域上來説，中原已經較少能够見到簡牘、封檢之類物品，但周邊尤其是西域的敦煌、新疆等地區還時有發現。

① 王國維、羅振玉撰，何立民點校：《流沙墜簡》，圖版第三九頁。

比較典型的例子有：湖南長沙走馬樓出土的三國吴簡的封檢，其形制與五一廣場、東牌樓等地的檢基本一致；[①]敦煌一棵樹漢晋烽燧遺址出土了一枚封檢，形制爲長條形，上端有一個平面呈“回”字形的封泥槽，據簡文可知該封檢是西晋元康三年之物，[②]如果從形制上劃分，可將這枚封檢歸入本文劃定的 Dd 型Ⅱ式；新疆民豐“尼雅廢墟”出土了兩枚“凹”字形封泥匣，其内封泥尚存，此外，還發現了一件未啓封的佉盧文木牘，上有兩塊封泥，泥上有大小三處印記（圖二十八）。[③] 這件佉盧文木牘的形態完好，即大庭脩先生所謂的“圓錐火山型”[④]封檢，這是承襲了東漢以來的“合檄”型封檢，只是在形態上略有變化，可以將其歸入本文劃定的 De 類型，相關的問題還可參見關迪的研究。[⑤] 此外，在新疆吐魯番阿斯塔納墓群 M603 中還發現了帶有封泥槽的木函蓋（圖二十九），[⑥]其形制與上舉顯明隧藥函幾乎如出一轍。該墓群爲晋至唐時期的高昌墓葬，主體年代爲十六國時期，可以想見兩漢時期的封緘方式影響之深遠。

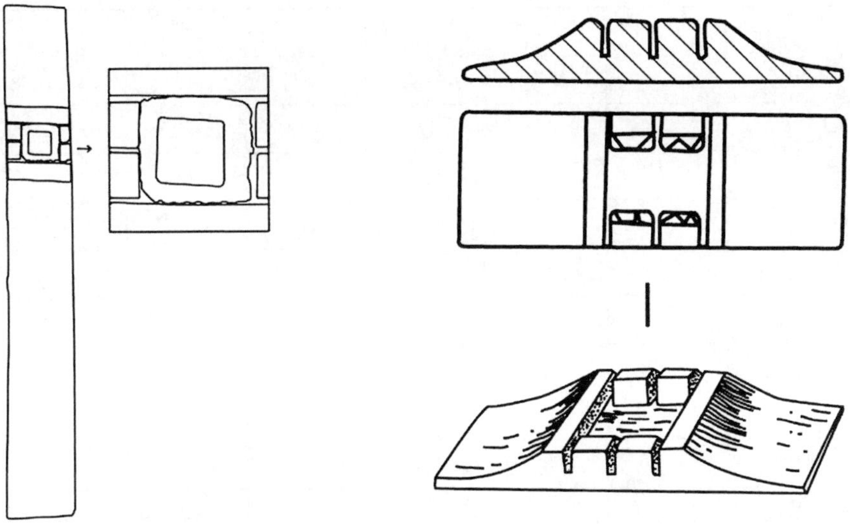

1. 敦煌一棵樹西晋封檢　　2. 新疆民豐尼雅遺址佉盧文木牘綫摹圖

圖二十八　魏晋時期封檢摹本

1. 據《敦煌西湖一棵樹烽燧遺址新獲簡牘之考釋》圖一改繪
2. 據《新疆民豐大沙漠中的古代遺址》圖版三：5 摹繪

① 長沙市文物工作隊、長沙市文物考古研究所：《長沙走馬樓 J22 發掘簡報》，《文物》1999 年第 5 期。

② 李岩雲：《敦煌西湖一棵樹烽燧遺址新獲簡牘之考釋》，《敦煌研究》2012 年第 5 期。

③ 新疆維吾爾自治區博物館考古隊：《新疆民豐大沙漠中的古代遺址》，《考古》1961 年第 3 期。

④ 大庭脩著，徐世虹譯：《漢簡研究》，廣西師範大學出版社，2001 年，第 182 頁。

⑤ 關迪：《古鄯善國佉盧文簡牘的形制、功用與辨僞》，《西域研究》2016 年第 3 期。

⑥ 新疆維吾爾自治區博物館考古部、吐魯番地區文物局阿斯塔納文物管理處：《新疆吐魯番阿斯塔納古墓群西區考古發掘報告》，《考古與文物》2016 年第 5 期。

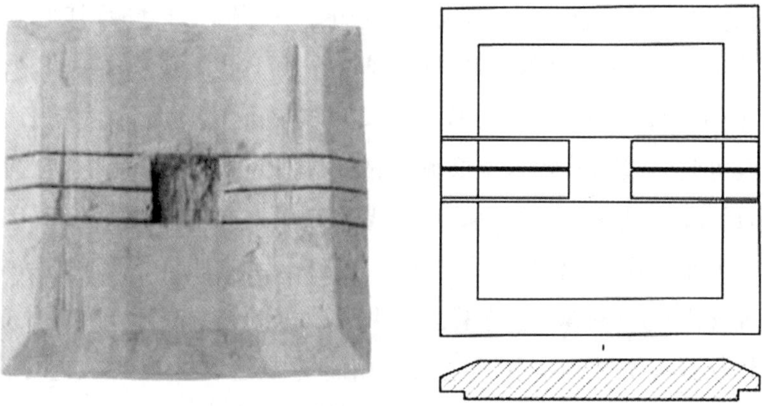

圖二十九　新疆吐魯番阿斯塔納墓群 M603 出土的帶封泥槽的木函蓋

照片與綫圖分别采自《新疆吐魯番阿斯塔納古墓群西區考古發掘報告》圖二四、圖一六：4

表一　漢晉時期封泥封緘形制類型表

型式＼時代			秦	西漢			新莽	東漢	魏晉—唐宋
				早期	中期	晚期			
A 型				√	√				
B 型				√					
C 型	Ca		√	√	√	√	√	√	√
	Cb		√	√	√				
	Cc		√	√	√	√			
D 型	a	Ⅰ式		√	√	√	√	√	
		Ⅱ式		√	√	√	√		
		Ⅲ式			√	√	√		
		Ⅳ式			√	√	√	√	
	b	Ⅰ式			√	√	√	√	
		Ⅱ式			√	√	√		
	c	Ⅰ式		√	√	√			
		Ⅱ式			√	√			
	d	Ⅰ式		√	√	√	√		
		Ⅱ式			√	√	√	√	
	e	Ⅰ式						√	√
		Ⅱ式						√	√
E 型							√		
F 型				√	√	√	√	√	

三、其他相關問題

我們一再强調，漢代封泥的應用幾乎涉及社會的各個層面，從上一節對緘封形制的觀察即可窺知一二，另一方面，在傳世文獻和新近的出土文獻中也有不少佐證，下文筆者即從文獻及其他的一些考古資料入手，對漢代封泥緘封的相關問題諸如用繩、安全防護，乃至緘封專用印章等方面作一大致梳理。

傳世文獻如《史記》《漢書》乃至《後漢書》都有對漢代皇帝封禪的記述，關係到"封"的主要體現在用泥上，此處不予展開。此外，封泥也是漢代官文書重要的組成部分，可以説不可或缺，這一點從各地出土簡牘對封印狀況的詳細記載上已有體現。綜合上文考證的墓葬、遺址出土帶題署的封泥匣來看，封物對象可謂五花八門、無所不包，如前舉敦煌馬圈灣 1124 號封檢，根據題署可知其所緘封的對象是一頭驢。此處筆者只補充一處文獻所載漢代封泥應用的實例，以説明在兩漢時期封泥的應用之廣，這就是淮南王劉長的例子。

淮南王劉長因驕縱不法被漢文帝"廢勿王"之後，貶黜至蜀郡嚴道邛郵居住，"於是乃遣淮南王，載以輜車，令縣以次傳……縣傳淮南王者皆不敢發車封……至雍，雍令發封，以死聞……上即令丞相、御史逮考諸縣傳送淮南王不發封饋侍者，皆棄市"。[①] 這段文字的信息量很大，尤其對於研究漢代封泥的使用實例很有裨益。劉長因是戴罪之身，貶斥途中乘坐的輜車要使用封泥封起來，封緘的方式不得而知，但因路途顛簸，爲使封泥不致輕易脱落，筆者推測很可能是使用繩索及封泥匣將輜車的車廂固定住，封印内容即應是"以縣次傳"的縣令或者縣丞印章。張家山漢簡《二年律令》的"行書律"對郵人行書有明確規定："書以縣次傳，及以郵行，而封毁，過縣□核印，更封而署其送檄曰：封毁，更以某縣令若丞印封。"[②]張家山漢簡的"行書律"本是對郵卒"以縣次"傳遞文書時封泥損壞的補救措施，即發現文書封泥破損時要到下一站以其縣令或縣丞印章重新封印，並有相應的題署即文字説明，這也是一種對文書保密性質的保障。而根據《史記》的記述，淮南王的輜車每到下一站，該縣的長官應該打開車門侍奉劉長進食飲水，然後在啓程時以自己的官印重新封上車門。然而詭異的是，直到劉長行進到雍縣這一站時，雍縣的縣令才打開車門的封緘，卻發現劉長早已餓死，之後遂有了漢文帝的一系列舉動，這

① 《史記》卷一百一十八《淮南衡山列傳》，中華書局，1959 年，第 3079—3080 頁。

② 張家山二四七號漢墓竹簡整理小組：《張家山漢墓竹簡[二四七號墓](釋文修訂本)》，文物出版社，2006 年，第 46—47 頁。

些當然也不在我們的討論範疇了。但從這個例證可知，漢代封泥的運用絶不僅僅局限於官私文書、封存府庫、物資等等，甚至重要人物乘坐的車都要用到"封泥"，其應用的普遍程度已非我們今日所能想象了。

在使用印章進行封緘時，泥團是必需的介質，還有一種基本材料需要提及，那就是緘封時所需的"繩"。早在民國時期，臨淄齊故城發現漢代封泥後，王獻唐在實地考察後就撰文指出臨淄所見封泥用繩"殆以麻製爲多"，並就束繩方法提出了自己的觀點，[①]其後孫慰祖、[②]汪桂海[③]對此也有相關的研究。在此，筆者想重點討論的是封緘用繩的種類，根據目前所見的遺存，王獻唐先生提出的"麻製爲多"無疑是正確的，西北地區如居延、肩水金關等地都出土過帶有麻繩的封泥匣。[④] 這種麻在秦漢時期稱爲"枲"，是用於織褐編履的粗麻，雲夢睡虎地秦簡《司空律》中對此有明確記述："其縣山之多荓者，以荓纏書；無荓者以蒲、藺以枲萷之。各以其獲時多積之。"[⑤]政府要求具備資源的地方以荓即菅草纏書，没有菅草的用蒲、藺及枲也就是粗麻封緘，並規定要在各種草豐收時多多儲備。與此類似，漢代的居延簡中也可見"蒲封"、"枲纏"的記録，如 157.13"律曰，贖以下可檄，檄勿徵還，頃令史移檄寫憲功算，枲纏蒲封"，明確提到封緘用"枲纏蒲封"；[⑥]183.15A"六月辛未，府告金關嗇夫久，前移檄逐辟橐他令史解事所行蒲封一，至今不到，解何"。[⑦]《説文》："蒲，水艸也，可以作席。"[⑧]王子今《秦漢名物叢考》還提到河西漢簡中"伐蒲"的簡例："廿三日戊申卒三人，伐蒲廿四束大二韋，率人伐八束，與此三百五十一束。"[⑨]大規模的采蒲，除了用作編織席等手工業品，估計還能將其用作書繩等物，筆者推測居延簡的"蒲封"就是使用風乾的蒲草當作緘封時固定封泥的繩約。與此可以互爲印證的是"枲"的使用，居延簡 255.19"入楯十一枲長弦三□一凡十五"，[⑩]可知枲除了用於纏書、封緘，還可用於製作弓弦。此外，居延簡中還屢見給各烽燧配發札、兩行、繩等辦公物資的記録，如 10.9"禽寇隧，札二百，兩行五十，繩十丈"，[⑪]這裏提到的繩是什麽材質

---

① 王獻唐：《臨淄封泥文字敘》，山東省立圖書館，1936 年。

② 孫慰祖：《封泥：發現與研究》，第 59 頁。

③ 汪桂海：《漢代官文書制度》，第 130—131 頁。

④ 如居延簡 166.1 的封檢，封泥槽内還保留有一周打結的完好的麻繩，應爲封緘時固定泥塊所用。

⑤ 睡虎地秦墓竹簡整理小組：《睡虎地秦墓竹簡》，文物出版社，1978 年，第 83 頁。

⑥ 簡牘整理小組編：《居延漢簡(貳)》，第 138 頁。

⑦ 簡牘整理小組編：《居延漢簡(貳)》，第 210 頁。

⑧ 許慎撰：《説文解字》，第 17 頁。

⑨ 王子今：《秦漢名物叢考》，東方出版社，2016 年，第 113 頁。

⑩ 簡牘整理小組編：《居延漢簡(叁)》，第 127 頁。

⑪ 簡牘整理小組編：《居延漢簡(壹)》，第 32 頁。

並不清楚,可能會比蒲、枲之類品質要好一些,一般推測是用來編連文書集簿所用,也即"書繩"。但汪桂海引居延 456.5A 簡"扁常謹按部見吏二人,一人王美休謹輸正月書繩二十丈,封傳詔",認爲這種書繩在當時也可以用作緘封文書。[①]

除去以上提到的各種繩與草,馬驥先生還曾指出,在秦及漢初封泥中使用馬蓮草進行捆紮,[②]觀察秦及西漢早期封泥遺存的泥背形態,有不少確有草葉紋貫穿者,如上舉土山漢墓封土中出土的西漢封泥,至於是否確爲"馬蓮草"這種植物還需進一步比對認證,但由此也足以説明秦漢時期封緘用繩的多樣性。

封泥在緘封後是否牢固,對官文書的傳遞來説至關重要,哪怕加上簡易的匣也能更好地保護封印,湖南龍山里耶古井中出土的 200 多枚封泥匣即可從側面説明官方對文書封印的重視程度。據陳松長先生披露的一枚嶽麓秦簡材料(編號 1162):"令曰:書當以郵行,爲檢令高,可以旁見印章,堅約之,書檢上應署令□,負以疾走。不從令,貲一甲。"[③]從簡文可知,秦代使用郵驛傳遞的文書,使用的木檢要高大,使别人一望可知封印内容,並且要"堅約之",即采取穩妥的固定措施,使得封印不致輕易脱落。秦律中未見對封印毁壞的處罰措施,但漢初的張家山漢簡中對行書中"封毁"有明確的處罰規定及補救措施。據《二年律令·行書律》:"諸行書而毁封者,皆罰金一兩。"[④]傳遞文書途中封泥毁壞的,要受到"罰金一兩"的處罰。此外,居延漢簡中時常可見"印破"、"封破"的描述,如 220.7"甲渠官,印破,十一月乙卯卒同以來",[⑤]"印破"所指就是文書的封泥破裂而不可讀。

根據現有資料,尚不能斷定秦及西漢早期已經出現平面呈"回"字形的木質封泥匣,較爲常見的是"凹"字形封泥匣,也即有些學者所謂的"印齒"式匣。這種匣的出現固然已是一大進步,但相對於更完善的"回"字形匣來説還存在一定缺陷。可能是出於最大限度保護封泥印文的需要,出現了一種"護封"的輔助措施,即使用另一塊泥團覆蓋於封泥表面,這種遺存的特徵是印文也屬官印無疑,但文字爲陰文的反字,泥背兩側没有繩孔、僅見手指捏攏的痕迹。孫慰祖首先指出了這一現象,他在研究中發現《封泥考略》著

---

① 汪桂海:《漢代官文書制度》,第 131 頁。

② 馬驥:《秦漢封泥封檢方式模擬實驗》,收於王玉清、傅春喜編著:《新出汝南郡秦漢封泥集》,上海書店出版社,2009 年,第 17—20 頁;楊廣泰:《新出封泥彙編》,西泠印社出版社,2010 年。

③ 陳松長:《與封泥有關的秦漢簡牘文獻拾零》,收於西泠印社、中國印學博物館編:《青泥遺珍:戰國秦漢封泥文字國際學術研討會論文集》,第 128 頁。

④ 張家山二四七號漢墓竹簡整理小組:《張家山漢墓竹簡[二四七號墓](釋文修訂本)》,第 46—47 頁。

⑤ 簡牘整理小組編:《居延漢簡(叁)》,第 40 頁。

録的"薛令之印"及"衛士令印"[①]均爲陰文反字，並在上海博物館藏品中發現了一枚"湯官左丞"封泥也有同樣的現象，其泥背不見繩紋及板痕，僅有揉捏的指紋痕迹，並就此指出這一類遺存應爲保護或密閉印文内容采取的措施，可以稱爲"護封泥"。[②] 孫先生所據爲清人著録拓片及傳世收藏品，同時他也提到這種遺存極其稀有罕見，但這種現象能否在考古發掘品當中印證呢？筆者在整理徐州博物館發掘出的土山漢墓封泥時，確實發現了這種現象。這枚"封泥"呈泥團狀，泥團總體長 4.5、寬 2.7、高 3.5 釐米，印面長方形，2×1.6 釐米，印文爲陰文反字，因表面稍微漫漶，尚不能釋讀出全部文字，基本可讀作"四□鄉印"，泥團背面可見明顯的指痕一處，呈不甚規則狀(圖三十)。我們知道，漢代官印的印面文字爲陰刻，目的就是抑泥後使得封泥上的文字突出、醒目，從而起到權威、密閉的效果。而此泥文字爲陰文、反文，側面不見繩孔且泥背也没有檢痕，那麼"護封泥"這種可能性就最大，該泥團原先覆蓋在"四□鄉印"的封泥上，覆壓以後在該泥團上形成了陰文且反過來的文字，而在啓封後兩泥團均被遺棄，考古發掘只獲得了其中的這枚"護封泥"。雖然目前還未能將此泥文字全部釋出，但這枚泥團的意義並不全在於文字，這是目前考古所獲封泥中第一次見到的陰文、反字遺存實物，也可以説間接地證明了《封泥考略》著録的同類實物並非出自後人臆造。至於"護封泥"的出現，孫慰祖先生的推斷是很有道理的，最基本的功能就是對緘封好的封泥進行加固、保護，當然也不排除是一種對封印文字進行保密處理的手段。至於其他方面，還有待於更多此類實物的發現與研究。

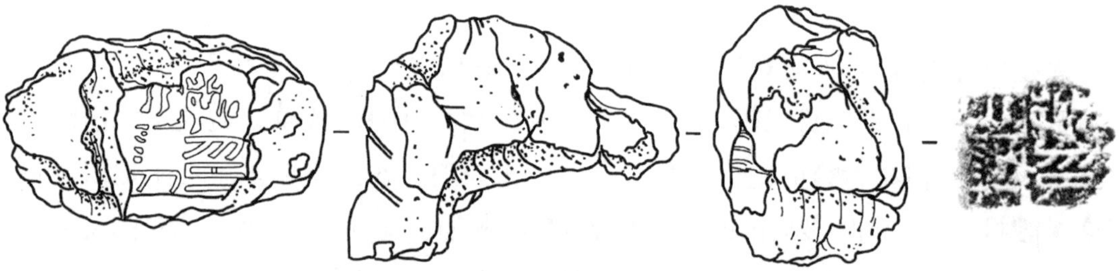

圖三十　徐州土山漢墓出土"護封泥"摹本、拓片

現藏徐州博物館

漢代習見的官私文書對應的封印分别爲官、私印，但在那個"以印爲信"的年代，還有一種緘封專用印章值得我們注意，已有學者對此作過一些討論，[③]筆者主要以現有的

① 孫慰祖：《封泥：發現與研究》，第 59—60 頁。

② 孫慰祖：《封泥：發現與研究》，第 59—60 頁。

③ 李國梁：《封緘和它的專用章》，《文物研究》總第七輯，黄山書社，1991 年，第 183—190 頁；孫機：《漢代物質文化資料圖説(增訂本)》，上海古籍出版社，2008 年，第 327 頁。

考古材料略作補證。廣州南越王墓曾出土"眜"、"結"等單字印章壓出的封泥，[①]考察其字，作爲人名的可能性最大，但又不同於西漢時期常見的"臣某"印章，故筆者認爲，可將此類印歸入緘封專用印之列，惟其使用者身份較高，不需在前面加冠姓或臣而已，其所緘封的文書物品别人一見即可知其意義。與此相較，一些漢代大墓出土的"信"字類印章即可明確定爲緘封專用印(圖三十一)。比如滿城漢墓劉勝玉衣袖管内出土的兩枚玉印，其一爲方形盝頂，横穿一小孔，長、寬、高均爲 1 釐米，印文篆體陰刻一"信"字；另一件爲圓形，蟠龍鈕，座緣陰刻卷雲紋，陰刻篆書"私信"二字，高 1.5、徑 0.9 釐米。[②] 滿城漢墓墓主身份明確，可知這兩件印文並非墓主姓字，且印文均爲陰刻，故其性質爲緘封專用的小印信無疑。與此相同的是，江蘇盱眙大雲山 M1 也出現過類似的印章，爲銅質雙面印，印文分别爲"誠信"、"信印"，邊長 1.2、厚 0.5 釐米。[③] 大雲山 M1 的墓主被推定爲江都易王劉非，可知這件雙面銅印也是爲緘封之需而製作的。比較以上兩處大墓所出這類印章，其所凸顯的無非是"信"字而已，這也非常符合漢代印章及封緘的核心意義。

1　　2　　3　　4

圖三十一　各地出土的"緘封專用"印章拓本

1. 滿城漢墓出土"信"、"私信"玉印　2. 大雲山 M1 雙面銅印
3. 巢湖水下遺址雙面玉印　4. 邗江胡場 M5 的"封信願君自發"印

與大型墓葬相比，漢代中小型墓也不乏這類緘封用印出土，只是尺寸及文字增加，印文内容更加豐富、明確。揚州邗江胡場五號墓出土了多枚印章，據此可知墓主名"王奉世"，同出還有一枚橋形鈕銅印，篆書"封信願君自發"六字，四周邊緣還陰刻有"龍、虎、怪人、玄鳥"圖案。[④] 研究者曾就此印讀序問題作過討論，認爲應以"信"字爲結尾讀作"封願自發君信"。[⑤] 很明顯，這種認識並不正確。從印文的字面意思來理解，這應是

① 廣州市文物管理委員會、中國社會科學院考古研究所、廣東省博物館：《西漢南越王墓》，文物出版社，1991 年，上册第 142 頁。

② 中國社會科學院考古研究所、河北省文物管理處：《滿城漢墓發掘報告》，文物出版社，1980 年，上册第 141 頁。

③ 南京博物院、盱眙縣文廣新局：《江蘇盱眙縣大雲山西漢江都王陵一號墓》，《考古》2013 年第 10 期。

④ 揚州博物館、邗江縣圖書館：《江蘇邗江胡場五號漢墓》，《文物》1981 年第 11 期。

⑤ 梁勇：《江蘇邗江胡場五號漢墓木牘、銅印及相關問題再考》，《東南文化》2011 年第 2 期。

墓主自用的緘封印章，"封信"當然指的是緘封文書或物品，"願君自發"的"發"是指收信人自行拆閲書信，而如讀作"自發君信"顯然難以理解，這一點居延漢簡旁證尤多，不需贅言。如果説胡場 M5 的這件印章還不能充分説明問題，那麽日照海曲故城漢墓出土的十六字印就是個很好的例子。海曲西漢墓（M106）出土銅印章兩枚，其一應爲墓主私印"公孫昌"，另一枚則是一件十六字龜鈕銅印，印面邊長 2.2 釐米，陰刻文字爲"元宜自至，柏（百）事不閒，願君自發，封完言信"。[①] 其意義不言自明，"封完言信"是指緘封完好、以印爲信，如居延簡 264.9"五月戊寅尉史蒲敢言之，迺丁丑直符，倉庫户皆完，毋盜賊發者"，[②]這裏的"完"就是指封緘完好無損。而"願君自發"則無須多作解釋了。巧合的是，該墓還出土有儲存封泥泥料的青銅泥筩一件，更加能够説明墓主隨葬兩枚印章的意義。

拋開很多印譜收録的傳世品不談，緘封專用印不僅發現於墓葬，個别遺址也曾發現過這類器物。2002 年 7 月，安徽巢湖市文物管理所在巢湖邊的唐嘴水下遺址調查時發現了一枚玉質雙面印，該印印面正方形，邊長 2.2 釐米，雙面皆有印文，分别爲"慎齋"、"護封"，調查者也認爲這是漢代專門用於緘封的印信。[③]

以上所舉的印章印文的意義比較明確，較爲容易確定這類印信的性質，有的研究者指出，漢代還有一些吉語印也是封緘的專用印，但並未舉出實例展開論證。[④] 據筆者所見材料，這一提法還是有根據的。江蘇邗江縣姚莊 M102 出土了多枚印章，其中一件爲琥珀質（M102：37），據發掘簡報描述，該印爲橘紅色琥珀質，卧獸鈕，印面陰刻"常樂富貴"[⑤]四字，印邊角光滑有明顯的磨損痕迹，邊長 1.1 釐米。[⑥] 據墓葬形制及隨葬器物，該墓的時代應爲新莽時期。既然此器有長期使用痕迹，即使印面文字並非官私姓名而是吉祥語，那它的具體性質仍應爲緘封專用印章。陝西西安理工大學壁畫墓的耳室内曾出土 5 枚封泥，其中 3 枚保存完好，印面爲篆書"長承永福"，顯係使用吉語印封緘後隨葬的，印文的吉祥寓意也與姚莊 M102 所出者不謀而合。西安理工大學壁畫墓的時代爲西漢晚期，與邗江縣姚莊 M102 在時代上也能够契合。[⑦] 至於有些學者提到的魚雁等

① 山東省文物考古研究所：《山東日照海曲西漢墓（M106）發掘簡報》，《文物》2010 年第 1 期。

② 簡牘整理小組編：《居延漢簡（叁）》，第 155 頁。

③ 錢玉春：《巢湖市唐嘴水下遺址調查報告》，《巢湖學院學報》2006 年第 1 期。

④ 李國梁：《封緘和它的專用印》，《文物研究》總第七輯，第 184 頁。

⑤ 據簡報公布的拓片，印面文字應釋讀爲"長樂富貴"。

⑥ 揚州博物館：《江蘇邗江縣姚莊 102 號漢墓》，《考古》2000 年第 4 期。

⑦ 之所以要提及西漢晚期這個年限，是因爲筆者發現西漢墓葬中流行使用封泥封物隨葬，其中的一個特點是吉語印流行在西漢晚期，這可能與這一時段道教及神仙思想流行有一定的關係。

肖形印也屬封緘用印,雖也不無可能,只是限於考古資料的缺乏無法展開討論。

結語:漢代封檢制度的發展與形成

上文梳理了體現漢代封緘方式的各種實物,並對其進行了基本分類,現在以上述資料爲基礎,探討漢代封檢制度的特點及其發展與形成。

衆所周知,秦漢統一帝國的運行是以皇帝爲中心的,這一點反映到封檢制度上最突出的體現就是皇帝與臣民有别,等級差别明確。上文提到的B型銅質封泥匣,體量較同時期的木質匣爲大,且製作精美,其爲帝后等級封緘實物的可能性最大。我們知道,漢代的通官印多爲方寸之印,但是帝后用璽要大於一般的官印,目前雖然尚未在考古工作中發現漢代皇帝用璽的實物及封泥,但是陝西西安長陵附近卻出土過一枚"皇后之璽"玉印。該印爲白玉質地,螭虎鈕,印臺周邊陰刻卷雲紋飾,印面方形,寬2.8釐米,陰刻篆字"皇后之璽"(圖三十二)。[①] 這是迄今唯一的一件漢代帝后級印章的實物,從印面尺寸可知,皇后璽約爲"一寸二分",達2.8釐米,印鈕也與史料記載吻合,由此可以推知皇帝用璽當與皇后璽類似。漢代皇帝封緘用泥爲"武都紫泥",印章則均爲"白玉螭虎鈕",那麼皇帝封緘詔令或其他物品使用專門的封泥匣也就不足爲怪了,目的就是要凸顯皇帝尊貴無上的地位。《史記·匈奴列傳》記載:"漢遺單于書,牘以尺一寸,辭曰'皇帝敬問匈奴大單于無恙',所遺物及言語云云。中行説令單于遺漢書以尺二寸牘,及印封皆令廣大長,倨傲其辭曰'天地所生,日月所置。匈奴大單于敬問漢皇帝無恙',所以遺物言語亦云云。"[②]漢朝和匈奴互通書信,匈奴單于在中行説的慫恿之下,爲了體現高出漢朝皇帝一等的想法,不僅所用書牘比漢朝的大,連封緘的印、封都要"令廣大長",直觀地説明了當時封檢是存在等級區别的。

圖三十二 西漢"皇后之璽"印章

采自《歷代璽印斷代標準品圖鑒》第51頁

① 秦波:《西漢皇后玉璽和甘露二年銅方爐的發現》,《文物》1973年第5期。

② 《史記》卷一百一十《匈奴列傳》,第2899頁。

漢代封檢的第二個特點是方法多樣性，多種封緘方式並存且各自的沿用時間較長。封緘的辦法因物、因地制宜。根據現有資料，西漢早期的諸多大中型墓葬已普遍使用木質封泥匣封物隨葬，同時還一直存在直接封物的方式，所以説是否使用封泥匣是根據封物對象以及物品的捆紮方式來決定的。而不依靠封泥匣這種載體直接封於物體或容器的這種方法，從戰國時期出現一直沿用到後世，可以説存在封泥就存在這種封緘方法，除去上文所舉唐代大明宫遺址出土的封泥外，安徽合肥還發現過宋代鈐有朱文印記封於壇口的白堊土質封泥實物，[①]可見這種方法沿用之長久。從漢代簡牘遺存來看，文書類的緘封大多會依據其重要程度區别對待，重要的文書一般會使用書囊配合以封泥匣來封存。不僅限於實物，東漢時期的沂南漢畫像石墓上還有以書囊緘封上計簡册的圖案。[②] 而在西北邊塞地區，一部分上行及下行文書就使用簡易的 Db 型木檢來緘封，這些木檢有的修治粗糙，甚至還保留樹枝原有的形狀，這也是漢代封檢因地制宜的體現。

第三個方面就是在以木質封泥匣爲主流的序列當中，封檢對於封泥的固定、保護措施逐漸發展完善。從秦代開始出現單體木質封泥匣開始，漢代承續並發展了這種載體。從封泥匣的形態觀察，最初的木質匣均爲“凹”字形，填泥後可以約束上下兩端，當然這與不藉助匣緘封相比還是邁進了一大步。隨著實際使用過程中問題不斷出現，推測主要是官文書傳遞過程中發生的“印破”等現象，對木質匣的改造成爲必須面對的事實，因此出現了新型的“回”字形匣，輔以三道細繩槽，如此一來封泥固定的問題基本解決了，這種形制的匣一直沿用到魏晋時期，也就是簡牘、封泥使用的末期。筆者雖然將封檢分出了諸多亞型，但各種亞型對應的是不同類别的封緘對象，其本質上的演進序列是非常明顯的，核心就是對封泥的固定與保護。木質匣除了核心的部分即方槽用以填泥，其餘的部分因實際需要來預留，主要用於書寫文字，表明收件單位或者封物品類等信息，這一點也是承繼自秦代，並在實際使用中一直延續了下去。

綜合來説，漢代的封檢制度應該繼承自秦，里耶封泥匣的發現無疑證明了這一點。江村治樹先生在論及漢代“凹”字形封泥匣時曾指出這種形制的匣普遍使用應在武帝時期。[③] 根據上文所論，這種觀點必須加以修正，即在秦末漢初之際，這種“凹”字匣已經較爲普及了。西漢建立以後，封泥匣是不斷發展完善的，不僅有皇帝專用的青銅質匣，木質匣也出現了應對多種需求的形態，並且在盛泥的方槽上不斷完善與改進。從皇帝所

---

① 李國梁：《封緘和它的專用章》，《文物研究》總第七輯，第 184 頁。

② 揚之水：《兩漢書事》，《中國典籍與文化》2004 年第 3 期。

③ 江村治樹：《東京國立博物館保管陳介祺舊藏の封泥——とくにその形式と使用法について》，*MUSEUM* 364，第 15 頁。

用之物與臣民的區别這一點來説，西漢早期就應該有封檢的“制度”，這一時期的特點爲“凹”字匣與直接緘封的方法並存。到了西漢武帝時期，曾經在元狩四年和太初元年先後兩次對官方用印進行規範，由此首先確立了尊卑有别的官印制度。① 筆者認爲，官印規範制度的確立一定與封檢制度有所關聯，在武帝及其後的昭宣時期，封檢的遺存也説明了這一點。這個時期是“回”字形封泥匣出現並流行的階段，從居延、肩水金關、敦煌漢簡的實物來看無不如此。雖然緘封的品類繁多，但是可以看出，對一些比較重要的品類會使用“回”字形匣，而一般物品則還是沿用“凹”字封檢。“回”字形匣在西漢中期以後一直穩定使用，直至東漢、魏晋時期。

兩漢之交的新莽是封檢制度中的特殊時期，上舉“舌形”封泥僅見於這一時期，雖然這種封泥依附的載體尚不能判明，但筆者推測這可能與王莽推行改制有很大關系。兩漢之交，讖緯思想逐步流行起來，王莽也在各種“天命”、“圖讖”的外衣下謀劃著篡奪之實，漢長安城内出土的這一小批特殊形制的封泥很可能與新朝的建立有著某種關聯。推測終究需要實物的證明，或許今後的考古工作會爲我們認識新莽時期的封檢帶來其他信息。

東漢的封檢制度基本延續了西漢的傳統，但在形制上更加規整，此時出現了成熟的“合檄”類封檢實物，即本文劃定的 De 型，其保密性與牢固程度都是空前的，以長沙五一廣場與東牌樓古井的遺物最爲典型。另外，從現有的東漢時期封泥實物來觀察，當時官方的緘封基本采用“回”字形的匣，泥背有規範的交叉狀繩紋，泥周方正，字體謹嚴。可能是紙張的出現與逐步流行的影響，也可能限於考古材料的不足，東漢時期的緘封方式與西漢相比變得單一，即以木質封泥匣爲主流形態，這也許是封檢在發展過程中的自然選擇，也可以説此時封檢制度從各個方面來説都已十分成熟了。

東漢晚期乃至魏晋，雖然簡牘與封泥的使用頻率降低了，但這些遺物尚未完全絶迹，其形態也是非常穩固的，如敦煌一棵樹烽燧遺址出土的西晋封檢，②形態與西漢中期以後的同類物品幾無二致，是東漢以來封檢實物形態趨於穩固的最好説明。最終，隨著各種材質的紙的普及，簡牘及封泥這兩種互爲依附的物品終究淡出了歷史的舞臺。

最後還想説明的是，封檢制度是兩漢官僚制度中獨特的組成部分，它的興衰與帝國的運行息息相關，其肇始自秦，發展於西漢早期，至武帝時期趨於完善並穩定延續，最終在魏晋時代進入尾聲。封檢制度的消亡也昭示了古代中國用印方式的變化，由抑泥隨即進入了鈐朱的全新時代。

---

① 王人聰：《中國璽印的起源與發展》，收於《古璽印與古文字論集》，香港中文大學文物館，2000 年，第 9 頁。

② 楊俊：《敦煌一棵樹漢代烽燧遺址出土的簡牘》，《敦煌研究》2010 年第 4 期。

秦漢劾文書格式演變初探

唐俊峰

（海德堡大學漢學系）

秦漢訴訟中，“劾”和“告”皆屬起始階段的程序。學界已有詳細討論，基本同意“劾”屬於官員、“告”則爲平民提出的起訴，兩者的最大差異在於起訴的行爲主體。出土秦漢簡牘顯示作爲法律文書的“劾”，實依循某些固定格式製作。以往學界對於劾文書格式和内容的理解，主要根據西北出土的漢代行政文書，特别是20世紀70年代於甲渠候官遺址第68號探方出土的八份東漢建武初年劾狀。可以毫不誇張地説，這八份劾狀是絶大多數漢代劾制研究的基點。[①] 然而，隨著長沙五一廣場東漢簡的陸續發表，此情況似有所改變。雖然這批材料現在只公布了不到二十分之一，但已發表的材料包括兩件相對完整的劾文書，紀年分别爲和帝永元十六年（104年）及安帝永初三年（109年），與甲渠候官出土的劾狀相差約80年，無論年代、地域皆存在顯著差異。學界圍繞這兩份新見資料，也有一些研究探討它們的文字、格式和當時劾

---

① 針對這批劾狀和秦漢劾制的研究甚多，不勝枚舉。部分研究有李均明：《居延漢簡訴訟文書二種》，收《中國法律史國際學術討論會論文集》，陝西人民出版社，1990年，第166—173頁；徐世虹：《漢劾制管窺》，《簡帛研究》第二輯，法律出版社，1996年，第312—323頁；高恒：《漢簡牘中所見舉、劾、案驗文書輯釋》，《秦漢簡牘中法制文書輯考》，社會科學文獻出版社，2008年，第302—312頁；鷹取祐司著，宫長爲譯：《居延漢簡劾狀册書的復原》，《簡帛研究二〇〇一》，法律出版社，2001年，第731—747頁；鷹取祐司：《漢代の裁判手續き“劾”について：居延漢簡“劾狀”の分析から》，《中國出土資料研究》7號，2003年，第58—81頁；宫宅潔：《“劾”をめぐって—中國古代訴訟制度の展開—はじめに》，《中國古代刑制史の研究》，京都大學學術出版會，2011年，第283—307頁；唐俊峰：《甲渠候官第68號探方出土劾狀簡册的復原與研究》，《簡牘學研究》第五輯，甘肅人民出版社，2014年，第38—58頁；劉慶：《秦漢告、劾制度辨析》，《中國史研究》2016年第4期。

的程序。[①]

惟綜觀現有的研究,大多預設秦漢劾文書的格式皆像甲渠候官劾狀,以"劾+狀+呈文"三大部分構成,但從常理而言,實難以想象劾文書在秦帝國成立後至東漢中期三百餘年間竟沿用同一格式。相反,只要對比秦漢行政文書中的劾文書,可知不同時期的文書,無論格式還是内容皆存在巨大差異,無一完全相同。秦漢官文書需依循官方頒布的文書格式,[②]因此劾文書格式的變易,不啻説明劾文書的"式"隨時間推移産生了變化。事實上,如不細緻分析不同時空下"劾"文書格式的差異,而徑論其所反映的訴訟程序,恐難得出一站得住脚的結論。有鑒於此,筆者在此不揣淺陋,希望通過梳理散見於秦漢行政文書中"劾"的實例,揭示這種文書内部的發展過程,以此作爲將來更深入研究的基礎。

一、秦至漢初的"劾"

出土秦代法律文書中,與"劾"相關的資料可謂不少,但可確定爲"劾"文書原件的,

---

① 如李均明:《長沙五一廣場出土東漢木牘"直符"文書解析》,《齊魯學刊》2013年第4期;李均明:《長沙五一廣場東漢簡牘考證八則》,載柳立言編:《史料與法史學》,"中研院"歷史語言研究所,2016年,第103—133頁;楊小亮:《略論東漢"直符"及其舉劾犯罪的司法流程》,《中國古代法律文獻研究》第九輯,社會科學文獻出版社,2015年,第176—186頁;吳雪飛:《長沙五一廣場東漢木牘相關法律用語探析》,《中國古代法律文獻研究》第九輯,第187—199頁;孫兆華:《五一廣場東漢簡牘直符户曹史盛舉劾文書釋文訂正》,簡帛網2016年10月19日;馬力:《長沙五一廣場東漢簡牘舉劾文書初讀》,《出土文獻》第八輯,中西書局,2016年,第211—220頁;姚遠:《長沙五一廣場東漢簡牘釋譯》,王沛主編:《出土文獻與法律史研究》第四輯,上海人民出版社,2015年,第260—340頁;姚遠:《東漢内郡縣法官法吏復原研究——以長沙五一廣場東漢簡牘爲核心》,《華東政法大學學報》2016年第4期;馬增榮:《漢代地方行政中的直符制度》,《簡帛》第十六輯,上海古籍出版社,2018年。

② 按"式"不單純指文書範本和格式,如高恒曾歸納秦漢出土文獻所見"式"爲三類,分别是1. 規定各類文書的格式,2. 規定實施律令、政策應遵循的要點,3. 確定行政、司法活動的程序。見《漢簡牘中所見的"式"》,《秦漢簡牘中法制文書輯考》,社會科學文獻出版社,2008年,第217頁。邢義田研究漢代文書範式後,同樣指出此點。見《從簡牘看漢代的行政文書範本——"式"》,《治國安邦:法制、行政與軍事》,中華書局,2011年,第469—470頁。李安敦(Anthony J. Barbieri-Low)同樣研究了漢代的文書"式",他比較漢簡所見的病卒名籍和劾狀的格式和實例後,指出雖然文書實例往往對"式"所規定的某些格式有所省略,資料的次序也常有改易,但實例基本忠實跟隨"式"所規定的格式。參"Model Legal and Administrative Forms from the Qin, Han, and Tang and Their Role in the Facilitation of Bureaucracy and Literacy," *Oriens Extremus* 50 (2011), pp.134-135。南玉泉則將"式"分類爲品物之式、文書範式和程序之式三種,並認爲"只有那些以國家名義頒布的,以國家强制力作爲後盾的式,才屬於法律形式"。相反,如一些文書樣式,違反後只是受到相關部門内部的處罰,自然就不是法律形式。見《秦漢式的種類與性質》,《中國古代法律文獻研究》第六輯,社會科學文獻出版社,2012年,第206頁。

管見所及僅有里耶秦簡以下兩簡：

啓陵津船人高里士五(伍)啓封當踐十二月更，逋【廿九日】不☐
正月壬申，啓陵鄉守繞劾。
卅三年正月壬申朔朔日，啓陵鄉守繞敢言之：上劾一牒。☐　(8-651)
正月庚辰旦，隸妾咎以來／覆發☐　(8-651 背)
☐校長援，丙子盡丙戌十一日，不肆□☐
☐□丁亥朔戊子，尉守建、尉史午劾☐　(8-671＋8-721＋8-2163)
☐朔戊子，尉守建敢言之：寫上。謁☐　(8-671 背＋68-721 背＋8-2163 背)[①]

此二簡皆有殘缺，檢圖版，原簡應長約當時的一尺。8-651 相對較完整，屬啓陵鄉發至遷陵縣廷、針對士伍啓封逃避踐更的舉劾。簡背"正月庚辰旦，隸妾咎以來／覆發"的筆迹與正面有異，應爲文書送至遷陵縣廷時加上，可推想此簡即啓陵鄉傳送之"劾"的原件。啓陵鄉守繞於呈文中稱"上劾一牒"，按里耶秦簡常見"上(某文書)一(或複數)牒"的呈文，有些時候所上文書的内容會跟呈文寫於同一枚牒，如 8-1069＋8-1434＋8-1520 的作徒簿：

卅二年五月丙子朔庚子庫武作徒薄(簿)。受司空城旦九人、鬼薪一人、舂三人。受倉隸臣二人。• 凡十五人。
其十二人爲舆：獎、慶忌、�韱、魅、船、何、冣、交、頡、徐、娃、聚
一人紩：窟。
二人捕羽：亥、羅。　(8-1069＋8-1434＋8-1520)
卅二年五月丙子朔庚子，庫武敢言之：疏書作徒日薄(簿)一牒。敢言之。横手
五月庚子日中時，佐横以來／圂　發　(8-1069 背＋8-1434 背＋8-1520 背)

此簡正面爲一份完整的作徒簿，背面則爲庫武之呈文，其中"疏書作徒日薄一牒"所指無疑即正面的内容，在這種情況下，這枚牒即屬"單獨簡"。[②] 如果呈文不包括文書内容，記

---

① 本文徵引之里耶秦簡簡文，如無特别注明，皆參照陳偉主編，何有祖、魯家亮、凡國棟著：《里耶秦簡牘校釋(壹)》，武漢大學出版社，2012 年，不贅。按"逋【廿九日】不"《校釋》作"□【廿九日】□"，此處跟從何有祖的補釋，參《讀里耶秦簡札記(三)》，簡帛網 2015 年 7 月 1 日。

② 關於"單獨簡"，角谷常子定義爲"一枚内容已經寫完、不需編綴成册的簡牘"，並歸納里耶秦簡所見單獨簡的記載要素爲以下四點：一、上行文書："年月日＋發送者＋敢言之＋本文＋敢言之"；下行文書："年月日＋發送者＋謂＋收件者＋本文＋如律令、以律令從事等等"；平行文書："年月日＋發送者＋敢告＋收件者"。二、"某手"。三、"某發"或"某半"。四、收件記録"月日時某以來"或發送記録"月日時某行"。參《論里耶秦簡的單獨簡》，《簡帛》第八輯，上海古籍出版社，2013 年，第 161—178 頁。

述方式也不太一樣，如 8-768 載：

> 卅三年六月庚子朔丁未，遷陵守丞有敢言之：守府下：四時獻者上。吏缺式，曰：放(仿)式上。今牒應書者一牒上。敢言之。 (8-768)
>
> 六月乙巳旦，守府即行 履手 (8-768 背)

此簡雖明言“牒應書者一牒上”，並在前文簡單交代了上牒的原因是回覆太守府的要求，卻沒有於呈文提及該牒的内容，而是將之作爲附件，與呈文編連在一起。① 因此，上引 8-651 既然包含了與呈文無關的内容，似表明 8-651 文書的第一行“啓陵津船人高里士五啓封當踐十二月更，逋【廿九日】不☐”就是啓陵鄉舉劾的全部内容，篇幅相當簡短。

而 8-671＋8-721＋8-2163 殘泐較嚴重，從僅餘的内容推斷，應有關縣守尉建、尉史午舉劾校長援“不肆”。雖然上述兩份秦代“劾”文書並非完璧，但還是能歸納出它們的三個特點：一、“劾”的部分甚短，單純點明被劾者所犯的罪行，没有涉及案情的調查。二、有“劾”無“狀”，與甲渠候官發現的同類文書具備劾、狀兩大部分不同，故恐怕不能稱此類文書爲“劾狀”，只能稱之爲“劾”。② 三、格式方面，“劾”部分後接舉劾官吏有關“劾”和其後傳送予相關機構的兩段呈文，兩者連續書寫，筆迹相同。

明了秦代“劾”的特點後，我們不妨把目光轉向秦、漢初奏讞文書中引用的“劾”。以往一直認爲這些文書引用的劾、鞫等案卷皆經過編輯删節，不復文書的原貌，此説十分正確，因爲它們缺乏呈文之類文書正件，但這些被引用的“劾”，内容又是否經過删節呢？我們不妨看看以下幾個例子：

> ·視獄：十一月己丑，丞暨劾曰：聞主市曹臣史、隸臣更不當受列，受棺列，買(賣)。問論。 (嶽麓書院藏秦簡《爲獄等狀四種·芮盗賣公列地案》)③
>
> 十月己酉，劾曰：女子尊擇不取行錢。問：辤(辭)如劾。鞫，審。·己未，

---

① 對於秦漢代官文書中作爲書寫工具的牒、牘之物質形態、概念差異，以及兩者指涉範圍的演變，史達(Thies Staack)已有詳論，參 Thies Staack, “Single- and Multi-Piece Manuscripts in Early Imperial China: On the Background and Significance of a Terminological Distinction,” *Early China* 41 (2018), forthcoming.

② 此點亦見拙文《甲渠候官第 68 號探方出土劾狀簡册的復原與研究》，《簡牘學研究》第五輯，第 3—4 頁。

③ 朱漢民、陳松長主編：《嶽麓書院藏秦簡(叁)》，上海辭書出版社，2013 年，第 129—130 頁。原整理者斷爲“丞暨劾曰：聞主市曹臣史，隸臣更不當受列”，勞武利(Ulrich Lau)和史達將“臣史”和“隸臣”視爲並列關係，翻譯成 “I heard that Geng, unfree clerk at the department of the market superintendent and a bond servant, was by law not entitled to take over a market stall”，可從。參 Ulrich Lau and Thies Staack, *Legal Practice in the Formative Stages of the Chinese Empire*, Leiden, Boston: Brill, 2016, pp.152 - 153.

益陽守起、丞章、史完論刑殺尊市，即棄死(尸)市，盈十日，令徒徙棄塚間。

(益陽兔子山秦簡 J9③：2)[①]

刻(劾)曰："臨菑(淄)獄史闌令女子南冠繳(縞)冠，詳(佯)病卧車中，襲大夫虞傳，以闌出關。" (張家山漢簡《奏讞書》案例三)[②]

• • 八年十月己未。安陸丞忠刻(劾)獄史平舍匿無名數大男子種一月。

(張家山漢簡《奏讞書》案例十四)

七月甲辰，淮陽守偃刻(劾)曰："武出備盜賊而不反(返)，其從(蹤)迹類或殺之，獄告出入廿日弗窮訊，吏莫追求，坐以毄(繫)者毋毄(繫)牒，疑有姦詐(詐)。其謙(廉)求捕其賊，復(覆)其姦詐(詐)，及智(知)縱不捕賊者，必盡得，以法論。" (張家山漢簡《奏讞書》案例十六)

上舉四例，首三例所引用的"劾"皆甚短，但由上所舉秦代劾文書的實例，這類文書當時僅包括被劾者的罪名，内容相對簡略，不像之後的劾狀般詳細記録案情。考慮到上引四段"劾"的時代，筆者傾向它們直接移録自"劾"原件，没有大的删改，基本維持原來的面貌。[③]

秦至漢初"劾"文書看似惜字如金的背後，似乎反映了當時的舉劾程序與漢中期以後略有不同。按前賢據甲渠候官出土東漢初劾狀指出，官吏必先對犯人罪行、犯案過程作出調查，了解案情的梗概後，才能正式舉劾犯人。[④] 然而，正如前文提到，秦至漢初的"劾"，内容不涉案情的調查。此可能因爲舉劾時根本還没有展開調查、驗問的程序。如前引《芮盜賣公列地案》中，丞暨之"劾"在點明隸臣更的罪行後，輒言"問論"，可見在舉

① 此簡之釋文和照片均著録於湖南省文物考古研究所、益陽市文物處：《湖南益陽兔子山遺址九號井發掘簡報》，《文物》2016 年第 5 期。此處引用的簡文據何有祖所作釋文有所調整，參氏著《從益陽兔子山九號井第 3 層第 2 號牘看秦漢"棄市"用斬首之刑》，中國簡帛學國際論壇 2017 論文，武漢，2017 年 10 月 10—11 日。據發掘簡報提供的信息，此簡爲兩行木簡，長 46.2、寬 2.5 釐米，和同井出土的秦二世即位詔書處於同一層位，時代應相當接近。按此簡描述了女子尊擇不取行錢一案的梗概，引述了案件的劾文，再依次講述問、鞫和論等後續程序，編排和秦漢墓葬發現的奏讞書類文書十分接近，應俱擷取原始案卷而成，兩者是否存在沿襲關係，值得將來進一步探究。又此條材料承張忠煒、魯家亮先生提示，謹致謝忱。

② 本文徵引的《奏讞書》釋文，皆據彭浩、陳偉、工藤元男主編：《二年律令與奏讞書——張家山二四七號漢墓出土法律文獻釋讀》，上海古籍出版社，2007 年，不贅。

③ 按籾山明曾指出《奏讞書》是利用比較接近原型的官文書説明疑案判斷的書籍，此處的結論或可作爲籾山先生論斷的注腳。參籾山明著，李力譯：《中國古代訴訟制度研究》，上海古籍出版社，2009 年，第 243—244 頁。

④ 參徐世虹：《漢劾制管窺》，第 318—319 頁；宫宅潔：《"劾"をめぐって—中國古代訴訟制度の展開—はじめに》，《中國古代刑制史の研究》，第 290 頁。

劾的當下,仍没有對被劾者進行訊問。[①] 兔子山秦簡 J9③:2 顯示的情況也與此接近,簡文先引述女子尊的劾,後接"問:辤(辭)如劾",似乎在發出劾的當下仍没有訊問尊。雖然上舉四則劾,除第一則爲縣丞收到他人的報告,另外三則皆屬當場發覺、事實明顯的案件,可能正因如此,舉劾者即使未曾驗問,也能在劾裏點明被劾者的罪名。

惟這並不説明只有情節相對簡單的案件,才會在不驗問的情況下舉劾。對此,《奏讞書》案例十六的記載更清晰。此案情節複雜,是牽涉多名高爵者和官吏的大案。案情記述淮陽守偃行縣録獄時,收到新郪縣長官信的爰書,講述求盜甲報告從獄史武失蹤,以及校長丙被扣押,但没有"繫牒",對之也没有"窮訊"。而淮陽守偃的劾,引述新郪縣此前爰書的内容後,乃云"疑有姦詐",並要求嚴加調查,"謙(廉)求捕其賊,復(覆)其姦詐(詐),及智(知)縱不捕賊者,必盡得,以法論",此足以反映淮陽守偃在製作劾的時間點,只是感覺獄史武失蹤良久,新郪縣卻消極對待,懷疑武已被殺、新郪方面有姦詐,但並未正式開始偵查的工作。總上所論,秦到漢初時,只有在"劾"發出後,案件的調查工作才會正式展開,和秦、漢初先案驗、後舉劾在程序上頗有不同。

二、變化的徵兆:西漢中期的"劾"文書

從上文的討論,可知秦、漢初的"劾"和東漢初年的"劾狀",無論在文書格式還是内容上皆出現很大的變化。若非文書正件的呈文仍有"某劾"的套語,我們甚至很難説它們屬同一類文書。顯而易見,這些變化絶非一蹴而就,必經歷西漢一代的逐步修改而

---

① 承史達提示,原整理者將"問論"語譯成"問判決(如何)?"(見朱漢民、陳松長主編:《嶽麓書院藏秦簡[叁]》,第290頁);而奏讞文書中,"問"住往指調查性的詢問,目的在於核實案件提出的證據確實無誤,而對犯人的訊問一般表述爲"訊"(詳參 Anthony J. Barbieri-low and Robin D. S. Yates, *Law, State, and Society in Early Imperial China: A Study with Critical Edition and Translation of the Legal Texts from Zhangjiashan Tomb no.247* Vol. 1, Leiden, Boston: Brill, 2015, p.160)。然而,從張家山漢簡《奏讞書》案例二十二所見,除單獨的"問"和連用的"診問"外,還存在以下兩種"問":1. "訊問"(訊問女子噲,曰"病臥内中,不見出入者")。2. "讂問"("舉疑孔盜傷婢,即讂問黔首:有受孔衣器、錢財,弗詣吏,有罪")。按"訊問"之"訊"似不應和"問"斷開,因爲"訊"本身就帶有"問"的意味。換句話説,"訊問"應該等同於"訊"。又"讂問"之"讂",意指隱密其事。案例二十二有"讂求證左,弗得"。《二年律令·金布律》亦曰:"不幸流,或能産拯一人,購金二兩;拯死者,購一兩。不智(知)何人,貍而讂之。"又《急就篇》曰:"乏興猥逮詗讂求。"顔師古注:"隱語也,謂偵伺官府利害,隱密其事,有所追求也。"從上所見,"讂"若用在法律相關的情況,似乎本身便有著"隱密地詢問"的意思,"讂問"的"問"似乎和"訊問"的"問"一樣,屬互文。又"診",《説文》曰:"視也。"段玉裁注稱:"《倉公傳》診脈,視脈也。從言者,醫家先問而後切也。"如段注是,則"診"本身也有"問"的意味。也就是説,無論訊問還是讂問本身都是一種"問",加上考慮到"問論"後即接"更"、"材"、"芮"等涉案者的供辭,此處的"問論"似應斷讀,代表訊問、論決兩個步驟。

來，惟囿於資料，此過程學界仍欠了解。所幸以下兩條走馬樓西漢簡似對解決此疑問頗有裨益：

案：傳舍、二千石舍西南向馬廡二所，並袤丈五尺、廣八尺。杜(牡)朼(牝)瓦各十九枚，竹馬仰四，井鹿車一具，不見，磨敗壞 (簡 4)①

(……其餘 11 牒……)

牒書傳舍屋櫺、垣壞敗，門内户、扇、瓦、竹不見者十三牒。吏主者不智(知)數遁行，稍繕治，使壞敗物不見，毋辯護，不勝任。

五年七月癸卯朔癸巳，令史援劾、敢言之：謹案：佐它主。它，酃佐，前以詔遣故長沙軍司馬貰死烝陽。敬寫移，謁移酃，以律令從事。敢 (簡 3)②

從簡 3"令史援劾"之語，可知此簡屬於"劾"文書的其中一簡。前文既述，胡平生、宋少華提到簡 3"連同未刊的 12 枚簡構成一個完整的關於傳舍建築及構件調查報告的文件"，"有的是屋牆或院牆垮塌，有的是屋瓦缺損，有的是大門、小門的門扇不見了，有的是水井的轆轤壞了，有的是磨糧食的磨壞了，有的是竹製的距馬不知去向"。③ 雖然胡、宋二先生並未於文中列舉其餘 12 枚簡，但據他們的描述，可判定簡 4 與簡 3 屬同一簡册。檢圖版，簡 3 長二尺，爲典型兩行簡，第一行寫有 44 字、第二行 49 字。雖然現時尚未見簡 4 的圖版，但此簡寫有 43 字，應亦長兩尺，假設宋少華先生徵引的簡文完整，此簡當爲單行。雖然如此，似不可因此説它們不屬同一簡册。相反，據一些編繩尚存的簡册實例，單行札可跟兩行簡編連，札作爲附件在前，作爲正件的呈文則以兩行書寫，接於其後，懸泉漢簡《傳車亶轝簿》《建昭三年付懸泉廄穬麥簿》等編繩尚存的簡册，形制皆如此。④ 筆者懷疑這份簡册亦如是，包括簡 4 在内的 12 枚單行札，描述了傳舍、二千石舍

① 轉引自宋少華：《長沙出土的簡牘及相關考察》，《簡帛研究二〇〇六》，第 257 頁。按所謂"簡 4"僅爲宋文引述時所用的編號，説明此簡徵引的是第四枚走馬樓西漢簡，並非出土/整理編號。

② 此簡照片著録於鄭曙斌等編：《湖南出土簡牘選編》，嶽麓書社，2013 年，第 271 頁。同"簡 4"，簡 3 也只説明此簡乃書中徵引的第三枚走馬樓西漢簡，與出土/整理編號無關。又此簡釋文、句讀版本甚多，此處參照了鄔文玲的讀法。參鄔文玲：《秦漢簡牘中兩則簡文的讀法》，《出土文獻研究》第十五輯，中西書局，2016 年，第 6—9 頁。

③ 胡平生、宋少華：《走馬樓漢簡"牒書傳舍屋壖垣壞敗"考釋》，黎明釗編：《漢帝國的制度與社會秩序》，香港牛津大學出版社，2012 年，第 430 頁。

④ 侯旭東早已指出此特點，參《西北所出漢代簿籍册書簡的排列與復原——從東漢永元兵物簿説起》，《史學集刊》2014 年第 1 期。又張忠煒復原居延新簡"購償科别"簡册後，也發現復原的册書以兩行簡書寫呈文、以牒的形式書寫關於購賞的具體規定，可並參。見《〈居延新簡〉所見"購償科别"册書復原及相關問題之研究(修訂本)》，載氏著《秦漢律令法系研究初編》，社會科學文獻出版社，2012 年，第 230 頁。

種種問題的調查詳情，後接記述案情總結、舉劾者案語、簡册呈文的簡3。據胡平生、宋少華考述，“五年七月癸卯朔癸巳”應係長沙頃王附昫五年，即漢武帝太始元年（前96年），①與上部所列秦、漢初文書年代相差百餘年，可知此簡册反映了西漢中期“劾”文書的實態。

此外，從簡4在“案”後描述“傳舍、二千石舍西南向馬廡二所，並袤丈五尺、廣八尺”，顯然是爲之後的各項陳述提供背景，很可能是簡册首簡。換言之，簡4、簡3極可能分屬簡册的首、尾二簡。雖然劾文書内容尚未完全公布，但此二簡使我們能大致窺見文書的格式。簡4顯示，漢中期的劾以“案”開始，結合胡、宋兩先生的轉述，以及簡3“牒書傳舍屋樀、垣壞敗，門内户、扇、瓦、竹不見者十三牒”的總結，“案”之後的内容應涉及傳舍、二千石舍“屋樀、垣壞敗，門内户、扇、瓦、竹不見”的具體項目，這無疑是實地案驗後的結果，似表明當時的舉劾已由秦、漢初的先舉劾、後案驗一變爲先案驗、後舉劾。雖然前引走馬樓西漢簡劾文書尚未公布完整釋文，暫不能得知它是否已像甲渠候官發現的東漢初同類文書般，出現前劾後狀的結構（關於此結構可參下節），但由公布材料可見，走馬樓劾文書在點明被劾者所犯罪行前，先花費絶大部分篇幅詳述其具體内容，可見劾文書的重點已由單純指出被劾者的罪行，轉變到案情的調查過程。

其次，走馬樓劾文書的呈文格式也較秦、漢初有所變化：

> 正月壬申，啓陵鄉守繞劾。
>
> 卅三年正月壬申朔朔日，啓陵鄉守繞敢言之：上劾一牒。☑
>
> （里耶秦簡 8-651）
>
> 五年七月癸卯朔癸巳，令史援劾、敢言之：謹案：佐它主。它，酃佐，前以詔遣故長沙軍司馬賁死烝陽。敬寫移，謁移酃以律令從事。
>
> （走馬樓西漢簡·簡3）

稍一對比，不難發現簡3呈文中的“令史援劾、敢言之”，實際融合了8-651“某劾＋某敢言之”兩段呈文，形成一個主語、兩個動作（“劾”和“敢言之”）的並列句式，②即便放寬至全體秦漢官文書，類似句式的套語也極其罕見，③可謂漢中期劾文書獨特的語言特徵。

---

① 胡平生、宋少華：《走馬樓漢簡“牒書傳舍屋樀垣壞敗”考釋》，黎明釗編：《漢帝國的制度與社會秩序》，第427頁。

② 這種格式改變的前設就是舉劾者和呈交文書者相同。從現有秦漢劾文書的例子來看，舉劾者一般就是呈交文書的人，無一别外，因此才讓這種變易成爲可能。

③ 管見所及，較接近的句式僅“敢告某某，告某”和“敢告某某，謂某”。前者見里耶秦簡16-5背“三月丙辰，遷陵丞歐敢告尉，告鄉、司空、倉主”，後者見懸泉漢簡Ⅰ0309③：222“十月己卯，敦煌太守快、丞漢敢告部都尉卒人，謂縣”，但仍與劾文書有差異。

按出土劾文書顯示，舉劾者往往跟上呈文書者身份相同，如前引兩條里耶秦簡，8-651 舉劾者和上呈者皆啓陵鄉守繞，8-671＋8-721＋8-2163 的舉劾者爲尉守建、尉史午，上呈者爲尉守建；甚至舉劾、上呈文書也是同一天，如 8-651 皆正月壬申，8-671＋8-721＋8-2163 皆戊子日。如剔除這些重複内容，自然就能得到"某劾，敢言之"的句式。换句話説，新的句式只是原本兩段呈文高度濃縮的版本。筆者懷疑，省略的主要目的，應爲減省文書的製作時間，從而提高寫作效率。值得注意的是，除開首的"案"，走馬樓劾尚有第二個"案"，即簡 4 呈文的"謹案：佐它主。它，鄗佐，前以詔遣故長沙軍司馬貰死烝陽"，主要目的爲補充主要權責者的身份（名字、職位）和最新動向等信息，用意亦非概括被告之罪行。事實上，劾文書呈文的格式變易並不局限於長沙地區，同時代西北地區的漢簡也出現了類似改變。按居延漢簡有以下兩簡：

始元年十月甲辰朔戊辰，第二亭長舒劾、敢言之：捕 (275.10)

得常有、程生。寫移居延獄，謁以律令從事。 (275.13)

這兩枚簡出土於 A10 瓦因託尼，一般相信爲通澤第二亭所在。兩簡筆迹相同，鷹取祐司已指出應屬一份劾文書的呈文。① 呈文的紀年爲昭帝始元元年（前 86 年），晚走馬樓之劾剛好十年，皆屬西漢中期的文書。比較之下，兩段呈文製作地點雖一北一南，結構卻驚人一致，皆爲"年月日＋某劾、敢言之＋被劾者信息＋寫移，謁某獄以律令從事"。此除反映文書"式"效力的無遠弗届，走馬樓西漢簡的個案並非孤例，②也不啻表明最遲至漢武帝時，劾文書的格式和内容已較漢初區别甚大。

呈文格式改變的確切時間暫不可考，但走馬樓西漢簡下簡值得注意：

四年五月甲子朔庚寅，案事長沙相史駕、武陵守卒史縱、辰陽令史野劾。

① 鷹取祐司著，宫長爲譯：《居延漢簡劾狀册書的復原》，《簡帛研究二〇〇一》，第 736 頁。

② 按懸泉漢簡 IT0114④：278 爲劾文書呈文的格式簡："亭長某敢言之：謹刻（劾）。寫移，將致甲丙某獄，以律令從事。敢言之。"（張俊民：《懸泉漢簡所見文書格式簡》，《簡帛研究二〇〇九》，廣西師範大學出版社，2011 年，第 131 頁）此簡記載的格式與上引走馬樓西漢簡、甲渠候官所見的呈文格式略有不同，先以慣用的"敢言之"套語起首，再於内文提出"謹劾"。按此簡屬第四層堆積，雖無紀年，但懸泉漢簡整理者提道："第四層爲西漢宣帝至昭帝後段堆積，……出土簡牘有元平、本始、地節、元康、神爵、五鳳、甘露等紀年。"（胡平生、張德芳編撰：《敦煌懸泉漢簡釋粹》前言，上海古籍出版社，2001 年，第 2 頁）是以它的年代應較前引走馬樓西漢簡、甲渠候官稍晚。按秦漢官文書的格式簡修改自實際文書，IT0114④：278 是否代表劾呈文出現變化，又或表現了文書格式的地域差異，現時尚不能斷言。事實上，馬增榮比較甲渠候官出土的直符書後，也指出它們的格式雖大致相同，但其間仍有小異（參《漢代地方行政中的直符制度》，《簡帛》第十六輯，第 258 頁）。似乎同類文書間格式存在微少差異應屬常見現象。

六月丙申,案事長沙相史駕、武陵守卒史縱移辰陽:以律令從事,言夬(決)[①]相府。 /相史駕、卒[②]史縱 (簡 1)[③]

檢曆譜,西漢五月爲甲子朔的年份計有漢武帝元朔四年、征和四年,宣帝神爵四年,平帝元始五年等。惟走馬樓西漢簡的年代普遍較早,且其他紀年簡存在"五年八月丁亥朔戊申"、[④]"五年九月丙辰朔"[⑤]等干支,密合武帝元朔五年曆譜,前者更提到"便侯相嘉",考慮到便侯國在武帝元鼎五年(前 112 年)被削,[⑥]可肯定前兩處"五年"紀年必在元鼎五年前,最有可能是武帝元朔五年(前 125 年)。如此類推,此簡中的"四年"最有可能爲元朔四年(前 126 年),應即長沙戴王劉庸四年。[⑦] 按此簡尚保留秦至漢初劾文書呈文"某劾+某敢言之"的舊格式,可知舊格式直到元朔四年還通用於長沙國。也就是説,前文所言呈文的變化應發生於該年至太始元年這三十年間。

總上所論,根據已公布的資料,西漢中期的劾格式上大致可分成三部分:一、案驗詳情(案:……)。二、總結調查結果,概括被告所犯罪行(牒書……不勝任)。三、呈文(年月日+某劾、敢言之+被劾者信息+寫移,謁某縣某獄以律令從事)。相比秦、漢初同類文書,這段時間的劾出現了兩大變化:首先,早期的劾僅包括被劾者罪名,至漢中期時新增了案驗部分,詳細敘述案件的調查經過,導引出被劾者的罪名,似暗示當時的

① 宋文所引釋文釋"史"。按此簡雖不見圖版,但"史"、"夬"於隸書容易混淆(其字形之分别詳可參陳偉:《里耶秦簡中的"夬"》,簡帛網 2013 年 9 月 26 日。所謂"言決"即"上報判決内容"之意,於秦漢出土文書常見,如里耶秦簡 8-61+8-293+8-2012 即云:"六月丙午,洞庭守禮謂遷陵嗇夫:□署,遷陵亟論,言夬(決)。署中曹發。"8-1516:"廿六年十二月癸丑朔庚申,遷陵守禄敢言之:沮守瘳言:課廿四年畜息子得錢殿,沮守周主爲新地吏,令縣論,言夬(決)。"此簡的舉劾者爲案事長沙相史駕、武陵守卒史縱、辰陽令史野劾,從"案事"之語推想,似乎長沙相史駕受命調查某案,但舉劾後史駕、守卒史縱不直接審理案件,而是交由辰陽縣執行餘下的訴訟程序,之後再把判決結果通報長沙相府,故此處"史"改"夬(決)"似較合適。

② 宋文所引釋文釋"率"。按此處應係長沙相史駕和武陵守卒史縱的署名,參考其他行政文書,署名體例多作"職位+名","率史縱"不合文理,"率"應"卒"之誤。

③ 轉引自宋少華:《長沙出土的簡牘及相關考察》,《簡帛研究二〇〇六》,第 257 頁。"簡 1"僅爲宋文引述時所用的編號,説明此簡是徵引的第一枚走馬樓西漢簡,並非出土/整理編號。

④ 轉引自宋少華:《長沙出土的簡牘及相關考察》,《簡帛研究二〇〇六》,第 257 頁。全簡釋文作"五年八月丁亥朔戊申便侯相嘉移臨湘少府大僕江陵臨詛(按:沮?)□□□夷道案贖罪"。

⑤ 《湖南出土簡牘選編》著録之走馬樓西漢簡中的簡 7 和簡 10 皆有此紀年,分别見鄭曙斌等編:《湖南出土簡牘選編》,第 273—274 頁。

⑥ 《漢書》卷十六《高惠高后文功臣表》,中華書局,1962 年,第 618 頁。

⑦ 按《漢書·諸侯王表》記劉庸於元朔二年即位,四年應合元朔五年,惟同傳記劉庸父劉發於"孝景前二年(前 155 年)立",二十八年薨(《漢書》卷五十三《景十三王傳》,第 2426—2427 頁),折合正爲元朔元年,頗疑劉庸於父死當年便即位改元,方出現元朔四年即長沙戴王劉庸四年的結果。

舉劾已由秦、漢初的先舉劾、後案驗變爲先案驗、後舉劾。同時爲避免重複，西漢中期劾文書的呈文也較早期簡化，把原本兩句的呈文濃縮成一句。

三、“劾狀”的出現：西漢末至東漢初的劾文書

從上節所論，可知西漢中期的劾文書，較之秦、西漢初已出現相當大的變化。然而，劾文書格式的變化並未就此停止，隨時間推移，劾文書的篇幅進一步膨脹，至遲在西漢末發展出先劾後狀的“劾狀”格式，其典型例子即甲渠候官第 68 號探方出土的八份東漢光武帝建武五年、六年(29 年—30 年)的劾狀。值得注意的是，當時河西雖奉光武年號，但實際仍處於竇融控制之下，[①]因此嚴格來講這批劾狀不屬東漢政府的産物。事實上，居延漢簡 25.4 記“居攝三年(8 年)十月甲戌朔庚子，累虜隧長彭敢言之：謹移劾狀一編。敢言之”，格式用語和甲渠候官 68 號探方的劾狀完全相同，可見甲渠候官的劾狀，主要反映了西漢末至新莽時代劾文書的面貌。前文既述，學界此前對於劾文書的認知，大多建基於這批劾狀，研究甚夥，筆者在此亦不想贅述過往研究，僅欲討論部分尚有爭議的論點，以及通過比較劾狀和西漢中期劾文書，探討兩者的格式變遷。爲討論之便，兹先以其中一份“令史立劾狀”簡述當時劾狀的格式：

正/附件	構件	釋　　文[②]
附件	劾	迺九月庚辰，甲渠第四守候長居延市陽里上造原憲，與主官$_{24}$……人，譚與憲爭言鬬。憲以劍擊傷譚匈一所，騎馬南去。候即時與令史$_{25}$立等逐捕。到憲治所不能及。驗問隧長王長，辤曰：憲帶劍，持官弩一、箭十一枚、大$_{26A}$[革]橐一，盛糒三斗、米五斗，騎馬蘭越隧南塞天田出。案：憲鬬傷⧄$_{22}$盜官兵、持禁物、蘭越于邊關儌亡，逐捕未得，它案驗未竟。$_{23}$
	狀	[狀][辤][曰]：上造，居延累山里，年卌八歲，姓周氏。建武五年八月中，除爲甲$_{16}$渠官斗食令史，備寇虜盜賊爲職。至今月八日，客民不審$_{17}$⧄……讓持酒來過候，飲。第四守候長原憲詣官。候賜憲、主官譚等酒，酒盡，讓欲去⧄$_{18}$候復持酒出，之堂煌上飲，再行酒，盡，皆起。讓與候史候□⧄$_{19}$……夏侯譚爭言鬬。憲以所帶劍刃擊傷譚，匈一所廣二寸$_{20}$，長六寸，深至骨。憲帶劍，持官六石具弩一、稾矢銅鍭十一枚，持大$_{21}$革橐一，盛糒三斗，米五斗，騎馬蘭越隧南塞天田，出西南去。以此知而$_{27}$劾，無長吏教使劾者，狀具此。$_{28}$

① 李均明：《居延漢簡編年——居延編》，新文豐出版股份有限公司，2004 年，第 217 頁。關於東漢初年河西的局勢，詳參張忠煒：《〈居延新簡〉所見“購償科别”册書復原及相關問題之研究(修訂本)》，第 232—241 頁；又鍾良燦亦指出竇融政權於建武三年正月(27 年)開始采用建武年號。參《兩漢之際河西所奉正朔考——以居延漢簡年號簡爲中心》，《内蒙古大學學報(哲學社會科學版)》第 49 卷，第 66 頁。

② 簡册排序參拙文《甲渠候官第 68 號探方出土劾狀簡册的復原與研究》，《簡牘學研究》第五輯，第 53 頁。

續 表

正/附件	構件	釋　　文
正件	文書 B	建武五年九月癸酉朔壬午,甲渠令史立劾。移居延14獄,以律令從事。15
	呈文 A	建武五年九月癸酉朔壬午,令史立敢言之。謹移劾劾狀☐13
	中轉文書 C	九月壬午,甲渠候□移居延:寫移。書到,如律令。/令史立 79

筆者曾指出,甲渠候官第 68 號探方的劾狀,大致可分成 1. 劾,2. 狀,3. 呈文(依次爲文書 B、呈文 A、中轉文書 C)三大部分,前兩者爲附件,呈文屬正件。格式方面,"劾"部分以敘述案情開始,夾雜初步的調查成果,如證人的供辭,最終以概括被劾者罪行的"案"結束。"狀"部分格式較明確,一般以"狀辭曰"/"劾狀辭曰"/"狀曰"開始,後接舉劾者的身份等個人信息,用"以此知而劾,無長吏教使劾者,狀具此"的套語結束,中間主要描述"劾"部分未曾提到的案件細節,劾、狀内容雖雷同,但側重點還是有點不同。[①] 而"劾狀"就是"劾"與"狀"兩部分的合稱。

現時學界就劾狀呈文 A、文書 B、中轉文書 C 的排列位置、次序,尚存爭議。以往學界一般將三段呈文分置於劾、狀前後,筆者曾分析劾、狀、三段呈文筆迹,認爲劾、狀應連讀,三段呈文應以文書 B、呈文 A、中轉文書 C 的次序,列於狀後。惟劉慶反對此方案,認爲"以筆迹來判'劾'、'狀'部分與呈文的關係存在一定風險",且"秦漢出土文書以'呈文(常見"敢言之"之語)+主體内容+呈文'形態呈現的事例甚多",最終采用"呈文 1+劾+狀+呈文 2+轉呈文 3"的排列方式。[②] 誠然,筆迹分析存在主觀性,不能作爲簡册復原的唯一根據,但正如筆者曾指出,第 68 號探方出土這批劾狀,簿書和三則呈文之間的筆迹差異相當明顯,加上劉先生似未舉出"呈文(常見"敢言之"之語)+主體内容+呈文"的具體用例,斟酌之下,其説似稍欠説服力。事實上,侯旭東在全面分析出土漢代行政文書中編繩尚存的簡册後,發現"無論是定期文書與不定期文書,均是先列簿書,最後

① 筆者曾指出"劾"的重心不在案情敘述的精確性,而是以案件偵查過程的記録,得出對被告罪行判斷的"案"。而"狀"的重點在精確地敘述,補充"劾"未曾提到的案件細節,而不在偵查驗問的過程。參拙文《甲渠候官第 68 號探方出土劾狀簡册的復原與研究》,《簡牘學研究》第五輯,第 56—57 頁。劉欣寧則沿著佐原康夫和鷹取祐司的思路,將狀部分中的"辭曰"聯繫口頭發言,認爲劾部分以書面提出,狀則是舉劾者的口頭敘述,由其他官吏書寫録下。劾和狀"内容多數相同,少數卻有較大出入,反映同一舉劾者的文字與口述可以完全相同,也可以詳略或重點有别"。參氏著《秦漢訴訟中的言辭與書面證據》,載《古文字與古代史》第五輯,"中研院"歷史語言研究所,2017 年,第 347—348 頁。

② 劉慶:《也論秦漢司法中的"狀"文書》,《國學學刊》2015 年第 4 期;《秦漢告、劾制度辨析》,《中國史研究》2016 年第 4 期。

是文書”，[①]而這種格式亦符合秦代行政文書的常態，反映了秦漢官文書制度的承襲關係。[②] 侯先生的觀察恰可佐證劾狀簡册中，三段呈文應置於劾狀後的方案，值得重視，故本文亦沿用之前的復原方案。

比照走馬樓的劾和甲渠候官劾狀，不難發現兩者格式的差異。兩者最關鍵的不同，便爲“案”的位置。正如學者指出，劾狀的“案”即“舉劾者在初步偵查後，概括被告所犯罪行的句子”。[③] 惟此認識主要根據甲渠候官出土的劾狀，現在看來，未必適用於其他時代的“劾”文書。以前述走馬樓“劾”爲例，“案”寫於文書的起首，涵蓋所有調查過程的敘述，和甲渠候官“案”的作用不可同日而語。事實上，若將“案”定義爲對被告所犯罪行的概括，走馬樓劾文書唯一符合此定義的，只有“吏主者不智(知)數遁行，稍繕治，使壞敗物不見，毋辯護，不勝任”一句。可以説，甲渠候官的“案”，指涉範圍較西漢中期的劾文書狹窄。

除“案”指涉範圍的差異，甲渠候官劾狀交代被劾者身份的位置，也較西漢中期劾狀有所改變。上節提到，西漢中期的劾，有關被劾者的身份資料附記於呈文内，如走馬樓西漢簡的“謹案：佐它主。它，鄗佐，前以詔遣故長沙軍司馬貰死烝陽”、居延漢簡“捕得常有、程生”皆是。惟甲渠候官劾狀顯示，這類資料被移至劾部分的最開始，如上文所列的劾，首句便言“迺九月庚辰，甲渠第四守候長居延市陽里上造原憲”；如被劾者不止一人，也會一一交代，如 EPT68：59～60 劾提到“迺今月三日壬寅，居延常安亭長王閎、閎子男同、攻虜亭長趙常、及客民趙閎、范翁一等五人俱亡”。這種改動强調了被劾者的身份，交代的資料也較前細緻，涵蓋被劾者的官職、籍貫、姓名、爵位、年歲等事項，如 EPT68：4 劾記“甲渠塞百石士吏，居延安國里公乘馮匡，年卅二歲”。這是否代表正式舉劾前的案驗，較西漢中期更加細密，掌握的資料也更多？囿於史料，暫未能解答此疑問，聊記於此。

最後，甲渠候官和西漢中期劾文書的呈文亦有差異。上文提到，西漢中期劾文的呈文，將秦至漢初的兩段呈文省略爲“年月日＋某劾、敢言之＋被劾者訊息＋寫移，謁某縣某獄，以律令從事”的結構。惟從甲渠候官劾狀所見，西漢末至東漢初之劾文書，呈文卻再度出現變化。按第 68 號探方較完整的呈文樣式如下：

> 建武五年五月乙亥朔丁丑，主官令史譚劾：移居延獄，以律令從事。
>
> (EPT68：1)
>
> 建武五年五月乙亥朔丁丑，主官令史譚敢言之：|謹移劾狀一編。敢言之
>
> (EPT68：7)

---

① 侯旭東：《西北所出漢代簿籍册書簡的排列與復原——從東漢永元兵物簿説起》，《史學集刊》2014 年第 1 期。

② 侯旭東：《西北所出漢代簿籍册書簡的排列與復原——從東漢永元兵物簿説起》，《史學集刊》2014 年第 1 期。

③ 参拙文《甲渠候官第 68 號探方出土劾狀簡册的復原與研究》，《簡牘學研究》第五輯，第 55 頁。

五月丁丑，甲渠守候博移居延：寫移，如律令。/掾譚　　　　(EPT68：3)

顯而易見，上引呈文的頭兩則(文書 B、呈文 A)實分離西漢中期劾呈文而來，使劾狀呈文回到近似秦至漢初的格式。當然，這不代表劾狀呈文全然復古，相反，新式呈文保留了西漢中期新增的"移某獄，以律令從事"套語，反映兩者的承襲關係。這種新式呈文的出現時間暫不可考，但正如前文所言，孺子嬰居攝三年的劾狀呈文，格式已與建武初年無別，而肩水金關簡 73EJF3：340 亦存在"始建國五年九月壬午朔辛亥，候長劾。移昭武獄：以律□十?"樣式的呈文，可見這種格式最遲在王莽攝政時已通行於西北邊區，並獲之後的新莽政府襲用。這種改變的原由，傳世、出土文獻均未言及。從實用角度推測，"某劾、敢言之"的呈文雖精簡，類近套語卻極其少見，可能造成官吏理解的不便，最終中央政府乃決定改回原來的樣式。

事實上，劾文書這種膨脹化似也符合西漢中期以來律令的發展。《漢書·刑法志》對此有一段著名的記述：

> 及至孝武即位，外事四夷之功，内盛耳目之好，徵發煩數，百姓貧耗，窮民犯法，酷吏擊斷，姦軌不勝。於是招進張湯、趙禹之屬，條定法令，作見知故縱、監臨部主之法，緩深故之罪，急縱出之誅。其後姦猾巧法，轉相比況，禁罔寖密。律令凡三百五十九章，大辟四百九條，千八百八十二事，死罪決事比萬三千四百七十二事。文書盈於几閣，典者不能徧睹。[①]

針對律令條文的冗贅，元、成二帝皆曾下詔要求整理減省，"議減死刑及可蠲除約省者"，惜收效甚微，"徒鉤摭微細，毛舉數事，以塞詔而已"。[②] 正如韓樹峰指出，兩漢律令條文冗贅的問題一直未能解決，直至魏晋重訂新律才得以清約化。[③] 由此看來，劾文書的篇幅自秦、漢初以來便不斷膨脹，至西漢末更發展出劾狀這種内容重複的格式，把精簡的呈文改回重複度較高的版本，似也暗合西漢中期以來律令膨脹化的發展趨勢。誠然，劾文書和律令性質殊異，兩者的發展未必存在必然關係，但無論是律令還是劾之類的法律文書，都産生於同一文化背景，由同一批人(皇帝、官僚)制定、運用，因此是否律令篇幅的日益繁雜，也會影響到劾文書的内容？當然，這不過是一己想像而已。

---

① 《漢書》卷二十三《刑法志》，第 1101 頁。

② 《漢書》卷二十三《刑法志》，第 1103 頁。

③ 對於漢晋法律的繁瑣和魏晋間逐漸清約化的過程，詳參韓樹峰：《漢晋法律的清約化之路》，《"中研院"歷史語言研究所集刊》86 本 2 分，2015 年，第 271—315 頁。又徐世虹先生亦指出律令這種繁雜的局面，"提示所謂當朝律令是一個由若干單篇律或令構成的體系，其外在並無一個具有穩定長遠意義的總括定名"，見《文獻解讀與秦漢律本體認識》，《"中研院"歷史語言研究所集刊》86 本 2 分，第 238 頁。

四、"復古"的劾狀：東漢中期的劾文書

"劾狀"的出現，標誌著劾文書膨脹化的極致。雖然理論上劾、狀兩部分各有功能，可兩相參照，生互見之效，但從甲渠候官出土的劾狀看來，劾和狀分别甚少，後者甚至往往全盤移録前者的内容，唯一不同僅在"狀"部分會於前後加上獨有套語和舉劾者的個人信息。换言之，在實際操作上，"劾狀"並不能發揮應有的作用，反而造成劾文書内容極其重複，徒添冗贅。

然而，在新公布的五一廣場東漢簡中所包括的兩枚東漢中期的劾文書裏，這種情況似有所改變。兹先以表格形式將兩牘釋文依據文書結構分列如下：

表一　五一廣場東漢簡牘 J1③：281-5 和 J1③：71-26 劾文書内容、結構對照表

文書結構	J1③：281-5①	J1③：71-26②
被劾者③居住地	案(?)：都鄉利里大男張雄，南鄉匠里舒俊、逢門里朱循、東門里樂竟，中鄉泉陽里熊趙，皆坐。	● 案：都鄉澤陽里大男馬胡、南鄉不處里區馮，皆坐。
被劾者身份	雄，賊曹掾；俊、循，史；竟，驂駕；趙，驛曹史。	馮，生不占書。胡，西市亭長。
案情	驛卒李崇，當爲屈甫證。二年十二月廿一日，被府都部書逐召崇，不得。	今年六月……胡、馮及汎所從□☐汝曹護我。胡、馮、亥、建可即俱之老舍門。汎令亥、建、馮入老舍，得一男子將出。胡亥將老出門。汎以所……建以所持矛刺老背，亥以☐建，辜二旬内，其時立物故。
調查結果	雄、俊、循、竟、趙典主者掾史，知崇當爲甫要證，被書召崇，皆不以徵逮(逮)爲意，不承用詔書，發覺得。	汎、胡、建、馮、亥謀共賊殺人，已殺。汎本造計謀，皆行。胡……名數……馮□建格，物故。亥、建及汎等别劾……☐
呈文	永初三年正月壬辰朔十二日壬寅，直符户曹史盛劾、敢言之：謹移獄，謁以律令從事，敢言之。	永元十六年七月戊午朔十九日丙子，曲平亭長昭劾、敢言之：臨湘獄以律令從事。敢言之。

① 此木牘圖版見長沙市文物考古研究所：《湖南長沙五一廣場東漢簡牘發掘簡報》，《文物》2013 年第 6 期，圖十五，釋文見第 21 頁。此處釋文參考了注 2 所引孫兆華論文。又此牘在《簡報》中的編號爲 J1③：281-5A，惟筆者在 2017 年 11 月 8 日，承周海鋒之助，得以前往長沙市文物考古研究所庫房考察原牘，發現背面實無字，又承在場的羅小華告知，拍攝的照片亦未發現牘背有字，原編號的"A"可能是整理初期誤植，故在此删去。筆者謹在此感謝周、羅二先生的幫忙與指教。

② 長沙市文物考古研究所等編：《長沙五一廣場東漢簡牘選釋》，中西書局，2015 年，第 122 頁。此處釋文參考了馬力：《長沙五一廣場東漢簡牘舉劾文書初讀》，《出土文獻》第八輯，第 212 頁；楊小亮：《〈五一廣場東漢簡牘選釋〉釋文補正》，《出土文獻》第十輯，中西書局，2017 年，第 261 頁。

③ 按被劾者不完全等同涉案者，如 J1③：71-26 言"汎、胡、建、馮、亥謀共賊殺人"，但此文書只舉劾了馬胡、區馮二人，"亥、建及汎等别劾"，可知後者指涉範圍較前者廣。

據上表,兩件劾文書約可分爲五大部分,結構大致相同:它們皆由“案”開始,再列舉涉案人士的個人資料,然後敘述案情,確定被劾者的罪名,最後以舉劾者的呈文結束。① 現時針對五一廣場出土劾文書的研究,皆因文書以“案”開始,認爲它們屬於劾狀之“劾”的後半部分,缺少“狀”的部分,並不完整。② 正如本文開首提到,學界對於劾文書的認知,大多建立於甲渠候官出土東漢初的劾狀,以上觀點也不例外,同樣假設劾文書必存在“狀”。

然而,考慮到兩件劾狀的形制和内容特點,筆者認爲它們就是完整的劾文書,没有殘缺。筆者曾目驗 J1③:281-5 原牘,其大小約合二漢尺,而據《選釋》,J1③:71-26 殘長 35.5 釐米,寬 7 釐米,從殘存文字推斷,木牘缺失的文字不少,筆者相信它原本也應長二漢尺,約合今 47 釐米。現時尚未見二尺長木牘與他簡編連的例子。更重要的是,《選釋》提到 J1③:71-26 無編痕,書手抄寫時也没有預留編繩空間,由此觀之,此木牘是否真連接其他簡/牘,頗可懷疑。事實上,從形制推斷,J1③:71-26 的劾文書屬“單獨簡”的可能性甚高。

另一份編號 J1③:281-5 的劾文書情況有點特殊:檢圖版,此牘第一行“匠”和“里”、“東”和“門”,第二行“部”和“書”、“俊”和“循”之間皆留有空間,驟眼看似應與其他牘/牒編連。惟細觀全牘,此兩處留空均位於木牘的前三分之一,此下再看不到有留空,這意味著一旦木牘被加上編繩,反而可能因受力不均而容易斷裂。此外,文書呈文一行雖也在“朔”、“十”間留有空間,且與第一、二行所留空間相連,但“東”和“門”、“俊”和“循”處卻徑書一“史”字,没有留空。換言之,如果加上編繩,呈文的“史”字將遭掩蓋。事實上,和 J1③:281-5 密切相關的 CWJ1③:201-1 鞫(詳見下文),也存在同樣現象,而且兩枚木牘留空的位置頗爲一致。這可能表示它們雖然没有被編連,但可能以某種方式捆綁在一起。又或者預留空間給編繩是該書手抄寫其他文書時養成的習慣,後來他意識到 J1③:281-5 實不需編連,便不再預留位置。不論如何,J1③:281-5 的形制和 J1③:71-26 完全相同,本身應也屬“單獨簡”。

若分析五一廣場劾文書的内容特徵,也可知它屬完整文書。馬力曾指出東漢初劾

---

① 馬力亦曾據 J1③:71-26 研究五一廣場劾的結構,參《長沙五一廣場東漢簡牘舉劾文書初讀》,《出土文獻》第八輯,第 213 頁。

② 此説首先由簡牘整理者於發掘簡報中提出,就筆者所見,其後研究者皆沿用此觀點。參長沙市文物考古研究所:《湖南長沙五一廣場東漢簡牘發掘簡報》,《文物》2013 年第 6 期,第 21 頁;李均明:《長沙五一廣場出土東漢木牘“直符”文書解析》,《齊魯學刊》2013 年第 4 期,第 36 頁;李均明:《長沙五一廣場東漢簡牘考證八則》,柳立言編:《史料與法史學》,第 109 頁;楊小亮:《略論東漢“直符”及其舉劾犯罪的司法流程》,《中國古代法律文獻研究》第九輯,第 183 頁;吴雪飛:《長沙五一廣場東漢木牘相關法律用語探析》,《中國古代法律文獻研究》第九輯,第 191 頁;姚遠:《長沙五一廣場東漢簡牘釋譯》,《出土文獻與法律史研究》第四輯,第 277 頁;馬力:《長沙五一廣場東漢簡牘舉劾文書初讀》,《出土文獻》第八輯,第 213 頁;劉慶:《秦漢告、劾制度辨析》,《中國史研究》2016 年第 4 期,第 54 頁。

狀劾文的主要部分，在 J1③：71-26 裏皆被放進了"'案'，順序也作了調整，比較顯著的是被舉劾案犯的個人情況被提前，緊接在'案'的提示語之後"。[①] 馬先生指出五一廣場劾文書"案"的位置有異於甲渠候官劾狀，甚有見地，可惜他僅將其歸因爲亭長昭的舉劾方式，未察覺這種改變背後的意義所在。事實上，從前文的論述，可知西漢中期的劾文書亦以"案"開始，正與五一廣場劾文書相同。此外，前文提到，西漢中期劾文書之呈文格式乃"年月日＋某劾、敢言之＋被劾者訊息＋寫移，謁某獄以律令從事"，無獨有偶，此和五一廣場簡之呈文完全一致，異於甲渠候官出土的東漢初劾狀。[②] 由此看來，與其斷言五一廣場出土的兩份東漢中期劾文書缺少了"狀"的部分，不如説它們更貼近西漢中期的劾文書的格式，出現一種復古傾向。

當然，五一廣場的劾文書也非單純復古。分析兩件劾文書的内容，可發現它們和東漢初的劾狀的承襲關係仍然明顯。如五一廣場劾中，被劾者的身份資料並不如西漢中期劾般附記在呈文，而是像東漢初劾狀般在一開始交代。雖然如此，五一廣場的劾文書也跟東漢初劾有一點不同：五一廣場劾對被劾者的個人資料有更細緻的分類。按文書在"案"後，即先列舉被劾者的居住地（鄉、里）、性别和姓名，之後才逐一複述他們的身份，如 J1③：71-26 先言"都鄉漻陽里大男馬胡、南鄉不處里區馮，皆坐"，之後再説"馮，生不占書。胡，西市亭長"，此與甲渠候官劾狀以較傳統的"名、爵、縣、里、年、姓"方式，連續書寫被劾者身份略有不同。可以説，五一廣場劾文書除省略了舉劾者的個人資料，所包含的信息基本等同東漢初的劾狀，篇幅卻少了前者近一半。

關於五一廣場所見劾文書的命名，李均明曾徵引一枚五一廣場簡，其中提到"鞫狀"一詞，認爲就是指 CWJ1③：201-1 一類鞫：

> 鞫：雄、俊、循、竟、趙，大男，皆坐。雄，賊曹掾；俊、循，史；竟，驂駕；趙，驛曹史；驛卒李崇，當爲屈甫證。二年十二月廿一日，被府都部書逐召崇，不得。雄、俊、循、竟、趙典主者掾史，知崇當爲甫要證，被書召崇，皆不以徵遝（逮）爲意，不承用詔書，發覺得。直符户曹史盛劾。辤如劾。案：辟都、南、中鄉，未言。雄、俊、循、竟、趙辤皆有名數，爵公士以上。癸酉赦令後以來，無它犯坐罪

① 馬力：《長沙五一廣場東漢簡牘舉劾文書初讀》，《出土文獻》第八輯，第 218 頁。

② 順帶一提，馬力以五一廣場劾文書的呈文爲例，認爲甲渠候官出土劾狀，"發文 A 應該不附在文書 B 之後"，並舉出兩點理由："第一，文書 B 所在的書寫空間足以容納下發文 A，但相應位置只有文書 B；第二，木牘的出土地點位於古長沙的中心位置，應是東漢臨湘縣獄和縣廷的所在地。木牘發現於此，説明整件文書最初就是以'文書 A＋文書 B'的形式撰寫並移送到縣獄的。"（見《長沙五一廣場東漢簡牘舉劾文書初讀》，《出土文獻》第八輯，第 220 頁。）然而，從本文所論，可知五一廣場出土劾的呈文融合了甲渠候官呈文中的發文 A 和文書 B，因此馬先生所提的問題似不成立。

耐以上,不當請。

永初三年正月十四日乙巳,臨湘令丹、守丞晧、掾商、獄助史護,以劾律爵咸(減)論,雄、俊、循、竟、趙耐爲司寇,衣服如法。司空作,計其年。 (CWJ1③:201-1A)

得平 (CWJ1③:201-1B)

正如李先生指出,"鞫狀"一詞在出土文獻屬首見,[①]以往的鞫文書一般不稱"狀",内容也較簡短。[②] 從 CWJ1③:201-1 的内容看來,當時劾與鞫内容密切相關:鞫文書一開始的"雄……當爲屈甫證"實撮寫自劾開首一段交代被劾者居住地和身份的部分。其後"二年十二月……發覺得"甚至直接抄自劾,文字完全相同。交代劾者身份(直符户曹史盛)後,更説"辭如劾",即被劾者之後的供辭與劾所記載完全相同,没有改動、補充。此部分後,即轉至以"案"的形式補充被劾者某些背景資料(名數之有無、爵位、赦令後有否干犯/被連坐耐罪以上罪行),以及記載對被劾者的論罪兩部分。不難發現,鞫大部分内容皆沿襲劾,没有對舉劾前的調查作任何補充、修改。這種雷同現象可能因爲"鞫亦可指所審案件",因此文書也"包含了劾鞫論基本要件",可視作"對已發生的司法程序的概括、提要"。[③] 可能正因東漢時的鞫文書有相當部分内容描述案件過程、情狀,所以才被稱作"鞫狀"。如此類推,東漢中期的劾文書或許也被稱爲"劾狀",但需强調的是,此純就劾文書内容描述案件情狀而言,和上節提到先劾後狀的"劾狀"名同而實異,兩者不可混淆。

當然,由獄史負責的一般訊問和鞫中的訊問性質迥異,前者是預審,後者由縣令、丞等有權作出判決的長官主宰,是"程序中最核心的審理程序",因此即使鞫中説"辭如前",不代表没有再次訊問犯人。[④] 不論如何,此案鞫文書顯示,案件的調查在舉劾前已完成,之後主要是核實供辭,完成訴訟程序。這固然可能因爲此案所涉只是官吏的瀆職,性質比謀殺、傷人等案件輕微,驗問過程中被劾者推翻之前口供的機會較低,調查因而較簡單,但也不啻説明劾在當時訴訟程序中的重要性。

---

① 李均明:《長沙五一廣場東漢簡牘"劾"與"鞫"狀考》,第六届中國古文書學國際研討會論文,北京,2017 年 8 月。

② 如籾山明歸納《奏讞書》鞫獄部分的書式特徵爲,"開頭寫'鞫'或'鞫之',其次敘述主要罪行,最後以'審'即'認定'結束",其中並指出里耶秦簡的鞫文書,"正、背兩面都有記載,背面書式和《奏讞書》相同,正面記録的是令和守丞訊問的結果"(籾山明:《簡牘文書學與法制史——以里耶秦簡為例》,載柳立言編:《史料與法史學》,"中研院"歷史語言研究所,2016 年,第 62 頁)。其後又比較兩者兔子山鞫文書,指出兩者"内容基本相近,但是兔子山'鞫'文書的某些内容不見於里耶秦簡裏關於'鞫'的木簡"。

③ 此承徐世虹先生提示,十分感謝。

④ 分見朱漢民、陳松長主編:《嶽麓書院藏秦簡(叁)》,第 110 頁注 39;籾山明:《簡牘文書學與法制史——以里耶秦簡爲例》,載柳立言編:《史料與法史學》,第 62—63 頁。

此外，CWJ1③：201-1 和 J1③：281-5 兩件文書的字迹也相當值得注意。比較兩件文書的文字，可見它們應抄自一人之手。兹分别擷取了内文"被府都部書逐召崇不得"和呈文"永初三年正月"兩組文句，逐字比較其字形：

表二　CWJ1③：201-1 和 J1③：281-5"被府都部書逐召崇不得"字形對比表

簡　號	被	府	都	部	書
CWJ1③：201-1					
J1③ ： 281-5					
簡　號	逐	召	崇	不	得
CWJ1③：201-1					
J1③ ： 281-5					

表 3　CWJ1③：201-1 和 J1③：281-5"永初三年正月"字形對比表

簡　號	永	初	三	年	正	月
CWJ1③：201-1						
J1③：281-5						

比較兩組字形，不難發現它們實出自一人之手，特别是"都部書逐召"、"永初三年正月"，不論字體構形還是用筆習慣幾乎完全相同，應爲同一書手於短期内抄寫。事實上，劾、鞫的書手還應負責抄寫另一份與本案相關的 J1③：201-30 木牘，三者字迹的對比參下表：

表 4　CWJ1③：201-1、J1③：281-5 和 J1③：201-30 字形對比表

簡　號	雄	俊	循	竟	趙
CWJ1③：201-1					
J1③：281-5					
J1③：201-30					

雖然圖片清晰度有别，但由上表所見，J1③：201-30 筆迹和前引兩木牘十分接近，尤其"竟"字下部左撇的角度相當特别，應該爲書手的個人習慣，反映三件文書應由同一人抄寫。李均明認爲 J1③：201-30A 乃 J1③：281-5 的附件，其見獲楊小亮贊同。[①] 楊先生並認爲："本案之繫獄似乎是發生在舉劾文書上報之前。即發現犯罪，拘繫疑犯，上報舉劾文書。這可能是'直符史'的職責所致，並不具有普遍性。"[②]首先，兩塊木牘無疑涉及同一案件，但説前者是後者的附件，卻未必然：從 J1③：201-30A 記録 J1③：281-5 中被劾者爲"耐罪某"來看，J1③：201-30A 的製作時間應在案件已讀鞫論決後，不會早於該案鞫文書的日期，即永初三年正月十四日乙巳（見 CWJ1③：201-1），似没可能作劾的附件上交臨湘縣廷。所謂"發覺得"的"得"也有可能指"捕得"、"獲得"，不一定等同於"拘繫"。事實上，"繫"於秦漢時似特指拘繫於獄，屬劾之後的程序，[③]因此較合理的程序應該是：1. 正月十二日，直符史盛向縣廷提交劾。2. 劾文書當天被送達，被舉劾的張雄等五人於同日遭拘繫。3. 正月十四日，縣廷審結本案，製作鞫文書。4. 於正月十四日當天或稍後製作 J1③：201-30A。

論述至此，不由派生一問題：既然 J1③：281-5、J1③：201-30、CWJ1③：201-1 三件文書是在訴訟的不同階段製作，寫作時間、作用各異，爲什麽它們竟會由同一書手抄寫？就劾、鞫兩份文書而言，劾上所載日期爲"永初三年正月壬辰朔十二日壬寅"，鞫則爲"永初三年正月十四日"，相差僅兩天，而且舉劾者爲户曹史，其本身也在縣廷工作，因此不能排除它們都是正本，由同一位書手經手純屬巧合。然而，考慮到兩份文書背面皆没有收文、啓封記録，如果這還可能是因爲舉劾、判決的官吏都在縣廷，可直接把文書交給收件人，不需特意轉發，那前引另一件 J1③：71-26 劾的舉劾人爲曲平亭長昭，發送地不在縣廷，但其上還是没有相關收文記録，就怎樣也説不過去，應表明它並非曲平亭發來的正本。此外，以直符形式進行的舉劾，其文書很可能由直符史製作，於 J1③：281-5 應即直符户曹史盛，但盛卻未見於鞫，因此鞫未必由他抄寫。如以上推論尚屬合理，則 J1③：281-5 之劾和 CWJ1③：201-1 之鞫可能均屬之後製作的新抄本，筆迹的雷同更像是後來統一抄寫的結果。[④]

---

① 李均明：《長沙五一廣場出土東漢木牘"直符"文書解析》，《齊魯學刊》2013 年第 4 期，第 36 頁。

② 楊小亮：《略論東漢"直符"及其舉劾犯罪的司法流程》，《中國古代法律文獻研究》第九輯，第 183 頁。

③ 宫宅潔：《"劾"をめぐって—中國古代訴訟制度の展開—はじめに》，《中國古代刑制史の研究》，第 293 頁。事實上，即使 CWJ1③：201-1 的繫只是拘押的泛稱，如被劾者在提交劾前已遭拘押，舉劾者也會在呈文以"將某詣某獄"之類套語説明（並參前引宫宅潔文，《中國古代刑制史の研究》，第 291 頁），不會像 CWJ1③：201-1 般僅提到"謹移獄"。

④ 史達與筆者討論 J1③：281-5 劾部分文字的留空現象時，也懷疑它們可能抄自一份寫於一尺長的兩行簡册，因爲原簡存在編繩，書手將文字轉寫至木牘時，不自覺地沿襲了原來的樣式，給編繩預留了空間，後來他意識到自己的錯誤，便不再留空。如此猜想屬實，或可作爲劾屬後來轉抄的旁證。

關於重抄劾、鞫的原因，最直觀的解釋就是它們乃存檔的副本，供官府日後查驗之用。惟正如前賢指出，副本往往以草書寫於單行札上，較草率。[①] 誠然，此判斷主要根據居延等邊塞地區出土的西漢行政文書，未必適用於東漢中期的臨湘縣。然而，前引三件文書皆書於二尺木牘，其上的隸書亦甚爲規整，若説縣廷會用較正常高昂的成本，製作如斯精美的副本，未免有點匪夷所思，這也是上文以"新抄本"而非副本形容它們的原因。退一步説，即使它們真是副本，縣廷製作這類副本的原因，本身就值得關注。

按冨谷至曾提出"視覺簡牘"的概念，認爲檄文書一類長形多面體、露布傳送、旨在公之於衆的簡牘，有著宣明文書的權威性和命令的徹底性，以及震懾、督勵等效果。[②] 當然，劾和鞫之類訴訟文書，似乎欠缺這種公之於衆的意味，但簡牘客觀的物質形態所賦予官文書行政和文化層面的意義，仍未可忽視。[③] 事實上，劾和鞫作爲訴訟的開始和結束，在程序中似占有特殊地位，如居延新簡 EPT59：149 便提到"狀吏劾、鞫、論、没入年月日"。可能正因如此，才需要在案件審結後，特意將劾、鞫重新謄録在大木牘之上。[④] 當然，此猜想現階段尚缺乏堅實證據，在此只是嘗試提出一個可能、一種思路。

總而言之，筆者認爲五一廣場兩份被學界視作不完整的劾文書，不論形制還是内容皆符合"單獨簡"的特徵，實應完整。從兩份劾文書顯示，東漢中期的劾文書較西漢末至東漢初又出現變化，在格式上，它如西漢中期的同類文書般以"案"開始，甚至呈文寫作方式也幾近完全相同，似有一種復古傾向。内容上，東漢中期的劾文書没有"狀"的部分，對被劾者個人資料的分類，也較東漢初劾狀更細緻，但除此之外，兩時期劾文書的内容相當類近，可看出它們之間的承襲關係。可以説，東漢中期的劾文書基本減省了劾狀

---

① 角谷常子：《秦漢時代の簡牘研究》，《東洋史研究》第 55 卷第 1 號，1996 年；邢義田：《漢代公文書的正本、副本、草稿和簽署問題》，《"中研院"歷史語言研究所集刊》82 本 4 分，第 610 頁。

② 冨谷至著，劉恒武、孔李波譯：《文書行政的漢帝國》，江蘇人民出版社，2013 年，第 88 頁。

③ 籾山明便猜想"鞫"在東漢被儀式化：因爲鞫需要被宣讀，所以才需要 CWJ1③：201-1 之類大木牘，並認爲"秦代的'鞠'是一種非常普通的手續，但到了東漢，是司法程序最後也最重要的儀式"。按籾山先生的想法源自兔子山西漢簡編號 J3⑤：1 的鞫文書，其紀年爲漢平帝元始二年(2 年)，大小跟本文提到的 CWJ1③：201-1 相同，皆屬長約二漢尺的大木牘。見蘇俊林、陳弘音録音整理，游逸飛文字校對：《訪談：追尋籾山明——在簡牘學、古文書學、法制史與秦漢史之間》，澎湃網 2017 年 2 月 3 日。誠然，正如籾山先生本人所言，儀式化不過是個人猜想，尚無確切證據，其針對的也只是鞫，甚至劾本身也不需被宣讀，但他點出文書物質形態和功能的可能關係，卻相當具啓示。依循此思路，雖然劾不會被閱讀，但會否因爲它也是訴訟程序其中一環，故成爲儀式的一部分？

④ 此也不能排除三件文書是作爲上呈郡府的"具獄"文書，因此需重新抄寫。惟如是，它們應被上呈至郡府，不太可能在臨湘縣廷被發現。又承劉欣寧先生提示，法律文書的性質跟行政文書不同，重抄文書可能和案卷本身的編輯有關，未必和禮儀化有關。

的重複部分，篇幅遠没西漢末至東漢初臃腫，很可能是東漢政府因應劾狀極端冗贅所作的變革。此外，比較 J1③：281-5 的劾和 CWJ1③：201-1 的鞫，可見後者實大量沿襲前者内容。不但如此，J1③：281-5 和 CWJ1③：201-1 雖然屬於不同訴訟程序製作的獨立文書，但兩者筆迹相同，應屬後來統一抄寫的結果。個中原由，筆者承接籾山明的思路，懷疑這是由於東漢的劾也出現儀式化傾向之故。

結　語

正如引言所述，以往學界對秦漢劾文書的理解，主要根據西北邊塞甲渠候官出土的東漢建武初年劾狀，本文則嘗試擴大考察的範圍，探究秦統一後至東漢中期劾文書格式和内容的演變，發現各時期的劾文書皆存在獨特的形態，研究時應獨立看待，不宜簡單地將“劾狀”的格式和内容特點類推到其他時期的劾文書，而應通過縱向對比，揭示劾文書的内在變化。事實上，從本文所論即可知，一些尚未完整公布的秦漢出土文書（如走馬樓西漢簡、五一廣場東漢簡等）當中皆有不少内容跟劾相關，對釐清劾文書變化的脈絡甚具裨益。毋庸諱言，本文使用的材料大多只公布了極少部分，待這些資料完整公布後，本文不少細節肯定需隨之修正、補完，現在或非撰寫此類通論性論文的最佳時機。惟正如本文題名所示，筆者僅想就此議題作一些初步研究，嘗試揭示劾文書的發展趨勢，其輪廓大致如下：秦漢四百餘年間，劾文書的格式實不停改變，内容也趨向繁化，這種趨勢至西漢末、東漢初達至頂峰，其後略爲簡化。本文的討論雖僅以劾文書爲例，但其他法律文書是否亦存在類近現象，值得注意。

總括而言，秦至漢初的劾文書，應僅包括被劾者的罪名，内容相對簡略，大致結構爲“劾＋某劾＋某敢言之：上劾……”。從劾的内容推斷，當時案件的調查工作會待發出劾後才正式展開。值得注意的是，秦至漢初劾文書仍似没有出現“狀”的部分，嚴格來説不可稱之爲“劾狀”。至西漢中期，劾文書的格式和内容開始繁化：首先，文書會以“案”開始，之後開始詳細敘述案件的調查經過、結果。在内容繁化的同時，呈文部分卻出現簡化：原先兩重呈文的結構亦二合爲一，融合爲“年月日＋某劾、敢言之＋被劾者訊息＋寫移，謁某縣某獄以律令從事”。此轉變同時見於長沙國和西北邊塞地區時代接近的劾文書，可知其非受地域性因素影響。現有資料顯示，此變化應發生於漢武帝元朔四年至太始元年這三十年間。

隨時間推移，劾文書篇幅的膨脹愈加嚴重，至遲在西漢末發展出先劾後狀的“劾狀”格式。理論上劾、狀的側重點有異，内容可互相發明，但實際上，劾狀的作者很多時候只是將“劾”部分謄寫一次，再加上首尾的特定格式當成“狀”，内容重複冗贅。與此同時，呈文的書寫也出現變化，西漢中期以來二合爲一的呈文又再分離，回到近似秦至漢初的兩重呈文格式。惟新式呈文大致保留了西漢中期新增的"移某獄，以律令從事"套語，並非全然復古。可以説，西漢末至東漢初的劾狀標誌著劾文書膨脹化的頂峰，而此似亦符合西漢中期以來整體法律日益冗贅的發展趨勢。

至東漢中期，劾文書格式的冗贅似得到改善。筆者認爲五一廣場兩份被學界視作不完整的劾文書，應俱屬"單獨簡"，内容没有缺失。兩份劾文書顯示，東漢中期劾文書的格式一如西漢中期的同類文書，以"案"開始，没有西漢末東漢初"劾狀"中的"狀"的部分，甚至呈文的寫作方式也幾近完全相同，似有一種復古傾向。此外，東漢中期的劾對被劾者個人資料的分類也較東漢初劾狀細緻。總而言之，東漢中期的劾文書篇幅遠没西漢末至東漢初臃腫，很可能是東漢政府因應劾狀雷同冗贅所作的變革。值得注意的是，雖然東漢中期劾文書的結構已較之前産生巨變，但由於它仍有相當篇幅用以記述案件的經過、調查的情況，參照"鞫狀"的名稱，當時可能仍稱此類文書爲"劾狀"。此外，比較 J1③：281-5 的劾和 CWJ1③：201-1 的鞫，可見後者實大量沿襲前者内容。不但如此，J1③：281-5 和 CWJ1③：201-1 雖然屬於不同訴訟程序製作的獨立文書，但兩者筆迹相同，應屬後來統一抄寫的結果。

本文曾發表於《中國古代法律文獻研究》第十一輯，收入本論文集時據新見材料略有修訂，但主要觀點大致不變。修訂過程中，承徐世虹教授、好友史達博士和學兄馬增榮提供大量寶貴意見，又論文草成後曾於 2017 年 8 月 9 日在出土文獻與中國古代文明研究協同創新中心中國人民大學分中心主辦的"出土文獻的世界：第六届出土文獻青年學者論壇"上宣讀，會上承張忠煒、朱騰、劉欣寧、魯家亮等先生指教。上面提到的師友或指正錯謬，或提供資料，使本文避免不少錯誤，在此一併致謝！惟文中所有錯誤皆由筆者自負。

2017 年 3 月 29 日初稿
2017 年 5 月 10 日一訂
2017 年 5 月 22 日再訂
2017 年 8 月 13 日三訂
2018 年 6 月 20 日四訂

追尋實事求是之道*

——讀大庭脩《秦漢法制史研究》

張忠煒

（中國人民大學歷史系、
出土文獻與中國古代文明研究協同創新中心）

2015年，加州大學聖芭芭拉分校的李安敦（Anthony J. Barbieri-Low）與麥基爾大學的葉山（Robin D. S. Yates）經過長期合作，完成湖北江陵張家山247號漢墓出土的漢初法律簡《二年律令》與《奏讞書》的全部英譯，並作爲舉世聞名的萊頓漢學叢書（Sinica Leidensia）之一種而由博睿（Brill）出版社出版。兩卷本的卷首，均有如下獻辭：

> 紀念何四維教授（A. F. P. Hulsewé，1910—1993）、大庭脩教授（Ōba Osamu，1927—2002），古代中國法律研究的先行者

畢生致力於古代中國法律研究的何四維（圖一），以翻譯《漢書·刑法志》及睡虎地秦簡爲名山事業，並以此爲契機而研究秦漢時代的法律，是歐美學界秦漢法律研究之第一人。① 其代表作《漢律遺文》《秦律遺文》，至今仍是古代中國法律研究的必讀書目。何

---

* 本文是國家社科基金重大項目"秦統一及其歷史意義再研究"（14ZDB028）的階段性成果。

① A. F. P. Hulsewé, *Remnants of Han law, Vol. Ⅰ: Introductory Studies and an Annotated Translation of Chapters 22 and 23 of the History of the Former Han Dynasty*, Leiden: E. J. Brill, 1955；A. F. P. Hulsewé, *Remants of Ch'in Law: An Annotated Translation of Ch'in Legal and Administrative Rules of the 3rd Century B. C. Discovered in Yün-meng Prefecture, Hu-pei Province, in 1975*, Leiden: E. J. Brill, 1985. 又，關於何四維生平業績及論著目録，參見池田溫著，徐世虹、孫旭譯：《何四維先生之訃》，載《中國古代法律文獻研究》第二輯，中國政法大學出版社，2004年，第374—398頁；夏含夷：《西觀漢記：西方漢學出土文獻研究概要》，上海古籍出版社，2018年，第462—464頁。

氏晚年，已知曉張家山 247 號漢墓法律簡出土的信息，[①]並有意利用這批資料而撰寫《漢律遺文》續篇。然而，直到去世他亦未能等到這批資料的出版。

圖一　何四維[②]

圖二　大庭脩[③]

對學識淵博且興趣廣泛的大庭脩（圖二）而言，秦漢法律研究不過是其名山事業之一。如果説何四維的主要貢獻側重於法律文獻翻譯的話，大庭脩的煌煌業績則是建立在對秦漢法律問題逐一進行深入探索的基礎上。令人不勝唏嘘的是，對張家山漢簡《津關令》的研究，本是魯惟一（Michael Loewe）八十壽誕的祝壽文，[④]卻成爲大庭脩秦漢法律研究的絶筆之作：2002 年 11 月 27 日，他便因急性白血病去世（圖三）。

---

① A. F. P. Hulsewé, "Fragments of Han law", *T'onng Pao* 76(1990), pp.208 - 233.按，這可能是最早向歐美學界介紹張家山 247 號漢墓竹簡出土情況的論文，只是當時公布的資料有限，作者對此並没有著墨太多，主要圍繞任子令、尉律、官吏休假、賵賻、越宫律等方面展開論述。

② 出自 W. L. Idema and E. Zürcher, *Thought and Law in Qin and Han China: Studies Presented to Anthony Hulsewé on the Occasion of His Eightieth Birthday*, E. J. Brill, 1990。

③ 出自大庭脩先生古稀記念祝賀會編：《象と法と》，同朋舍，1997 年。

④ Ōba Osamu, "The Ordinances on Fords and Passes Excavated from Han Tomb Number 247, Zhangjiashan", *Asia Major* 14, part 2(2001), pp.119 - 141.按，英文本由 David Spafford、Robin D. S. Yates（葉山）、Enno Giele（紀安諾）、Michael Nylan（戴梅可）翻譯，日文本發表於大阪府近飛鳥博物館《館報》7，時在 2002 年。又，祝壽專號中還載有李學勤、邢文的文章，"New Light on the Early-Han Code: A Reappraisal of the Zhangjiashan Bamboo-slips Legal Texts", *Asia Major* 14, part 1(2001), pp.125 - 146。

A leading Japanese scholar of Chinese history who was based in Kansai, Ôba Osamu 大庭脩 (1927–2002) spent a highly productive career, holding appointments from 1953 onwards at Seishin Joshi Daigaku, Ryûkoku Daigaku and Osaka Daigaku. A Professor of Kansai Daigaku in 1965, he later served there as the head of the Faculty of Letters (Bungaku bu) and at one time as Director of the University Library. Outside Japan he held short-term appointments, or was invited to be a visiting scholar, at a number of centres of learning, including some in China (Liaoning, Shandong, Hong Kong and Beijing), the United States of America (Princeton), Belgium (Leuven) and the United Kingdom (Cambridge and London). He held the title of Guest Professor in the Archaeological Research Institute, Gansu, and at the Chinese Academy of Social Sciences, Beijing.

Always welcome as a visitor to the universities of the West, Ôba Osamu took a lively part in meetings with colleagues and made expert use of every opportunity to examine resources that were not available in Japan. As an organiser of conferences he arranged a number of fruitful occasions, such as the International Symposium on Han Dynasty Manuscripts that was held in Osaka in 1992. During visits to London he examined the wooden documents and inscribed shavings that Stein had brought back from Dunhuang. In Lanzhou he co-operated with some of the leading specialists who were working on the newly found rich caches of documents from sites at Juyan and elsewhere.

Before those recent discoveries had added a new dimension to the study of administrative documents of Han times, Ôba Osamu had taken part in the weekly seminars that were held in Kyoto (1960–1) to examine the earlier finds from Juyan, of which facsimiles had only recently been published (1957 in Taipei, 1959 in Beijing). Those four-hour long sessions were attended by some of the finest scholars of Kansai, such as Mori Shikazô 森鹿三, Fujieda Akira 藤枝晃, Hayashi Minao 林巳奈夫 and Nagata Hidemasa 永田英正. Ôba Osamu contributed by fastening on the new evidence that these strips provided for the operation of Han administrative organs at a provincial level. An attendant from the West who was privileged to be there may perhaps be forgiven for having allowed his attention to flag as the hours passed; or when those who knew the ropes would receive the *bentô* that had been sent in, those who did not would languish in hunger. Ôba Osamu held persistently to the end of those meetings.

Ôba's publications were legion. They concerned detailed studies of the readings of some of the strips and suggestions of the order in which fragments could be pieced together. He wrote about the major elements of institutional practice as revealed in the documents, or he would review the provisions and obligations set out in the laws of the empire. He also published in other specialities, such as the early history of Japan or the development of Sino-Japanese relations, and his inventory of Chinese books imported into Japan during the Tokugawa period constitutes a highly valuable tool for bibliographers. Nor did Ôba Osamu scorn to write for a non-specialist or popular readership, as may be seen in his general introduction to the study of early Chinese documents. On an even broader scale he contributed to a multi-volume series of histories of China which took account of archaeological as well as literary evidence; duly illustrated these books fulfilled a valuable role in providing for those embarking on the subject or for teachers presenting it at school level.

Ôba Osamu's visits abroad inspired the colleagues whom he met with a new enthusiasm for the work in which they shared an interest. He was a welcome adviser who helped librarians of Chinese and Japanese collections in the West to use their resources carefully, so as to stock their shelves with circumspection. As a scholar who enjoyed close contacts with colleagues in China he brought some of their expert knowledge to our attention and assistance. When in our turn we visited Japan, we might be doing so thanks to grants that Ôba Osamu had arranged for the purpose. We would find him ready to greet us; to welcome us in his home; to direct us to the museums, art exhibitions and libraries that would serve our needs. Memory recalls occasions when he took us to archaeological sites in Japan. He integrated easily with the fellowship of a Cambridge College; he entertained his friends to dinner at the end of weary days spent round a conference table. As scholar and friend he will be very sadly missed.

MICHAEL LOEWE
Cambridge

圖三　魯惟一撰寫的《大庭脩訃文》①

① 載於 *Journal of the Royal Asiatic Society*，2003，pp.381－282。

在大庭脩去世15年後，其代表作《秦漢法制史研究》，由徐世虹教授領銜重新翻譯並由中西書局出版。[①] 1991年，由林劍鳴教授主譯的《秦漢法制史研究》出版，使國内學界首次得以窺見此書全貌，對秦漢法制史、制度史乃至簡牘學研究均産生了重要意義。[②] 今天，以"明確相關學術觀點的表達"（頁17）爲宗旨的新譯本問世，相信對準確理解大庭脩原書的論述更有幫助。

一、新譯《秦漢法制史研究》的基本情況

新譯本正文由五篇構成：第一篇爲序論，是全書之綱；第二至五篇爲全書之目，是具體問題的研究。現將各篇内容依次簡單敘述如下：

第一篇《序論》，共兩章。"律令法體系的變遷與秦漢法典"一章，綜論中國古代律令法體系的演變，尤以秦漢時代法律的編纂爲重心。"漢王朝的統治機構"一章，圍繞漢初至武帝時期中央政府的組織構成展開，考察漢王朝統治機構的特色。即便是在今天看來，法律與制度仍看似風馬牛不相及，也很難將官制研究視爲法制史。不過，正如徐世虹在代譯者序中指出的那樣，"如果以歷史、客觀的態度觀察，便會發現人們在不同時期對'法制史'有著不同的認識，研究對象與體系建構也因認識的差異而有廣狹之别"（頁6）；在大庭脩看來，法制史研究的對象就是"'法律與制度的歷史'，追尋的是法律的復原與統治機構恢復生命力的歷史表現"（頁8）。與其以今日之見而非議之，倒不如以"了解之同情"的方式（陳寅恪語），去思索作者謀篇布局的深層原因。

第二篇《關於律的研究》，共四章。"雲夢出土竹書秦律概觀"一章，重在向日本學界介紹睡虎地秦法律簡的基本情況及價值。"簡牘中的漢律令佚文"一章，輯佚居延簡、敦煌簡所見漢律令遺文，並對令的編號問題展開研究。這兩篇文章集中展示了出土簡牘對於秦漢法制史研究的意義，"預流"意味明顯。"漢律中的'不道'概念"一章，先以傳世文獻爲據，辨析漢律中的"不道"概念，亦即什麽罪會被視爲"不道"；"補論"一則，分析新見漢簡中的"不道"案例。"漢代的遷徙刑"一章，討論了遷徙刑的種類、原理及其在漢代法律體系中的地位。在今天看來，後兩章分屬於罪名與刑名，之所以被歸入同一篇中，具體原因已無法探知了。可能一如清末民初的漢律輯佚之作——也是大庭脩經常引用的基本資料，雖以漢律爲題而收入律名、罪名、刑名之文的緣故吧。

---

① 大庭脩著，徐世虹等譯：《秦漢法制史研究》，中西書局，2017年。按，爲避免文繁，行文中引及新譯本的，隨文標注頁碼，不另出注。

② 大庭脩著，林劍鳴等譯：《秦漢法制史研究》，上海人民出版社，1991年。

第三篇《關於令的研究——漢代的立法程序與令》，共六章。“漢代制詔的形態”一章，梳理出漢代制詔存在的三種形態。“居延出土的詔書册”一章，首次復原了漢代的詔書簡册，再現兩千多年前日常政務的運作情景。“居延出土的詔書斷簡”一章，著重分析了漢文帝詔書斷簡及西漢施行詔書目録；“補説”二則，或屬於評議，或補充新見。這三章是大庭脩研究漢令的經典之作，“元康五年詔書册”的復原更是“文書行政”的典範示例。“《史記·三王世家》與漢代的公文書”一章，探討了漢代公文書的樣式；“補説”一則，復原“上言變事”簡册。“關於‘制詔御史長沙王忠其定著令’”一章，以個案形式，探究漢代的“干支令”問題，分析律令與約束的關係。“漢代決事比試論”一章，最先采用“決事比”的説法，用以界定“王杖十簡”的性質，並對簡的排序提出一家之言；“補説”一則，係對滋賀秀三批評的回應。後三章均與漢令存在特别關聯，是同一主題下的延伸之作。

第四篇《官僚制度研究》，共七章。“西漢的將軍”、“東漢的將軍與將軍假節”兩章，研究漢代的將軍制度、演變及其特徵，並對軍權與王命關係問題有所分析。“漢代的中郎將、校尉和魏的率善中郎將、率善校尉”一章，側重於對地位稍低的武官進行研究。這三章是漢代武官系統研究的系列之作。“漢代的嗇夫”一章，對史書記載簡略的下層官吏進行研究；“補説”一則，簡略提及秦嗇夫的材料。“漢代官吏的兼任”一章，討論官吏的兼任與制度運作；“漢代的因功次晋升”一章，發明功勞制在仕進中的獨特地位；“漢代官吏的工作與休假”一章，考察官吏的休假、工作及生活狀態。這四章大抵是漢代下層文官系統研究的系列之作。此篇可能是大庭脩在踐行恩師石浜純太郎的殷殷期許，“去做像濱口重國先生和鎌田重雄先生那樣的事情吧”(頁474)。濱口重國與鎌田重雄均以研究中國古代制度史聞名，鎌田氏的《漢代史研究》更是日本學界漢代制度史研究的開先河之作。①

第五篇《公文書研究》，共兩章。“漢代的關所與通行證”一章，考察了漢代的關所文書制度，亦即出行時的通關證明文書。“爰書考”一章，辨析爰書(向官府申告私人事項的文書)的本意，考察爰書的種類、文書特徵及在司法、經濟等事務中所發揮的功能；文後有“補論”一篇，在介紹居延新簡所見“寇恩册”的同時，對册書的構成及内部關聯進行分析；“補説”一則，補充睡虎地秦簡“封診式”的資料。這兩章及“補論”，從傳世文獻入手，充分采擇與之相關的簡牘資料，對習以爲常而不知其詳的問題，有别出心裁之見。

① 按，濱口重國對秦漢制度史的研究，彙總於《秦漢隋唐史の研究(上下卷)》，東京大學出版會，1966年；鎌田重雄對秦漢制度史的研究，見於氏著《漢代史研究》，川田書房，1949年；《漢代史研究》的不少成果，後又收録於《秦漢政治制度の研究》，日本學術振興會，1962年。

正文後有後記，敘述成書緣起，另有"本書引用漢簡所載文獻對照表"。

與日文原著有所不同的是，在新譯本中，作者此後陸續撰寫的文章，均以"附録"的形式補入：《武威出土的"王杖詔書、令"册》[①]《武威旱灘坡出土的王杖簡》兩文，賡續並拓展作者此前對王杖簡的討論；《關於張家山 247 號墓出土的〈津關令〉》一文，利用新見資料補充對漢令的研究；《講義筆記：中國法制史概説》一文，屬於遺稿，可能是作者在 20 世紀 70 年代撰寫的講義，是理解作者對法制史認知的重要參考資料。

1979 年，大庭脩以本書初稿獲得關西大學文學博士學位，也就是歐美、日本學界通常所説的"論文博士"。從單篇論文的發表時間算起，最早發表的論文是在 1953 年，最後補入的論文是在 1981 年，幾近 30 年。在人的生命中，30 年絶不短暫；用 30 年去磨礪，劍怎能不鋒利？成就秦漢法制史研究的經典之作，自是不足爲奇。經由此番磨礪，才可不負"學位"，正如後記中提到的守屋美都雄之語：

> 男人對别人説出自己所求的事情，一生中有兩次，一次是娶妻的時候，還有一次是獲取學位的時候。正因爲難以啓齒，所以需要周圍的人推進。（頁 475）

促成大庭脩結集出版此書的動因之一，是九州大學研究生紙屋正和的舉動：他將大庭此前發表的論文複印並製成"書籍"，在大庭看來，是"覺得給别人添加了意想不到的麻煩"（頁 476）。大庭與紙屋的師生情誼，已經是 1974 年的事情了。2008 年，紙屋也把近 30 年發表的論文，彙爲一編，向九州大學提出了學位論文申請；次年，郡縣制研究的集成之作《漢代郡縣制的展開》由朋友書店出版，他在後記中對大庭脩先生的學恩仍念念不忘。[②]

二、以功次升遷的制度

此書堪稱體大思精，與其泛泛論其價值，倒不如以個案的形式，從不同層次加以認知。此節以第四篇中的《漢代的因功次晋升》爲例，稍加説明。

秦漢時代的選官用人制度，長期以來，多圍繞察舉、徵辟制展開；博士弟子科及任子制，也是耳熟能詳的重要制度。在看似没有突破的領域，基於對傳世文獻的熟稔，也基於對出土簡牘的敏感，反復咀嚼"累日以取貴，積久以致官"之語，[③]大庭脩提出了如此論斷，"漢代存在著只要是長期任官工作，即使没有能力也可以獲得晋升的制度"（頁 388）；

---

① 按，林劍鳴譯本中已收録此文。

② 紙屋正和著，朱海濱譯：《漢代郡縣制的展開》，復旦大學出版社，2016 年，第 603 頁。

③ 《漢書》卷五十六《董仲舒傳》，中華書局，1962 年，第 2513 頁。

他還指出,"勞以出勤天數爲主,出勤狀況是增減勞的依據,勞的多少表示官吏業績的高下","漢代官吏的晋升多通過積勞功次"(頁 398—399)。用今天的話説,功勞更像是資歷;功勞制度,近乎依據資歷決定升遷的制度。引領一時風氣的西嶋定生,對此給予高度評價,認爲這對"漢代官僚制度的理解提出了絶好的資料"(頁 14)。此文是大庭脩最早發表的學術論文(1953 年),收録於《東洋史研究》特集《居延漢簡研究》,是"居延漢簡研究班"的成果之一(1951 年—1957 年)。因爲缺乏如"勞"那樣明確的考證資料,對於"功"爲何物,功與勞之間存在何種關聯,没有辦法進一步深入(頁 398)。這並非是"不爲",而是"不能"罷了,無可厚非。

相比之下,國内及歐美學界對此關注甚少。① 1984 年,朱紹侯發表《西漢的功勞閥閲制度》一文,才邁出對功勞制度考察的第一步。② 不過,在通行的斷代史或制度史研究領域,對大庭脩或朱紹侯的考察,置若罔聞者並不在少數,對功勞制度依舊著墨不多。

實際上,功勞制度的材料有限,其在歷史上的特殊意義,在當時是看不清楚的。大庭脩的這一"發明"之見,從 1990 年中後期以來,才越來越真切地被體會到。1995 年,主要是依據對居延新簡所見"徐譚功將簡"的分析,胡平生首次釐清功與勞之間的遞進换算關係,提出"凡積四歲勞,即進爲一功"的重要觀點。③ 這是推進功勞制研究的關鍵一步,儘管没有直接的資料可以印證這一結論。1993 年出土、1997 年出版的尹灣漢墓簡牘,尤其是其中所見的"東海郡下轄長吏名簿",首次印證了功勞制度在仕進史上的意義:根據廖伯源的統計,郡縣屬吏以功勞升遷爲朝廷命官的縣道長吏(縣令長、丞、尉),在可供有效統計的資料中,竟然達到 40%多的比重,這是此前所不知的。④ 現在,我們對這一問題的認識,因爲里耶秦簡的一枚殘牘(出土編號 10-15),再次得以深入——這枚殘牘此前雖已公布,因爲圖像采集的問題,導致釋文存在不少問題,其價值亦並未被切實地認識到。2016 年,《里耶秦簡博物館藏秦簡》一書出版,此枚殘牘的價值始被發掘。爲了清楚説明問題,現將校訂後的簡文,引録如下:

---

① 按,勞榦在《居延漢簡考釋·考證之部》(1944 年)中,雖引及"功勞簡",但對此並未著墨;即便是在"補訂本"(1960 年)中,雖有"文吏與武吏"條,並引用到"功勞簡",立論點在於吏士的主要組成,亦即文吏、武吏,亦未留意功勞升遷之制。參見勞榦:《居延漢簡考釋·考證之部》,"中研院"歷史語言研究所,1944 年,第 61b—64b 頁;勞榦:《居延漢簡·考釋之部》,"文武吏"條,"中研院"歷史語言研究所,1960 年,第 17—18 頁。

② 朱紹侯:《西漢的功勞閥閲制度》,《史學月刊》1984 年第 3 期,第 15—24 頁;又參見李振宏:《居延漢簡中的勞績制度》,《中國史研究》1988 年第 2 期,第 57—70 頁。

③ 胡平生:《居延漢簡中的"功"與"勞"》,載氏著《胡平生簡牘文物論稿》,中西書局,2012 年,第 164—170 頁。

④ 廖伯源:《漢代仕進制度新考》,載氏著《簡牘與制度:尹灣漢墓簡牘官文書考證(增訂版)》,廣西師範大學出版社,2005 年,第 45 頁。按,此書初版於 1998 年由臺北文津出版社出版。增訂版除新補入論文一篇外,初版之過誤遺漏,亦有所修正增減。

凡□□□□

爲官佐六歲。

爲縣令佐一歲十二日。

爲縣斗食四歲五月廿四日。

爲縣司空有秩乘車三歲【八】月廿二日。

守遷陵丞六月廿七日。

凡【十】五歲九月廿五日。【凡】功三∠，三歲九月廿五日。(第二欄)[①]

按，殘牘長 18.7 釐米，寬爲 2.7 釐米；現存三欄，第二、三欄起始處，有清晰刻畫痕。殘牘可能是數人功勞記録的彙總檔，其中第二欄所見信息尤爲完整，故以此欄爲例加以討論。起始處的"凡□□□□"一句，可能是前一人功勞的總結話語，文字無法釋讀，存疑。從"爲官佐六歲"到"守遷陵丞六月廿七日"，是此人在不同階段任職的記載；官佐、縣令佐、斗食，是低級屬吏之名；"司空有秩乘車"，是級别略高的屬吏，在特定情況下可代行縣丞(長吏)的職事。换言之，此人仕進之途可謂步步高升。"凡【十】五歲九月廿五日"，是其任職時間的累積計算；"【凡】功三"，則是功勞折算的結果——一功可抵四歲勞，獲得最直接印證；"三歲九月廿五日"，是折算後剩餘的勞日。[②]

殘牘的意義，不僅在於證實胡平生的論斷，也不局限於筆者此前的説法，"在秦滅六國、實現統一的進程中，因軍功入仕途、升遷固然是途徑之一，但還存在著累日積勞的功勞制度"。[③] 從身份制或官僚制入手，重新審視此問題，或許還可以提出新認知。

戰國以來，七雄陸續展開變法活動，尤以秦商鞅變法爲代表。商鞅變法的重要内容之一是軍功爵制(二十等爵制)。簡言之，根據軍功的大小，在田宅、服飾等方面給予不等的經濟或政治權益。這對於以血緣或出身決定仕途的舊制來説是一個根本的突破。杜正勝爲此説道，"封建制度的君子小人分野取消了，萬民站在一條起跑綫上，憑藉個人在戰場上的表現締造自己的身份地位"，"秦爵以軍功作爲全民身份階級準繩的根本精神卻是嶄新的創制"，在改造秦國社會的同時，"建樹堅韌而有活力的齊民階層，建立耕戰合一的社會和國家，爲以後百餘年征服戰爭的資本"。[④] 那麽，功勞制的出現或興起，

---

① 里耶秦簡博物館、出土文獻與中國古代文明研究協同創新中心中國人民大學中心編著：《里耶秦簡博物館藏秦簡》，中西書局，2016 年，第 196 頁。

② 按，功勞制中的歲、月、日所指，是理解功勞折算的關鍵環節。對此，筆者另有專論，不贅。

③ 參見拙篇《里耶秦簡博物館藏秦簡概説》，載里耶秦簡博物館、出土文獻與中國古代文明研究協同創新中心中國人民大學中心編著：《里耶秦簡博物館藏秦簡》，第 7—8 頁。

④ 杜正勝：《編户齊民：傳統政治社會結構之形成》，聯經出版事業公司，1990 年，第 333、318 頁。

是否也會衝擊到既有的身份秩序呢?

春秋戰國是世卿世禄制向官僚制轉變的時代,“數千年世侯世卿之局”爲“漢初布衣將相之局”所取代,誠如清人趙翼所言,乃“天地一大變局”。[1] 在這一時代巨變的歷史進程中,能否突破以血緣或出身决定命運的舊制,成爲衡量各國變法得失的參照;相較之下,對客卿的重用,是秦國發展壯大、掃平群雄的重要原因。爲了統治秦國故地,爲了統治兼併之地,官僚隊伍的急遽發展自是不可避免。此時,如閻步克指出的那樣,被“士”的光環所遮蔽的“吏”群體——亦即秦漢時俗稱的“刀筆吏”——的崛起,成爲各級官僚機構不可或缺的組成部分;[2]一如先秦時的“府史胥吏”,他們以勤務勞績爲本,按月領取俸禄,“應該就是漢代功次制度的起源”。[3]

與先秦時代不同的是,吏的身份並不固定,考課或勞績突出者,可以不斷地升遷。不論是睡虎地秦簡墓主人“喜”,還是上引殘牘所見某人的仕宦經歷,均可顯示出没有家庭背景、出身底層而升遷的情形。“有功者顯榮,無功者雖貴無所芬華”,[4]似乎並非僅是針對軍功而言,恐怕也會涵蓋一般的事功。這種情形至漢代依然,西漢時的魏相出身郡卒史,東漢時的第五倫曾爲鄉嗇夫,後均升任宰相,貴爲三公。嚴耕望説道:“即鄉亭末吏,惟自奮發,便可簡擢,望躋公卿;故有遠志者必自近始,人才布於四方,群以績效自見,品操自勵。”[5]以功勞締造身份,改變的不僅是個人的命運,也爲體制帶來了無窮活力,故有煌煌之秦漢帝國的誕生。

今天,我們對秦漢功勞制的認識,已非 20 世紀 50 年代所能比擬。這並不意味著後來者比大庭脩更加高明,只是因爲我們能够看到更多的資料,我們也不過是在他的軌迹上延伸罷了。

此外,董仲舒對功勞制的批評,即不能僅依據資歷升遷,意在爲察舉制張目:在既有的功勞制度之外,設立新的人才選拔制度,政權應該更具有開放性。對此,誠如嚴耕望所言,“遂使民間優秀分子有進身之階,而政府亦可隨時與民間接觸,吸收新空氣,增加新血輪,永遠保持有朝氣之新生命”,畢竟,“政權逐步開放,圓顱方趾精勤志業者,莫不有參政秉鈞之機會,則政府之植基,其廣闊可知”。[6]

---

① 趙翼著,王重民校證:《廿二史札記校證》卷二,中華書局,1984 年,第 36 頁。

② 閻步克:《士大夫政治演生史稿》,北京大學出版社,1996 年,第 13—14、130—139 頁。

③ 閻步克:《品位與職位:秦漢魏晋南北朝官階制度研究》,中華書局,2002 年,第 157 頁。

④ 《史記》卷六十八《商君列傳》,中華書局,1959 年,第 2230 頁。

⑤ 嚴耕望:《中國地方行政制度史——秦漢地方行政制度》,“中研院”歷史語言研究所,1990 年,第 333—334 頁。

⑥ 嚴耕望:《秦漢郎吏制度考》,載氏著《嚴耕望史學論文集》,上海古籍出版社,2009 年,第 22—23 頁。

三、作爲方法論的古文書學

西北地方出土的漢晋簡牘，絶大多數都是廢棄的文書，是名副其實的“殘篇斷簡”。對國内學界而言，多是將之視爲研究的輔助材料，如何儘可能地去“榨取”其剩義，也是多數研究者的研究取向，直到今天這仍是簡牘研究的主流範式。大庭脩關於“功勞制”的研究，從某種情況而言，也可以視爲這種取向的産物。這種研究範式的局限性，在永田英正看來，是多方面的，其最重要的一點在於：

> 簡牘作爲歷史研究的史料，有可以利用的部分，也有利用不了的部分，而可以作爲史料加以利用的部分在簡牘中僅僅是極少的一部分而已，大部分簡牘便成了無用之長物。①

也就是説，勞榦的《居延漢簡・考釋之部》僅關注了不到10%的材料（確切地説，不超過7%），其餘的材料是否就成爲多餘之物而没有價值呢？認識到既往研究的局限，如何開啓新局面，就成爲不得不思考的問題。

這也是日本第一代漢簡研究者所關注的問題。“居延漢簡共同研究班”舉辦之初，京都大學人文科學研究所的森鹿三與藤枝晃就倡導並實踐“漢簡的古文書學研究”，因爲圖版、出土地等基本資料均未公布，要貫徹這一理念，實際上是不具備條件的。隨著《居延漢簡・圖版之部》及《居延漢簡甲編》的出版，圖版及部分簡牘出土地的信息才首次公之於世，森鹿三再次開辦居延漢簡輪讀會（1960年—1968年），如籾山明所言，這最終奠定了“日本漢簡研究中最具特徵且富於獨創性的領域”。② 古文書學中的“文書”，就狹義而言，是發出者向接受者表達某種意志或其他事情而製成的文字資料，有時需要經過某種方式而實現文書的上傳、下達或平級傳遞。③ 漢簡的古文書學研究，是將簡牘本

① 永田英正著，張學鋒譯：《居延漢簡研究》，廣西師範大學出版社，2007年，第36頁。按，類似表述，又參見《居延漢簡研究》後記，第596頁；永田英正著，張學鋒譯：《漢簡的古文書學研究》，載《簡帛研究》第三輯，廣西教育出版社，1998年，第282頁。

② 籾山明著，顧其莎譯：《日本居延漢簡研究的回顧與展望：以古文書學研究爲中心》，載《中國古代法律文獻研究》第九輯，社會科學文獻出版社，2015年，第155頁。按，本段關於日本居延簡研究狀況的一般敘述，多參考籾山明文，不另出注。

③ 按，古文書學中的“文書”，譬如永田英正認爲：“是指發出人爲了向受取人傳達自己的意志或其他事情而作成的書信。也就是説，有發出人，有受取人，然後有傳達的事情。嚴格地説，必須具備了上述三個條件，才能稱得上是文書。從這一古文書學上的定義來看，由一個個單項事情的記録彙集起來的簿籍，我們不能説它就是文書，但是，簿籍一旦加上了發出人的上呈公函的話，馬上就轉變成了文書。”參見上引《漢簡的古文書學研究》，《簡帛研究》第三輯，第286頁。因此，陶安從狹義、廣義角度，對“文書”進行界定，參見氏著《文書行政概論》，待定稿。

身當作研究的主體，而不僅是歷史研究的輔助資料。研究重心發生轉移，對資料本身進行客觀細緻的考察，探究材料之間的可能性關聯，就成爲關鍵。打個比方來説，這就像是拼圖：孤立地看，單個拼圖的信息著實有限，若將它擺放到適當的位置，不僅可以發現它的功能，還可以發現各拼圖間彼此的聯繫，更可以由此而窺見全貌。

對於導入"古文書學"的研究方法，藤枝晃在《居延漢簡研究》序中以"劍法"爲喻寫道：

> 揮著劍亂舞亂砍，即使真的能把敵人殺死，也很難稱得上是正規的劍法，只有從基礎開始按劍譜進行訓練，才能掌握真正的劍法。[①]

按，作爲居延漢簡輪讀會成員的魯惟一、永田英正、大庭脩(还有平岡武夫等人，參見圖四)，修習"劍法"的結果，各有成就：繼森鹿三之後，魯惟一對漢簡簡册展開復原、研究，復原簡册四十餘種，其 *Records of Han Administration* 成爲歐美學界漢簡研究的開山之作；[②]永田則以簿籍簡牘爲研究對象，以不同的"書式"爲基準，並參照出土地點等信息，展開"集成"式的研究，開創了漢簡研究中的"永田方式"或"永田流"；[③]就大庭脩而言，主要體現在對漢代制詔和令的研究，這也是本書中最爲學界稱道的篇章之一。

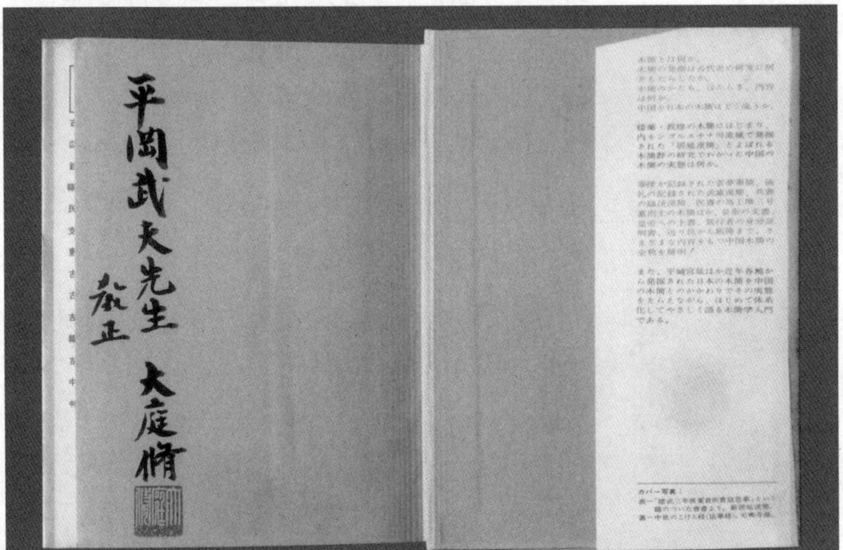

圖四　大庭脩《木簡》一書書影

筆者所藏

① 藤枝晃：《居延漢簡研究》序，第 2 頁。

② Michael Loewe, *Records of Han Administration*, London: Cambridge University Press, 1967.又，中譯本由于振波、車今花翻譯，2005 年由廣西師範大學出版社出版。

③ 張學鋒：《居延漢簡研究》譯後記，第 601 頁。

元康五年詔書册的復原，是大庭脩法制史、簡牘學研究的典範，也是古文書學所孕育之花。出土時的殘篇斷簡，並不意味著原先的形態即如此，只是編繩朽斷後順序混亂的結果。簡册復原，以筆迹相同、出土地相同、内容關聯等爲主要依據。① 1961 年，在余遜、勞榦綴合兩簡的基礎上，②大庭脩依據上述原則，發表了元康五年詔書册復原的成果，將散亂存在的 8 枚簡牘恢復爲一個整體。這是居延漢簡中的第三份册書，也是被學界復原的第一份册書（圖五）。這

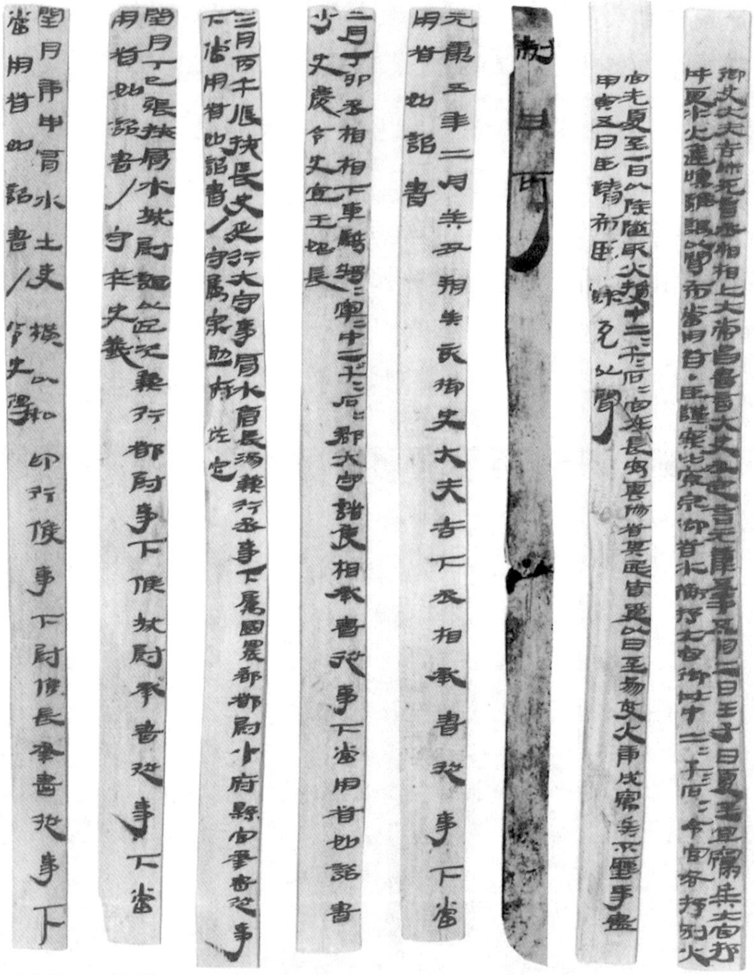

10.31　10.29　10.32　10.30　10.33　332.26　5.10　10.27

圖五　木簡學之花：元康五年詔書册

據紅外影像重新製作圖版，332.26 枚除外

① 按，簡册復原原則的歸納並非一蹴而就，此處所言是依據大庭脩早先的説法。後來，他又有所總結、完善，參見氏著，徐世虹譯《漢簡研究》，廣西師範大學出版社，2003 年，第 10—11 頁。

② 按，勞榦在《居延漢簡考釋・考證之部》中寫道："右丙吉奏，本爲兩簡，余讓之先生察其字迹相同，合爲一奏。前後完整無缺文，至可貴也。"在"合爲一奏"後，自注"時在二十四年"，亦即 1935 年；"本爲兩簡"，是針對10.27、5.10 而言。參見勞榦：《居延漢簡考釋・考證之部》，第 13a—14b 頁；勞榦：《居延漢簡・考釋之部》"别火官"條，第 12 頁。

份被復原的册書,是漢宣帝元康五年(前61年)關於夏至日休兵、改火的文書,鮮活地揭示出行政命令是如何被提出的,經由什麽樣的程序而頒行天下,又是如何依次被傳達到基層社會,意義不可謂不重大。

簡册復原雖然具有多方面的意義,就個人而言,筆者更欽佩大庭先生對漢代制詔的研究。

關於漢代詔令的分類,多依據成書於東漢的《漢制度》及《獨斷》,將皇帝的命令文書分爲四類:策書、制書、詔書和誡書(或誡敕)。文書種類不同,功能自然有别,簡册形制、字體乃至傳達方式,或多或少地也存在差異。比如,策書主要用於册封諸侯王、三公,篆書書寫;誄謚(死於任上的)或策免諸侯王、三公,亦使用策書,隸書書寫。制書、詔書是與國家日常行政關係最密切的兩類命令文書。不過,不論是從形式上,抑或是從内容上,要明確區分這兩類文書都存在困難。在這種情況下,大庭脩著眼於制詔經過了怎樣的頒下過程,從而來探究單行詔令的立法過程。根據漢代制詔的内容,他將其歸納爲三種形式:

> 第一種形式用於皇帝根據自己的意志單方下達命令之時;
>
> 第二種形式用於官吏在受委任的許可權内提出議案並獲得認可,然後作爲皇帝命令公布之時;
>
> 第三種形式用於皇帝表示了政策大綱或意志指向,然後將具體立法委託給部分官僚之時,它是第一與第二種形式的複合。(頁160)

按,基於内容而分析形式,從古文書學的理論看,屬於典型的"樣式論"。這也是日本古文書學研究的重中之重,儘管現在越來越側重於"機能論"的分析。①

翻閲日本古文書學的入門之作,如佐藤進一的《新版古文書學入門》,或日本歷史學會所編《概説古文書學(古代・中世編)》等等,均是以古文書的樣式爲依據,分析各類文書的基本特徵,以及它們發揮作用的特定場合。永田英正關於簿籍的集成式研究,似乎也是"樣式論"的産物,只是這些書式不爲傳世典籍記載罷了。對於唐及同時代的日本而言,有諸如《公式令》的文獻存在,根據樣式進行研究並不困難;秦漢時代,記載文書樣式的典籍多已散佚,惟《漢制度》或《獨斷》中略見,這是大庭脩展開上述分析的背景。

經過此番分析,習以爲常且乏味的公文書,被大庭脩發掘出前所未知的意義:漢代令的立法程序首次被釐清,時在1963年。或許,讀者心中會有疑惑:依據傳世文獻得出的結論,是否經受得起時間的考驗呢?三十八年後,張家山漢墓竹簡《津關令》發表,證

① 參見游逸飛等人對籾山明的采訪,《日本東洋文庫研究員籾山明:在簡牘學、古文書學、法制史與秦漢史之間》,文匯網,2017年2月3日。

明了上述結論可信。在地不愛寶的時代，或誇矜於依賴出土簡牘帛書才能作出的“新”研究，假若没有新資料的出土，研究是否就要停止不前？大庭脩的上述研究，以及永田的集成研究，揭示出另外的境界，“看人人所能看得到的書，說人人所未説過的話”。①

以古文書學爲方法或特色的研究，未必始於第二次漢簡輪讀會，卻成爲鑄就大庭業績的“催化劑”。② 對於“雖有古文書，然無古文書學”的中國學界而言，如何向日本學界借鑒，實現“中國古文書學的體系化”，③儘管已開始受到學界關注，但仍有待同仁的不懈求索。當文書成爲出土簡牘的主體時，引入並深化古文書學的方法、理論，不論對已是“明日黄花”的新舊居延簡進行再整理，還是對陸續整理公布的里耶秦簡進行新探索，④或許，會使我們達到“衆里尋他千百度。驀然回首，那人卻在燈火闌珊處”的境界。⑤

四、追尋實事求是之道

修習劍法的目的，固然在意於勝負，但又不止於此，重要的是體悟劍道。大庭脩所體悟或追求的劍道，似乎可用“實事求是”概言之。當然，這不僅是大庭脩一人的追求，也是日本漢學研究的追求之一。

此語出自《漢書》，史載劉德“修學好古，實事求是”，顔師古注爲“務得事實，每求真是”，⑥用今天的話説，就是探尋事情的本來面目。念兹在兹並將其奉爲鵠的的，是清朝時大爲興盛的考據學。逐字逐句的疏通，綿密精細的考證，是考據學的基本方法，也是考據學的重要特徵。這種重視證據的實證性研究，不僅是清代乃至民國的學風，甚至也影響到了近鄰東瀛，尤其是享譽於世的“京都學派”；内藤湖南與狩野直喜主導的京大東洋學，是在批判繼承歐洲中國學的基礎上，高舉清代考證學的旗幟而形成的。⑦

---

① 嚴耕望：《治史三書》，遼寧教育出版社，1998 年，第 23—25 頁。按，此條原刊於 1981 年出版的《治史經驗談》。

② 按，大庭脩《爰書考》一文發表於 1958 年，屬於永田英正所説的日本漢簡研究第二期，儘管此時“居延漢簡輪讀會”還未開始。

③ 參見藤枝晃：《居延漢簡研究》序，第 2 頁。

④ 按，對“廢棄簡牘的古文書學研究”的方法論探討，已成爲當下國内外簡牘學研究的内容之一，籾山明有“生態性研究”的提法，參見氏著《日本居延漢簡研究的回顧與展望——以古文書學研究爲中心》，載《中國古代法律文獻研究》第九輯，第 154—175 頁。

⑤ 參見王國維：《人間詞話》，上海古籍出版社，1998 年，第 6 頁。按，原文寫作“衆里尋他千百度，回頭驀見，那人正在燈火闌珊處”。關於版本情況，參見黄霖、周興陸撰寫並收入該書的“導讀”。

⑥ 《漢書》卷七十《景十三王傳》，第 2410 頁。

⑦ 高田時雄：《狩野直喜》，載礪波護、藤井讓治編：《京大東洋學の百年》，京都大學學術出版會，2002 年，第 26 頁；櫻井正一郎：《京都學派醉故傳》，京都大學學術出版會，2017 年，第 5—6 頁。

大庭脩受業於内藤湖南的私淑弟子石浜純太郎,[①]繼而又長期接受森鹿三的諄諄教誨,"本書所收的大部分論文,都是(森鹿三)先生指導下的成果"(頁 475)。之所以選擇法制史,夫子自道之語便是,"初學之際,社會上正盛行時代區分的爭論,對此也感到興奮,然而卻不適應,對流行的經濟史領域也不太感興趣。如果要做,界限比較清楚的法制史似乎合乎我的性格。較之高邁的理論,還是地道的考證有意思"(頁 475)。在《講義筆記:中國法制史概説》中,大庭脩也寫道:"一分綜合要以十分考證爲前提。因此作爲歷史學,首先就是要以考證過去的事實爲第一步。"(頁 551)

明乎此,也就明白本書以考證或實證爲特色的原因所在,自然可以將"實事求是"視爲作者所追求之道。

對此,大庭脩對王杖簡的關注,可能就是最好的注腳。1975 年,他發表了對王杖十簡排序的新説,但很快就受到了滋賀秀三的批評。對此,儘管心中仍有諸多疑問,大庭脩並没有爲自己辯護,"讀罷滋賀對拙文的評論,坦率的想法是,滋賀的説法恐怕是穩妥的"(頁 243)。1986 年,基於新見的王杖詔書令册,他修正、撤回了"有關決事比、讞的一般性的看法"(頁 519)。不過,他對王杖簡的研究並未就此止步:1995 年,就新發現王杖簡的排序,以及所謂的"挈令"問題,提出已見;[②]1996 年,以《漢墓出土的簡牘——特針對王杖簡牘》爲題的論文發表,闡述處理墓葬簡牘的方法。在二十一年内,持續關注同一主題,或是修正乃至撤回舊説,或是拓展既有的論題,或是從方法層面進行探索,無一不是作者求真求是軌迹的真實再現。

在大致梳理王杖簡的研究序列後,似乎會有助於解開一個"謎團":大庭脩很早就對睡虎地秦簡給予關注,但卻終究没有對這批材料進行研究,是出於何種考慮?徐世虹推測是對竹簡的編連依據存在疑問(頁 4),這大概是可以信從的。在對張家山漢簡《津關令》進行研究時,大庭脩還寫道:"看到對最早的釋讀排列成果完全信賴的研究,從簡牘研究的方法來説,不禁感到多少有些不妥。"(頁 543)對於墓葬出土簡牘性質的判定,成爲解開"謎團"的又一綫索,"簡牘作爲墓主冥界生活必需品之一而被有意隨葬的"(頁 58),那麽,正如他在《漢墓出土的簡牘——特針對王杖簡牘》一文所説,"如何看待它們的性質,關係到它們作爲資料的使用價值,因此論者必須首先明確自己考察範疇的合理性"。[③] 這與學界通常將墓葬出土的簡牘視爲"真文書、真記録"的看法明顯有别。

---

① 大庭脩:《石浜純太郎》,載江上波夫編著:《東洋學の系譜》第 2 集,大修館書店,1994 年,第 154 頁。

② 按,此即新譯本附録所收《武威旱灘坡出土的王杖簡》一文。

③ 大庭脩著,楊振紅譯:《漢墓出土的簡牘——特針對王杖簡牘》,載長沙市文物考古研究所編:《長沙三國吴簡暨百年來簡帛發現與研究國際學術研討會論文集》,中華書局,2005 年,第 464 頁。按,新譯本未收録此文。

考證是依賴材料説話，但問題也由此而生：一方面是對既有材料的理解出現偏差而導致論説不確，一方面是不斷出土的新見材料會糾正、補充或拓展既有的論斷。以下，略加舉例，説明一二。

關於前者，廖伯源以舊譯本中的《漢代官吏的勤務與休假》一章爲例，從引文、内容乃至中譯本存在的問題，一一加以批評。① 平心而論，他的批評意見是值得傾聽的，這大概也没有什麽好回避的，不過，依據個案式的考察而窺見全書，並不妥當。"躬自厚而薄責於人"(《論語·衛靈公》)，②是批評時應有的態度。畢竟，對研究中國史的國外學者而言，由句讀或理解錯誤而導致的問題在所難免，當他/她們在用本國語言研究中國史時，是需要逐字逐句地去理解並加以表述的——若國内學者需對引用的材料逐字翻譯時，誰又可以保證不出現類似的問題呢?

又，不論是大庭脩，還是廖伯源，在考察漢代官吏的"喪假"時，多關注與"取寧"相關的資料，似乎忽略了"取急"的資料，儘管新、舊居延簡中對兩者均有記載。《漢簡語彙：中國古代木簡辭典》中，將兩個詞條並列，解釋爲"休假"；《漢簡語彙考證》中，仔細考察兩者的細微之别，通過漢簡詞例而謹慎判斷，兩者語義可能是相同的，均指喪假。③

關於後者，此處擬以《爰書考》一篇爲例。此文最初發表於 1958 年，重在探究"爰書"的本意，是基於文書學的方法，對漢簡"爰書"資料進行分類，並歸納"爰書"的文體特徵，從而得出"向官府申告私人事項的文書均稱爰書"的結論(頁 455)。此一論斷，在作者看來不會因爲睡虎地秦簡《封診式》的發現而改變。

1992 年，籾山明發表《爰書新探——兼論漢代的訴訟》一文，他認爲既有的研究在方法上存在問題：以"爰書是什麽"爲綫索來判斷"何爲爰書"，是逆轉的不合邏輯的方法。他也是從文書學切入，先歸納"爰書"的種類，並以抽繹出的關鍵用語爲標準，來檢驗不帶"爰書"字樣的殘簡屬性。單看此部分的論述，與大庭可謂同出一轍，似均契合"樣式論"；"爰書"的適用範圍並不局限於治獄，大庭的這一論斷在今天看來也是正確的。只是籾山明接下來的分析，開啓"爰書"研究的新局面，亦即基於"機能論"的視角，得出"由負責官吏所製成的、爲了進行公證的文書，即爰書"的結論。④ 作爲方法論的文書學對簡

---

① 廖伯源：《評大庭脩著〈漢代官吏的勤務與休假〉及其中譯本》，載氏著《秦漢史論叢》，五南圖書出版公司，2003 年，第 365—386 頁。按，新譯本改譯爲《漢代官吏的工作與休假》。

② 朱熹：《四書章句集注》，中華書局，1983 年，第 165 頁。

③ 京都大學人文科學研究所簡牘研究班編：《漢簡語彙：中國古代木簡辭典》，岩波書店，2015 年，第 233 頁；冨谷至編：《漢簡語彙考證》，岩波書店，2015 年，第 215—219 頁。

④ 籾山明著，李力譯：《中國古代訴訟制度研究》，上海古籍出版社，2009 年，第 145—200 頁。按，此文中譯本改題爲《爰書新探——古文書學與法制史》。

牘研究所具有的意義,再次展現。

從"爰書"本意看,即"以文書代換其口辭",源自蘇林、顔師古所注;從"爰書"功能看,是證明或公證文書,源自張晏、韋昭之説。[①] 當韋昭也將"爰"釋爲"换"時,忽略"爰"字本意而只言其功能,可能也是不妥當的。私意以爲,大庭、籾山的觀點似各得一端,與其是此非彼,莫若合而觀之。

實際上,對於考證的局限性,大庭脩有清醒認知。修正、撤回王杖簡的論説,"可以説是不逮所致,但這莫如説是無法預測將會有怎樣的資料出土的中國史研究者的命運"(頁 519)。雖如此,考證或實學的傳統,依然爲今日之學者所堅守。以冨谷至爲班長的京都大學人文科學研究所的"簡牘研究班",歷時十年(2004 年—2014 年)完成了《漢簡語彙: 中國古代木簡辭典》及其姊妹篇《漢簡語彙考證》。[②] 他在《漢簡語彙考證》序中寫道,本書是以漢代史的實證研究爲目標,以清代考據學爲基本學問方法,在堅持人文研"會讀"(志同道合者共同研讀同一典籍)傳統的基礎上而完成的集體成果。[③] 幾乎同時,京都大學榮譽教授河内良弘窮一人之力編著《滿洲語辭典》,被譽爲"日本東洋學界誕生的傑出研究成果之一"。[④] 樸實學風,全無二致。這對患有"理論饑渴症"的中國史學而言,[⑤]是否有借鑒意義呢?

從"豆瓣醬"到"洗澡狂",[⑥]從"孟修斯"到"常凱申",捧腹之餘,是對各種譯著品質的憂慮,至於信、達、雅就更無從談起了。然而,對於本書而言,讀者大可放心。主譯者徐世虹教授早年負笈日本,爲大庭脩嫡傳弟子,洞悉其師學説論旨的精妙處,又長期致力於秦漢法制史研究,深刻了解本書所具有的學術價值,故在十多年前決定重新翻譯此書。重譯時的種種艱辛,正如她在代譯者序中所言:"一詞一句之揣度,往往輾轉再三,難定一讞;一文一見之得,又需反復翻檢,以求通融。信而求達,尤需静坐玩味,體會旨

① 《史記》卷一百二十二《酷吏列傳》,第 3137 頁;《漢書》卷五十九《張湯列傳》,第 2637 頁。

② 按,關於成書背景的介紹,參見劉欣寧:《日本漢簡研究集大成之作——〈漢簡語彙: 中國古代木簡辭典〉及其成書背景介紹》,《古今論衡》第 29 期,2016,第 114—126 頁。

③ 冨谷至編:《漢簡語彙考證》序,第 vi 頁。

④ 參見日本學士院網 http://www.japan-acad.go.jp/pdf/youshi/106/kawachi.pdf,《對文學博士河内良弘氏〈滿洲語辭典〉授賞審查要旨》,2016 年 6 月 27 日。按,此書 2014 年由松香堂書店出版,香川大學的本田導夫提供技術協助。

⑤ 包偉民:《中國史學患"理論饑渴症"》,《中國社會科學報》,2011 年 5 月 26 日。

⑥ 王子今:《"豆瓣醬"與"洗澡狂"——翻譯的故事與文化》,《中華讀書報》,2001 年 8 月 24 日。按,此文原題爲《崔家的"豆瓣醬"——説譯之不易》,後收録於《王子今學術經典文集》,山西人民出版社,2014 年,第 423—432 頁。

意，明明呼之欲出，卻難成條貫，此最爲困擾亦最爲費時者。”（頁 17）

當翻譯作品幾乎無法納入“科研考核”的序列時，主譯者卻甘心付出十多年的時間不懈爲之，且不爲翻譯或出版事宜申請任何資助或補貼。“非有對學術本身所抱持的熱情不足以成其事”固然爲其一端，[①]師生道義之薪火相傳是更重要的，自不欲有一絲一毫的名利之念沾染其間。譯者“自度無愧於用心”（頁 17）一語，自當反復體味，尤其是此書之出版正值大庭先生祭日將至之時……

附記：初稿完成後，李曉菊先生審讀全文，逐一批注、改正；劉自穩同學協助處理圖像編輯事宜，謹此一併致謝！雖如此，失誤恐在所難免，筆者當文責自負。

① 參見徐冲爲“日本學者古代中國研究叢刊”所撰寫的編者後記。

孫吴鋘賈錢簿記與鐵器官營的實態*

凌文超

（北京師範大學歷史學院、出土文獻與中國古代文明研究協同創新中心）

兩漢三國時期，鐵器專賣或徵税是官府重要的財政來源。漢武帝在全國範圍内推行鐵器官營，既增加了財政收入，又有助於調整經濟的發展。即使在漢昭帝始元六年（前 81 年）召開的鹽鐵會議對鐵器官營的利弊進行了專門的討論，對於國家財政收入具有重要意義的鐵器專賣政策也仍然延續下來。至東漢章、和帝時期，鐵器官營問題引發朝臣的爭議，鐵器專賣政策逐步轉變爲以徵税制爲主。三國時期，各國爲增加財政收入，管控鐵器物資，鐵器官營又成爲主要形態。對於兩漢三國時期鐵器專賣政策及其利弊，學界有過大量的討論。① 然而，早期鐵器官營的實際運行狀態，由於傳世文獻中缺乏具體的記載，學界對其生産、銷售和財計的整個流程知之不詳。② 走馬樓吴簡中有不少關於鋘賈錢的記録，過去學界對此進行了深入研究，認爲鋘賈錢是官方賣出農具鋘的入錢帳目，反映了孫吴鐵農具"鋘"專賣的基本狀況。③ 隨著庫錢、布等帳簿的系統整理以

* 本文爲國家社科基金青年項目"嘉禾吏民田家莂研究"（16CZS060）的階段性成果。

① 羅慶康：《漢代專賣制度研究》，中國文史出版社，1991 年；楊華星、繆坤和：《漢代專賣制度研究》，貴州大學出版社，2011 年；逄振鎬：《試論漢代鹽鐵政策的演變》，《江漢論壇》1987 年第 2 期；王健：《東漢鹽鐵業制度探析》，《鹽業史研究》1989 年第 3 期等。

② 滕井宏《漢代鹽鐵專賣的實態——圍繞〈史記・平準書〉記載諸問題》及其續篇（劉淼譯，《鹽業史研究》1989 年第 3、4 期）利用《史記・平準書》中的有限記載，重點分析了西漢鹽鐵的生産，對於銷售環節則未涉及。

③ 侯旭東：《三國吴簡中的"鋘錢"》，《吴簡研究》第一輯，崇文書局，2004 年，第 230—235 頁；高敏：《從長沙走馬樓三國吴簡看孫權時期的商品經濟狀況》，《長沙走馬樓簡牘研究》，廣西師範大學出版社，2008 年，第 126—127 頁；蔣福亞：《走馬樓吴簡所見鹽鐵官營和酒類專賣》，《史學月刊》2011 年第 12 期，收入其著《走馬樓吴簡經濟文書研究》，國家圖書館出版社，2012 年，第 262—269 頁。至於"鋘"是何種農具，學界存在不同的意見，筆者擬另著文探討。

及《竹簡〔捌〕》中聚集出現了不少鋘賈錢新入簡，爲我們在全面整理鋘賈錢簿記的基礎上，結合相關記載，梳理孫吴農具鋘專賣的整個流程提供了條件，也有助於我們從一個側面了解孫吴鐵器官營的實態。

一、鋘賈錢入受莂整理

走馬樓吴簡中關於鋘賈錢的簿記主要有兩類：一類是鋘賈錢入受莂，另一類是鋘賈錢承餘新入簡。根據庫錢、布帳簿體系的整理結果，"入受莂"是原始的基礎帳簿，而"承餘簡"是結餘的帳目，"新入簡"是對"入受莂"結計簡的轉記。[①] 鋘賈錢入受莂，承餘、新入簡也應如此。

首先來看鋘賈錢入受莂。鋘賈錢入受莂並未編製專門的帳簿，而是與其他錢種如財用錢、口算錢、何黑錢、蒭錢以及各類租錢、賈錢混編爲"襍錢入受簿"。[②] 迄今公布的走馬樓吴簡中，僅見嘉禾元、二年鋘賈錢入受莂，今摘録信息比較完整的臚列如下：

［嘉禾元年鋘賈錢入受莂］

1. [入][都]鄉嘉禾元年官鋘錢四☐⧄　（壹・1446/5）[③]
2. 入都鄉鋘錢一萬二千‖✕嘉禾二年正月廿日☐☐⧄　（壹・1586/5）
3. 入都鄉嘉禾元年鋘賈錢一千‖✕嘉禾二年四月七日廉[丘]⧄　（壹・1700/5）
4. 入都鄉元年鋘賈錢一千一百‖✕嘉禾二年四月廿一日唐中丘☐☐付[庫]⧄　（壹・1707甲/5）
5. 入中鄉元年鋘賈錢⧄　（壹・2681/8）
6. 入平鄉嘉禾元年[鋘][賈][錢]⧄　（叁・656/23）
7. ⧄禾元年鋘賈錢二千[六][百]‖✕嘉禾二年[五][月][④]⧄　（壹・1662/5）

---

① 關於"入受莂"、"承餘新入簡"及其簿書構成，參見凌文超：《走馬樓吴簡庫錢帳簿體系復原整理與研究》，《考古學報》2015年第2期；凌文超：《走馬樓吴簡采集庫布帳簿體系整理與研究——兼論孫吴的户調》，《文史》2012年第1輯，修訂爲其著《走馬樓吴簡采集簿書整理與研究》第六章"庫布帳簿體系與孫吴户調"，廣西師範大學出版社，2015年，第369—383頁。

② 凌文超：《走馬樓吴簡庫錢帳簿體系復原整理與研究》，《考古學報》2015年第2期，第205—214頁。

③ 簡號如"捌・3499・圖10-1/21"，分別指卷次、整理號、揭剥位置示意圖編號和盆號。下同。

④ "[五][月]"，核對圖版，簡牘斷裂，字迹不明顯，釋文疑誤。

[嘉禾二年鋘賈錢入受莂]

8. 入都鄉所買①鋘錢二千七十‖Ⅹ嘉禾二年四月六日……☑　(壹·1705/5)

9. 入都鄉鋘錢□□□□‖Ⅹ嘉禾二年五月☑　(壹·1385/5)

10. 入都鄉鋘賈錢七千‖Ⅹ嘉禾二年五月四日苻中丘□□付☑　(壹·1704/5)

11. 入都鄉官鋘錢一萬‖Ⅹ嘉禾二年十一月廿二日☑　(壹·1393/5)

12. 入中鄉鋘錢四百‖Ⅹ嘉禾二年十月廿日汪松丘男子□□付庫吏殷連受　(壹·2836/8)

13. 入中鄉所買鋘賈錢一萬‖Ⅹ嘉禾二年五月廿日小赤丘男子番萇付庫吏殷連受　(叁·3166/28)

14. 入中鄉所買鋘賈錢六千‖Ⅹ嘉禾二年五月廿四日歲伍潘萇付庫吏殷 ☑　(叁·3185/28)

15. 入中鄉所買鋘賈錢二千四百‖Ⅹ嘉禾二年五月廿六日渚山丘大男杜烏☑　(叁·3191/28)

16. 入中鄉鋘錢五千‖Ⅹ嘉禾二年十一月廿九日□斷丘□□付庫吏殷連受(叁·3167/28)

17. 入模鄉鋘賈錢二千五百‖Ⅹ嘉禾二年閏月六日租亭丘大男□☑　(壹·1381/5)

18. 入模鄉沓丘男子區帛鋘錢五千‖Ⅹ嘉禾二年閏月十一日☑　(壹·1517/5)

19. 入西鄉鋘賈錢五千六百‖Ⅹ嘉禾二年閏月□□□□☑　(壹·1561/5)

20. 入廣成鄉嘉禾二年鋘賈錢二千‖Ⅹ嘉禾二年四月十三日雅丘男子唐陸付庫吏殷連受　(壹·2811/8)

21. 入廣成鄉彈溲丘男子黄歸鋘錢一千‖Ⅹ嘉禾二年閏月廿六日☑　(壹·2804/8)

22. 入廣成鄉二年鋘賈錢三千‖Ⅹ嘉禾三年二月十四日桐山丘烝端付庫吏潘☑　(貳·6225/20)

---

① "所買",原釋作"民買",今據圖版改。

23. 入廣成鄉漂丘男子潘伯鋘錢三千‖X 嘉禾二年閏月廿二日丞弁閼①[付][庫][吏]⍁　(叁・3172/28)

24. 入廣成鄉上伻丘男子鄧主鋘賈錢一千‖X 嘉禾二年閏月廿六日丞弁閼付庫吏殷連受　(叁・3179/28)

25. 入廣成鄉□下丘大男尹禿鋘賣錢四千八百‖X [嘉][禾]……⍁　(叁・3182/28)

【注】“賣”疑爲“賈”之誤。

26. 入廣成鄉鋘賈錢一千三百‖X 嘉禾二年八月十一日上薄丘男子區相付庫吏殷⍁　(叁・3188/28)

27. 入廣成鄉鋘錢一千‖X 嘉禾二年八月十二日單溲丘男子黄□⍁　(叁・3210/28)

【注】“單”應爲“彈”之省。

28. [入][廣][成][鄉][嘉]禾二年鋘錢一千‖X 嘉禾二年八月十八日𨑮丘……⍁　(叁・3208/28)

29. 入廣成鄉鋘錢一千‖X 嘉禾二年八月廿四日桑都丘大男……⍁　(叁・3346/28)

30. 入平鄉鋘錢五千‖X 嘉禾二年七月二日盧丘潘明付庫吏慇⍁　(壹・2843/8)

31. 入平鄉嘉禾二年鋘賈錢四千‖X 嘉禾二年二月廿三日盡丘巨仲付庫吏潘⍁　(貳・6235/20)

32. 入平鄉鋘賈錢四千‖X 嘉禾二年六月廿六日胡萇丘男子許沖付庫吏殷[連]⍁　(叁・3178/28)

33. [入][平][鄉]鋘賈錢五千‖X 嘉禾二年七月二日寇丘男子潘調[付][庫][吏][殷]⍁　(叁・3170/28)

34. 入平鄉鋘賈錢三千‖X 嘉禾二年七月五日寇丘大男鄧盡付庫吏殷連受　(叁・3175/28)

35. 入平鄉監沱丘苳頗二年錢賈錢二千‖X 嘉禾二年⍁　(叁・3356/28)

【注】前“錢”應爲“鋘”之誤。

36. 入桑鄉鋘錢七百‖X 嘉禾二年六月廿一日上薄丘男子⍁　(壹・2813/8)

---

① “丞弁閼”，原釋作“烝弁”，今據圖版改，下同。參見凌文超：《走馬樓吴簡中的簽署、省校和勾畫符號舉隅》，《中華文史論叢》2017年第1期。

37. 入桑鄉鋘錢二千‖Ⅹ嘉禾二年八月一日盡【丘】⧄ （叁·3193/28）

［結計簡］[①]

38. ·右西鄉入【鋘】⧄ （壹·1497/5）

39. ·右南鄉入鋘賈錢二萬二千五百二⧄ （壹·1548/5）

鋘賈錢入受莂是鄉丘吏民向庫入受鋘賈錢的簿記。

二、鋘賈錢承餘、新入簡整理

鋘賈錢入受莂的上一級帳簿是承餘新入簿。吴簡采集簡第21盆中存在數枚鋘賈錢承餘簡和新入簡，例如：

40. 【承】[②]四月旦簿餘吏潘謝所還三年鋘賈行[③]錢九十三萬五千[④]⧄ （貳·7043/21）

41. 承五月旦簿餘嘉禾二年【鋘】【賈】[⑤]【錢】一萬 （貳·7217/21）

42. 入都鄉嘉禾二年【鋘】賈行錢一萬五千 ⧄ （貳·6916/21）

43. ⧄入模鄉嘉禾二年鋘賈錢□一(?)千三百 ⧄ （貳·6965/21）

44. ⧄□【鋘】【賈】【錢】【六】百 ⧄ （貳·7031/21）

45. 入廣成鄉嘉禾二年鋘賈錢三千 ⧄ （貳·7044/21）

另外，采集簡第24盆中也有一枚鋘賈錢承餘簡：

46. 承四月旦簿餘嘉禾二年鋘賈錢三萬九千三百⧄ （叁·1974/24）

簡42～45雖然殘斷，但是從其錢數下留空、未見同文符來看，它們並非鋘賈錢入受莂，而是新入簡。

考察采集簡第21盆中的竹簡，錢類承餘新入簡還有：

---

① 簡叁·3171原釋作"·右諸鄉入鋘賈錢三千十四"，核對圖版，"鋘"當改釋作"鹽"。

② "【承】"，原釋作"【凡】"，今據文例及圖版改。

③ "行"，原闕釋，今據圖版補。

④ "九十三萬五千"，原釋作"九千三百五十"，今據圖版改。

⑤ "【鋘】【賈】"，原闕釋，今據圖版補。

47. 承[1]三月旦簿餘嘉禾二年三[州]倉賈[錢]二千二百一十……▨
（貳・6862/21）

48. [承][2][一][月][旦][3]簿[餘]嘉禾二年□錢一萬　▨　（貳・7038/21）

49. [承][4]□月旦簿[餘][5]嘉禾二年……▨　（貳・7115/21）

50. 承二月旦簿餘嘉禾二年[漬][6]米賈行錢二萬六千　▨　（貳・7226/21）

51. 入中鄉皃(兒)木船賈行錢三萬　▨　（貳・7254/21）

52. ・右承餘錢一萬　▨　（貳・7223/21）

53. ・右新入錢□▨　（貳・6963/21）

54. 出用　無[7]　▨　（貳・7224/21）

55. 萬四千七百[卌]八[錢]，□□[錢]五萬四千七百七▨　（貳・7225/21）

記録的錢種主要有"三州[倉]賈[錢]"、"漬(?)米賈行錢"、"皃(兒)木船賈行錢"，並非財用錢、口算錢、租錢、蒭錢這類的常税錢，而是特殊的"賈錢"，即官方出售某類物資的收入錢。[8]

出土於古井的走馬樓吴簡，由於淤泥黏連，同一簿書中的簡牘常聚集出現在同盆或相鄰盆中，[9]簡 40～55 應從屬於某件"襍賈錢承餘新入簿"，其中並不包含常税錢的承餘、新入簡。換言之，吴簡中除了過去我們整理的"襍錢承餘新入簿"（含財用錢、口算錢、租錢、蒭錢等）一類常税錢簿外，還存在"襍賈錢承餘新入簿"一類特殊的賈錢簿。

在發掘簡第 21 盆Ⅱ-C-35 成坨竹簡中，有 10 枚"鋘賈錢新入簡"黏連在一起，參見《竹簡〔捌〕》簡牘揭剥位置示意圖圖十：

---

① "承"，原釋作"出"，今據圖版改。

② "[承]"，原釋作"[凡]"，今據文例及圖版改。

③ "[旦]"，原闕釋，今據圖版補。

④ "[承]"，原闕釋，今據圖版補。

⑤ "[餘]"，原闕釋，今據圖版補。

⑥ "[漬]"下原釋有"□"，核對圖版，爲編痕留空，今據删。

⑦ "出用　無"，原釋作"□　無□"，今據圖版改、補。

⑧ 凌文超：《走馬樓吴簡庫錢帳簿體系復原整理與研究》，《考古學報》2015 年第 2 期，第 219 頁。

⑨ 凌文超：《走馬樓吴簡采集簿書整理與研究》第九章"吴簡文書學研究芻議"，第 458 頁。

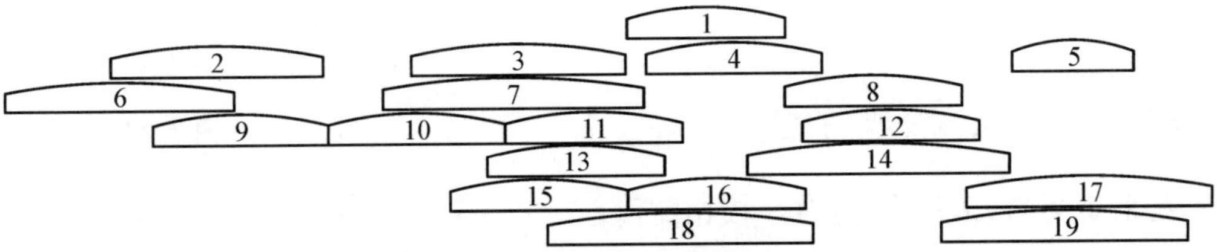

圖十　Ⅱ-C-35 簡牘揭剥位置示意圖(相關部分)

這些簡的内容相同,格式和筆迹一致,編繩處均留空。據此,這 10 枚"鋘賈錢新入簡"應從屬於同一簿書,兹按簡序臚列如下:

56. 入[模][鄉][五][年][鋘]賈錢一萬三千三百五十　(捌・3499・圖 10-1/21)

57. 入小武陵鄉五年鋘賈錢四[萬][八][千][七][百]　(捌・3502・圖 10-4/21)

58. 入桑[鄉]五[年]鋘賈錢一萬七百　(捌・3506・圖 10-8/21)

59. 右諸鄉起十二月七日訖[四]①月廿九日入五年鋘賈錢廿八萬七千二百卌　(捌・3507・圖 10-9/21)

60. 入南鄉五年鋘賈錢一萬　(捌・3508・圖 10-10/21)

61. 入東鄉五年鋘賈錢六萬四百　(捌・3509・圖 10-11/21)

62. 入中鄉五年鋘賈錢三[千][八]百　(捌・3510・圖 10-12/21)

63. 入樂鄉五年鋘賈錢[四][千][一][百]　(捌・3511・圖 10-13/21)

64. 入平鄉五年鋘賈錢一萬八千二百五十　(捌・3513・圖 10-14/21)

65. 入桑鄉五年鋘賈錢一萬四千五百五十　(捌・3514・圖 10-15/21)

在發掘簡第 21 盆及相鄰的第 20 盆中,還有 8 枚"鋘賈錢新入簡",如下:

66. 入模鄉五年鋘賈⍁　(捌・2676/20)

67. [入][模][鄉][五][年][鋘][賈][錢]②[二][萬]⍁　(捌・4391/21)

68. 入平鄉五年[鋘]賈[錢][一]萬[四]⍁　(捌・4404/21)

69. 入小武陵鄉五年鋘[賈][錢]□[萬][五][千]⍁　(捌・4573/21)

70. 入西鄉五年鋘賈錢一萬三千三百五十　(捌・4717/21)

---

① "[四]",原闕釋,今據圖版補。

② "錢"下原釋有"□",核對圖版,爲編繩留空,今據删。

71. ☐賈錢三萬二百　☐　(捌·4741/21)

72. 入西鄉五年鋘賈錢三千八百☐　(捌·4758/21)

73. ☐五年鋘賈錢起□①☐　(捌·5139/21)

另外，在采集簡第21盆中，還有一枚相關簡：

74. ·□□五(?)年鋘賈錢　☐　(貳·7214/21)

這些簡的内容、格式、筆迹、編痕與簡56～65基本一致，唯簡59、73、74與其他簡例稍有區别。簡59爲結計簡。簡73編痕留空在“五年”之下，與其他簡例編痕留空在“鋘賈錢”以下不同，疑爲標題簡。簡74疑爲標識簡。簡59記録的鋘賈錢數爲287240，他簡錢數合計，至少爲276600(如簡67～69“二萬☐”、“一萬四☐”、“□萬五千☐”分别取最小值20000、10400、15000計算)，兩者僅相差10640錢(且簡66缺錢數)。由此看來，該“鋘賈錢新入簿”闕簡當很少，甚至未闕。

鑒於發掘簡第21盆中未見鋘賈錢承餘簡，簡56～74内容、格式、筆迹、編痕基本一致，錢數合計相差不多，它們應從屬於一件基本完整的“嘉禾五年鋘賈錢新入簿”。兹按内容、鄉别及其分部將該簿書整理如下：②

☐五年鋘賈錢起□☐　(捌·5139/21)

入中鄉五年鋘賈錢三千八百　(捌·3510·圖10-12/21)

入東鄉五年鋘賈錢六萬四百　(捌·3509·圖10-11/21)

入南鄉五年鋘賈錢一萬　(捌·3508·圖10-10/21)

入模鄉五年鋘賈錢一萬三千三百五十　(捌·3499·圖10-1/21)

入模鄉五年鋘賈☐　(捌·2676/20)

入模鄉五年鋘賈錢二萬☐　(捌·4391/21)

入小武陵鄉五年鋘賈錢四萬八千七百　(捌·3502·圖10-4/21)

入小武陵鄉五年鋘賈錢□萬五千☐　(捌·4573/21)

入西鄉五年鋘賈錢一萬三千三百五十　(捌·4717/21)

入西鄉五年鋘賈錢三千八百☐　(捌·4758/21)

---

① “起□”，原釋作“……”，今據圖版改。

② 小武陵、西二鄉編連爲簿的簡例有貳·35、叁·4173、柒·3131，桑、樂二鄉編連爲簿的簡例有貳·6226、柒·2990。

入桑鄉五年鋘賈錢一萬七百 (捌·3506·圖10-8/21)

入桑鄉五年鋘賈錢一萬四千五百五十 (捌·3514·圖10-15/21)

入樂鄉五年鋘賈錢四千一百 (捌·3511·圖10-13/21)

入平鄉五年鋘賈錢一萬八千二百五十 (捌·3513·圖10-14/21)

入平鄉五年鋘賈錢一萬四☒ (捌·4404/21)

☒賈錢三萬二百 ☒ (捌·4741/21)

右諸鄉起十二月七日訖四月廿九日入五年鋘賈錢廿八萬七千二百卌

(捌·3507·圖10-9/21)

·□□五(?)年鋘賈錢 ☒ (7214/21)

總的看來,走馬樓吴簡中的鋘賈錢簿記,由"鋘賈錢入受莂"、"鋘賈錢承餘、新入簡"、"鋘賈錢新入簿"構成。鋘賈錢入受莂並未編製獨立的簿書,而是與其他錢種的入受莂混編爲"襍錢入受簿"。鋘賈錢承餘、新入簡有時與其他特殊賈錢承餘、新入簡(三州倉賈錢、漬(?)米賈行錢、皃(兒)木船賈行錢,不含常税錢種)編連爲"襍賈錢承餘新入簿"。鋘賈錢新入簡有時也單獨編連爲簿,如"嘉禾五年鋘賈錢新入簿"。

三、鋘賈錢簿記反映的鐵器官營

吴簡中所見的"鋘賈錢",有時又被記作"官鋘錢"(如簡1、11)、"鋘錢"(簡2、12)、"所買鋘賈錢"(如簡14、15)。從鋘賈錢的别稱"官鋘錢"、"所買鋘賈錢"來看,"鋘賈錢"當爲民衆購買官營農具鋘的錢。孫吴時期,農具鋘的買賣采取的是官營形式,與東漢和帝以來的徵税制有所不同。

農具鋘當爲孫吴官方統一鍛造。據《宋書·百官志上》載:"江南諸郡縣有鐵者或置冶令,或置丞,多是吴所置。"[①]可見孫吴設置冶官管理鐵資源及其冶鑄。另據吴簡記録:

75. 草言府:攝鐵作部師佐父母妻子合男女人四百廿□□ ☒ (柒·4380)

臨湘當地設有專門的"鐵作部","鐵作部師佐"即負責冶鐵鍛造的工師。孫吴對作部工

① 《宋書》卷三十九《百官志上》,中華書局,1974年,第1232頁。

師人身的控制嚴格，甚至設置"監作部都尉"進行專門的管理，如：

76. 嵩被監作部都[尉]散(?)嘉禾二年十一月廿九日……給□□軍……

(貳·3940)

77. 一斛，通合稟斛米四百六十斛，被監作部都尉王[啤]嘉禾二年正月廿九日庚寅

(捌·3303)

78. 邸閣右郎中李嵩被監作部都尉王[啤]嘉禾二年[七]月一日己丑書給[監][運][掾]□

(捌·3730)

簡 76～78 記録的年份是嘉禾二年，當時正在征討武陵蠻。結合我們整理的"兵曹徙作部工師及妻子簿"來看，[①]爲了征討武陵蠻，臨湘侯國兵曹負責調徙長沙郡中部的鐵作部師佐製作兵事器械，簡 75 記録的當即此事。[②] "監作部都尉"當即監管這批製作兵械的作部工師及其妻子的武官。由此看來，孫吴官府不僅設置冶官管控鐵資源，而且設置"作部"、"監作部都尉"對冶鑄工匠人身進行嚴格的控制。孫吴通過對鐵資源和工匠的掌控，實現了官方對鐵器的壟斷經營。

總之，從吴簡"官鋘"(如簡 1、11)的記録，以及孫吴設置冶官、鐵作部的情形來看，孫吴官方控制著農具鋘的生産。

孫吴官鑄農具鋘的銷售，吴簡中也有迹象可尋：

79. 鄉勸農掾錢鋘應備入 ☑

(肆·3592)

---

① 凌文超：《走馬樓吴簡兩套作部工師簿比對復原整理與研究》，《簡帛研究二〇〇九》，廣西師範大學出版社，2011 年，修訂爲其著《走馬樓吴簡采集簿書整理與研究》第五章"兵曹徙作部工師及妻子簿與整套武陵蠻"，第 170—282 頁。

② 過去，我們認爲簽牌"兵曹徙作部工師及妻子本事"(J22-2580 正)記録的"兵曹"是潘濬軍府的兵曹。然而，從簡 75 來看，J22-2580 正面記録的兵曹應是臨湘侯國兵曹。因爲簡 75 這類"草刺簡"爲縣列曹起草呈送縣廷審核、簽署，需要郡府處理事務的摘要。參見沈剛：《吴簡所見孫吴縣級草刺類文書處置問題考論》，《文史》2016 年第 1 輯。簡 75 下部殘斷，從固定格式來看，當殘缺"某月某日兵曹掾史某白"之類的內容。臨湘侯國兵曹管理師佐在吴簡中有例證："兵曹言部諸鄉典田掾蔡忠等重復隱核[鍛]師事　嘉禾六年三月十四日[書][佐][吕][承][封]"(柒·2585)。過去，學界常根據"兵曹徙作部工師及妻子簿"記録了長沙郡他縣的師佐，判斷吴簡中含有長沙郡府文書。如果簡 75 爲兵曹徙作部工師及妻子這一事件的草刺簡不誤，那麽，這次調徙作部工師及其妻子，很有可能是上級部門責成臨湘侯國兵曹來具體負責，"兵曹徙作部工師及妻子本事"等簿書實際上是由臨湘侯國兵曹製作的。由此看來，即使該簿書中記録了長沙郡他縣的師佐，也並不影響我們對走馬樓吴簡性質的判斷，即走馬樓吴簡的內容主要是孫吴嘉禾年間臨湘侯國的行政簿書。

簡 79 記録的“錢鋘”當即“鋘錢”之倒。“備入”體現了吏員對他們職務行爲過失的補償。[①] 勸農掾的主要職責是農月勸農，[②]而農具鋘的配給與農業耕種密切相關，勸農掾負責這項工作與其職責相一致。鋘的專賣和鋘錢的收繳具體當由鄉勸農掾負責。一旦鄉勸農掾在農具鋘專賣、配給工作中存在過失，官府就會追究他們的責任，讓他們償補相應的損失，“備入”損失的鋘錢。

從簡 1～37 鋘賈錢入受莂來看，鋘賈錢按鄉丘徵收系統入庫。相比一鄉的編户數在百户以上，[③]一鄉的鋘賈錢入受莂數量明顯過少，鋘賈錢的繳納者應當並非單户吏民。據簡 13、14，中鄉小赤丘歲伍潘（番）萇在嘉禾五年五月廿、廿四日分别向庫吏殷連繳納鋘賈錢 10000 和 6000 錢。歲伍經常受勸農掾的指派去處理事務，如隱核私學、方遠授居民、州吏父兄子弟等。[④] 歲伍繳納鋘賈錢也應當是受鄉勸農掾的指派，收集鄉丘吏民的鋘賈錢，分批繳納入庫。其他繳納者的身份，如平鄉鄧盡（簡 34）爲“故帥”（壹 · 4838）、潘明爲“力田”（貳 · 6311），他們的身份同“歲伍”一樣應皆爲服役者。從這些情形來看，鄉勸農掾應安排了當年在丘的服役者，按丘收繳吏民的鋘賈錢，再繳納入庫。

鋘賈錢的徵收具有滯後性。如簡 3、4 嘉禾元年鋘賈錢晚至嘉禾二年四月徵收，簡 22 嘉禾二年鋘賈錢晚至嘉禾三年二月徵收，簡 59 記録的應是嘉禾五年十二月至嘉禾六年四月收繳嘉禾五年鋘賈錢。鋘賈錢滯後性徵收，一方面表明臨湘侯國吏民支付鋘賈錢可能存在困難，不少吏民需要等糧食收穫後，才有支付鋘賈錢的能力，另一方面則表明官府預先配給吏民農具鋘，既能促進農業生産，又可以有效防止貧民破産。

從“襍錢入受簿”來看，鋘賈錢與其他錢種如財用錢、口算錢、何黑錢、蒭錢以及各類租錢、賈錢混編在一起。鋘賈錢並無專門的入庫渠道，而是與其他各類錢種一併入庫。不過，襍錢入受莂按錢種分别進行編排和結計，這爲“鋘賈錢”的單獨結算提供了

---

① 侯旭東：《吴簡所見“折咸米”補釋——兼論倉米的轉運與吏的職務行爲過失補償》，《吴簡研究》第二輯，崇文書局，2006 年，第 187—189 頁；熊曲：《吴簡折咸米、漬米、没溺米及相關問題》，《吴簡研究》第三輯，中華書局，2011 年，第 221—225 頁。

② 《續漢書 · 百官五》：“（縣）諸曹略如郡員，五官爲廷掾，監鄉五部，春夏爲勸農掾，秋冬爲制度掾。”《續漢書》卷二十八《百官五》，中華書局，1965 年，第 3623 頁。《晋書 · 職官志》：“郡國及縣，農月皆隨所領户多少爲差，散吏爲勸農。”《晋書》卷二十四《職官志》，中華書局，1974 年，第 746 頁。

③ 吴簡記録的鄉户數：樂鄉嘉禾四年編户 173 户（壹 · 8482），小武陵鄉嘉禾四年 194 户（壹 · 4985），廣成鄉 216 户（壹 · 4801），中鄉 349 户（肆 · 899）。

④ 凌文超：《走馬樓吴簡舉私學簿整理與研究——兼論孫吴的占募》，長沙簡牘博物館編：《走馬樓吴簡研究論文精選》下册，嶽麓書社，2016 年，第 136 頁。

條件。

鋘賈錢是孫吴鐵器官營的專門性收入之一，與其他常税錢性質不同。庫及其管理機構金曹根據襍錢入受簿編製上一級帳簿時，專門編製"鋘賈錢新入簿"，或將鋘賈錢與其他賈錢一起編製"襍賈錢承餘新入簿"，從而與地方財政收入區分開來。"鋘賈錢（承餘）新入簿"應當是爲鐵器的專營結構如冶官、作部專門準備的。

綜合上述分析，孫吴農具鋘當主要由官方機構冶官、鐵作部負責製作。農具鋘的配給和專賣則由勸農掾負責。鄉勸農掾安排歲伍等服役者收集所在丘吏民的鋘賈錢並送交入庫。臨湘侯國金曹、庫負責鋘賈錢的收繳與結計，並編製"襍錢入受簿"（含鋘賈錢）、"襍賈錢承餘新入簿"（含鋘賈錢）、"鋘賈錢新入簿"。其中，"襍賈錢承餘新入簿"是專門登記各類賈錢承餘、新入的帳簿，應當涉及臨湘侯國金曹與其他部門（物資所有者）之間的帳目結餘和新收；而"鋘賈錢新入簿"是專門登記鋘賈錢收入的帳簿，應當會提供給冶官、作部等部門。

總之，從吴簡鋘賈錢簿記來看，孫吴農具鋘的官營並未設置獨立的鐵官體系專門負責生産和銷售。孫吴雖然設置冶官、鐵作部壟斷鋘的生産，但是，鋘的配給和銷售交給地方行政部門負責。鄉勸農掾及其管理的服役者負責鋘的配給和鋘賈錢的收集，金曹和庫負責鋘賈錢的收繳和會計。孫吴鐵官系統與地方行政部門相互配合，實現了鐵器的官營。孫吴鐵器官營並未設置一整套專門的産銷系統，而是有效地利用了地方行政部門，從而節約了行政資源。這種做法可能在漢代就是如此，例如尹灣漢簡"東海郡吏員簿"、"東海郡下轄長吏名籍"把鐵官的吏員納入東海郡吏員中並進行管理，[①]又如天長漢簡有"鐵官丞進東陽謝孟"（M19：40-14）的名謁，[②]表明鐵官與地方行政部門保持著密切聯繫，鐵官甚至在某種程度上仍接受郡縣的領導。

儘管孫吴鐵官系統與臨湘侯國行政部門一起負責鐵器官營，但是，鐵器專賣的財政收入仍然具有較强的獨立性。鋘賈錢雖然與其他錢種一併入庫並且混編爲"襍錢入受簿"，但是，在編製上一級簿記時，鋘賈錢則與其他特殊賈錢一起編製"襍賈錢承餘新入簿"，甚至編製專門的"鋘賈錢新入簿"。鋘賈錢作爲專賣收入有固定流向，成爲孫吴中

① 連雲港市博物館等編：《尹灣漢墓簡牘》，中華書局，1997年，第84、93—94、98頁。

② 天長市文物管理所、天長市博物館：《安徽天長西漢墓發掘簡報》，《文物》2006年第11期；戴衛紅：《天長紀莊漢墓木牘所見"鐵官丞"》，《簡帛研究二〇〇九》，第47頁。

央財政的重要來源之一。[①] 不過，地方行政部門畢竟參與了鋘的銷售和鋘賈錢的徵繳，中央是否因此而分配一部分鋘賈錢給地方財政，吴簡中暫未見明確的記録，但這是今後值得關注的課題。

① 唐俊峰指出，秦漢時代，鐵官這類地方都官設置在縣裏的特點，導致它們體制上雖直屬中央機構，但日常的文書行政、財務行政、物材行政三方面均極度依賴所在郡、縣處理。至東漢時期，地方都官隸屬關係發生轉變，徹底成爲受郡管理的縣級機構。參見其作《秦漢的地方都官與地方行政》，《新史學》第 25 卷第 3 期，第 1—63 頁。然而，從吴簡中獨立的"褋賈錢承餘新入簿"、"鋘賈錢新入簿"來看，鐵器官賣的收入應當並未歸入地方財政，仍是中央財政收入的重要來源，這也是三國大力推廣鹽鐵官營的主要動力。從這個角度看，三國時期冶官、鐵官、作部這類地方都官的獨立性仍然不可忽視。

韓國、日本出土的《論語》木簡*

［日］橋本繁

（日本女子大學）

第一章　朝鮮半島出土的《論語》木簡與新羅的儒教受納

序言

本章將圍繞迄今爲止韓國出土的兩枚載有《論語》的木簡（以下稱“《論語》木簡”）展開討論。另外，平壤貞柏洞 364 號墓也出土了記有《論語》的竹簡，該竹簡爲公元前樂浪郡時期的遺物，故不在本文討論範疇。①

除上述《論語》木簡以外，朝鮮半島還未見書有儒家典籍的木簡出土。《論語》木簡的出土不僅可以明確古代朝鮮半島的《論語》受納狀況，推而廣之，也是還原儒學受納原貌的珍貴的原始資料。可以説這是一個展示中國文明是如何被接受又怎樣衍變的具體實例。

第一節將在整理遺址概況與木簡出土狀況的基礎上，釋讀簡文並嘗試對木簡進行復原研究。第二節將依據木簡的形狀特徵推斷其具體用途。最後，第三節明確《論語》木簡的具體使用場合，並探討新羅社會《論語》學習的意義。

一、遺址概要與木簡復原

1. 金海鳳凰洞出土木簡

(1) 遺址概要與木簡年代

2001 年，在由釜山大學校博物館主持的廣尚南道金海市鳳凰洞地區的發掘中出土

---

* 本文選自氏著《韓国古代木簡の研究》，吉川弘文館，2014 年。原題爲《〈論語〉木簡》。

① 李成市、尹龍九、金慶浩撰，拙譯：《平壤貞柏洞三六四号墳出土竹簡〈論語〉について》，《中國出土資料研究》第 14 號，2010 年。

了一枚載有《論語》一節的棱柱形木簡。這是韓國首次出土典籍類木簡。遺址的性質目前尚不明確,木簡出土地點也非特定的遺構,而是試掘溝的低濕地。因此,關於木簡年代的推定,參照同遺址一併出土的土器,不過正式發掘報告中出現了 6 至 8 世紀與 6 世紀後半期至 7 世紀初兩種不同見解並存的情況。① 下文以 6 至 8 世紀這一跨度較廣的年代爲前提進行考察。

加耶諸國之一的金官加耶國位於木簡出土地金海,4 世紀時,獲得了以洛東江下游流域爲中心的地區盟主地位。此後,532 年被新羅降服,置金官郡。其後,新羅滅百濟、高句麗統一三國,在整頓管控體制的過程中於 680 年設金官小京。景德王時期改稱金海小京,至新羅末期一直稱小京。換言之,《論語》木簡推定年代 6～8 世紀的金海相當於新羅的郡或小京時期。

一般認爲,木簡的出土地點鳳凰洞是金官加耶國的中心地域。位於出土地東南方向名爲鳳凰臺的丘陵上現存 2～6 世紀的大規模生活遺迹,被認爲是金官加耶國統治階層的居住區。②北面距此五百米的大成洞古墳群推定爲王族墳墓。③西側有海盤川流經,木簡便出土於鳳凰臺與海盤川之間的濕地。雖然該地區在新羅之郡或小京時期的面貌無法知悉,或許仍與金官加耶國時期一樣,屬於中心地域。

(2) 木簡釋文

出土木簡的橫截面爲近似正方形的方材,上下兩端缺損,現存長 20.9 釐米,寬 1.5～1.9 釐米。木簡表面用刀具修治整齊,四面均有墨迹文字。④

迄今爲止,公開發表的釋文有如下幾種:

【現場説明會資料釋文】⑤

Ⅰ　違之何如子曰清矣曰仁矣曰乎曰

Ⅱ　我不欲人之加諸我也吾亦欲无加語人

---

① 釜山大學校博物館編《金海鳳凰洞低湿地遺蹟》(釜山大學校博物館,2007 年)發刊辭認爲是 6 至 8 世紀,正文《金海鳳凰洞低湿地遺迹出土木簡について》認爲是 6 世紀後半期至 7 世紀初。

② 釜山大學校博物館:《釜山大学校博物館研究叢書二三　金海鳳凰臺遺蹟》,釜山大學校博物館,1998 年。

③ 慶星大學校博物館:《慶星大学校博物館研究叢書四　金海大成洞古墳群壹》,大阪朝鮮考古學研究會譯,慶星大學校博物館,2000 年。

④ 據 2002 年 12 月訪問釜山大學校博物館時實際觀察所得。謹此向允許參觀的全玉年學藝研究士等相關人員深表謝意。

⑤ 《金海鳳凰洞四〇八一二・一〇・一一番地遺蹟発掘調查現場説明會資料》(2001 年 7 月 6 日)。另外,國立慶州博物館編《文字でみた新羅》(國立慶州博物館,2002 年,第 136 頁)亦收録了木簡的彩色照片和釋文,但僅釋讀七字,故予以省略。

Ⅲ　子謂子產有君子之道四(?)焉其行

Ⅳ　判讀中

【東野治之氏釋文】①

Ⅰ　不欲人之加諸我吾亦欲无加諸人□(子?)

Ⅱ　[　]子謂子產有君子道四□(焉?)其行

Ⅲ　□〔三〕己□〔之〕無□(愠?)色舊令尹之政必以告新令

Ⅳ　違〔違〕之何如子曰清矣□〔曰〕仁□〔矣〕乎□〔曰〕未

【國立中央博物館特别展圖録《統一新羅》釋文】②

Ⅰ　×不欲人之加諸我也吾亦欲无加諸人子×

Ⅱ　×文也子謂子產有君子之道四焉其行×

Ⅲ　×三已之無色舊令尹之政必以告新令×

Ⅳ　×違之何如子曰清矣曰仁矣乎曰未知焉得仁□□□□□×

現場説明會資料發表階段墨迹最爲漫漶的第Ⅳ面(實際爲第Ⅲ面)仍在判讀中。隨著紅外綫照片的公開,簡文得以釋讀。③ 以下所録"試釋"文字雖與東野治之氏、中央博物館公布的釋文並無太大差異,但儘可能按照日本木簡學會的規則標示。此外,中央博物館將第Ⅳ面釋讀爲23字,恐因誤解、誤植所致。

[試釋]

Ⅰ　×不欲人之加諸我吾亦欲无加諸人子×　　(前面)

Ⅱ　×□□〔文也?〕子謂子產有君子道四焉其×　　(左側面)

Ⅲ　×已□□□色舊令尹之政必以告新×　　(後面)

Ⅳ　×違之何如子曰清矣□仁□□曰未知×　　(右側面)

([209]×19×19)

如前所示,簡文内容四面都屬《論語・公冶長》篇,且只有正文,無注釋部分。我們可以看出該文本的特徵是:第Ⅰ面第七字"我"與第八字"吾"之間漏掉了"也",第Ⅱ面

① 東野治之:《近年出土の飛鳥京と韓国の木簡——上代語上代文学との関わりから》,《日本古代史料学》,岩波書店,2005年,第184頁。

② 國立中央博物館考古部、國立慶州博物館學藝研究室:《統一新羅》,同川文化社,2003年,第61頁。以下稱"中央博"。

③ 東野治之《近年出土の飛鳥京と韓国の木簡——上代語上代文学との関わりから》一文中最先刊載了釜山大學校博物館提供的紅外綫照片。隨後,國立昌原文化財研究所編《韓国の古代木簡》(2004年)公布了更清晰的彩色照片和紅外綫照片。

第九字“子”與第十字“道”之間無“之”字。像這種省掉助詞的現象在中國魏晋南北朝時代的北朝典籍中很常見。① 此外，第Ⅰ面第十一字不是“無”，而是簡寫的“无”。像這種在正倉院所藏新羅村落文書等中也有例可尋。

簡文書寫規範，文字大小、排版大體統一，每面書寫 13～15 字。字體大部分爲楷體，一部分有行書風格。這在第Ⅰ面“欲”字之“谷”的寫法上體現得尤爲明顯，第一畫與第二畫連寫，第三、四畫連寫爲一横。

(3) 原形復原(圖一)

該木簡上下兩端均有缺損。本小節欲在推究木簡用途之前，對其進行復原研究。關於木簡的復原工作，此前東野氏已有以下見解：

> 此木簡上下有折損，首尾兩端原本應寫有文字無疑。若依據現有文字推算，缺失部分約有 63～65 字左右。如此，該簡本爲長達 90 釐米的長大型木簡。②

該簡爲長大型木簡這一結論筆者並無異議，只是東野氏未詳述復原過程，且復原簡長與筆者所見存在差異，故嘗試重新對其進行復原。

首先，木簡從第Ⅰ面至第Ⅳ面的字句書寫順序與《論語・公冶長》篇同。換言之，書寫簡文之時，一面書寫完畢即將木簡向右翻轉，在其左側相鄰面繼續書寫。我們假設原簡存在摘録典籍與抄寫原典全文兩種可能性。

然後，數出《論語》原文從某面第一個字至下一面第一個字共有多少文字。第Ⅰ面從第一字“不”至第Ⅱ面第一字“文”，共計 91 字；③同樣地，第Ⅱ面第一字“文”至第Ⅲ面第一字“已”，共 79 字；第Ⅲ面第一字“已”至第Ⅳ面第一字“違”，共 77 字。91 字、79 字、77 字三者間雖然多少存在字數差，但我們大體上可以將

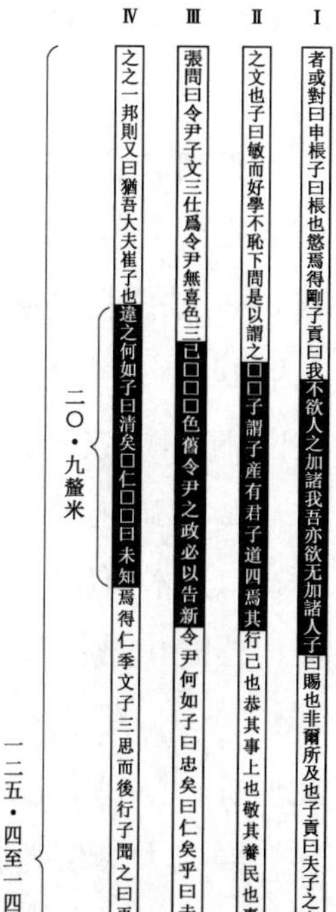

圖一 金海木簡復原圖
黑底白字爲實際出土部分

① 東野治之：《近年出土の飛鳥京と韓国の木簡——上代語上代文学との関わりから》，《日本古代史料学》，第 185—186 頁。

② 東野治之：《近年出土の飛鳥京と韓国の木簡——上代語上代文学との関わりから》，《日本古代史料学》，第 184 頁。

③ 本文討論所用的是金谷治譯注：《論語》，岩波書店，1999 年。因尚不清楚金海出土木簡《論語》據哪種文本書寫而成，故以下討論中的文字可能存在或多或少的變動。

其看作一致。據此，該木簡原形並非摘録原典而成，而是忠實地抄録全文的可能性較大。

我們可以將這些字數看作是原簡一面的容字量。容字量最多爲 91 字，相當於現存一面字數爲 13～15 字木簡的 6～7 倍。現存木簡上的文字大體是按統一排版書寫，原簡爲其 6～7 倍之長是必要的。也就是説，復原簡爲現存長 20.9 釐米木簡的六倍 125.4 釐米至七倍 146.3 釐米的長大型木簡。而且這只是寫有文字部分的長度，若加上上下兩端無字的空白部分，則該簡更長。所以，我們推測該簡至少爲超過 1.3 米的非常長大的木簡。

2. 仁川桂陽山城出土木簡

（1）木簡出土地點與年代

桂陽山城位於仁川市北區桂山洞與金浦郡桂陽面防築里交界處的桂陽山（海拔 394.9 米）。距離桂陽山主峰東側約 230 米的半山腰處有石砌的城牆，周長 587 米。由此遠眺，北可見漢江，南可及富平，東可望富川平原。

鮮文大學校考古研究所從 2003 年開始發掘，於 2005 年出土一枚木簡，並在同年 6 月予以公布。[①]木簡出土遺構位於東門遺址内第一集水井，此處爲城内的最低點。木簡出土於集水井最底層——第Ⅶ層底部靠近南面井壁的地方。[②]出土木簡的集水井護岸石築上部出土了刻有"主夫吐"銘文的瓦。據《三國史記・地理志》載，"主夫吐"爲高句麗至新羅時代（475 年—757 年）的郡名，所以我們推測桂陽山城與高句麗或新羅的郡有密切的關聯。

此地位於交通要衝，是古代朝鮮三國爭奪最爲激烈之地。起初，桂陽山城屬百濟所有，475 年，高句麗攻陷百濟首都漢城，桂陽山城歸高句麗掌控。551 年，百濟與新羅聯手，奪回了此地的控制權。不過，隨後新羅又轉而進攻百濟，奪取桂陽山城，此後此地便處於其控制之下，直至新羅滅亡。由此可見，此區域曾處於百濟、高句麗、新羅三國交替控制之下。木簡的年代不同，其性質也會大相徑庭。

發掘報告書將木簡的年代定爲 4～5 世紀左右的漢城百濟時代，其依據有三：與木簡一同出土的圓底短頸壺爲 4～5 世紀左右百濟時代的遺物；木簡的字體與魏晋時期流行的寫經體有密切關係；木簡同層收集所得木材的測定年代約爲公元 400 年至公元 480 年。[③]倘若此推斷無誤，該簡將韓國出土的木簡年代提早 2 個世紀，爲迄今最古老的木簡。但是，我們認爲三條依據中書體不能成爲推斷木簡年代的根據。究其原因，朝鮮半島使用的

---

① 鮮文大學校考古研究所：《仁川桂陽山城東門址内集水井出土木簡保存处理結果報告》，2005 年 6 月 27 日。

② 李亨求：《桂陽山城発掘調查報告書》，鮮文大學校考古研究所，2008 年。

③ 李亨求：《Ⅶ年代問題——ASM 測定結果》，《桂陽山城発掘調查報告書》，第 278—280 頁。

書體在時間上不一定與同時代的中國具有一致性。再者,古代朝鮮遺留的毛筆書寫資料並不豐富,根據書體斷定年代存在一定難度。關於圓底短頸壺的斷代亦無法得到驗證,即便其年代確定,我們也不能因同一層有 4～5 世紀的遺物出土便肯定地説木簡的年代與其相同。關於木材年代也是同樣的道理。

關於木簡的年代,本章持保留意見,年代上限爲 4 世紀,其年代下限,筆者更傾向於下至統一新羅時期這一可能性。因爲即便築城屬於百濟時代,城内出土物品也可能有統一新羅的遺物。所以,本文只能將該木簡放在三國至統一新羅這一寬泛的時間跨度下進行考察。

(2) 木簡釋文

先將報告書釋文引録如下,劃綫部分爲肉眼即可識讀的文字,括弧内爲據《論語》填補的文字。①

Ⅰ 二章"(子謂子)賤君子(哉若)人(魯無君子者斯焉取斯)"

Ⅱ 五章"(子使漆雕開仕對曰)吾斯之未能信子説"

Ⅲ 七章"(孟武伯問……求也千室之邑百乘之家可使爲之宰)也不知其仁也赤也(何如)"

Ⅳ 八章"(子謂子貢曰女與回也孰愈對曰賜也何敢望回回也問一以知)十(賜也聞一以知二)"

Ⅴ 九章"(子曰……於予與改是……)"

一〇章 "子曰吾(未見剛者)"

據分析結果,木簡樹種爲松樹。②

以下所録"試釋"文字爲參考彩色照片、實測圖和紅外綫照片釋讀而成。③

[試釋]

Ⅰ ×賤君子□若人□×

Ⅱ ×吾斯之未能信子□×

Ⅲ ×□不知其仁也求也×

Ⅳ ×[ ]×

Ⅴ ×[ ]子曰吾×

① 李亨求:《Ⅵ〈論語〉木簡に対する考察》,《桂陽山城発掘調査報告書》,第 264 頁。

② 丁珉鎬等:《桂陽山城出土遺物の保存処理と分析》,《桂陽山城発掘調査報告書》,第 294 頁。

③ 彩色照片與實測圖見李亨求:《桂陽山城発掘調査報告書》,第 265—269 頁;紅外綫照片見國立扶餘博物館、國立加耶文化財研究所:《木のなかの暗号 木簡》,芸脈,2009 年,第 200—201 頁。

木簡現存長 13.8 釐米，上下兩端有缺損。每面寬窄不一，從上端來看，第Ⅰ面 15.9 毫米，第Ⅱ面 18.5 毫米，第Ⅲ面 11.9 毫米，第Ⅳ面 18.7 毫米，第Ⅴ面 14.0 毫米。最窄的第Ⅲ面與最寬的第Ⅳ面之間相差 6.8 毫米。

第Ⅰ面"賤君子"三字通過彩色照片即可確認，墨迹十分清晰。但是其以下部分無法直接識讀，"若人"爲根據紅外綫照片所釋。

第Ⅱ面整體墨痕清晰，可依據彩色照片識讀。第八字只能看到字形的最上部。

第Ⅲ面整體墨迹清晰，第一字位於木簡的缺口處。以下引録《公冶長》篇第八章語句：

> 子曰：由也，千乘之國，可使治其賦也，不知其仁也。求也何如？子曰：求也，千室之邑，百乘之家，可使爲之宰也，不知其仁也。赤也何如？

上引孟武伯與孔子的問答場景中，有"不知其仁也。求也何如"與"不知其仁也。赤也何如"這樣表達方式相同的語句出現。説明會資料將第七字讀爲"赤"，與引文的後面劃綫部分相同。但是根據殘留筆畫，我們認爲將其判讀爲"求"更爲妥當，即與引文的前面劃綫部分相同。

第Ⅳ面墨迹最爲漫漶，無一字可識讀。不過，從上面殘留的筆畫"亅"判斷，或許爲"回"的異體字"囘"的一部分。

第Ⅴ面中間部分的表面有劃痕，殘留墨迹不清晰。下端三字雖用彩色照片無法識讀，但通過紅外綫照片可清晰看見"子曰吾"。

(3) 木簡復原(圖二)

在迄今發表的木簡復原意見中，李亨求氏見解如下：

> 桂陽山城集水井出土木簡(觚)全部可推定爲長 25 釐米左右的五角木柱，上載儒家經典《論語》名篇。其功用恰如我們現在隨身攜帶的袖珍型《聖經》一般，或背誦用或被用作人生的坐標。①

若木簡全長約 25 釐米，則出土部分爲原簡長的一半左右。然此説難以令人信服，本小節將在釋讀簡文的基礎上，與金海木簡一樣，對其進行復原研究。

圖二所示爲《公冶長》篇開頭至 11 章的内容，木簡上實際可識别的文字用黑底白字標示，無法直接識讀、據推測所得的文字下標下劃綫。

---

① 鮮文大學校考古研究所：《仁川桂陽山城東門址内集水井出土木簡保存处理結果報告》，第 15 頁。報告書雖然也未言及木簡長度，但指出："將《論語》第五章《公冶長》篇書於木簡，就像我們今天背誦隨身攜帶的袖珍型《聖經》並以此爲人生坐標一般，其也有同樣的用途。"(《桂陽山城発掘調查報告書》，第 277 頁)

我們可以看出木簡第Ⅰ面至第Ⅴ面所書文字的字間距大致相等。那麽,來看看木簡上各面文字間的間隔有多大。木簡從第Ⅰ面第一字(用"Ⅰ一"表示,下同)"賤"至Ⅱ一"吾",《論語》原文共 76 字。同様,來看第二面及以後各面,Ⅱ一"吾"至Ⅲ二"不"共 71 字。遺憾的是,第Ⅳ面文字無法確定。Ⅲ六"也"至Ⅴ六"子"共計 154 字,將其均分的話爲 77 字。也就是説,某面文字與其下一面同位置文字間的間隔爲 71～77 字。若如李亨求氏所言,木簡是摘録《論語》的適當篇章書寫而成的話,簡文不應該按照統一的文字間隔呈現。因此,我們推斷該木簡是將《論語·公冶長》篇原文全篇抄録而成。

若弄清了木簡每面原本寫有 71～77 字,我們就能推斷出原木簡的長度。現以殘留墨迹最清晰的第Ⅱ面每字的大小爲標準進行計算。以説明會資料實測圖爲準,測得Ⅱ一"吾"筆畫下端至Ⅱ七"子"筆畫下端距離爲 104 毫米,將其等分,得出每字平均大小約 17.3 毫米。再將其乘以一面文字數 71～77 字,可得出僅寫有文字部分的木簡原長 122.8～133.2 釐米。[①]若加上未書文字的留白部分,可以推定此簡爲超過 1.3 米的長大木簡。

報告書批判了這一復原方案,稱:

> 找尋長達 150 釐米的松樹枝幹並非易事,要將其修治成直徑 2 釐米以下的五面體更是不可能吧。實際上若要將直徑 2 釐米左右的樹枝削製爲長 50 釐米以上的五面棱形木柱,由於松節的存在,木柱易折,難以製作超過此長度的木簡。[②]

對於以上批判,雖早已有學者提出異議,[③]以下再作補證。

首先,據參觀 2009 年國立扶餘博物館舉辦的名爲"木中的暗號 木簡"的特别展可知,木簡包含了枝莖中的木髓,我們認爲其是由松枝製作而成。找出超過 150 釐米的松樹枝很容易,將直徑 2 釐

公冶長第五子謂公冶長可妻也雖在縲紲之中非其罪也以其子妻之子謂南容邦有道不廢邦無道免於刑戮以其兄之子妻之子謂子賤君子哉若人魯無君子者斯焉取斯子貢問曰賜也

何如子曰女器也曰何器也曰瑚璉也或曰雍也仁而不佞子曰焉用佞禦人以口給屢憎於人不知其仁也焉用佞也子使漆雕開仕對曰吾斯之未能信子説子曰道不行乘桴浮于海從我者

其由也與子路聞之喜子曰由也好勇過我無所取材孟武伯問子路仁乎子曰不知也又問子曰由也千乘之國可使治其賦也不知其仁也求也何如子曰求也千室之邑百乘之家可使爲之

宰也不知其仁也赤也何如子曰赤也束帶立於朝可使與賓客言也不知其仁也子謂子貢曰女與回也孰愈對曰賜也何敢望回回也聞一以知十賜也聞一以知二子曰弗如也吾與女弗如

也宰予晝寢子曰朽木不可雕也糞土之牆不可杇也於予與何誅子曰始吾於人也聽其言而信其行今吾於人也聽其言而觀其行於予與改是子曰吾未見剛者或對曰申棖子曰棖也慾焉

圖二 《公冶長》篇首至第 11 章
黑底白字部分爲實際可識别的文字

① 當然,若考慮諸如《論語》文本的不同文字數亦存在少許差異或文字分配多少有些偏差等情況,此推定大概也存在或多或少的誤差。但是,簡長超過 1 米是可以肯定的。

② 李亨求:《桂陽山城発掘調查報告書》,第 273 頁。

③ 李成市:《新羅の識字教育と〈論語〉》,高田时雄編:《漢字文化三千年》,臨川書店,2009 年,第 119—120 頁。

米左右的樹枝表面削製成四面或五面的書寫面也絶非難事。再者，在韓國木簡中，利用松樹枝製作的情況很常見。我們知道城山山城木簡大多數都是將2～4釐米左右的枝條對半劈開製作而成的。[①] 也就是説，利用枝條製作木簡是很常見的韓國木簡製作方法。

另外，自桂陽山城出土的另一枚木簡可作爲旁證：

桂陽山城出土二號木簡

□□□子□□□　　(493×25)

木簡約爲全長四分之一的横截面被修整成五角形，有墨迹殘留，餘下部分的横截面爲圓形。木簡原本可能與《論語》木簡一樣全部爲五面，僅將下端保留並削整爲圓形。此木簡樹種也是松樹。

殘留墨痕只有一字可釋讀，"子"字無需贅言，是《論語》中常用的文字，該木簡上很有可能也記有《論語》。像這種50釐米長的木簡存在的實例或許可以成爲超過1米的長大型木簡存在的例證。

上述考察結果表明，該木簡與金海鳳凰洞出土的論語木簡形制非常相似。兩者復原結果對比如表一所示：

表一　《論語》木簡復原對照

	金海鳳凰洞	仁川桂陽山城
書寫面	四面	五面
内容	《論語·公冶長》篇	《論語·公冶長》篇
原形一面文字數(推定)	76～91字	71～76字
復原木簡一枚文字數	約330字	約370字
復原全長	125.4～146.3釐米	122.8～133.2釐米

二、用途推定

1. 習書説之檢討

前節對木簡進行了復原研究。如此長大的木簡用於何處？以下欲進一步推究其用途。

① 桥本繁：《咸安城山山城木簡の製作技法》，早稻田大學朝鮮文化研究所、大韓民國國立加耶文化財研究所編：《日韓共同研究資料集·咸安城山山城木簡》，雄山閣，2009年，第Ⅰ編第二章。

如前所述，關於桂陽山城出土木簡的用途，李亨求氏推測爲隨身攜帶以備使用之物。然而，復原木簡長超過 1 米，我們很難認爲此木簡可隨身攜帶。其有可能是在出土地附近場所使用之物。

值得我們注意的是東野氏的觀點。關於金海出土木簡的用途，他認爲："原本此種形制的木簡不可能書寫全篇，又因其四面皆有文字也不能編綴，我們只能將其看作是《論語》習書簡。"[①]所謂習書，是指爲掌握文字或文章（練習書寫）而進行的書寫訓練。[②]而且，由於日本也有在這種棱柱形木簡上練習《論語》書法的實例出土，所以有觀點認爲古代的日本列島和朝鮮半島共同存在利用棱柱形木簡練習《論語》書法的文化。[③] 從此説的學者亦有不少。[④] 下面首先來討論這個習書説。

來談談對習書説的質疑。首先，超過 1 米的長大型木簡不適合用於文字書寫練習。若爲習書之用，短木簡或許更方便手頭使用。因此，我們必須要考慮到之所以特意使用書寫不方便的長大木簡，是因爲有與之相應的必然性。

此外，東野氏推斷其爲習書簡的又一根據爲："此種形制的木簡不可能書寫《論語》全篇。"那麽，我們假設事實上《論語》全篇書寫在與該木簡同樣的木簡上，看是否有可能。

如表一所示，金海出土木簡原形一面寫有 76～91 字，四面即一枚簡約有 330 字。同樣的，仁川出土木簡一面記有 71～76 字，五面即一枚簡寫有 370 字左右。《公冶長》篇總計 878 字，要書寫全篇，總共三枚木簡就已足够。又，《論語》原典不同，字數有或多或少的增減，其總字數約爲 16000 字。[⑤]簡單地用總字數除以一枚木簡字數，需金海木簡 48.19 即 49 枚、仁川木簡 43.24 即 44 枚便可分别書寫完《論語》全篇。然而，換篇時有可能不是沿著舊簡繼續往下寫，而是更換新簡，然後新篇開頭寫起。這種情況下，可書寫《論語》全篇需金海木簡 60 枚、仁川木簡 52 枚。

那麽，如有 50～60 枚如此長大的簡，會不會太過繁重呢？因此，我們設想實際上寫有《論語》全篇的木簡是放入某種容器中進行保管的。

---

① 東野治之：《近年出土の飛鳥京と韓国の木簡——上代語上代文学との関わりから》，《日本古代史料学》，第 184 頁。又，東野治之《習書》（木簡學會編：《日本古代木簡集成》，東京大學出版會，2003 年）也論述過相同的觀點。

② 佐藤信：《習書と落書》，《日本古代の宫都と木簡》，吉川弘文館，1997 年。

③ 東野治之：《近年出土の飛鳥京と韓国の木簡——上代語上代文学との関わりから》，《日本古代史料学》，第 184—187 頁；東野治之：《習書》，第 106 頁。

④ 舘野和己：《日本古代の木簡》，《韓国の古代木簡》，第 402 頁。

⑤ 宫崎市定：《宫崎市定全集四　論語》，岩波書店，1993 年，第 3 頁。

現以金海木簡爲例進行計算。首先，若以横截面積 4 平方釐米（2 釐米×2 釐米）、木簡總數 60 枚來計算，則總横截面積爲 240 平方釐米。那麽假設容器爲箱子，比如長 12 釐米×寬 20 釐米以上大小即可容納。若容器爲壺，口徑 18 釐米，則横截面積爲 254.34 平方釐米（約等於半徑 9 釐米×9 釐米×π）的壺依然可以將 60 枚木簡全部放入。

總之，即便將《論語》全篇書寫在與該木簡同樣的木簡上，也並非難以做到。可以説將《論語》全篇書寫於 60 枚木簡上的假設，十分具有可能性。下文擬就形狀特徵進行討論。

2. 形狀與用途

東野氏推斷爲習書簡的另一理由是："四面皆書有文字，不能編綴。"

像該木簡一樣，書寫面三面以上的棒狀木簡，古代中國稱之爲"觚"。的確，觚被用作習書簡的例子很多見。大英博物館斯坦因藏品中有用於練字的大量觚的削屑。[①] 然而，這種被稱作觚的木簡多用於書寫一般的板狀木簡容納不了的長文。[②] 以漢代爲例，居延出土木簡中"檄書"多用觚書寫，教諭文書、軍書等也有出現。[③] 敦煌出土木簡中，供兒童記誦文字用的教材《急就篇》就書寫在横截面爲三角形的觚上。這種形制的觚上部被刮削成三角形，有穿孔，然後將其穿繩懸掛，記誦時轉動即可。[④] 關於書寫在這種觚上的《急就篇》，有學者論述道：

> 觀察這些殘有頭部的觚，發現其觚頭被削平，有穿孔，下方寫有篇章標題，記有正文，推測原本單個的觚是通過編繩連綴起來的。由此可以推想當時留下來的書籍的形態。因此，這些書寫文字不能看作是習書的遺物。古代用觚書寫《急就篇》是很常見的。[⑤]

如上所述，既然中國古代有用觚書寫書籍的實例，那麽東野氏因四面均有文字不能編綴而視作習書的觀點難以令人信服。

3. 書寫材料與用途

通過上文對《論語》木簡習書説的兩項論據的探討，我們發現其皆不具有足够的説服力。

---

① 籾山明：《卷頭言——書くことと削ること》，《木簡研究》27，2005 年。

② 大庭脩編著：《木簡——古代からのメッセージ》，大修館書店，1998 年，第 32、373 頁。

③ 大庭脩：《檄書の復原》，《漢簡研究》，同朋舍，1992 年。

④ 大庭脩編著：《木簡——古代からのメッセージ》，第 32 頁。

⑤ 張娜麗：《西域出土文書の基礎的研究——中国古代における小学書・童蒙書の諸相》，汲古書院，2006 年，第 112 頁。

不如説，木簡並非抄寫《公冶長》篇的一部分，而是書寫《論語》全篇的可能性反而很大。

倘若這種推測正確，那麽又會有疑問産生：早已進入紙張使用時期，爲何不用紙張而在木簡上書寫典籍全文？將典籍書寫於木簡、竹簡上的例子在中國很常見，實際上以《論語》爲首，已有《孫子》《老子》等多種典籍出土。① 但是，這是紙被廣泛用作書寫材料之前的情況。紙、木並用的魏晋以降，木簡與竹簡不再作爲典籍的書寫材料。② 另外，與新羅同樣處於紙、木並用時期的古代日本確實不見典籍全篇書寫於簡的實例。③ 這或許是因爲木簡的使用自中國傳入日本之時，中國已進入魏晋以後的紙、木並用時期，册書不再是必然需要的。④

總之，姑且不論紙、木並用時期，我們認爲這些載有《論語》全篇的木簡是頗爲特殊的遺物，現將以其具有特殊用途爲前提進行研究。

因此，暫且不論當時紙張已經存在，若查找典籍書於木簡上的例證，可供列舉的是朝鮮時代的經書筒，雖然這是時代相當晚的資料。⑤ 這些記有儒教經典之一節的竹簡裝在簡筒内，可抽出其中任意簡以供背誦之用。如若是朝鮮時代，其之所以不管紙張的普遍使用而將典籍書寫於竹簡上，理當是作爲背誦的用具使用。换言之，因爲要數十上百回地手持閲讀，所以才采用更加堅固的竹作爲書寫材料。金海出土《論語》木簡或許也如經書筒一般，以其作爲背誦用的道具並以反復使用爲前提，故而將《論語》全文書寫其上。

4. 長度與用途

在前項及之前的考察中，我們通過觚的特殊形態與書典籍全文這一特徵，推測《論語》木簡用於背誦。此前質疑習書説時曾提到，用不便書寫的長型木簡作爲書寫材料，

---

① 朱淵清著，高木智見譯：《中国出土文獻の世界》，創文社，2006 年。

② 關於古代中國書寫材料的變遷，詳見冨谷至：《木簡・竹簡の語る中国古代——書記の文化史》，岩波書店，2003 年。

③ 即使寫有《論語・學而》篇第一章的屋代遺迹群第 45 號木簡並非中國式的册書，也可以推測其使用方法實際上是對册書形態的靈活運用(平川南：《屋代遺跡群木簡のひろがり》，《古代地方木簡の研究》，吉川弘文館，2003 年)。另外，在城山遺迹出土木簡中，推測存在將一年曆法書寫在 62 枚長二尺×寬二寸×厚二分的木簡上的情況(原秀三郎：《静岡県城山遺跡出土の具注暦木簡について》，《木簡研究》3，1981 年)，不過這些木簡並非典籍，可以説是個例外的使用方式。可以説，日本的木簡確實是單簡獨立使用的。

④ 岸俊男：《木と紙》，《宮都と木簡——よみがえる古代史》，吉川弘文館，1977 年。

⑤ 照片見國立中央博物館編：《故劉康烈教授寄贈文化財》，國立中央博物館，2000 年，第 48 頁。另外，2003 年 9 月 17 日，承蒙韓國首爾市誠庵古書博物館趙炳舜館長好意得以參觀三種經書筒的實物，謹志謝忱。其中，高 20 釐米、直徑 10.5 釐米的紙製經書筒中緊湊地裝滿了約長 19.7 釐米、寬 0.5 釐米、厚 0.2 釐米的竹簡。

理應有與之相應的必然性。本小節欲以長度爲著眼點，探討該木簡更爲具體的使用方法。

最初，在中國古代，木簡的長度大小有一定的意義。如“《春秋》二尺四寸、《孝經》一尺二寸、《論語》八寸”等記載所言，典籍不同，所使用木簡長度亦有不同。又，據言以三尺簡書寫法律，居延漢簡中有長約70釐米的木簡出土，書寫的是令的目録。①然而，像這種超過1米的木簡，在中國除西域之外未見出土實例。②在此，欲以出土例證較多、用途明確的日本的用例作爲參照進行考察。

現列舉告知札、帳簿、物忌札作爲日本長大木簡的例子。

(1) 告知札

告知者爲了尋回自己的遺失物，而將丢失物品相關情況書於簡上，以使路上來往的非特定的人們周知。平城京東三坊出土的木簡非常長大，體量爲1000×73×9、876×50×7。③

(2) 帳簿

帳簿也有記載於大型木簡上的情況。④

伊場遺址出土的帳簿木簡前後記有三至五行七段以上的人名、“椋”及“屋”的數量。體積爲(1165)×(62)×10。⑤

藤原宮址出土的帳簿木簡記載了某莊園弘仁元年(810年)收割稻穀的數量，隨後又詳細記載了從中的各種支出。體積爲982×57×5。⑥

滋賀縣鴨遺址出土的帳簿木簡爲記録貞觀十五年(873年)九月十七日至十月十日間割稻人每天的日記。木簡上部有穿孔，或許是懸掛於某處以備使用。體積爲1665×

① 大庭脩編著：《木簡——古代からのメッセージ》，第24—26頁。

② 吐魯番出土的《棒杭文書》長84釐米。八角錘狀的木棒下端被削尖，頭部直徑約10.5釐米，爲公元983年西回鶻王國時代的遺物。關於使用目的，有二説，一説認爲此爲立像的支撑物，另一説認爲是鎮懾惡魔的魔力而打進地裏的木樁，總之，與寺院的建設或重建有密切聯繫(森安孝夫：《ウィグル仏教史史料としての棒杭文書》，《史学雑志》83-4，1974)。此外，塔吉克斯坦共和國内穆格山(Mt. Mugh)出土的粟特文書中有長130釐米、直徑60釐米的竹簡，年代爲8世紀初，内容是寄給粟特王、撒馬爾罕主君或者是由其發送的書簡。同處發現的木簡均是用去皮的柳樹枝製作的棒狀木簡(岩佐精一郎：《唐代ソグト城塞的発掘と出土文書》，《東洋学報》22-3，1935年)。

③ 木簡學會編：《日本古代木簡選》，岩波書店，1990年，第136—137頁。

④ 今泉隆雄：《古代木簡の研究》，吉川弘文館，1998年，第53頁。

⑤ 浜松市教育委員會編：《伊場遺迹発掘調查報告書第一册　伊場木簡》，浜松市教育委員會，1976年。

⑥ 加藤優：《藤原宮跡》，《木簡研究》5，1983年，第23—28頁。

(64)×63。[①]

自奈良縣山田寺寶藏遺迹出土的兩枚帳簿木簡都記録了寶藏所藏經典的借貸情況，這兩枚木簡與寶藏的其他部分密切相關，估計曾長期使用。體積分别爲(107)×(1215)×3、(835)×(86)×4。[②]

(3) 物忌札

今日物忌不可出入

大分縣飯塚遺址出土木簡年代爲9世紀前後。由天然樹枝的上端棱角刮削磨平修治而成，一面用於書寫文字，下端削尖。從形態推測，這種木簡可能是立在正在進行物忌的宅邸大門處，以限制出入。

今日物忌 此處不有預入而他人輒不得出入

長岡京左京三條三坊一町出土木簡與飯塚遺址木簡一樣，下端被削成尖狀。此種木簡確實用於立在宅邸的出入口處。[③]

綜上，日本所見長大型木簡都不用於手頭閲讀，或穿孔懸掛或削尖下端插在某處，皆是以遠距離閲讀爲前提製作的。因此，同樣地，擁有長大特徵的韓國木簡大概也並非使用於手頭閲讀，而是用於遠距離觀看，我們可以以此爲前提進行研究。

倘若結合這種推測與此前的木簡用於《論語》背誦的推測進行思考，該木簡是否運用於多人同時背誦《論語》的場合？而這種場合，我們猜想其爲學校一類的場所。

三、新羅的《論語》學習

1. 新羅國學與《論語》

在前一節，主要著眼於(木簡)形狀，推測出《論語》木簡是被用於諸如學校等場所以供衆人同時背誦。本節將討論更具體的使用場合。

體現新羅接受《論語》學習的史料，僅見於下文所引的《三國史記》卷三十八《職官志》中與國學相關的規定之中。[④]根據内容加以區分，以A～D符號標示如下。[⑤]

國學，屬禮部，(A)神文王二年置，景德王改爲大學監，惠恭王復故。卿一

---

① 木簡學會編：《日本古代木簡選》，第196—197頁。

② 木簡學會編：《日本古代木簡集成》，木簡編號416、417。

③ 木簡學會編：《日本古代木簡集成》，木簡編號422、423。

④ 宋靜淑：《韓国での〈論語〉の受容と展開》，《書誌学研究》20，2000年。

⑤ 史料中的[ ]表示夾注。下同。

人，景德王改爲司業，惠恭王復稱。卿位與他卿同。博士[若干，人數不定]助教[若干，人數不定]大舍二人，真德王五年置，景德王改爲主簿，惠恭王復稱大舍，爲自舍知至奈麻爲之。史二人，惠恭王元年加二人。(B)教授之法，以《周易》《尚書》《毛詩》《禮記》《春秋左氏傳》《文選》，分而爲之業，博士若助教一人，或以《禮記》《周易》《論語》《孝經》，或以《春秋左傳》《毛詩》《論語》《孝經》，或以《尚書》《論語》《孝經》《文選》教授之。(C)諸生讀書，以三品出身，讀《春秋左氏傳》，若《禮記》，若《文選》而能通其義，兼明《論語》《孝經》者爲上，讀《曲禮》《論語》《孝經》者爲中，讀《曲禮》《孝經》者爲下，若能兼通五經、三史、諸子百家書者，超擢用之，或差算學博士若助教一人，以綴經三開九章六章教授之。(D)凡學生、位子大舍已下至無位，年自十五至三十皆充之，限九年，若樸魯不化者罷之，若才器可成而未孰者，雖逾九年許在學，位至大奈麻、奈麻，而後出學。

首先，(A)是關於制度的規定。神文王二年(682年)設置國學，景德王時代改名爲大學監，之後在惠恭王時代再度恢復國學原名。關於設置年代，因爲真德王五年(651年)置大舍二人，此時當整頓形成了國學的最初體制。這一時期國學的整頓緣於7世紀後半期對中央行政組織的擴充，因此官僚的培養和接續是必要的。①

其次，(B)是教授法的規定。博士或者助教，教"《禮記》《周易》《論語》《孝經》"、"《春秋左氏傳》《毛詩》《論語》《孝經》"、"《尚書》《論語》《孝經》《文選》"任意一組。《論語》與《孝經》一樣，是必修的。②

再次，(C)是關於學生評價的規定。此有上中下三階段的評價：修習《論語》《孝經》和《春秋左氏傳》或《禮記》或《文選》爲上，修習《曲禮》《論語》《孝經》爲中，僅修習《曲禮》《孝經》爲下。爲了獲得中上的評價，修習《論語》是必要的。這一部分實際上是788年所確定的讀書三品科的規定。換言之，《三國史記》卷十《新羅本紀》"元聖王四年(788年)春"條曰：

始定讀書三品，以出身，讀《春秋左氏傳》，若《禮記》，若《文選》而能通其義，兼明《論語》《孝經》者爲上，讀《曲禮》《論語》《孝經》者爲中，讀《曲禮》《孝經》者爲下，若博通五經三史、諸子百家書者超擢用之。前只以弓箭選入，至是改之。

讀書三品科是以國學學生爲對象的制度，是關於新羅史上唯一的官吏録用的規定以及

---

① 李基東：《新羅中代の官僚制と骨品制》，《新羅骨品制社會と花郎徒》，一潮閣，1984年。

② 《論語》《孝經》在唐朝與日本同樣爲必修。但是，唐朝還增加了《老子》。

國學畢業之際的成績評估法。[①]

最後,(D)是關於學生的規定,官位在大舍以下乃至無位者,年齡在十五至三十者皆可入學。在學期間,原則上以九年爲限,畢業之後可授予大奈麻⑪[②]或奈麻⑩的官位。

新羅的與《論語》相關的直接性史料,除此之外無所殘留。鑒於此,在現存史料的基礎上,《論語》的學習者推測爲國學中的學生。[③] 金海出土木簡在考古學上的推定年代爲6～8世紀,桂陽山城出土木簡也有可能在統一新羅時代,這與國學設置於682年在年代上亦相一致。另外,反過來看,如果是與國學相關的木簡,大概可知兩木簡年代的上限是初設國學的7世紀末。

那麼,在國學就學的是什麽階層的呢?關於國學入學者的身份,因爲上述史料没有明顯的記載,因此有各式各樣的説法。值得注意的是大致與國學畢業之際所授予的大奈麻或奈麻相等的官位。

這些主要的學説可備一觀。首先是李基白氏認爲入學者原則上是王京人,甚至基本上全部都是小京人。對不能成爲奈麻的四頭品和不能成爲大奈麻以上的五頭品而言,其(國學)魅力自不必言,況且對真骨來説,大奈麻位次是極低的,因此可推測入學者當以六頭品爲主。[④]李基東氏認爲不僅僅是六頭品,更低的頭品亦能入學。[⑤]另一方面,木村誠認爲大奈麻是五頭品,奈麻是四頭品,此爲晋升的上限,因爲在骨品制的規定之中,國學是官位晋升的絶佳機會,因此入學者大半是五、四頭品的人。[⑥] 田美姬氏則認爲雖然六頭品之中存在有意入學的人,但可推測五頭品應占多數,應該充分意識到大奈麻的重位制是到九重大奈麻爲止,對五頭品而言頗能意識到官位上存在的界限。[⑦]李喜寬氏認爲,奈麻和大奈麻不是授予畢業生的官位,而是規定在學九年以上的官位已至奈麻和大奈麻的人應予以退學。因此,國學入學者是包括真骨在内的所有骨品身份層,尤其是以真骨和六頭品爲對象。[⑧]

和以上研究者見解大不相同的是,僅僅以授予畢業者官位爲根據來論述。大多的

---

① 木村誠:《統一新羅の官僚制》,《古代朝鮮の国家と社会》,吉川弘文館,2004年,第217—220頁。

② 圓圈數字表示新羅十七等官位元的等級。下同。

③ 關於國學與本木簡的關聯性,國立中央博物館考古部、國立慶州博物館學藝研究室的《統一新羅》第51頁中早已指出。但是,由於其爲展示圖録,未能詳細闡釋。

④ 李基白:《新羅骨品体制下の儒教的政治理念》,《新羅思想史研究》,一潮閣,1986年,第229頁。

⑤ 李基東:《新羅中代の官僚制と骨品制》,《新羅骨品制社会と花郎徒》,第128頁。

⑥ 木村誠:《統一新羅の官僚制》,《古代朝鮮の国家と社会》,第230—233頁。

⑦ 田美姬:《元暁の身分とその活動》,《韓国史研究》63,1988年。

⑧ 李喜寬:《新羅中代の国学と国学生——〈三国史記〉三八国学条学生関係規定の再検討》,《新羅文化祭学術発表会論文集》19,1998年。

論述者以六頭品以下的低身份者爲入學者，這是大家的共同點。關於這一點，僅有李喜寬氏將真骨也包括在入學者中。其根據是“位至大奈麻、奈麻，而後出學”這一記載，之前在學規定中的“若才器可成而未孰者，雖踰九年可在學”需同等視之，解釋爲“允許超過九年在學者，如果位至大奈麻和奈麻需退學”。但，關於在學的特殊規定僅有這條模糊的史料殘存，他的推定令人生疑。不過，認爲大奈麻和奈麻是授予畢業生的官位大概是妥當的。

另外，根據此前研究可知，對獨占了十七等官位中的上五位的真骨而言，第十位的大奈麻和第十一位的奈麻是相當低的官位。因此，認爲國學的入學者大約是六至四頭品的人，這一見解大概較爲妥當。

再來看大奈麻和奈麻的官位，除了中央的卿、大舍等中級官職，地方官如州長官類的都督和小京長官類的仕臣之外，可以就任其他的全部官職。總之，國學以六至四頭品的人爲對象，以培養中級以上的官吏爲目的，[①]國學中輩出的官僚與謀求權力集中於國王的新羅中代王權形成了相互之間的結合關係。[②]

還要談到的是，雖然有關國學中考試和學習法的規定不甚明確，但大約與日本、唐朝相同，首先經典背誦是必要的。日本的學令有如下規定：

> 凡學生，先讀經文，通熟，然後講義。每旬放一日休暇，休暇前一日，博士考試，其試讀者，每千言内，試一貼三言，每二千言内，問大義一條。

學生首先研習的是經典素讀，以達到背誦的程度，而後講授文章大義。另外，十日休一日，休前要舉行博士考試。該項考試爲：背誦，每一千字遮住三字並回答其字，每二千字回答其中某一處的含義。新羅國學，同樣地可能首先是要求背誦《論語》文本。《論語》木簡或許確實作爲背誦之用。

以上就這些木簡與國學之間的關係進行了考察。但是，國學自始至終是建設於新羅王京的學校，不能認爲與金海和仁川出土的木簡存在直接的關係。那麽，木簡出土於金海和仁川，又如何與國學産生聯繫呢？

2. 地方上的《論語》學習

諸如《三國史記》和《三國遺事》等文獻史料中，關於以小京爲首的州和郡等新羅地方上的教育機關，史料全無記載。能否説金海和仁川學習用的《論語》木簡與國學之間存在聯繫呢？

---

① 木村誠：《統一新羅の官僚制》，《古代朝鮮の国家と社会》，第223—225頁。

② 李基白：《新羅骨品体制下の儒教的政治理念》，《新羅思想史研究》；李基東：《新羅中代の官僚制と骨品制》，《新羅骨名制社会と花郎徒》。

首先要討論的是金海出土《論語》木簡的意義。雖然作爲出土地的金海在第一節早已論述,此處想再次總結其沿革。532年金官加耶國爲新羅所降伏,置金官郡。置郡時間不明,不過隨後又改名爲加耶郡。文武王二十年(680年)置金官小京,景德王時期(742年—765年)改稱金海京。[①]前節將木簡的年代限定爲7世紀末以後,由此可知木簡爲金海置小京時期的物品。

那麽,小京是怎樣的地方制度呢?[②] 所謂小京,除金海外,另設有位於忠州的國原(中原)小京、位於原州的北原小京、位於清州的西原小京、位於南原的南原小京。關於新羅地方制度中小京位置的設定,可看其官職之規定,《三國史記》卷四十《職官志》"外官"條載:

> 仕臣(或云仕大等)五人,真興王二十五年始置,位自級飡至波珍飡爲之。(中略)仕大舍(或云少尹)五人,位自舍知至大奈麻爲之。

小京的長官即仕臣(仕大等),在十七等官位中,由波珍飡④至級飡⑨官位之人充任,次官即仕大舍(少尹),由大奈麻⑩至舍知⑬官位之人擔任。將其與其他地方制度中的長官相比,作爲州長官的都督是伊飡②至級飡⑨,作爲郡長官的太守是阿飡⑥至舍知⑬。因此,從長官的官位來看,可知小京是州內次重要的地方管控據點。不過,小京作爲軍事性據點的性質較弱,主要是就文化方面而言的,又彌補了都城慶州偏於朝鮮半島東南的缺點。另外,可推測小京的領域大約和郡的大小程度相當。[③]

有讓王京之人移居小京之中的記載。《三國史記》卷四十《職官志》:

> 文武王十四年,以六徒真骨出居於五京九州。

"六徒真骨"即六部的真骨之人,他們被移住於小京。[④]除此之外,也有遷徙六部的貴族和

---

① 《三國史記》卷三十四《地理志一》"金海小京"條;同書卷七《新羅本紀七》"文武王二十年五月"條。

② 關於小京參考了以下研究成果:藤田亮策:《新羅九州五京考》,《朝鮮学報》5,1953年;韓右劤:《古代国家成長過程における対服属民施策(上)(下)》,《其人制研究》,一制社,1992年;林炳泰:《新羅小京考》,《歷史学報》35、36合輯,1967年;朴泰祐:《統一新羅時代の地方都市に対する研究》,《百済研究》18,1987年;李仁哲:《新羅中古期の地方統治体制》,《新羅政治制度史研究》,一志社,1993年;李仁哲:《新羅統一期地方統治体制》,《新羅政治制度史研究》;尹武炳、朴泰祐:《五小京の位置および都市構造に対する一考察》,忠州工業專門大學工業博物館:《中原京と中原塔》,中原郡、忠州工業專門大學工業博物館,1992年;梁起錫:《新羅五小京の設置と西原京》,《湖西文化研究》11,1993年;全德在:《新羅小京の設置とその機能》,《震檀学报》93,2002年。

③ 李仁哲:《新羅統一期地方統治体制》,《新羅政治制度史研究》。

④ 武田幸男《新羅骨品制の再検討》(《東洋文化研究所紀要》67,1975年)對此條史料有詳細解釋。

富人置小京居住的事例。①

具有地方文化中心的特點，加之骨品身份者的移住，因此小京之中也有與中央國學相當的教育機關存在，設想骨品身份者在此學習《論語》的可能性非常大。

此外，從新羅末期至高麗初期，在西原小京建置學校已經是非常明確的。在高麗光宗十三年(962 年)所建立的清州《龍頭寺幢竿記》之中，列記了建立幢竿的人物，其中可見"學院卿"和"學院郎中"的官職名。可推測出此"學院"並非國學，而是西原小京的學校，從新羅末期至高麗初一直存在著。可以推想，追溯至新羅末期，自此以降在西原小京設置的同時可能也設置了學校。②

同時，《新增東國輿地勝覽》雖然是朝鮮時代的史料，其卷十七《公州牧》"名宦臣"條載：

韓恕意(唐天寶間爲熊川助教，撰州人番吉墓碑，至今在孝家里)

韓恕意在唐天寶年間(743 年—765 年)擔任"熊川助教"，並爲州人番吉撰寫墓碑，至朝鮮時代仍然留存。如果將"熊川助教"解釋爲在熊川州的學校設置的助教，如同在國學所設置助教的話，那麽州内必然也設置了學校。③若是州内有學校存在，那麽在作爲地方文化中心的小京設置學校的可能性也很高。

另外，同時代的唐在地方府、州、縣設置各式各樣的府學、州學、縣學，日本各國亦有設置國學。④綜合考慮上述事項，不能否定新羅的小京中學校存在的可能性。

既然探討金官小京有學校的存在，下面要討論木簡的出土地是否爲設置學校的場所。現階段金海小京的城市構造詳情不明。例如，南原小京中存在南北約 1600 米，東西約 1660 米井然有序的坊里制。金海小京到目前爲止並未發現這樣的痕迹，小京大概位於以現金海邑爲中心的地域，目前只知道邑的東側殘存的盆山城是附屬於小京的城。⑤因此，出土木簡的鳳凰洞是小京中怎樣的區域，詳情仍然不明。但是，正如先前所述，因爲同地區爲金官加耶國時代的中心地域，在小京之中爲中心地域的可能性較高，在此設置小京學校的推想決非不可能。

---

① 《三國史記》卷四《新羅本紀四》"真興王十九(558 年)年春二月"條。

② 金光洙：《羅末麗初の地方学校問題》，《韓国史研究》7，1972 年。

③ 浜田耕作：《国学と遣唐留学生》，《新羅国史の研究》，吉川弘文館，2001 年。

④ 職員令規定："凡國博士醫師，國別各一人。其學生，大國五十人上國卌人，中國卅人，下國廿人。醫生各減五分之四。"雖各國設置博士成爲定制，但大約到奈良時代很多國都只設一個博士，直到平安初期才最終按規定設置(井上光貞等：《日本思想大系三 律令》，岩波書店，1976 年，第 595 頁)。

⑤ 朴泰祐：《統一新羅時代の地方都市に対する研究》，《百済研究》18，第 72 頁。

以上指出了金海出土木簡與金官小京所置學校之間可能存在的關聯。下面探討桂陽山城的《論語》木簡。

正如第一節所述,桂陽山城木簡的年代、遺迹的性質現在尚不明確。關於其年代有雙重假定,即和金海木簡同樣處於統一新羅時代,甚或是與主夫吐郡關聯的設施,基於這雙重假定推測可能存在若干種可能性。

一種可能是在高至郡級的政區内設置學校,在學校中學習《論語》。另一種可能是,爲了入學中央的國學或小京學校,郡人在此學習《論語》。據前文所述,國學入學時的官位規定爲從大舍⑫至無位,由此事實可推定國學具有對曾一度就任官職者進行再教育的功能。[①] 還要指出,郡太守的官位從舍知⑬至重阿飡⑥皆有可能,如果郡太守官位爲舍知⑬至大舍⑫官位的話,是可能入學國學的。如此一來,作爲郡的官吏,即從王京所派遣的六至四頭品的人物,爲了入學國學而學習《論語》,這一設想並非毫無可能。

要明確了解桂陽山城遺迹整體的性質,出土《論語》木簡的遺構情況,以及木簡的年代,還需要進行更爲詳細的討論。不管怎樣,學習《論語》的最終目的是成爲中級官吏,這樣的學習很有可能在郡一級政區内推行,這一點很重要。可以推測,受骨品制下官吏進入通道所限,六至四頭品的人們入學國學,爲了獲得大奈麻、奈麻的官位進而成爲中級官吏需要背誦《論語》,朝鮮半島出土的《論語》木簡正是背誦之時所使用的。

結語

以上三節所述内容可總結如下:

韓國出土的兩例《論語》木簡,在古代中國都稱爲觚,書寫面爲四、五面的木簡上書有《論語·公冶長》篇的全部原文。復原之後長度都是超過1.2米的長大木簡,可推測同樣的木簡五十至六十枚可書寫《論語》全文。而且,從其形狀和長而大的特徵來説,該木簡在多人同時背誦《論語》的學校一類的場所使用。

另外,因爲《論語》是新羅國學的必修科目,加之讀書三品科評價中十分重視通曉《論語》,可推測出該木簡和國學有著强烈的關聯,或者爲金官小京和主夫吐郡所置學校使用,或者爲準備入學國學而使用。可得出這樣的結論,出世之道受限的六至四頭品身份者爲了成爲中級官吏而學習《論語》。

綜上所述,《論語》木簡是研究骨品制下官吏登用問題和新羅儒教受納的重要資料。此外,關於地方管控的實際狀態在文獻史料中僅有斷片式的殘存,因此不得不依賴考古學成果,今後還有待於木簡的出土及其相關研究。

① 木村誠:《統一新羅の官僚制》,《古代朝鮮の国家と社会》,第225頁。

第二章　東亞内部的文字文化傳播

序言

朝鮮半島出土木簡雖然數量很少，但東亞文字文化的重要性十分引人注目。也就是説，雖然目前爲止並未發現中國木簡和日本木簡的共通性，但若將朝鮮半島出土木簡置於其間，則東亞文字文化是如何傳播的將逐漸明朗。如此一來，李成市將東亞文字文化的傳播圖式化爲“中國(A)—朝鮮半島(A’—B)— 日本列島(B’—C)”，朝鮮半島接受中國的木簡，並有所改變，然後經歷這一過程的木簡又爲日本列島所接受。[①]

目前的韓國木簡研究已然指出在書式與書風上與日本木簡存在共通性。[②]有觀點指出，韓國木簡和日本木簡不僅在結構上有類似性，與日本宫都木簡相比，韓國木簡的特徵更可見其地方木簡的影響，儘管地方木簡的形態和書式並不如宫都整備，或可説韓國木簡是在多樣要素影響的存在階段殘存下來的。[③] 關於日韓木簡的地域和年代等，已到了比較詳細的比較階段，[④]可以説朝鮮半島(B)—日本列島(B’)部分的研究現今比較活躍。

本章在前人研究的基礎上，探討東亞地區内部的文字文化的傳播，包括尚未充分研究的中國(A)— 朝鮮半島(A’) 部分。因此，打算著眼於近年相繼出土的書寫《論語》的木簡(以下皆稱爲“《論語》木簡”)，以其爲具體資料。

正如前章所討論，朝鮮半島的《論語》木簡出土於估計是小京的中心地域以及與郡治密切相關的山城，在這些場所背誦《論語》時使用。推測《論語》木簡的使用者爲小京和郡的官人，對官人來説《論語》是必須掌握的典籍。注意到古代朝鮮存在木簡學習法這一事實後，下文欲以中國和日本的文字文化有著怎樣的關係爲中心加以考察。

① 李成市：《古代朝鮮の文字文化と日本》，《国文學》47－4，2002 年，第 15 頁。

② 李成市：《韓国出土の木簡について》，《木簡研究》19，1997 年；平川南：《屋代遺跡群木簡のひろがり——古代中国・朝鮮資料との関連》，《古代地方木簡の研究》，吉川弘文馆，2003 年；平川南：《韓国・城山山城迹木簡》，《古代地方木簡の研究》；舘野和己：《日本古代の木簡》，國立昌原文化財研究所編：《韓国の古代木簡》，國立昌原文化財研究所，2004 年。

③ 三上喜孝：《日韓木簡學の現狀とその整理狀況》，《唐代史研究》9，2006 年。

④ 研究已指出，古代日本接受文字文化之時，可能受到了百濟文字文化的强烈影響。見三上喜孝：《習書木簡からみた文字文化受容の問題》，《日本古代の文字と地方社会》，吉川弘文馆，2013 年。

一、中國境内的觚與《論語》

朝鮮半島出土的《論語》木簡的特徵是，木簡爲棒狀，稱作觚，而且非常地長大。注意到此點便可見中國的文字文化對朝鮮半島的影響。

觚這種木簡用於長文書寫，普通的板狀簡牘無法容納這些長文，[①]許多場合也用於習書。[②] 雖有關於金海《論語》木簡爲習書簡的説法，[③]但正如前章所述，其又長又大的特徵難以被認定爲習書簡，推測應是學習所用。敦煌出土漢簡中有斷面爲三角形的觚，上書有作爲孩童識字教科書的《急就篇》，一面二十一字，三面六十三字，上部空穴有紐帶相連，能够吊起旋轉，方便記憶。[④]

其次，看一看漢代長而大的木簡的例子。居延甲渠候官遺址出土《候史廣德座罪行罰檄》(EPT57.108)的文字寫在長八十三釐米的木棒的兩個書寫面。居延甲渠候官記載了對候史廣德相關失職的處罰決定文書，正面是處罰公文，側面記録了處罰依據。[⑤]

正如以上所述，將典籍寫於觚上以便學習的方法和長而大的木簡，在西域出土的各批漢代簡牘中均有發現。朝鮮半島的《論語》木簡大概正是受到了這些漢簡的影響。但兼具這兩個特徵的木簡在中國似並未見出土。因此，將典籍書寫於長而大的觚上的方法有可能只是在朝鮮半島内部才演變形成的。

但是，《論語》在中國只作爲初級教科書，簡言之，學習諸如《千字文》等書籍之後便是《論語》和《孝經》。[⑥]舉例而言，新疆維吾爾自治區吐魯番阿斯塔那墓地出土了《論語鄭氏注》，[⑦]爲景龍四年(710年)時年十二歲的卜天壽所書。因爲是紙本教材，所以學習者亦書寫於紙上，並未使用木簡。

從朝鮮半島所見長而大的觚木簡《論語》，可見漢代的簡牘文化及其流布。但在中國《論語》是初學者教科書而非官員所學，而且唐代的學習方法是紙本抄寫，並不可見利

---

① 大庭脩編著：《木簡——古代からのメッセージ》，大修館書店，1998年，第32、373頁。

② 籾山明《巻頭言——書くことと削ること》(《木簡研究》27，2005年)一文中提到，大英圖書館斯坦因藏品中存有用於練字的觚的大量削屑。

③ 東野治之：《近年出土の飛鳥京と韓国の木簡——上代語上代文学與との関わりから》，《日本古代史料学》，岩波書店，2005年。

④ 大庭脩：《大英図書館藏 敦煌漢簡》，同朋舎，1990年，木簡441號。

⑤ 大阪府立近つ飛鳥博物館编：《シルクロードの守り》，1994年，第35頁。

⑥ 吉川忠夫：《六朝時代における〈孝経〉の受容》，《古代文化》19-4，1967年；吉川忠夫：《六朝時代における〈孝経〉の受容再説》，《古代文化》27-7，1975年；東野治之：《〈論語〉〈千字文〉と藤原宫木簡》，《正倉院文書と木簡の研究》，塙書房，1977年。

⑦ 金谷治编：《唐抄本鄭氏注論語集成》，平凡社，1978年。

用木簡學習的證據。

二、日本的觚與《論語》

1. 日本境内學習用的觚

日本境内觚的出土事例不多，德島縣觀音寺遺迹曾發現記載了《論語》一節的觚。[①]

- □〔冀?〕□依□□〔夷?〕乎□□〔還?〕止□〔耳?〕所中□□□　(表面)
- □□□□乎　(背面)
- "子曰　學而習時不孤□乎□自朋遠方來亦時楽乎人不知亦不慍"　(左側面)
- [　　]用作必□□□□□〔兵?〕□人[　　]□□□　(右側面)

(653)×29×19

在觚上書寫《論語》文本這一點上與朝鮮半島存在共通之處，但是《論語》僅書於四面中的一面，且字句有著相當大的不同，而朝鮮半島的《論語》木簡四面都忠實地書寫文本，其性質大概不同。

其他可見的觚，或爲習書之物（秋田城迹，[②]飛鳥池[③]），或書有九九口訣（長崗京迹[④]），或書有六十干支（秋田城迹[⑤]），或書有文書（鹿兒島縣京田遺迹[⑥]）等。

值得注意的是，與朝鮮半島的《論語》木簡一樣，出土了估計用於學習的觚：

- □□□□□〔薑海鹹河淡?〕
- 推位□〔讓〕國　(左側面)
- □□□□[　　]　(156)×(10)×24

此爲飛鳥池 SD 一一三零溝出土的木簡。此遺迹最終被埋藏的時期是天武至持統朝左右，木簡年代大概爲 7 世紀後半葉。木簡上下兩端有二次性切斷，右邊有二次性切削。木簡記有《千字文》，右側面爲第十六至十七句，表面爲第二十三句。因此，該木簡的原

① 德島縣埋藏文化財センター：《観音寺遺跡Ⅰ》，德島縣埋藏文化財研究會，2002 年。

② 小松正夫：《秋田・秋田城跡》，《木簡研究》21，1998 年。

③ 寺崎保広：《奈良・飛鳥池遺跡》，《木簡研究》21，1998 年，表十之四。

④ 吉崎伸：《京都・長岡京(3)》，《木簡研究》8，1986 年。

⑤ 國立歷史民俗博物館編：《古代日本 文字のある風景——金印から正倉院文書まで》，朝日新聞社，2002 年，第 86—87 頁。

⑥ 虎尾達哉：《鹿児島県京田遺迹出土木簡の"田刀□"について》，《鹿大史學》49，2002 年。

形可能爲四角柱，各面分別書寫六句，如下所示（劃綫部分爲出土木簡可見部分）：①

天地玄黄　宇宙洪荒　日月盈昃　辰宿列張　寒來暑往　秋收冬藏（第一面）
閏餘成歳　律吕調陽　雲騰致雨　露結爲霜　金生麗水　玉出崑崗（第二面）
劍號巨闕　珠稱夜光　菓珍李柰　菜重芥薑　海鹹河淡　鱗潛羽翔（第三面）
龍師火帝　鳥官人皇　始制文字　乃服衣裳　推位讓國　有虞陶唐（第四面）

如果推認確定的話，雖然文本有著《論語》和《千字文》的不同，但朝鮮半島和日本列島同樣利用長而大的觚的學習法。出土木簡每十五釐米記載一句，原形爲至少有九十釐米的長而大的觚。

2. 日本的《論語》木簡

依我管見，如表二所示，日本《論語》木簡的出土共有三十三例。②

其中 23 例來自飛鳥和平城宫等都城，10 例出土於地方。只提及書名的占 15 例，記載《論語》原文的有 18 例。其中知道具體篇目的有 17 例，《學而》篇 10 例，《爲政》篇 2 例，《八佾》篇 1 例，《公冶長》篇 3 例，《堯曰》篇 1 例。前兩篇在 17 例中有 12 例，約占七成。

大部分的例子是相同文字反復書寫，這些可推測爲習書。但是，還有一部分難以斷定爲單純的習書。

長野縣屋代遺迹三五號木簡
子曰學是不思　　(202)×21×4
長野縣屋代遺迹四五號木簡
・亦楽乎人不知而不[慍?]
・　[　　]　　(196)×(10)×7

這些屋代遺迹群出土的木簡年代爲 7 世紀後半葉至 8 世紀前半葉。這兩例並未反復書寫同一文字，且僅在木簡的單面書寫，有觀點認爲並非習書而是靈活運用了册書形態的木簡，是對其使用方法的復原。③除此之外，接下來的兩例木簡也没有反復書寫，只是原樣抄寫文本，因此也可能不是單純的習書。

・悦乎　有朋自

① 寺崎保広：《奈良・飛鳥池遺跡》，《木簡研究》21；奈良文化財研究所：《飛鳥藤原京木簡一》，2007 年。但是，市大树《飛鳥の木簡——古代史の新たな解明》（中央公論新社，2012 年，第 153—154 頁）指出，單從殘留面的墨書殘存筆畫來看，辨認稍微有些困難。

② 表中一八、二〇據山本大志氏（2006 年，當時爲早稻田文學部日本史學專業在讀）指點所得，謹志謝意。

③ 平川南：《屋代遺跡群木簡のひろがり——古代中國・朝鮮資料との関連》，《古代地方木簡の研究》。

•子乎　有子　　(100)×(24)×7

由於木簡上下兩端有損缺，現存長度不過十釐米，但可推測原形的單面爲二十至二十一字，原長度接近四十釐米。①

奈良縣阪原阪户遺迹：②

□□夫子之□之與其諸異乎×

由於古代日本木簡與紙同時使用，即處於所謂的紙、木並用時代，所以認爲不存在書寫文本的木簡也無可厚非。而且，正如除《論語》以外還出土了衆多的習書木簡所示，有時在紙上書寫典籍，並將其抄寫在身邊的木簡上。因此，上文所見的册書式木簡以及並非單純習書用的木簡，可以説在古代日本木簡之中具有頗爲特異的性質。弄清楚這些木簡具體用途中的特别之處比較困難，③不過值得注意的是，這些具有特異性質的木簡集中於從地方出土的《論語》木簡之中，這一事實不正顯示《論語》極受重視嗎？若是如此，這和朝鮮半島《論語》接受狀況在某些方面有共通之處。換言之，存在這種可能性：在中國作爲初學者讀本的《論語》，在朝鮮半島則作爲官人必備的知識而受到重視，然後《論語》的這種地位又傳播到了日本。

結語

總結一下本章已經明確的事實。

朝鮮半島出土的兩例《論語》木簡形狀特異，都在長而大的觚上書寫文本。在觚上書寫典籍的學習方法和長而大的觚亦見於漢代的中國西域，因此可認爲是受到漢代影響的朝鮮半島獨自加工形成的文字文化。另外，日本列島有在長而大的觚上書寫《千字文》並學習的一個例證，或是朝鮮半島文字文化傳播的結果。日本列島雖然没有在長而大的觚上寫《論語》的例子，但可見一些特殊的用法，如或許存在册書式的使用法，以及原樣書寫但難以單純認定爲習書木簡的情況等。具體用法雖不明確，但大致能確定的是十分重視《論語》。而且，就出土地點而言，無論是朝鮮半島還是日本列島，與地方官衙有關的地方都比較多。在中國《論語》是基本的初學者讀本，與之相比，日本和朝鮮的共同之處在於學習《論語》的是各位官員。

---

① 西口圭介：《兵庫・柴遺跡》，《木簡研究》23，2001年。

② 奈良縣立橿原考古學研究所附屬博物館：《大和を掘る 一九九二年度発掘調査速報展一三》，1993年，第35頁。

③ 關於其具體使用方法，有推測認爲："當時的典籍是正文隨處插有長段注釋的卷軸形態，不適合用於只閲讀正文。因此，使用方法是，僅將正文書於木簡，並將其作爲文本，在適當參考時不斷閲讀。"（新井重行：《習書・落書の世界》，平川南等編：《文字と古代日本五 文字表現の獲得》，吉川弘文館，2006年，第220—224頁）

史書中難以明確《論語》究竟是何人所學,是如何學習的,而《論語》木簡則是具體展示這些問題的重要資料。中國、朝鮮半島和日本列島等國家均學習《論語》,這一事實是三者的共通點,但在各自的社會之中,文化狀況與社會制度各異,與之相應地發展出了不同的學習方法。如此一來,再檢討三國共通的《論語》木簡,明確其使用的主體和目的,大概就能更爲詳細地明確各自社會中《論語》的地位,甚至各自社會中儒教所代表的意義了。本章以明確儒教的傳播和各地域的接受狀態爲目的進行了初步的考察。期待今後出土資料不斷增加,促進考察的深入。

表二 日本出土《論語》木簡一覽

	出土地	遺迹名	木簡編號	簡文	篇・章	參考文獻
一	奈良	飛鳥京		論論語		明日香風一七
二	奈良	飛鳥池	八三三	亦樂乎	學而一	飛一五
三	奈良	飛鳥池	九五三	禮論□語禮□禮		飛一三
四	奈良	飛鳥池	二四五	・觀世音經卷 (表面) ・子曰學□□是是 (背面) ・支爲□〔昭?〕支照而爲 (左側面)	學而一	飛一三 木研二一
五	奈良	石神		論語學		飛一七
六	奈良	石神		・乎 有朋自遠方來□ ・"大大大大□□□〔大?〕" (左側面)	學而一	飛一八
七	奈良	藤原宮		糞土牆牆糞牆賦	公冶長一〇	藤原宮出土木簡概報
八	奈良	藤原宮	六八二	・子曰學而不□ ・□水明□ □	爲政一五	藤二
九	奈良	藤原京		而時習	學而一	飛一六
十	奈良	平城宮	二五九三	・□□□□□〔秦忌寸諸人?〕大□〔田?〕□論語 ・□□ □□		平二
十一	奈良	平城宮	四六八八	・青青青秦秦秦謹謹申 ・謹論語諫許許課許謂＝誰		平四
十二	奈良	平城宮		・論語序論□ ・論□		木研四
十三	奈良	長屋王邸	一一〇五	論語語□□		平城京木簡一
一四	奈良	二條大路		□□□□〔語論語?〕		城三三
一五	奈良	二條大路		□□□□□〔論語?〕		城三〇

續　表

	出土地	遺迹名	木簡編號	簡　　文	篇・章	參考文獻
一六	奈良	平成京		□□五美 □道皇五五□ 道道皇五 □	堯曰七	城三〇
一七	奈良	平成京		・□□□□□□□ □□□□□□□□又 曰猶吾大夫崔子世□有有有有有有 人道財財財長長長長長可哥及不及 武 章 章 帰 帰 帰 帰 所 □ 有道 ・帰 帰□ 事 事 大大大天天天大天天天天天天天天天 有道章事 飛 □□□□□ □者　有有 有	公冶長一九 他?	城二九
一八	奈良	平成宫		[　]何晏集解　子曰□		城二九
一九	奈良	平成京		・曰上[　　　　　]　不□ □子曰學而時習之□　我學 ・□□識　　　　　　　　子曰	學而一	城三四 木研二〇
二〇	奈良	平成京		孔子謂季氏八□〔佾?〕□ □□	八佾一	城三四 木研二二
二一	奈良	東大寺		・〇　東大寺之寺僧志尺文寺得□〔得?〕 尊 ・　作心信作心 第　爲　□　爲是 □是 論語序一“寺”□　第 信心 哥苐　爲爲爲爲爲羽□		木研一六
二二	奈良	西大寺		・論論語卷卷卷卷 ・[　　　]　□		木研三五
二三				□□論語		
二四	奈良	阪原阪户		□□夫子之求之與其諸異乎	學而一〇	木研一六
二五	兵庫	袴狹	二一	・“子謂公冶長可妻” ・“右爲蠲符捜求□	公冶長一	木研二二
二六			二二	・(表面略) ・　　　　□□ □□論語序何晏集□[解?]		木研二二
二七	兵庫	芝		・亦乎　有朋自 ・子乎　有子	學而一～二	木研二三

續 表

	出土地	遺迹名	木簡編號	簡文	篇·章	參考文獻
二八	德島	觀音寺	七七	·“□□依□□乎□□止□所中□□□”（表面） ·□□□□乎（背面） ·“子曰學而時習不孤□乎□自朋遠方來亦時樂乎人不知亦不慍”（左側面） ·[ ]用作必□□□□□□人[ ]□□□（右側面）	學而一	
二九	滋賀	勸學院		· 之子 左右 我 □□□ 論語□“論□論天” 天 道 “天” 天 我我我我 □道天 （背面略）		木研八
三〇	静岡	城山	一四	論□〔語?〕		木研二
三一	長野	屋代	三五	子曰學是不思	爲政一五	木研二二
三二			四五	·亦樂乎人不知而不□〔慍?〕 ·[ ]	學而一	木研二二
三三	福岡	國分松本		·“□〔論〕語學× “□□〔論而?〕一第”	學而一	木研三三

注：參考文獻中，“木研”指《木簡研究》，“城”指《平城宮發掘調查出土木簡概報》，“飛”指《飛鳥藤原宮發掘調查概報》，“平”指《平城宮木簡》，“藤”指《藤原宮木簡》。

附章 作爲“視覺木簡”的《論語》木簡

引言

針對本編韓國出土《論語》木簡使用於統一新羅時代小京或郡的官吏學習之時這一論述，有評論指出，木簡並非擁有學習用的具體用途，或許是更具象徵性的意義。

筆者在 2006 年 1 月學術研討會上發表報告時，評議人大隅清陽氏指出任職官衙的貴族宅邸備置了《論語》木簡，其本身可能也具有意義，筆者受到了這一觀點的啓發。①此外，最近，冨谷至氏在探討中國長型簡牘與觚的性質時，進一步指出，日本、韓國出土的

① 在早稻田大學朝鮮文化研究所主辦的專題研討會“韓国出土木簡の世界Ⅲ”（2006 年 1 月 14 日）公開座談會上的發言。朝鮮文化研究所編：《韓国出土木簡の世界》，雄山閣，2007 年，第 385—387 頁。

《論語》木簡具有象徵性的意義。[①]

因此，下文將在這些與中國和日本木簡相關的新見解的基礎上，再次探討《論語》木簡的用途。

一、關於冨谷氏之説

首先來看冨谷氏所引用的中國簡牘及其解釋。

○候史廣德行罰檄

居延甲渠候官遺址出土的"候史廣德坐罪行罰檄"(EPT57.108)爲長83釐米的棒狀木簡，兩面書有文字。簡文記載了居延甲渠候官關於候史廣德失職處罰的決定，正面爲處罰的公文，背面記載了處罰的依據。

關於此簡，冨谷氏認爲，"類似於一種吸引衆人目光的告知札一類的物品"，"設想不特定的多數人可看見而將其放置於顯眼的地方"，"通過公示候史的怠忽職守及其處罰，産生威懾效果，以此來整肅綱紀"。[②]

○玉門花海出土皇帝遺詔

長37釐米的七面體觚上記有212字的皇帝遺詔和私信。迄今已提出了習書説、識字教本説。但是，私信没有作爲教材的可能，而遺詔中也多有異體字，此二説都顯得牽强。因此，此簡也是"爲了平日視綫可及而備置的標識簡"。作爲座右之書而使用，是"個人自身平常視覺可見"的物品。[③]

此外，關於前章已述及的《急就篇》，論述如下。倘若木簡是作爲教科書，通常情況下應横向放置以供練習。若將木簡用編繩穿孔懸掛，平日作爲識字學習的標識，吸引衆人視覺的注意，以獎勵鼓舞學習，那麽其則是具有使看見木簡的人保持自覺自省意識的象徵性作用的"視覺木簡"。

在以上論述的基礎上，冨谷氏推測，韓國、日本出土的書寫於長大型觚上的《論語》木簡，也非用於閲讀，或許具有諸如鼓勵學習、咒術意義等的象徵性意義。[④]

筆者認爲，超過1米的長大型觚是具有某種象徵性意義的"視覺木簡"這一看法是非常重要的認識。因此，受此看法啓發，下文想探討《論語》木簡具有這種象徵意義的可能性。但是，我們不能如冨谷氏那樣，將日本與韓國的《論語》木簡等同對待。

---

① 冨谷至：《文書行政の漢帝国——木簡・竹簡の時代》，名古屋大學出版會，2010年。

② 冨谷至：《檄書考》，《文書行政の漢帝国——木簡・竹簡の時代》，第91—95頁。

③ 冨谷至：《檄書考》，《文書行政の漢帝国——木簡・竹簡の時代》，第96—99頁。

④ 冨谷至：《書記官への道》，《文書行政の漢帝国——木簡・竹簡の時代》，第137—140頁。

富谷氏已指出，德島縣觀音寺遺址出土的《論語》木簡具有象徵性意義。四面書有文字的觚記有《論語》，的確，這些與韓國《論語》木簡的確有共同之處。而且，文字爲隸書風格的特殊字體，木簡或許並非習書簡而是通過引人注目發揮作用的崇拜物般的存在，這一見解報告書中也早已提及。[①]但是，觀音寺木簡只在左側面書有《論語》，字句也與《論語・學而》篇存在異同。如本編所述，韓國出土木簡各面都忠實地書寫有《論語》，因此我們很難認爲兩者爲同一性質的遺物。

此外，韓國的兩枚《論語》木簡均爲《公冶長》篇。有學者推測，對新羅而言，其可能具有某種意義，因而只載《公冶長》篇。[②] 可是，僅有兩枚簡，我們不能排除偶然的可能性。進一步講，只重視並選取《論語》中特定的一篇的做法亦不見他例，我們應該考慮木簡原本確實載有《論語》全篇。若是如此，我們很難認爲出於如咒術般的鼓勵學習的目的，而將數十枚《論語》木簡公示。如果是出於此目的，比如只將開頭的《學而》篇書於木簡上理應足够。

筆者即使接受木簡並非用於學習，而是具有强烈的象徵性意義這一意見，亦對鼓勵學習以及咒術性的目的存有疑問。

二、歌木簡與《論語》木簡

此外，近年來備受日本木簡研究關注的"歌木簡"頗值得注意。[③]

所謂歌木簡，是指用於書寫整首和歌的木簡。分爲 A、B 兩種類型。A 類簡在長 2 尺(約 60 釐米)以上的木材的一面上用萬葉假名寫有一行文字。B 類簡與此不同，或稍短，或寫有兩行，其背面繼續寫有文字。迄今爲止，A 類簡出土有 9 枚，B 類 7 枚。

現作爲推斷《論語》用途參考的是 2 尺以上的長型簡 A 類簡。以甲賀市宫町遺址出土的木簡爲例。

---

① 多田伊織：《観音寺遺跡出土〈論語〉木簡の位相——觚・〈論語〉文字》，德島縣埋藏文化財センター：《観音寺遺跡Ⅰ》，德島縣埋藏文化財研究會，2002 年。

② 李成市《韓国出土木簡と東アジア世界論》(角谷常子編：《東アジア木簡学のために》，奈良大學，2014 年)指出，仁川桂陽山城與金海鳳凰臺分别位於與新羅國土西北的唐朝、東南的日本隔海相望的交通要衝。又將《公冶長》篇中"子曰：道不行，乘桴浮於海"的語句與東夷或朝鮮相結合進行解釋，認爲《論語》木簡是新羅王德治遍及國境土地的象徵。但是，並没有明確的證據表明仁川、金海屬於當時新羅的國土。而且，若要將《公冶長》篇的這部分與朝鮮相結合進行解釋，没有必要書寫《公冶長》全篇，只要這一節應該就足够了。

③ 相關論文較多，具有代表性的有栄原永遠男：《木簡として見た歌木簡》，《美夫君志》75，2007 年；《歌木簡の実態とその機能》，《木簡研究》30，2008 年；《歌木簡その後》，《万葉語言研究》五，2009 年；《万葉歌木簡を追う》，和泉書院，2011 年；犬飼隆：《木簡から探る和歌の起源》，笠間書院，2008 年。

• 奈迩波ツ尔……□夜己能波□□由己□　(a 面)
• 阿佐可夜　……[　]流夜真×　(b 面)
(79＋140)×(22)×1

木簡現狀是，上下左右均有破損，分爲兩片。原本 a 面有 31 字，b 面 32 字，僅寫有文字的部分就有 50 釐米左右，若考慮餘白，則大體約爲 2 尺(60 釐米)長。我們認爲最初只有 a 面寫有文字，其後，也使用了背面(b 面)。

關於這種 A 類木簡，有諸如習書等各種説法。然而，從 2 尺這一特別的尺寸來看，我們推斷該木簡並非單純地用於練習或作記録，而是帶到儀式或宴會上，用於吟唱和歌。至於專門準備長大的木材用於書寫和歌的理由，有推測認爲，“這是對手持長大木簡的儀態本身與持此進行的儀式的看重”，同時“也是對吟唱出的音聲的重視”。[①]

此外，對發現於西大寺的木簡的理解也值得參考。木簡如下：

大德一心念今日衆僧自恣[　]恣若有見聞疑罪人
德怠滘故語□□□[　]如法懺悔第二第三亦如是

木簡上所記爲舉行諸如受戒、懺悔等戒律上的行事時的“羯磨”儀式。至於其用途，有觀點認爲，“這是法會上擔任宣讀羯磨任務的僧侶所手持的以示威儀的法具”。詳細徵引如下：

> 參加法會的僧侶無疑是知道羯磨的，宣讀羯磨的僧侶亦是如此。所以，衆僧理應不會參照手中所持的木簡上的文字來朗讀羯磨。然而，參加法會的僧侶通過手拿木簡，認識到其有吟誦羯磨的責任。木簡作爲書寫羯磨的載體是具有吟誦職責的標誌。換言之，木簡作爲書寫有文字的象徵性的備忘録，是法會行爲的必需品。[②]

若參考這種歌木簡和羯磨木簡的實例，我們認爲長大的《論語》木簡或許也有使用於某種儀式的可能性。

那麽，我們可以具體設想一下有關吟誦《論語》的儀式。關於韓國古代的禮儀，幾乎不見記載詳細内容的史料。但是，參考同時代的唐朝與古代日本的事例，祭祀儒學先聖先師的儀式釋奠可以作爲候補禮儀。[③]

① 栄原永遠男：《歌木簡その後》，《万葉語言研究》五，第 187 頁。
② 遠藤慶太：《木簡の歌と歌語り——歌の儀礼を視野に入れて》，《万葉古代學研究年報》11，2013 年，第 127—128 頁。
③ 以下記述多依據彌永貞三《古代の釈奠について》，《続日本古代論集》下，吉川弘文館，1972 年。

關於釋奠的具體禮儀内容，據《大唐開元禮》卷五十三《皇太子釋奠于孔宣父》載，釋奠禮包括齋戒、陳設、出宫、饋享、講學、還宫六項程序。其中，講學是指先由執讀宣讀一段經文，後執經者講解大意，侍講者針對經義提出疑問，然後同執經者、其他的侍講者進行辯論的儀式。行禮之時使用的經典爲《孝經》《論語》以及五經。講學經典的順序並没有規定，也有講學二經以上的情況存在。

古代日本的釋奠基本上也是以《大唐開元禮》爲範本進行的。但是，日本也作了適應性的調整，諸如宣讀經文時，最初采用的是先由音讀博士音讀，再由座主訓讀的方式；此外，自 9 世紀前半期開始，講學經典按照《孝經》《禮記》《毛詩》《尚書》《論語》《周易》《左傳》的順序進行。

如上，在同時代的唐朝與日本，作爲釋奠禮的組成部分，吟誦以《論語》爲首的儒學經典。當然，在唐朝與日本的釋奠禮上未有使用長大木簡的記載。① 但是，通過參考歌木簡、羯磨木簡的實例，還是可以設想存在這種可能性的吧。

不過，古代朝鮮半島舉行釋奠禮的直接證據未見遺留。但是，通過各種旁證，我們認爲釋奠禮是舉行過的。

首先，載有釋奠一類文字的史料，僅有《三國史記》卷五真德王二年（648 年）三月條："春秋請詣國學，觀釋奠及講論，太宗許之。"此段文字是關於後來的武烈王金春秋遠赴唐朝親自考察釋奠及講論的記載。我們認爲考慮到此次考察給本編第一章提及的真德王五年（651 年）左右新羅國學設置帶來的影響，在設置國學的同時舉行釋奠禮的這一假設是合乎情理的。

另外，同書卷四十《職官志》記載有詳情不明的名爲"孔子廟堂大舍"的官職。雖然設置年代尚不明確，但是新羅有祭祀孔子的廟，釋奠當然應是在其中舉行的。

又，同書卷九惠恭王十二年（776 年）二月條曰："幸國學，聽講。"卷十一景文王三年（863 年）二月條曰："王幸國學，令博士已下講論經義，賜物有差。"同書憲康王五年（879 年）二月條曰："幸國學，令博士已下講論。"這些王親臨國學的史料記載，與釋奠相關的可能性也很大。究其原因，二月可能是舉行釋奠的時期，如前所述，"講論"是釋奠禮儀的一部分。一般而言，釋奠由國學的長官主持進行，或許是因爲王親自參加而特意留下了記録。

關於地方的釋奠禮，唐朝州學、縣學中舉行釋奠，日本各藩國設置的國學亦舉行釋奠。在新羅，雖然尚無史料證明除王京的國學外有學校存在，但本編第一章已指出是有

---

① 膽澤城出土了寫在推測爲用於釋奠的紙上的《孝經》。見平川南：《古文孝経写体》，《漆紙文書の研究》，吉川弘文館，1989 年。

這種可能性的。

在此想重申的是，韓國出土的《論語》木簡有在新羅小京或郡的學校中用於釋奠的可能性。

結語

要闡明朝鮮半島出土的《論語》木簡爲何不在王京而在小京或置郡的地方出土並非易事。由於相關文獻資料缺乏，加之出土木簡的遺迹、遺構的性質尚不明確，因此，爲了推斷木簡用途，我們不得不從長大型觚這一形態著手。而且，朝鮮半島也没有其他類似的例子存在，因而不得不在中國和日本的木簡中尋求近似的例證。此前雖已提出了用於學習的推斷，但在"視覺木簡"這一問題的啓發下，本章重新指出，木簡有用於某種禮儀的可能性。作爲具體事例，我們推測可能用於釋奠中的講論。

在揭示日本歌木簡用途之時，遺迹、遺構的性質和年代的明確爲解決該問題作出了巨大貢獻。今後，若通過推進金海鳳凰洞與仁川桂陽山城周邊的發掘，進一步明確遺址的性質，或許能深入考察。同時也期待新的《論語》木簡出土。期待調查的推進和新資料的出現，以推動對韓國古代《論語》以及由此引發的儒學接受史的持續不斷的探究。

（向桃鳳、鄭伊凡譯，鄭威校改）

古代日本的籍賬制*

[日] 渡邊晃宏

(奈良文化財研究所)

一、以户籍・計賬統治人民的律令國家

(一) 籍帳制的理解

日本古代的律令國家,通過規定民衆的名字和籍貫,掌控其治下的每一個人。而且主要爲便於徵收租税,以生活單位——家族爲核心,人爲地進行編户,並設置以五十户爲一里(後稱鄉)的行政單位。

像這種律令國家,爲統治人民而編製的最基本資料,當屬户籍。早在所謂的大化改新詔書當中,已經描述過這種統治人民的方式,不過真正初次實現通過户籍統治全國人民的是在編纂庚午年籍的天智九年(670年)。在此之前,没有冠姓氏的人們和不能確定的人們,似有很多。隨著庚午年籍的編成,規定了每個人的姓氏和世襲的稱號,也決定了每人的名字,成功地確定了人民與國家的一元化關係。從這些過程可知,庚午年籍作爲定姓氏的册籍,被永久保存,當發生某些問題時,常作爲參照用的根本性資料,並加以活用。

本來,日本並非像中國那樣確立了父系制的家族制度,因此爲確定每個人的姓氏與世襲的稱號,需花費龐大的人力物力。庚午年籍編成以後,對其進行持續性的更新,似非易事。接下來編纂户籍是在二十年後的持統四年(690年),這就是庚寅年籍。再接下來編纂户籍是在大寶令實施後不久的大寶二年(702年),此後依從大寶令的規定,户籍

* 本文選自平川南、冲森卓也、榮原永遠男、山中章編:《文字と古代日本:支配と文字》,吉川弘文館,2004年。原題爲《籍賬制》。原文尾注所附參考書目改爲腳注。

每六年更新一次。不過也有例外：①如大寶二年户籍中的西海道，在大寶二年未能完成編纂，延至大寶三年國印頒布之後才得以完成，因此加蓋了國印。儘管以每六年編纂一次爲原則，但是也會因行政制度的改革而發生編纂年份偏離的事例。大寶二年之後的編纂年份是六年後的和銅元年(708年)，再接下來是和銅七年(714年)，而此後按照原本的規定，應該是養老四年(720年)，但實際上卻晚了一年，到養老五年才得以實施。此後的神龜四年(727年)、天平五年(733年)，每隔六年編纂户籍，但接下來一次的編纂卻比預定延遲了一年，到天平十二年(740年)才完成。如上所述，因律令國家内的各種事由，每隔六年編纂一次的原則，未必會得到嚴格執行。

另一方面，與户籍並稱的計賬，從語義上解釋它，是個複雜的問題。被稱爲計賬的文書，存在三種形態。第一種是從各户徵繳的户籍申告書，稱爲手實；第二種是整理手實後抄寫的曆名；第三種是大賬，即根據曆名，算出課丁人數等賦役徵收量，並爲此而製成的帳簿。"令"本義所説的計賬，是指其中的第三種——大賬。也就是説，計帳本不是記載個人名氏的帳簿，不過是基於數據編纂而成的總計帳簿。一般説到計賬，馬上會想到正倉院文書中殘存的"計賬"事例，它正是以上述的第一種和第二種爲中心，出於這樣的理由，才促使有些研究者認爲計賬是記録每個人曆名的户籍式的個人帳簿。然而，這樣理解計賬是不對的。

如前所述，很多研究把手實、曆名、大帳看作計賬的三大要素，但我傾向於當從計賬的本義去理解。這就涉及曆名的定位問題。通常，曆名放在計賬的範疇内理解。大概是因爲重視其作爲徵收調庸時的帳簿價值吧。但實際上，在每六年一次的户籍編纂時，曆名才起到集成每年資料的意義。正因爲如此，也能發揮其課税帳簿的作用，不消説這只是附隨的作用。它是用來完善以户籍統治人民的資料，難道不應該從這裏尋求它的本質嗎？换言之，它作爲計賬，一如令的規定，應只充當大帳，但恰與之相反，難道不應該理解爲曆名與户籍相輔相成地構成了律令國家統治人民的骨架式文書嗎？把統治人民的方式稱作籍賬制的情況很多，一般可以理解爲以籍(即户籍)、賬(即計賬)來統治人民。但是我認爲計賬原本不是包含個人曆名的帳簿，不如説這是作爲徵税的資料而被割離的，以籍(即户籍)、賬(即曆名)來統治人民，難道不正應該把這稱爲籍賬制嗎？②

(二) 日本的個體統治

如前所述，計賬基本上是總計帳簿，是以掌握調庸徵收量爲目的，送付京師(日文京

---

① 鐮田元一：《日本古代的官印—以八世紀的諸國印爲中心—》，《律令公民制研究》，塙書房，2001年。

② 渡邊晃宏：《籍賬制的構造—從手實·曆名的探討出發—》，《日本歷史》525，1992年。

進，爲專有名詞，下文直接譯成京進）的帳簿。它並不以個人控制爲目的。正因爲以掌握徵收量爲目的，所以計賬當然每年由所有的國（最上級地方政府）送達中央。

另一方面，作爲編纂計賬底本的個人帳簿——曆名，是否每年從各國被送抵京師？對此大家意見不一。這也影響到如何理解正倉院文書遺留下來的各國曆名，不過在這之前，很大部分與理解律令國家統治地方的本質相關聯，不僅僅只是曆名的有無京進，也與理解編纂曆名的主體密切關聯。關於國司（最上級地方長官）對國内統治的實際情形掌握到多大程度呢？到 9 世紀以降郡司（國司的下一級地方長官）漸次没落爲止，郡司在統治地方的實際作用中所占的地位相當高。比如説起郡司掌控的徵收物包攬系統，最近的看法一般認爲國司只不過是由中央派遣，對其進行管理，確保將徵收物切實送達京師而已。而積極地理解郡（國的下一級政府）所具有的自主性是學界的主流。在這個意義上講，基本上郡家（郡司所在的衙門）才有必要對個人層次進行掌控，而國府（國司所在的衙門）雖然有對其進行監察的職能，但是向中央繳送實物之際，確實没有必要掌握到個人層次。

關於計賬的京進，能確認的是和銅八年（715 年）時從畿内各國京進曆名這一史實。從平城京左京二條二坊五坪東側向南流的東二坊坊間路西側水溝出土了文書卷軸（奈良國立文化財研究所《平城宮發掘調查出土木簡概報》23.1），它的一側寫著"大倭國志癸上郡大神里"，另一側寫著"和銅八年計賬"（圖一）。以里爲單位的這個計賬卷軸，很難把它看作是總計帳簿的大賬。而這是串聯五十户份個人曆名的文書，並首次構成了一卷。也就是説，雖然對不出土於宮内的這點説明，有必要給予若干的保留，但是這個文書卷軸的存在，可説是證明和銅八年時大倭國京進曆名這一事實的極有力史料。

圖一　平城京東二坊坊間路西側溝渠出土的計賬卷軸（上）和兩端横斷面的墨書（下）

奈良文化財研究所保管

其他還有神龜三年的山背國愛宕郡出雲鄉雲上里、雲下里計賬（《大日本古文書》編年文書卷一 333～380 頁〔下文略記爲《大日古》1/333～380〕，正倉院文書正集一一、一二），按有國印，並且從其整齊的書寫格式（即公文格式）考慮，作爲京進之物的可能性很高。越前國江沼郡計賬（《大日古》2/273～280，正倉院文書三修四四—四里）也書寫格式整齊，是計賬手實，没有京進的確證。阿波國計賬（《大日古》1/549～550，正倉院文書正集三七）也蓋有國印，是大賬這類計賬的唯一事例，也有京進的可能性。另一個方面，確切可知有未按國印、填寫繁密、很難被認爲是京進之物的山背國國郡未詳計賬（《大日古》1/505～549，正倉院文書續修一〇～一二、正倉院文書三修二八—八裏、同三五—五裏，静岡縣立美術館所藏斷簡），是由國衙乃至郡家保管的曆名。不過，此外没有確係京進的計賬。

像這樣，即便大賬的京進是理所當然的，可是就曆名而言，有京進可能性的，僅有和銅八年大倭和神龜三年山背這兩例而已。換言之，儘管認爲在畿内從大寶令施行之初開始，便一直京進曆名，卻没有從畿外京進曆名的證據。雖然鎌田元一的論點[①]設定了養老元年大賬式頒布以後的京進曆名，但不能認爲在這以後不問地區都將曆名上繳京師了，另一方面在這之前僅限畿内而言，京進曆名確實已經得到進行。以養老元年爲界限，在京進曆名的有無當中，看不出有發生變化的情形，反之，存在著在其前後保持一貫的畿内、畿外的差異，這種看法才是整合性的理解。養老元年的大計賬式，應看作是總計帳簿——計賬（＝大賬）的完備公文格式。[②] 平川南提出假設[③]：被證實的 8 世紀之初西海道型和禦野型（東山道型）兩種户籍公文格式，在養老五年户籍之下被統一，認爲養老元年計賬的完備公文格式是對以籍賬統治人民的方法進行全方位整備的一環。

如此這般，律令國家通過每年的曆名，把握京師和畿内各國的户口變動。而畿外各國，即使可以通過每六年一次編成的户籍掌握户乃至户口的狀況，但不能及時掌握其每年的變動，只能每六年追認它的變動（根據提出的户口損益帳簿）。實際的統治，一直委託當地的郡司層，並體制上規定每隔六年調查全國人口。無論采取何種形式，只要必需的物資順利送抵的話，没有必要拘泥於對每個人的掌握。所謂的律令國家個體統治的本質就是這種情形。

（三）貨簽上的個人署名

這裏要討論的問題是與賦役令調皆隨近條的規定有關。根據這條，調的纖維製品上明記進貢者的"國郡里户主姓名年月日"，並按有國印。不能像纖維製品那樣直接寫在物品上的場合，采用權宜之法，出土的大多木簡貨簽就是這種情形。然而，如前所述，户口的變動，並非每年向中央上報。中央官司接收帶有貨簽的進貢品的時候，編纂户籍的年份尚未能完全掌握寫在貨簽上的進貢者，更不用説其他年份了。也就是説，即使添

---

① 杉本一樹：《關於計賬曆名的京進》，《日本古代文書研究》，吉川弘文館，2001 年。

② 杉本一樹：《關於計賬曆名的京進》，《日本古代文書研究》。

③ 平川南：《出土文字資料與正倉院文書》，《古代地方木簡的研究》，吉川弘文館，2003 年。

上貨簽進貢,只要貨簽按照曆名記載(因爲進貢京師的税物數量根據每年的計賬上報,所以貨簽的記載也被認爲是依據曆名的),肯定不需要比對。

那麽,添上貨簽的意義到底在哪裏呢? 中國的話,通過户籍掌握每年的動態,因此一一比對按照規定寫在貨簽上的進貢者就成爲可能。不過,即使日本引進了以通過户籍掌握每年動態爲前提、將個人姓名寫付物資的中國令(貨簽也是該形式之一),也能看出真實情況與之背離。到底以何種目的引入這種令呢?

提及貨簽木簡的文字,大多會想到代表貢品那種所謂的國衙式書寫風格。不過,從出土的貨簽事例飛躍式增多的現在看來,國衙式書寫風格的貨簽反而稀少。字迹太過潦草的貨簽雖然少,但單以奏請天皇惠覽爲原則而特意書寫的文字絶不是很多。不同國之間,各木簡的文字特徵也顯著,在貨簽事例較多的地區當中,近江國的字體潦草尤爲突出(地域别的概論以東京大學出版的木簡學會編《日本古代木簡集成》爲便)。一般遠方的國使用規範字體的情況很多,當中尤其會使用所謂的國衙式書寫風格的,當屬貢品的貨簽。貢品的貨簽記録個人署名的例子幾乎没有,只有明記國名(極少數爲郡名)或産地的。比起個人層次上的特别指定,可以説這種記載方式只要弄清是從特别指定的地域進貢給天皇即可。

另一方面,從字體上考慮,寫有個人署名的調庸貨簽,未必是以讀取人名爲目的的。添上貨簽的目的在於識别貨物,這大致可以分爲繳納時的識别(繳納者・品種・數量的檢查—勘檢—)和保管時的識别(主要是品種的識别)兩種。估計勘檢還有兩種以上的情形。所在地區將其彙總送繳中央。在貨簽上能看出每個郡的顯著個性,這點已經被證明。估計税物的供應,鄉層次上保持自主性的同時,以郡爲主體展開,在郡這個層次添上標籤。對照個人和物品並加以確認之後,添上貨簽。所在地區負有進貢税物的最終責任,而郡層次彙總供應的物資,也就是説依照計賬(大賬),聚集規定的繳納數量,運送京師。這裏很難認爲需要個人層次的勘檢。甚至,勘檢被送達中央的調庸之際,每個國乃至郡的數量才會成爲問題,很難認爲需要個人署名。儘管如此,直到最後爲止,連個人署名都被記載的貨簽所添付,恐怕是爲了省去替换的時間,不正是起到保障已由郡、國層次勘檢過的物品這一作用嗎? 因此,貨簽上的個人署名很重要,它會發揮保障貨物本身的功能。

二、現存籍賬的分析(1)——正倉院文書

(一) 動態觀察現存籍賬的視點

如前所述,以編纂曆名爲中心的個人控制——這是否稱爲個體統治且不提——其

中郡實質上發揮了大作用，現在大致是認同的。可以説這在日本古代律令國家的成立過程中深深地紮根。

話説回來，爲考察編纂曆名的具體應有的樣子，相關的重要史料大概分爲兩種。一種是歷來作爲討論的對象，即正倉院保存下來的奈良時代的户籍、計賬。它們被送達寫經所的經過相異，除了京進之外，還包括直接從山背國府和近江國府帶來的，或通過官吏個人途徑搬入的。其中，不僅有京進的、静態的行政文書的完成品，也可能包括在國府等京進以前的、顯示處於接近所在地水準的曆名實態的史料。有觀點認爲，現存史料當中，不也是隱藏了顯示人身控制動向的動態一面嗎？

另一種是近年來多件出土事例中所報告的漆紙文書，[①]它是統治個人的户籍、計賬等帳簿。而且，它可能包括户籍、計賬完全製成以前的各個階段的帳簿。有觀點認爲，不是涵蓋了比未完成形態還更呈現出接近於現場式把握的實態嗎？

乍一看，即使文書呈現静態的完成的樣子，可是在達到這個狀態之前，肯定存在各個階段的各種形式。其中肯定存在成爲其基底的各種原始史料。而且，静態的完成的文書也並不因此終結了生命。其中，有很多例子因添加書面用語而被賦予新的機能，而這種文書本身成爲編纂其他文書的資料，當然也會發生。至今爲止的研究當中，缺少考慮這些文字資料的生命周期的視點。如果這些視點能够付諸實踐的話，那麽就能够動態地看待文字資料。

另外，以現存的正倉院文書和出土文字資料所作的籍賬研究，有平川南的《出土文字資料與正倉院文書》，[②]還有對現存籍賬的全貌加以整理的《現存的古代户籍・計賬一覽》(《日本歷史大事典》四，小學館，2001年)。需要事先申明，本文無意做“屋頂上再蓋屋頂”這種無用之功。

(二) 正倉院籍賬的别項記載

正倉院現存的曆名當中，最像是曆名的曆名概爲神龜三年(726年)山背國愛宕郡出雲鄉雲上里、雲下里的計賬(《大日古》1/333～380，正倉院文書正集一一、一二)。標題上的户主名、總計部分内其户口從去年開始的變動、今年的總計及其細目、個人署名部分内的親屬關係、姓名、年齡、年齡劃分、身體上的特徵等依次在録，在此基礎上，爲防止改竄，針對每個押縫，按上國印(山背/國印)，爲保證押縫的正當性，在押縫内側記有國司的背簽(署名，相當於鑒定證明。雲上里、雲下里都爲史

① 譯者注：被當作裝漆容器的蓋紙，因受到漆的浸染，未曾腐爛而留存下來的古代文書。

② 平川南：《出土文字資料與正倉院文書》，《古代地方木簡的研究》。

生間人男君)。根據户口,别項記載有被附在末尾。這是有關不同於前一年曆名而出現異動的注記,這個計賬中,寫有前一年曆名編纂以後才出現的①死亡者、②户口的異動。

比如,①的例子中,出雲臣大嶋的户口有如下記載:

户主正六位下出雲臣大嶋户别項

出雲臣常人年三歲　死神龜二年七月

刑部伊夜志売年六十三歲　老女　死神龜二年十月

神直近志侶十一歲　小子

婢酒津売年十三歲　以上二人死於神龜三年三月

(《大日古》1/344,正倉院文書正集一一②)[①]

在此處,根據前一年——神龜二年六月爲止的資料編成神龜二年的計賬曆名,並開列編成以後的死亡者。即神龜二年七月到神龜三年六月爲止的資料。這些人從曆名部分就已經被省去,只載在别項中。因别項的記載,方能確認他們的動向。

作爲②的例子,出雲臣川内的户口有如下的記載:

户主出雲臣川内户别項

出雲臣麻呂売年五十三歲 左頰黑子

以上人割付大野鄉户主服部連阿閇户隨夫

(《大日古》1/380,正倉院文書正集一二④)

這個記載顯示,出雲臣麻呂売這位女性曾是神龜二年曆名内出雲臣川内户口中的一名成員,移籍到丈夫所屬的户籍——同在愛宕郡内大野鄉的户主服部連阿閇的户口之下。出雲川内户口的曆名部分的記載,並不完存,或許是出雲臣麻呂在曆名部分的記載被消除,因别項記載,才得以初次確認其動向。

與之呈現出相反異動的是,如下的出雲臣廣足户口内的别項記載:

户主少初位上出雲臣廣足户别項

大石主寸百嶋年三歲緑子

宍人阿美売年四十一歲

大石主寸廣田売年十三歲

大石主寸小養売年十歲

① 以下正倉院文書的斷簡號碼根據東京大學史料編纂所編纂《正倉院文書目録》。

大石主寸真養売年八歲
大石主寸廣椅売年五歲
宍人刀自売年三十七歲
以上七人割來付余户鄉户主宍人荒海户口

神龜二年曆名中，編附在同是愛宕郡餘户鄉的户主宍人荒海户口下的大石主寸百嶋等七人，在這一年重新移籍到出雲臣廣足的户口内。在曆名部分，已然可以見到他們的名字，與别項重複。曆名部分的記載如下：

大石主寸百嶋年三歲緑子
母宍人阿美売年四十一歲丁女
姊大石主寸廣田売年十三歲小女右手於黑子
姊大石主寸小養売年十歲小女右手於黑子
姊大石主寸真養売年八歲小女右手於黑子
姊大石主寸廣椅売年五歲小女
從母宍人刀美売年三十七歲丁女大倭國十市郡
(《大日古》1/360，正倉院文書正集一二③)

根據這個記載，可以明確七人的關係。大石主寸某(此記載中未録入)和宍人阿美売夫婦的子女五人：兒子大石百嶋，女兒大石廣田売、小養売、真養売、廣椅売，而宍人刀美売是阿美売的妹妹，即這些子女們的姨母。雖爲緑子而實是男子的大石百嶋爲中心，表記系譜，但他又基於何種系譜關係，被編附在出雲廣足的户口之下呢？關於這點，原因不明。或許是實際上其母宍人阿美売帶著百嶋姊弟五人，加入到出雲廣田的户口之下。

無論如何，單靠曆名部分的記載，只能明白他們在神龜三年被編附到出雲廣足户口内的静態的狀態。根據别項的記載，知道這是神龜二年曆名編成後引起移動的結果。别項不僅記載了曆名部分不便記録的内容，也記録了户口變動的理由。

(三) 死亡的追記

像這種别項記載是根據什麽録入的呢？國府和郡家當然有關於户口變動的基本資料，關於這一點，同是山背國愛宕郡的鄉里未詳計賬(圖二，《大日古》1/505～549，正倉院文書續修一〇～一二，正倉院文書三修二八一八裏、三五一五裏，静岡縣立美術館藏斷簡)給了我們重要的啓示。即便同是山背國愛宕郡的計賬曆名，鄉里未詳的這些計賬曆名也與出雲鄉的情況大爲相異。雖然基本的公文格式和記載内容是共通的，但是既

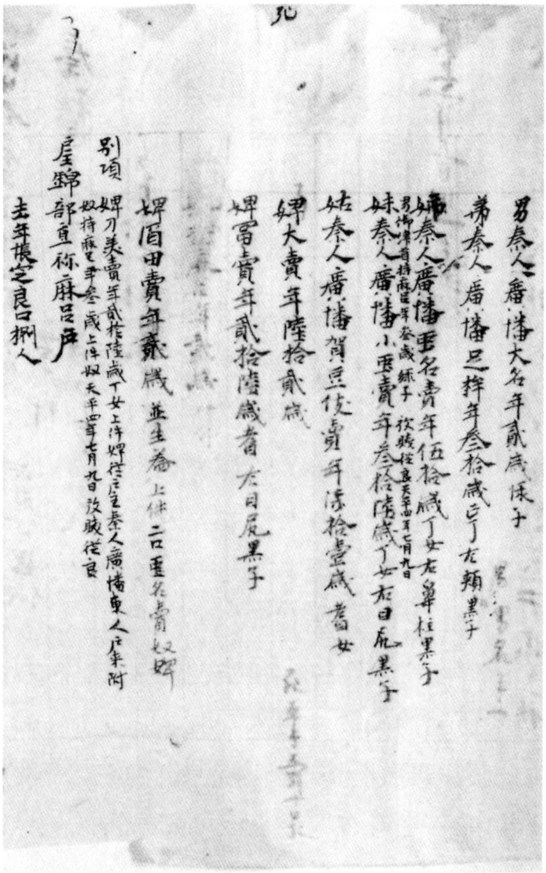

圖二　山背國愛宕郡鄉里未詳計賬的死亡追記和放賤從良後的追記
正倉院寶物

没加蓋國印,也没有押縫背簽。它們是以何種契機作成的呢？又以何種途徑被送到寫經所呢？因此,這些都是重要的課題。不過,在此處它們不是京進之物,暫且判定它們是山背國府在交易處理過程當中編成的曆名抄本。

那麼,試著考察一下在這些未完計賬中所見到的如下記載：

户主秦人廣幡石足年叁拾玖歲正丁顎黑子

(中略)

弟秦人廣幡足梓年叁拾歲正丁左頰黑子

婦秦人廣幡蟲名壳年伍拾歲丁女右鼻柱黑子

男御津首持麻吕年叁歲緑子放賤從良天平四年七月九日(這行補入行間)

妹秦人廣幡小蟲壳年叁拾陸歲丁女右目尻黑子

姑秦人廣幡賀豆伎壳年柒拾壹歲耆女
［死］　婢大壳年陸拾貳歲　　　　　［死五年五月十日死］(朱書)
婢冨壳年貳拾陸歲耆左目尻黑子
奴持麻吕年叁歲將削(這行抹掉)
婢酒田壳年貳歲並生益上件二口蟲名壳奴婢
别項　婢刀美壳年貳拾陸歲丁女上件婢從户主秦人廣幡東人户來附
奴持麻吕年叁歲上件奴天平四年七月九日放賤從良(這行補入行間)
(《大日古》1/515～516,正倉院文書續修一〇②)

從原有的生益(新生人口的增長)記載和死亡記載等其他注記的日期可知,山背國愛宕郡鄉里未詳計賬曆名,基於天平四年(732年)六月三十日爲止的一年間的資料作成的,作爲天平四年計賬曆名,具有一次完成的内容。也就是説,和神龜三年山背國愛宕郡出雲鄉計賬一樣,各户末尾附有别項記載,根據這點,能够統一把握天平三年的曆名如何才達成現有的天平四年曆名中所見的户口?

然而,這個天平四年的曆名中,散見本不應該出現在已完成的天平四年曆名上的記載。其一,就是前揭部分中所見的關於户籍人口死去的追記(圖二)。上邊欄外側注記"死"字,下邊欄外側注記死去的日期,這是一般的公文格式。日期有朱書和墨書,"死"的注記處也有朱書和墨書,並且也有在墨書之上再描朱書的例子。記載的死亡日,從天平四年九月二十日到天平五年六月五日爲止,録入了天平四年曆名編纂結束後的此後一年的數據,即編纂天平五年曆名時所需的死亡者數據。如果把附有這個注記的户口移到别項之處,並注記死亡日期的話,可能就這樣成爲天平五年曆名的基礎資料。那麽"户主自身上注記死字"的今木粳户又如何呢?結合没有注記他的死亡日期這事,給我們留下了疑問。關於户主死去後户口的處置問題,待提到所謂的因幡國户籍之際,再度闡述。

(四)放賤從良的追記

那麽,未被寫入天平四年曆名中的,也就是説在天平四年曆名完成以後一定會被寫入的另一部分資料,就是行間插入和被抹掉的部分(圖二)。這是奴持麻吕的放賤從良,即從奴隸身份解放出來,與以御津首持麻吕登録的事項有關。如注記明示,這個放賤從良是在天平四年七月九日被實施的。因爲這是天平四年曆名完成以後的現象,所以可以認爲這個部分的天平四年曆名本來是如下所寫的:

户主秦人廣幡石足年叁拾玖歲正丁顎黑子

（中略）
弟秦人廣幡足梓年叁拾歲正丁左頰黑子
婦秦人廣幡蟲名壳年伍拾歲丁女右鼻柱黑子
妹秦人廣幡小蟲壳年叁拾陸歲丁女右目尻黑子
姑秦人廣幡賀豆伎壳年柒拾壹歲耆女
婢大壳年陸拾貳歲
婢冨壳年貳拾陸歲耆左目尻黑子
奴持麻吕年叁歲
婢酒田壳年貳歲並生益上件二口蟲名壳奴婢
别項　婢刀美壳年貳拾陸歲丁女上件婢從户主秦人廣幡東人户來附

這裏需要留意的是，這個天平四年曆名的完成形態與現狀之間，還有一個階段。即被抹消的“奴持麻吕年叁歲”這行，不是馬上被擦掉的，而是在此前先暫且注記“將削”，即“要擦消”。填寫“將削”的注記與兩處的行間插入是同時進行的嗎？還是實施擦去階段時所寫的呢？很微妙。但不只是單録入資料的變更，還進行了更加具體的修訂。謄清的話，改寫成直接能成爲天平五年曆名的資料的内容，因此比所謂第二年的曆名草稿，更具明確的形式。關於死亡追記，别項部分没有使用插入，因爲比之放賤從良，這恐怕是一般性的變動，即便不敢實施具體上的修訂，也可通過機械式的操作，無誤地訂正。

尚且，這個放賤從良在天平五年實行，因此要説當然，那也是當然的，此時持麻吕（放賤從良後，名御津首持麻吕）的年齡爲三歲。因天平五年曆名的編成，他在户口的年齡也有必要加算一歲。因爲這也是機械式地進行就可解決的事情，所以才被照原樣放置吧。可是，如此一來，複雜的部分整備了天平五年曆名的體式，對年齡施以加算。而不是這種情況的，依舊不加算。就這點，到了謄寫天平五年曆名的階段，就不會變得不明白“完成加算還是未加算”的區别吧。從這個意義上講，實際上進行了“將削”的訂正，在天平五年曆名編成之前，不就是所謂以草稿的形式書寫的内容嗎？也就是説，天平四年曆名是集聚第二年爲止的變動的底賬，然後以這個變動爲根據，形成編寫下一年曆名的基礎，並且可隨意地被使用。

（五）生益（新生人口的增長）及其他的追記

在天平四年曆名中，包括前述追記在内的本不該出現的數據，還存在其他事項。例如，下面生益的追記（圖三）：

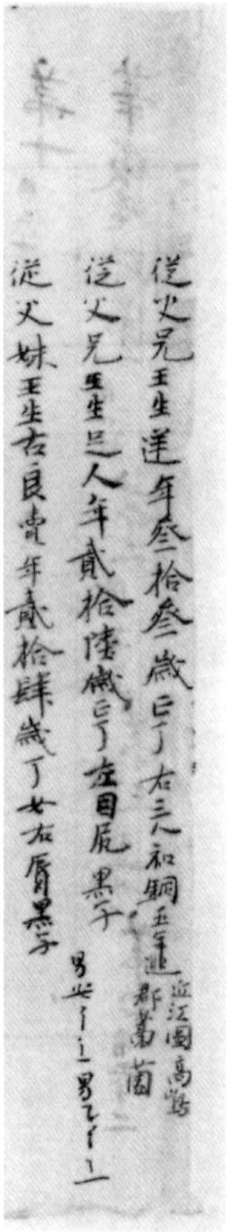

圖三　山背國愛宕郡鄉里未詳
計賬的生益追記
正倉院寶物

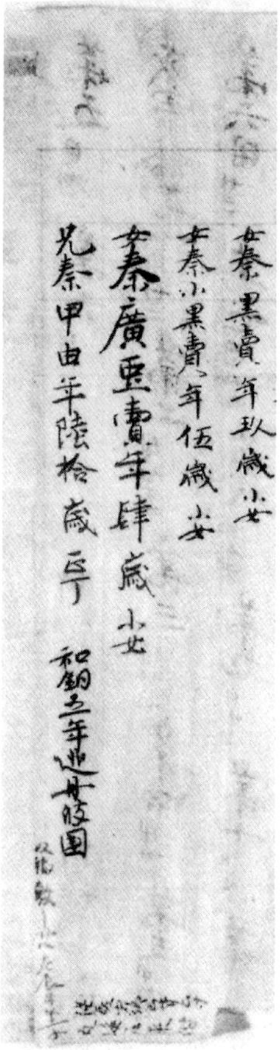

圖四　山背國愛宕郡鄉里未詳
計賬的遷入追記
正倉院寶物

從父兄王生足人年貳拾陸歲正丁左目尻黑子

男安萬吕年一男乙萬吕年一

(《大日古》1/538，只是部分没翻刻，正倉院文書續修一二②)

男安萬吕以下，到與下行之間的行間的欄外爲止，用筆迹比較隨便的蠅頭小字記載。通常前一年六月以後出生的新生兒(生益)中，前一年内出生的話，爲二歲，當年内出生的話，爲一歲，這些都記録在曆名正文内，並注記“生益”。可是，這裏所見到的安萬吕和乙萬吕的情況，采用插入行間的簡略方式來記載。從這點看，把他們當作四年曆名編成以後才出生的新生兒，似乎可以。

又，也想對下面的記載加以考察(圖四)：

奴稻敷年廿八左唇黑子從愛宕鄉山背忌寸凡海户來附

(《大日古》1/541，正倉院文書續修一二②)

“從愛宕鄉”以下,没有寫到這一行末尾,而是沿著紙的下端,從左向右,寫成兩行。這也可以看四年曆名編成後的注記。

在五年曆名中,前者是被記載在曆名正文内,後者則被寫入别項内,可以認爲依次録入了四年曆名編成以後的户口變動有關的注記。

(六) 追記和曆名的更新

而且在這個計賬中,各户開頭一行(統計部分前的户主表示部分)或曆名記載的第一行的上側欄外,很多帶有“了”乃至“未”的注記。正倉院文書續修一〇所收部分内記載的全部八户中,三户在起始行標有“了”字,一户在曆名記載的首行標有“了”字,一户在兩種地方都有“了”字,一户在曆名記載的首行標有“未”字,二户不明。正倉院文書續修一一所收部分内,記載的七户中,一户在起始行標記“了”字,二户在起始行標記朱書“了”字,二户在曆名記載的首行標記“了”字,一户不明,一户没有記載。又,正倉院文書續修一二所收部分内,有記載的全部五户中,一户在起始行標記“了”字,一户在起始行標記朱書“了”字,三户不明。筆迹各不相同,而且既有墨書,也有朱書,因此確定各自的用意,實爲困難,不過基本上根據某種作業的進行而加以檢查的這點是明確的。

每户進行的作業是什麼呢?這大概是指基於天平四年曆名編成後的變動而開始編纂天平五年曆名的工作。基於前一年曆名,對此加以修正,編成翌年的曆名。

若考慮到像這種基於前一年曆名編成下一年曆名的過程,那麼曆名中所見的各種録入,不就是新曆名編成過程的内容嗎?這一視點變得重要。這裏要注意的一點是天平五年的右京計賬(《大日古》1/481～501、二四——六,正倉院文書正集九,角田文衛氏所藏斷簡)。一般認爲這是連貼手實、蓋上京職印(掌管京師民政的機關)的曆名。本來的話,應當謄清的地方,力求簡便化。但是載有表示户口變動的記録和“進少丁”的記録。曆名的年齡區分中,寫著“少丁(17 歲到 20 歲的男子)”,是注記時提醒注意的記載。又,“賬後新付”上有幾處擦抹的痕迹,或者“無損益”部分之處,有根據其他資料加以訂正的可能性。即便這些記載省去了謄清,可以説簡便了事,但若作爲京進之物,這極不相稱。京進用的曆名編成以後,不可能再添加追記。若是如此思考的話,這或許是連貼手實、保存在京職處之物吧。加蓋京職印,是爲了徹底地保管手實原本,不是作爲京進用的。右京計賬就是在手實本身之上加蓋印章,加以保管,之後再録入變動,而不同的是,山背計賬確實寫入曆名的抄本内。不過,若是這種觀點被允許的話,没有必要再把連貼手實然後京進當作特殊京進,或許能更合理地説明像右京計賬這樣的存在。以前,我認爲右京計賬的録入是與天平五年的造籍相關之物。[①] 這一點應該基本上繼承，不過造籍的結果必定反應在第二年的曆名上，這也呈現了基於前一年曆名、編成下一年曆名的經過，也極大可能把它看作這一經過的記録。

(七) 呈現歷史更新過程的文書

接下來讓我們了解一下所謂的因幡國户籍(《大日古》1/318～323。正倉院文書正集二九)。這被認爲是整理對曆名的追記後的下一階段文書。這當中也能讀取基於前一年曆名發生變動的經過。應當注意的是以下兩位新生兒(圖五)：

(户主海部牛麻吕户)
“今”男海部長田年二　緑子　賬後生(a)
(户主伊福部小足户)
“今”孫伊福部乙萬吕年一　緑子(b)

這兩人的記載中，有顯著的差異。a 和其他書寫格式一樣，占用一行分來書寫，但 b 的書寫格式是插入行間，而且(大概是弄錯插入場所)與最初的插入位置不同，添加了應移到别處位置的墨綫指示，而且，筆迹也相當潦草。兩者的差異起因在何處呢？暗示似在 a 的“帳後生”處。“帳後”就是曆名編成以後的意思。也就是在曆名的提出期限——六月最後一日以後誕生的。標有“年二”之處，表示第二年添寫的。翌年的曆名編成過程中，預先添入前一年曆名編成以後才出生的生益(新生兒)的資料，對其他人則加算其年齡，在此基礎上編成當年的曆名。在二十二歲者之處記明“進丁”，而且在上側注記“上”字，有關士兵輪換之處注記“新士兵”、“士兵解”等等添加内容，從這些情形可見實施年齡加算之事是確實存在的。b 的情形，因爲是在曆名編成過程中誕生，所以導致匆忙間插入編纂中吧。即，所謂的因幡國户籍，在前一年曆名的基礎上，添加此後變化的資料而編成的，可以説是相當於該年曆名的草案。因爲這是基於録入前一年曆名編成以後的資料而作成的下一階段的文書，而加蓋國印和倉印，不單是爲了記録變化，在某種目的上有必要授予該結果一種正當性。而且，因幡國户籍中，既有明記户主某户，也有未記載户主資料的户口。户主的死亡肯定會比較頻繁地發生，此時如何處理户口就是一大問題。即使是户主死亡，户的新立或解體，原則上只在籍年舉行，所以到下次造籍之前，已亡户主仍作爲户主的記載還會繼續存在。通過如上記載，可以聯想到這一點。

① 渡邊晃宏：《籍賬制的構造—從手實・曆名的探討出發—》，《日本歷史》525，1992 年。

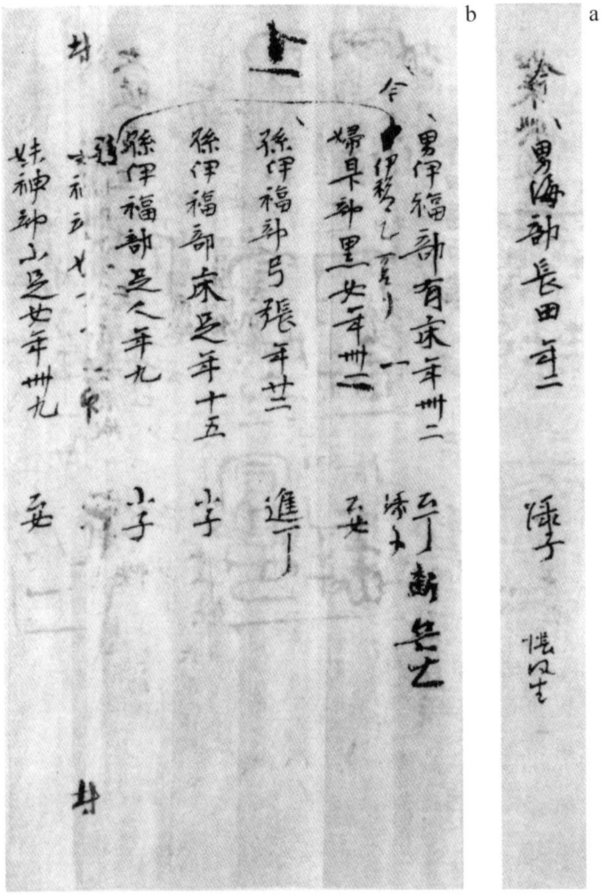

圖五　所謂因幡國户籍的兩種生益記載

正倉院寶物

這般細緻地觀察現存計賬的話,能發現關於很多户口變動的記載。這與現存計賬多不是京進之物密切相關。山背國府和京職保管的曆名,作爲翌年編纂曆名的基礎資料而被利用的情形,對此這些史料本身已有很好的呈現。

三、現存籍賬的分析(2)——出土文字資料

(一) 作爲出土文字資料的籍賬

從正倉院文書殘存的籍賬類中,能够窺見國府和郡家統治個人的實態,同樣國府和郡家肯定也殘存相當於這些現存曆名這樣的爲編纂曆名的基礎資料。可以預見編纂各種場合下記録每户曆名的文書,類如始於每户變動的申報乃至調查的記録,並對這些加以整理彙總的帳簿,或者將這些轉寫入前一年的曆名,再編成該年曆名這一過程的文書,等等。實際上,近年來多處的遺迹出土了以漆紙文書的形式記載

個人曆名的文書群。這裏，試著列舉它們中的幾個案例，直擊在當地編纂曆名的過程。

（二）平城京遺迹出土的漆紙文書

首先，列舉平城京遺迹左京三條一坊十六坪出土的漆紙文書（圖六，奈良國立文化財研究所《年報二〇〇〇——Ⅰ》）。雖然其中有人名、年齡、年齡區分的記載，但是值得關注的是流浪者的注記。另外，也遺留可能是食指印的墨迹。以小注記録年齡或年齡區分的例子，有大寶二年（702年）的美濃國户籍，在這點上也可説留下了古代式樣，而内容上也在一位九歲的人那裏留下了“浮浪 和銅”的注記。

這裏要留意的是流浪的注記。很難想像户籍中會注記流浪之事，但這顯然是在和銅某年被認定爲流浪的注記。而且，在“和銅某年……”這樣的注記，正表示注記本身發生在認定以後（到六月爲止的話，也可能是同一年）。認定流浪的時間，可能在和銅元年（708年）到和銅八年（715年），文書本身的時間，可能在和銅元年到養老七年（723年）爲止。把它看作這期間的曆名，最爲穩妥。

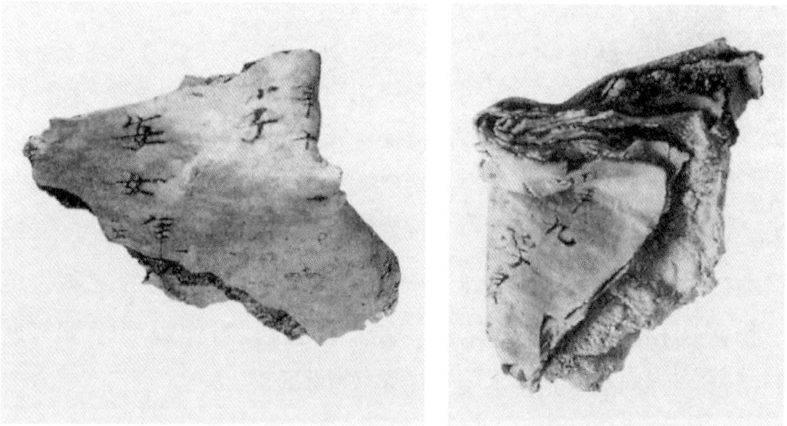

圖六　平城京遺迹左京三條一坊十六坪出土的漆紙文書
紅外綫數碼照片的左右相反圖像，奈良國立文化財研究所保管

其次，列舉平城京遺迹左京二條二坊六坪出土的漆紙文書（圖七，奈良國立文化財研究所《年報一九九六》）。它自稱手實，似又不是民户提交的手實本身，與越前國江沼郡計賬一樣，儘管是同一筆迹書寫的曆名，卻自稱手實，這似可看作是基於民户上交的手實編成的曆名。内容上，相當於其中某户開頭的總計部分。起首寫有“……右同坊、……手實”的格式，也與這個有關。如果民户上交的是手實原本的話，那麽參照右京計賬，應當是“某京某條某坊/某户手實”，“右同坊”的記載則不合常理。不過，基於每户

寫有“某京某條某坊/某户”的民户手實原本,設想存在書寫以條爲單位的曆名這種情況的話,“某京某條某坊”的起首,只要有坊的開頭即可,因爲“某條”已是明了之事,無需再寫,記載坊名如右(原文爲豎寫,故名右)之意的“右同坊”,自然也就能理解了。從語順來講,“同右坊”更爲自然,但是如果像前記那樣分析的話,這是把京户上交的手實説成同一筆迹書寫的左京或右京的曆名(其基礎或者摘要)。

圖七 平城京遺迹左京二條二坊六坪出土的漆紙文書
紅外綫數碼照片的左右相反圖像,奈良國立文化財研究所保管

(三) 計賬曆名的廢棄和東院南方遺迹

這類文書出土於京城内,又是爲何呢? 從出土漆紙文書的左京二條二坊六坪南側土地——五坪東側的東二坊坊間路西側水溝,發現了前述和銅八年(715 年)大倭國志癸上郡大神里的計賬(曆名)卷軸。無論在内容上,還是時間上,這些資料相互關聯的可能性很高。首先,這個計賬卷軸必定是京進的計賬曆名卷軸,因此即便是二條二坊六坪出土的漆紙文書,也有必要先設想它可能是京進之物的斷片。但是,關於這些計賬曆名的廢棄過程,有兩種:一種是納貢處將其廢棄;一種是出於二次利用,轉讓給其他官司,然後被廢棄的,即民部省或其他官司。而且,這裏應該注意的是,左京二條二坊五、六坪是平城京東南隅切去部分,即相當於東院南方遺迹的東半部的二坪。因爲民部省也存在宮外官衙(民部外司),所以這也有可能出土於東院南方遺迹。這裏也是天平年間擔任左右京大夫的藤原麻呂邸宅的推定之地。[1] 也就是説,作爲可能性,進貢地京職也是不

① 奈良國立文化財研究所編:《平城京二條二坊、三條二坊發掘調查報告—長屋王邸、藤原麻呂邸的調查—》,1995 年。

能完全拋棄的地方。

應當如何整合理解這些遺留的史料呢？仍然無法定論。但是這裏有一啓示，即和銅八年計賬曆名卷軸和有和銅年間流浪注記的和銅元年到養老七年的計賬曆名，不是這個年代被廢棄的。雖然計賬曆名的保存期間不明確，但是京進年份確是在神龜三年(728 年)的山背國愛宕郡計賬，天平二十年(748 年)被造東大寺司寫經所二次利用。似可看作三比(?)十八年被保管。如果這個適用的話，和銅八年計賬曆名在天平五年(733 年)以後，漆紙文書的計賬曆名從神龜三年到天平十三年(741 年)以後，被利用和廢棄，與藤原麻吕出任京職大夫的時期重合。關於這些計賬曆名的由來，對解明東院南方遺迹，不可或缺，期待今後調查研究的進展。

(四) 山王遺迹出土的漆紙文書

上記兩點中，没有留下具體的曆名編成的過程，不過出土文字資料當中，明顯有例子留下了曆名編成過程的痕迹。尤其多賀城前的廣闊的都市遺迹——宫城縣山王遺迹出土的漆紙文書中，有很多值得關注。山王遺迹出土的帶有計賬樣式記載的漆紙文書，有宫城縣教育委員會調查發現的五件，多賀城市教育委員會調查發現的三件，共計八件。想舉出其中應該注意的幾件作一分析。

山王遺迹的計帳式樣漆紙文書當中，從内容和筆迹上看，最具完備的公文格式的應是宫城縣教育委員會調查發現的第七號漆紙文書(宫城縣教育委員會《山王遺迹Ⅲ、Ⅳ》)。漆面的計賬樣式文書是一次文書，反面則被二次利用，寫有《古文孝經孔氏傳》。被看作計賬曆名開頭的統計部分——從没有賦課義務的男子的細目到曆名的首行，即從"黄男"的記載開始，年代在天平寶字元年(757 年)以後。

作爲同樣的例子，可以舉出宫城縣教育委員會調查發現的第五號漆紙文書(《山王遺迹Ⅲ、Ⅳ》)。正面的計賬樣式文書是一次文書，反面則被二次利用，是關於物品的文書。

年齡區分，只有少女、少丁、小子幾種，不過用帶有淡墨劃綫的公文格式完整地記録，可以判斷是曆名樣式文書的斷簡。從少女、少丁的記載可知，年代處於大寶令制内(701 年—757 年)。

以上兩種曆名樣式文書中，看不到顯示户或户口變動的注記等，只知道是某個時期静態的狀態。换言之，知道它是曆名的抄本，但編纂這些曆名樣式文書的經過就不得而知了。對於這點，下面要叙述的，不是曆名本身，而是在曆名編成過程中被製作的文書。

首先是宫城縣教育委員會調查發現的第六號漆紙文書(《山王遺迹Ⅲ、Ⅳ》)。

（篤力）

□□女

小女

不課　一十三男　七小子五黄子　三十三女

□篤疾

（肆力）　（輸力）　（正力）

□半輸　三全□　□丁

次丁

三端　三

（課力）

□户

（九力）（次力）

□　□女

嫡子

這正面的計賬式文書也是一次文書，反面則被二次利用，是記有“安八郡給馬”等的文書。由暦名記載—統計記載—調庸記載—暦名記載構成，以暦名·統計·調庸連貫在一起。但是，其開頭没有應被記録的户主名。而且，用兩行書寫統計記載，内容也只有課或不課的口數和細目，缺少去年的户口數和以後的變動等，記載相當簡略。也可能是暦名的摘要，但應該看作是暦名編纂過程中某個階段作成的暦名草案。

圖八　山王遺迹出土第三號漆紙文書紅外綫照片
多賀城市教育委員會所藏

接下來，列舉多賀城市教育委員會調查發現的第三號漆紙文書（圖八）。[①] 因爲這個文書有“驛家裏”的表記，所以應該是天平十二年（740 年）以前的鄉里制下或是里制時期的産物。現存的有四行份的暦名記載、二行份的統計記載、七行份的暦名記載。暦名記

① 多賀城市埋藏文化財調查中心編：《山王遺迹—第一七次調查—出土的漆紙文書》（多賀城市文化財調查報告書三九集），1995 年。

載以人名、年齡、年齡區分的記載爲基本，也有一部分附有户口調動相關的注記。統計記載由二行組成，只記載課税或不課税的人口數和細目，没有與調庸相關的記載。没有户主名的記載（户主某户的標出部分），用曆名記載開頭的户主名替代，户主記載的末尾處標記“課户”。

像這樣的記載方法，除去没有與調庸相關的記載這點外，察覺以二行書寫統計記載和以曆名開頭的户主名替代户主名記載等的公文格式，與同是山王遺迹出土的宫城縣教育委員會調查發現的第六號漆紙文書正面的計賬樣式文書極爲相似。因此，可認爲以曆名和統計完結了一户的記載。統計部分，跟從前頭的曆名記載呢？還是跟從後頭的曆名記載呢？無法嚴密地判斷。

在這漆紙文書中，尤應該注意的是，户口遷出的注記。關於財部小裹之子財部得麻吕，有如下的注記：

男財部得麻吕年叁拾玖歲　（記號）正丁　割附駅家裹户主丈部禰麻吕爲户

年齡和年齡區分之間（記號）的部分，不正是伴隨某些檢查後的認可嗎？認爲注記部分有查對其他資料的痕迹。那麽，這個注記本身的意思是，原屬户主財部小裹的户口下的兒子財部得麻吕在二十九歲（三十九歲？）遷離該户口，成爲駅家裹户主丈部禰麻吕下的户口。若是重視末尾處的“爲户”，那麽雖然現存部分中不可見到，或者不僅僅是得麻吕，比如他的妻子和子女也一同移籍到丈部禰麻吕的户口之下，也許就是所謂的房户。

“割附”、“割往”、“移出”等户口遷出，“割來”、“割來附”、“移來”等户口遷入的事例，在現存的曆名當中能比較多地見到。若是著眼於它的記載之處，確證屬於京進的神龜三年山背國愛宕郡出雲鄉雲上里、雲下里計賬的例子中，這種遷出遷入的注記作爲别項，記録在各户的末尾。從曆名中削除遷出者，只在别項内記載其姓名、注記遷出的事實，而遷入者，在曆名上揭載其姓名，别項中再注記遷入的事實。讓我想起像第三號漆紙文書那樣在曆名的個人名之下注記遷出遷入的事例，有天平五年右京計賬和同年的右京户口損益賬（《大日古》1/502～504，正倉院文書三修一九一七），以及和銅元年的陸奥國户口損益賬（《大日古》1/305～308，正倉院文書正集二六）。右京計賬，是連貼手實、作爲京職保存的曆名之物，並在其後録入户的變動。又，户口損益賬，也可以説是京進曆名的摘要版，是集成和報告别項記載中的户口變動的文書。每年代替上繳的曆名，僅報告變動的部分。第三號漆紙文書，不光有變動部分的記載，因此可以説是類似右京計賬的公文格式。雖然右京計賬照原樣連續黏貼手實，作爲京職保存的曆名，但是第三號漆紙文書是根據手實謄寫的曆名，並在其後注記户口的變動。大概這是編纂翌年曆名的原資料。我設想這個編纂過程是將前一年曆名的抄本送至郡家，在這裏録入此後的變動，由此作成翌年的曆名，[1]第三號漆紙文書正是記録了這種變動的曆名，可以説是呈現曆名編纂過程的貴重資料。

不過，爲録入變動而準備的前一年曆名，未必是已經完成的曆名抄本。表示這個的是統計記載部分。那是只録有課税或不課税的户口數和細目的兩行書寫的記載。通常的曆名中，包含前一年和這年的比較以及調庸記録，用數行文字詳細記載，而這裏壓縮成了僅有的兩行。這種公文格式，在山王遺迹的漆紙文書中也有類似的例子，或許可能屬於爲以曆名部分爲著重點的曆名編纂而寫下的草稿階段。

其他山王遺迹的漆紙文書也有很多值得注意。比如，有將年齡和年齡區分置於小注的縣教育委員會第四號漆紙文書的漆面（反面，宫城縣教育委員會《山王遺迹》Ⅲ、Ⅳ。不過，把"……位"看作"散位"，這没有可能是親屬關係嗎?），市第四號漆紙文書漆面（多賀城市埋藏文化財調查中心《山王遺迹》Ⅰ），或又如市第一號漆紙文書（《山王遺迹》Ⅰ），采用與没有區别男女加以記載的陸奥户口損益賬極爲類似的公文格式。總體上，可以説山王遺迹的漆紙文書含有很多在曆名編纂過程中作成的文書群。可以明白曆名的作成由紙質文書所支撑。但是，這與陸奥國府或郡家有何種關係呢？還有與多賀城的關係等課題，留待解明。

（五）多賀城遺址出土的木簡

爲什麽能够知曉在人身控制相關的交易處理上，盡是使用這種紙質文書呢？這是因爲要作成羅列衆多人名的帳簿，書寫空間有限的木簡並不合適。如考選（律令官制下的考選與銓敘）木簡那般，若是以卡片的形式記録每個人資料的話，木簡的利用也不是不可能。目前爲止，幾乎没有發現記録個人資料的木簡，僅見多賀城出土的第一號木簡（圖九，木簡學會《木簡研究》6 第 77 頁，宫城縣多賀城迹調查研究所《年報一九八三多賀城遺址》）。

有由三條刻綫構成的界綫，可以看到從第三條界綫以下開始寫的三行記載：

黑万呂姉占部麻用亮

① 渡邊晃宏：《籍賬制的構造—從手實・曆名的探討出發—》，《日本歷史》525。

圖九　多賀城迹出土第一號木簡

東北歷史博物館藏，宮城縣多賀城迹調查研究所提供

弟万呂母占部小冨売□

户主同族□□□

“某親屬＋某”爲基本的記載形式。有黑麻呂的姐姐、黑麻呂弟弟的母親，與户主同族的某某這三人份的記載。

未見在第一行中從第二條界綫以下開始寫的記載。無論哪個，黑万呂本人的記載卻很少。除去未寫年齡和年齡區分這點之外，這可能是在人身控制上有帳簿功能的曆名，或是户籍記載的一部分。不過，因殘片、原形不詳，所以到底記載多少的人數，不是很清楚。並且，材料也是同通常的木簡一樣，爲縱向材料，很難想像有過多人數的記載，充其量也就相當於來自記載一户的摘要程度的内容。與其説是曆名編成的資料，毋寧説是從曆名中摘録一户構成人員的記載的這種性質。同一調查中，出土了寫有“緑子□/□□”的削屑(第三四號木簡)，我認爲在個人資料管理上有可能廣泛地使用了木簡。

(六) 周防國府遺址出土的木簡

那以後，出土了被認爲是曆名編纂過程中作成的木簡。它就是周防國府遺址出土的木簡(圖十)[①]。

和多賀城出土的木簡一樣，都帶有刻綫，不同的是在與木材紋理直綫相交的方向上記載文字，即所謂横向書寫的木簡。一旦以横向書寫使用木簡的話，一行之中能寫的字數有限，但有大部分都能確保行數的優點。用來作爲帳簿木簡、依次連續書寫資料這點上，可以説是最適合的形態。確認判讀可能的，共有十四片殘簡；不能判讀，但帶有文字的界綫並横向書寫的斷簡十件；只有界綫的斷簡四件。作爲記載内容，不僅僅有親屬關係(如嫡出的兄弟等)、身份(如寄在他户下的户口等)、人名、身體特徵(如腫等)等所謂的靜態的户口狀態，也散見關於勞役死亡等户口變動的記載。雖然很熟練，但是字體比較隨意，仿佛是日常性交易處理過程中作成的木簡。這些也被認爲是根據實際情形掌握户口變動而用的帳簿的一部分，不是每六年一次編纂的户籍的記載，可以説其特徵在於緊跟每年人身支配的曆名的記載。掌握户口變動的實態是郡家的工作，國府只是對其加以事後追認，這可以説是一般的看法。但是緊跟這種掌握户口實態的資料，從周防國府遺址出土，又該作何評價呢？這可以説是與遺址的性質密切相關的重要論點。這

① 木簡學會編：《日本古代木簡集成》，東京大學出版會，2003年。

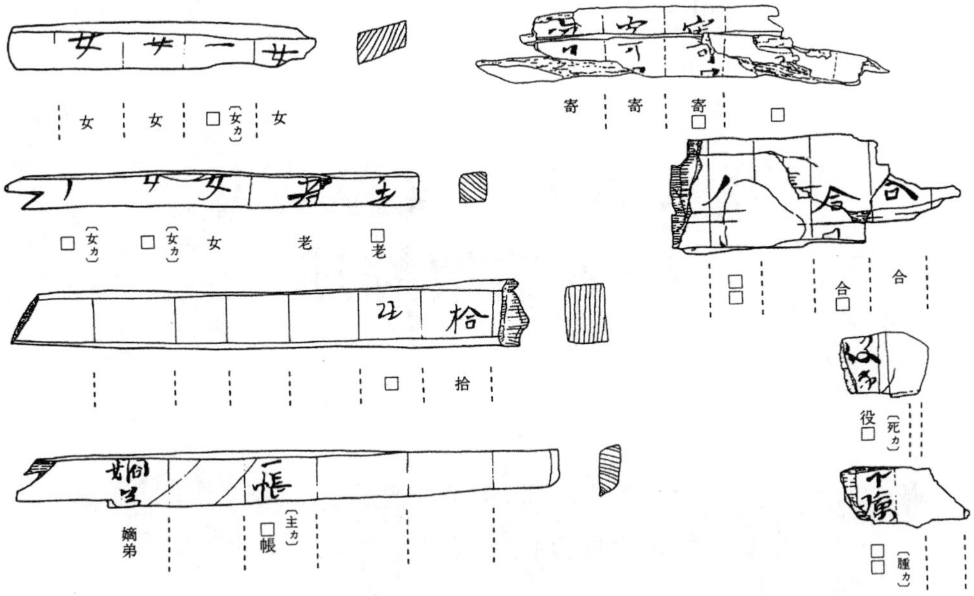

圖十　周防國府迹出土的横向書寫的籍賬樣式木簡

防府市教育委員會藏，摘自木簡學會《木簡研究》23，部分有改變

裏就暫且點到爲止。

（七）今後的課題

如此，與律令國家掌握人口實態相關的出土文字資料的增加，在近年尤爲顯著。而且根據這些，可以説漸漸印證了“籍賬的根幹由郡家作成，國府基本上只是對其追認謄寫”的這種看法的妥當性。因此，出土的每個資料是户籍還是計賬的這種討論，並没有太大的建設性。兩者相輔相成造成律令國家的人身支配，在這個過程中必然會作成各色的帳簿。深入研究這些帳簿的真實情形，可以説是直搗律令國家人身支配實態的捷徑。

不過，就這次列舉的資料而言，如何整合、理解山王遺迹出土的如此衆多的籍賬關係資料，將成爲今後的大論題。這當然與多賀城前的都市——山王遺址的性質本身有關，但是似也有必要將漆紙文書這種資料的特殊性放入考慮。這也許與平城京内出土的籍賬相關資料是並行的現象。

還有一點不能忘卻，正倉院文書遺留的籍賬中，仍留下很多值得探討的内容，仍需充分加深對現存籍賬的理解，對出土文字資料的分析不可或缺。現在不正是到了對正倉院籍賬的每一個文字所敘述的内容再次細緻研究的時候了嗎？

（項巧鋒譯）

第六届出土文獻青年學者論壇綜述

劉自穩

（中國人民大學歷史系、
出土文獻與中國古代文明研究協同創新中心）

2017 年 8 月 8 日至 9 日，由出土文獻與中國古代文明研究協同創新中心中國人民大學分中心舉辦的第六届出土文獻青年學者論壇在北京順利召開。中國人民大學歷史學院孫家洲教授主持開幕式，來自中國、日本、德國等國的高校、科研及文博單位的 30 餘名青年學者參加了本次論壇。本届青年學者論壇預設六個發言主題，現將各單元發言報告逐一簡述於下，以便感興趣者觀覽。

一、新資料介紹

近百年來，地不愛寶，各類出土文獻接連被發現，其中尤以簡牘爲大宗，不僅極大地改變了以傳世文獻爲研究重心的局面，也爲長期懸而未決的歷史問題提供了源源不斷的新材料，同時也促使我們反思既有研究中可能存在的問題，發現並嘗試解答新問題。

孫亞冰《山博、津博所藏甲骨的初步整理》介紹了山東省博物館和天津博物館兩館所藏甲骨整理流程、整理工作最新進展及整理成果的預期呈現。

辛怡華《寶雞石鼓山近年出土的商周青銅器介紹》詳細梳理了石鼓山地區出土的青銅器材料，著重介紹了青銅器上的銘文，比較了 M3 與 M4 的不同，指出前者墓主頭向南並且出土大量酒器以及兵器，後者墓主頭向北並出土了大量食器卻不見兵器，兩者可能是夫妻關係且爲西周早期的高等級貴族。

嚴志斌《巴蜀符號探索》首先對巴蜀符號的出土地點和種類進行了總結，指出要釐清每一種每一類巴蜀符號的特徵、變化、組合、地域、年代,才能考慮進一步的研究與解讀,並舉例分析了罍形、鐘形等符號,在巴蜀符號的固定組合、異體關係、時代差别、數量組合、方向性、器物性、族群性等方面進行了考察。

張春龍《秦朝遷陵縣社會狀況漫談——〈里耶秦簡(貳)〉選讀》選取《里耶秦簡(貳)》中的數十枚簡牘,介紹了秦遷陵縣官吏、民衆的工作和生活情況。

二、先秦史專論

先秦史研究,素來受制於史料不足,而對史料價值的辨析,往往又是衆説紛紜。從殷墟甲骨卜辭到近些年楚地出土的戰國文獻,相關領域的研究已經有了豐富的學術積累,但也引發了對過去一些觀點和研究方法的總結及反思。

陳捷《貝塚茂樹的甲骨學研究》介紹了日本學者貝塚茂樹的生平及其在甲骨學方面的學術成就,對王族、多子族卜辭即"文武丁卜辭"的斷代研究以及對京都大學人文科學研究所藏甲骨的整理與刊行代表了貝塚茂樹先生極高的甲骨學研究水準。

郭永秉《近年出土戰國文獻給古史傳説研究帶來的若干新知與反思》從古史辨派的主要結論及研究方法談起,結合上博簡、清華簡相關篇章及豳公盨等銅器銘文,探討了黄帝傳説演變、禹的神性及與夏的關係、虞代問題與堯舜的歷史性、史皇和孔甲兩個傳説人物等問題。

田成方《漢淮地區唐國銅器及其歷史地理考論》系統梳理了西周晚期至春秋晚期數批唐器以及簡文相關記載,認爲姬周政權建立不久唐國即始封於隨棗走廊中段,扼控輸送銅緑山銅料資源要道,楚武王時期唐國被降爲附庸,被滅國後又被遷往今河南唐河境内設爲縣。

鄭威《〈靈王遂申〉與春秋後期楚國的申縣》根據南陽最新出土的"蔡侯班之用戈"認爲宜將《靈王遂申》的"申"定位於南陽,申城公的身份並非申縣縣公,可能類似於出土材料中城司馬、城馬尹等負責城邑某方面職能的官員,春秋後期楚國申縣的軍事地位日趨降低,保存至戰國中期的城邑和氏族體系隨著變法運動的興起而解體。

三、名物與文書

從古文書學而非單純史學角度的考察應當是出土文獻研究領域的基礎工作,從簡牘本身出發對其形制、書式、材料、筆迹、内容等問題的綜合考察是古文書研究方法的要義,更是利用出土文獻進行史學研究工作的基礎。

石昇烜《再論漢代出入關符的製作、左右與使用——從居延漢簡 65.9、65.10 合符談起》認爲居延漢簡 65.9、65.10 兩枚出入關符從形制比對上可以合符，左、右符有其實質意義，出入關符依據其是否載明使用者可分爲兩大類，又考察了出入關符從製作、申領、發放、移給、核驗到廢棄的過程，以及性質與年代上的差異。

田天《論西漢遣册中的賻贈記録》考察了西漢遣策中的賻贈記録情況及其命名問題，認爲出土材料所見漢代賻贈記録中少見多載於傳世文獻中的金錢形式而以衣、食物爲主，賻賵記録大多由喪家書寫且字體、格式多類同於其他記録，應將之前被看作"賵書"的材料命名爲"賻贈記録"。

吕健《漢代封泥封緘形制的考古學研究》根據近年新見考古資料將漢代封泥封緘形制分爲六大類型，認爲漢代封緘方式具有等級性特徵，而承秦不斷發展出的多種封緘方式對於封泥的固定、保護措施日益完善，釐清了漢代封緘制度發展及成熟的脈絡。

楊先雲《秦代行政文書制度管窺》考察了里耶秦簡所見秦遷陵縣文書傳遞中的追書現象，追書的發生表明當時的文書傳遞效率不高，其當由遷陵縣吏員及刑徒不足等原因導致，而爲了提高效率往往會在一次行書活動中依據條件傳送多份文書。

鄧瑋光《對"餘逋簿"的復原嘗試》通過分析簡文内容、搭建復原框架和填補框架細節的步驟復原了一批吴簡中的"餘逋簿"材料。

凌文超《走馬樓吴簡鋘賈錢簿記整理與研究》通過整理吴簡所見鋘賈錢簿記，認爲吴設置冶官、鐵作部壟斷鐵農具鋘的生産，鄉勸農掾和管理者負責配給和銷售，金曹和庫負責鋘賈錢的收繳和會計；雖然中央鐵官系統與地方行政部門相互配合實現了鐵器的官營，但鐵器專賣的財政收入仍然具有較强的獨立性。

四、律令與社會

自睡虎地秦簡出土以來，秦漢法制史研究由以律令輯佚爲主轉向包含律令體系、訴訟制度、刑罰體制等衆多專題在内的專項精細研究，因爲律令本身就包含了衆多關於社會生活的内容，又極大地便利了社會史的研究。

劉欣寧《秦漢律令中的婚姻與奸》以性之合法與非法所對應的婚姻與"奸"爲考察對象，認爲秦漢婚姻構成並非以官方户籍登記爲絶對依據，還需考慮社會認知，妾身份的偏妻、小妻與正妻法律身份等同；婚姻消解依靠官方登記確認，但亦發生在夫妻身份變化和諸如"七出"、"義決"等行爲出現的場合；秦漢時代"奸"專指性犯罪，即所有婚姻之外性行爲，處罰又以身份不同有所區别。

唐俊峰《秦漢劾文書格式演變初探》從文書學的角度梳理了秦統一後至東漢劾文書

格式和内容的演變,秦至漢初的劾文書内容相對簡略且似没有出現"狀"的部分,西漢中期劾文書格式和内容開始繁化,西漢末發展出先劾後狀的"劾狀"格式,文書繁化達至頂峰,東漢中期的劾文書格式冗贅似得到改善。

石洋《試論新出秦簡牘所見的幾種"庸"》探討了戰國末期至漢初社會上出現的三種身份不同的"庸",具有雙重役屬性的官府徒隸是這一時期庸奴區别不嚴格的反映,罪及亡人選擇"庸"的動機除了生計還期望以此洗白身份重歸社會,編户民爲庸的市場受到前兩者的擠壓且編户民選擇動機往往是血緣人情等非經濟因素;對"庸"的研究應該從"經濟模式"還原成人的行爲選擇,深究諸如庸工來源及去向等社會史視角下的問題。

李周炫《秦漢代市租的徵收與性格》認爲秦漢市租徵收基於販賣額分爲定期徵收和每天徵收兩種方式,政府通過建立市籍、限制商人活動範圍及懲罰性手段等防止"匿租"現象,市租徵收後由縣少内暫管經郡移至中央成爲帝室財政的一部分,市租的使用方向則顯示其具有臨時性和追加性的特性。

熊長雲《東漢永壽三年殘碑考》否定了永壽三年殘碑立於孔廟説,而認爲當立於洛陽學校,可能爲學校禮殿重修時所立,碑銘中的頌贊之語可能正對應於禮殿中聖賢畫像,而碑文中的鄉射之事可印證春秋鄉射制度並呈現本初元年梁太后詔書的實際影響。

五、郡縣制源流

郡縣制發軔於春秋時期,秦統一前後是郡縣制演變的第一階段,秦漢之際是郡縣制演變的第二階段;在經歷過這兩個階段的重要演變後,才有以西漢中後期以來被稱爲典範的"郡縣制"。郡縣制演變輪廓大致如此,但尚餘諸多制度形成中的細節和抵牾之處有待依據新出材料深入探討。

渡邊英幸《戰國秦的内史與郡縣制》基於對"内史"學術史的梳理,認爲大内、大倉並非内史屬官,内史是管理所有民政事務而非僅管理財政的中央統轄官,所能管轄範圍由設郡前的秦國全境到設郡後的王畿之地,"内史"直至秦統一都只是官府之名而非行政區域。

劉瑞《由邦到國——從里耶 8-461 的斷句説起》認爲里耶秦簡句式和字迹表明其由多次抄寫而成,性質或可爲小史專用之"扁書",簡文中"郡邦尉爲郡尉"當爲將設置在郡的"邦尉"統一改爲"郡尉",基於此認爲"秦簡中的'邦'指秦王畿,即秦'内史'所轄京師之地"的説法不能成立,郡縣制形成過程中"内史"具有不同於一般郡的地位和意義,由郡到國、由邦到國抑或其他都有待進一步考察。

鄒水傑《秦簡"中縣道"小考》考察了嶽麓書院藏秦簡所見"中縣道"的地域範圍,簡文“襄武、上雒、商、函谷關”界定了“中縣道”的東西邊界，其南部邊界爲秦舊地南邊秦嶺，北部邊界東段爲上郡南界，西段爲後來秦北地郡的北邊界；“中縣道”的存在是秦人統治意識中“關中本位政策”的反映；中縣道的管理機構在睡虎地秦簡記載中體現的是内史、太倉和大内等多頭分工管理，而在嶽麓秦簡中則爲“屬所執法”全面管理的模式。

游逸飛《論有説無——戰國及漢初諸侯王國無郡論的比較》認爲從史料出發的“漢初諸侯王國無郡論”是漢初郡縣化中央集權歷史主流下的逆流、伏流，而從戰國時期秦、魏置郡歷史脈絡出發的“戰國東方六國無郡論”因與史料有較多相扞格之處而難以成爲堅實的歷史解釋，通過兩者對比認爲史學研究中要注意史料、歷史解釋和歷史脈絡之間的複雜關係。

焦天然《西漢張掖郡北部都尉鉤沉》通過對新見肩水金關簡的考察，認爲《漢書·匈奴傳》所言“漢三都尉”爲西漢中期存在於張掖郡居延、肩水和北部三個部都尉；其中北部都尉有屯兵、候望系統及北部倉，其具體位置或在廣地候官或在武威郡的休屠，尚不能明確；北部都尉是宣帝年間對匈奴和西羌戰爭的重要防綫。

肖從禮《肩水金關漢簡中新莽西海郡史料勾稽》認爲肩水金關漢簡的有關記載證實了王莽時期設置西海郡的事實，“左寧”是目前所知西海郡第一個有確切名稱的縣，西漢郡還設置有適應轄區軍情的輕騎兵以防禦西羌。

六、職官與吏員

隨著郡縣制的演變發展，以武帝中葉爲界，地方行政機構中的職官設置和吏員職能從劇變走向定型。相較於學界對西漢後期至東漢的地方行政系統有著較清晰的認識，秦及漢初地方政制圖景的建構嘗試在睡虎地秦簡等簡牘材料出土後才得以起步，而對地方官僚體制的探究也有助於地方行政重心級别所在等問題的認識。

土口史記《秦代的領域控制與官吏移動》還原了里耶秦簡所見對“移動之吏”傳達文書的封檢格式，文章認爲里耶秦簡中的移動覆獄郡吏卒史就是《二年律令》中的“都吏”，而郡的覆獄職能正是伴隨秦郡縣制的推行由只存在於内史區域廷尉屬吏移動覆獄擴大到郡管區，移動之吏是秦對不斷擴大的疆域實施有效控制的重要手段。

魯家亮《里耶秦簡所見“小史”芻議》認爲里耶秦簡中所見小史是揄史之後、正式出任鄉或官史之前的一種基層小吏，這一正式任職前的過渡期在於跟隨正式鄉史（或官史）學習、熟悉相關事務，爲正式成爲鄉史（或官史）打下基礎，所以小史只能承擔諸如文書傳遞等一般職務。

孫聞博《里耶簡所見秦縣“吏員”與“員”外群體》考察了里耶秦簡《遷陵吏志》的吏員

構成，在數量上顯示令史、官嗇夫和官佐較多而校長較少；基層官吏中還存在令佐、獄佐、尉史、主官史、士吏等未計入《遷陵吏志》的員外群體。

陳侃理《漢代二千石秩級的分化——從尹灣漢簡中的"秩大郡大守"談起》認爲尹灣漢簡中東海郡太守的秩級爲大郡太守，這種不以俸禄數量而以官職類型命名的秩級還有諸侯相和萬騎太守，以這些秩級名稱考察西漢二千石秩級的變化，可以發現西漢中期以前根據職事類别、繁簡的現實需要，二千石分化出更多秩級且嘗試在秩級和職事間建立聯繫，西漢後期主事者爲符合儒家經典歸併秩級扭轉了這一趨勢，但在東漢以後繼續發展。

本次論壇彙集了衆多出土文獻研究領域的青年學者，所提交的高品質論文和會議期間熱烈而深入的討論展示了青年學者們的學術造詣，也呈現了出土文獻研究領域的前沿動態，實現了學術會議交流信息、互相切磋的目的，有助於推動出土文獻與中國古代文明研究相關領域的學術創新和發展，可謂是一次成功的學術盛會。

圖書在版編目(CIP)數據

出土文獻的世界：第六屆出土文獻青年學者論壇論文集／出土文獻與中國古代文明研究協同創新中心中國人民大學分中心編. —上海：中西書局，2018.9
ISBN 978-7-5475-1432-0

Ⅰ.①出… Ⅱ.①出… Ⅲ.①古文獻學—中國—文集
Ⅳ.①G256.1-53

中國版本圖書館 CIP 數據核字(2018)第 124624 號

出土文獻的世界：第六屆出土文獻青年學者論壇論文集

出土文獻與中國古代文明研究協同創新中心中國人民大學分中心 編

責任編輯 徐 衍
裝幀設計 梁業禮

出版發行 上海世紀出版集團
中西書局(www.zxpress.com.cn)
地　　址 上海市陝西北路 457 號(200040)
印　　刷 上海盛隆印務有限公司
開　　本 787×1092 毫米 1/16
印　　張 19.5
字　　數 363 000
版　　次 2018 年 9 月第 1 版 2018 年 9 月第 1 次印刷
書　　號 ISBN 978-7-5475-1432-0/ G·478
定　　價 98.00 元